中经"精品课程"系列
中经新文科·财经类系列规划教材

中级财务会计

主　编：吴肖蓉
副主编：孙玉甫　徐晓方　陈芒芒
编　委：田玉兰　贝洪俊　王晓义　王梦婵　张浩东

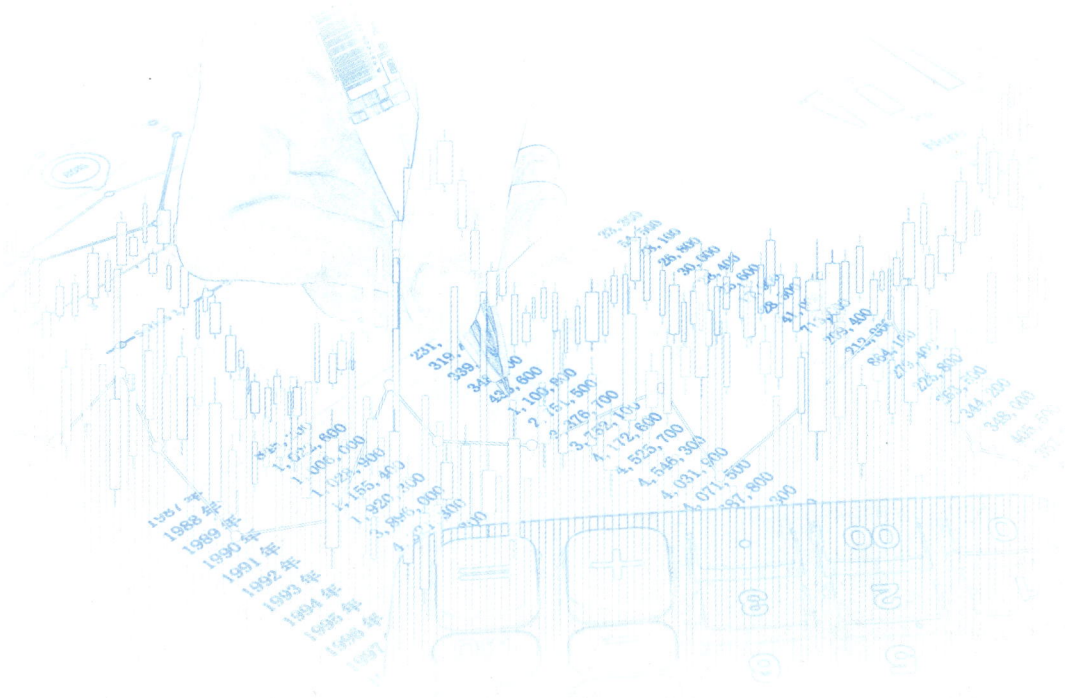

·北京·

图书在版编目（CIP）数据

中级财务会计／吴肖蓉主编． -- 北京：中国经济出版社：中国石化出版社，2025.8． -- ISBN 978-7-5136-8241-1

Ⅰ.F234.4

中国国家版本馆 CIP 数据核字第 20254P4F54 号

选题策划	雷　生
责任编辑	彭　欣
责任印制	李　伟
封面设计	任燕飞

出版发行	中国经济出版社
印　刷　者	北京科信印刷有限公司
经　销　者	各地新华书店
开　　本	889mm×1194mm　1/16
印　　张	20.5
字　　数	522 千字
版　　次	2025 年 8 月第 1 版
印　　次	2025 年 8 月第 1 次
定　　价	59.00 元

广告经营许可证　京西工商广字第 8179 号

中国经济出版社 网址 http://epc.sinopec.com/epc/ 社址 北京市东城区安定门外大街 58 号 邮编 100011
本版图书如存在印装质量问题，请与本社销售中心联系调换（联系电话：010-57512564）

版权所有　盗版必究（举报电话：010-57512600）
国家版权局反盗版举报中心（举报电话：12390）　　服务热线：010-57512564

PREFACE 前言

随着经济和信息技术的飞速发展，作为商业语言，会计在经济活动中的地位日益重要。《中级财务会计》既是对基础会计知识的深化和拓展，又是通向高级财务会计的桥梁，起到承上启下的作用。本书以《中华人民共和国会计法》为指导，以最新的《企业会计准则》为依据，全面系统地介绍了各会计要素确认、计量、记录和报告的基本理论和基本方法，旨在使学习者系统掌握财务会计的基本原理及方法和相关账务处理，为未来从事会计及相关工作奠定坚实基础。本书适用于高等院校会计学、财务管理、审计学等相关专业的学生和从事相关工作的在职人员学习。

本书具有以下特色：

第一，体系完整，内容翔实。本书以我国最新的《企业会计准则》为依据，系统阐述了财务会计的基本理论、方法和实务，涵盖了资产、负债、所有者权益、收入、费用和利润等会计要素的确认、计量、记录和报告。

第二，注重实用，案例丰富。本书紧密结合企业实际，通过大量案例分析，帮助学习者理解和掌握财务会计知识并得以应用，提升解决实际问题的能力。

第三，难易适中，分层分类。本书内容安排由浅入深，循序渐进，既主要满足会计初级资格要求，又内置了线上拓展阅读，提供了延展知识，适用于不同层次不同类型读者的学习。

第四，线上线下，数字延伸。内置的拓展阅读和即评即测均采用数字化形式，有利于读者采用线上与线下相结合的方式开展学习，便于学习者自学和巩固所学知识。

本书主要由温州商学院管理学院中级财务会计课程组成员共同编撰完成，其中温州商学院吴肖蓉教授、孙玉甫教授策划了全书的框架结构和章节目录的编排，并完成第一章、第二章、第四章、第五章、第九章和第十五章的编写，其余章节由田玉兰、贝洪俊、王晓义、徐晓方、陈芒芒、王梦婵、张浩东执笔。感谢以上教师的辛勤付出！同时本书的编写参考了大量国内外相关文献，也得到了许多专家学者和实务工作者的指导和帮助，在此一并表示衷心的感谢！

由于编者水平有限，书中难免存在疏漏和不足之处，恳请广大读者批评指正。

编者
2025 年 3 月

CONTENTS 目录

第一章　总论　001

【知识结构图】 001
第一节　财务会计及其目标 002
第二节　财务会计规范 006
第三节　财务会计概念框架 010
【本章小结】 014

第二章　货币资金　015

【知识结构图】 015
第一节　库存现金 015
第二节　银行存款 018
第三节　数字人民币 021
第四节　其他货币资金 023
【本章小结】 028

第三章　存货　029

【知识结构图】 029
第一节　存货概述 030
第二节　存货的初始计量 031
第三节　发出存货的计量 036
第四节　计划成本法 041

第五节　存货的期末计量……………………………………………………………… 043
第六节　存货清查………………………………………………………………………… 047
【本章小结】……………………………………………………………………………… 049

第四章　金融资产　050

【知识结构图】…………………………………………………………………………… 050
第一节　金融资产概述…………………………………………………………………… 051
第二节　以摊余成本计量的金融资产…………………………………………………… 052
第三节　以公允价值计量且其变动计入当期损益的金融资产………………………… 065
第四节　以公允价值计量且其变动计入其他综合收益的金融资产…………………… 069
第五节　金融资产的减值………………………………………………………………… 070
【本章小结】……………………………………………………………………………… 074

第五章　长期股权投资　075

【知识结构图】…………………………………………………………………………… 075
第一节　长期股权投资概述……………………………………………………………… 075
第二节　长期股权投资的初始计量……………………………………………………… 076
第三节　长期股权投资的后续计量……………………………………………………… 078
第四节　长期股权投资的处置…………………………………………………………… 083
【本章小结】……………………………………………………………………………… 083

第六章　固定资产　084

【知识结构图】…………………………………………………………………………… 084
第一节　固定资产概述…………………………………………………………………… 084
第二节　固定资产的初始计量…………………………………………………………… 088
第三节　固定资产的后续计量…………………………………………………………… 095
第四节　固定资产的处置………………………………………………………………… 104
【本章小结】……………………………………………………………………………… 106

第七章　无形资产　107

【知识结构图】 107
第一节　无形资产概述和初始计量 108
第二节　内部研究开发的无形资产的计量 112
第三节　无形资产的后续计量 114
第四节　无形资产的处置 117
【本章小结】 119

第八章　投资性房地产　120

【知识结构图】 120
第一节　投资性房地产概述 120
第二节　投资性房地产的初始计量 122
第三节　投资性房地产的后续计量 126
第四节　投资性房地产的处置 129
【本章小结】 132

第九章　非货币性资产交换　133

【知识结构图】 133
第一节　非货币性资产交换概述 133
第二节　非货币性资产交换的确认和计量 135
第三节　非货币性资产交换的会计处理 137
【本章小结】 146

第十章　负债　147

【知识结构图】 147
第一节　负债概述 148
第二节　流动负债 149
第三节　非流动负债 169
【本章小结】 180

第十一章 借款费用 　　181

【知识结构图】 ………………………………………………………………… 181
第一节　借款费用的概述 …………………………………………………… 181
第二节　借款费用的确认 …………………………………………………… 182
第三节　借款费用的计量 …………………………………………………… 184
【本章小结】 …………………………………………………………………… 186

第十二章 债务重组 　　187

【知识结构图】 ………………………………………………………………… 187
第一节　债务重组有关概念 ………………………………………………… 188
第二节　债务重组的会计核算 ……………………………………………… 190
第三节　债务重组的信息披露 ……………………………………………… 200
【本章小结】 …………………………………………………………………… 200

第十三章 所有者权益 　　201

【知识结构图】 ………………………………………………………………… 201
第一节　所有者权益概述 …………………………………………………… 201
第二节　实收资本和资本公积 ……………………………………………… 203
第三节　其他权益工具和其他综合收益 …………………………………… 208
第四节　留存收益 …………………………………………………………… 210
【本章小结】 …………………………………………………………………… 212

第十四章 收入、费用和利润 　　213

【知识结构图】 ………………………………………………………………… 213
第一节　收入 ………………………………………………………………… 214
第二节　费用 ………………………………………………………………… 237
第三节　利润 ………………………………………………………………… 242
【本章小结】 …………………………………………………………………… 254

第十五章　财务会计报告　255

【知识结构图】 ……………………………………………………………………… 255
第一节　财务会计报告概述 ……………………………………………………… 256
第二节　资产负债表 ………………………………………………………………… 262
第三节　利润表 ……………………………………………………………………… 272
第四节　现金流量表 ………………………………………………………………… 276
第五节　所有者权益变动表 ………………………………………………………… 308
第六节　财务报表附注 ……………………………………………………………… 311
第七节　其他财务报告 ……………………………………………………………… 313
【本章小结】 ……………………………………………………………………… 318

第一章 总论

【知识结构图】

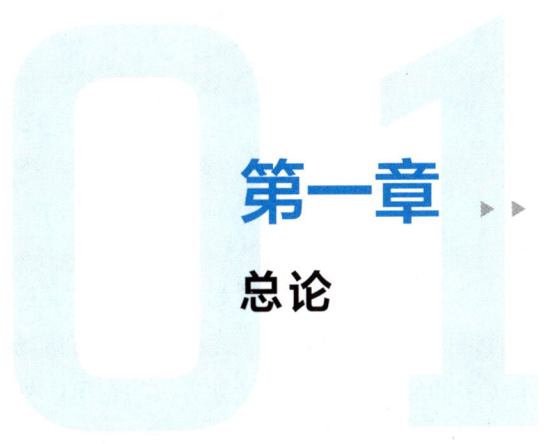

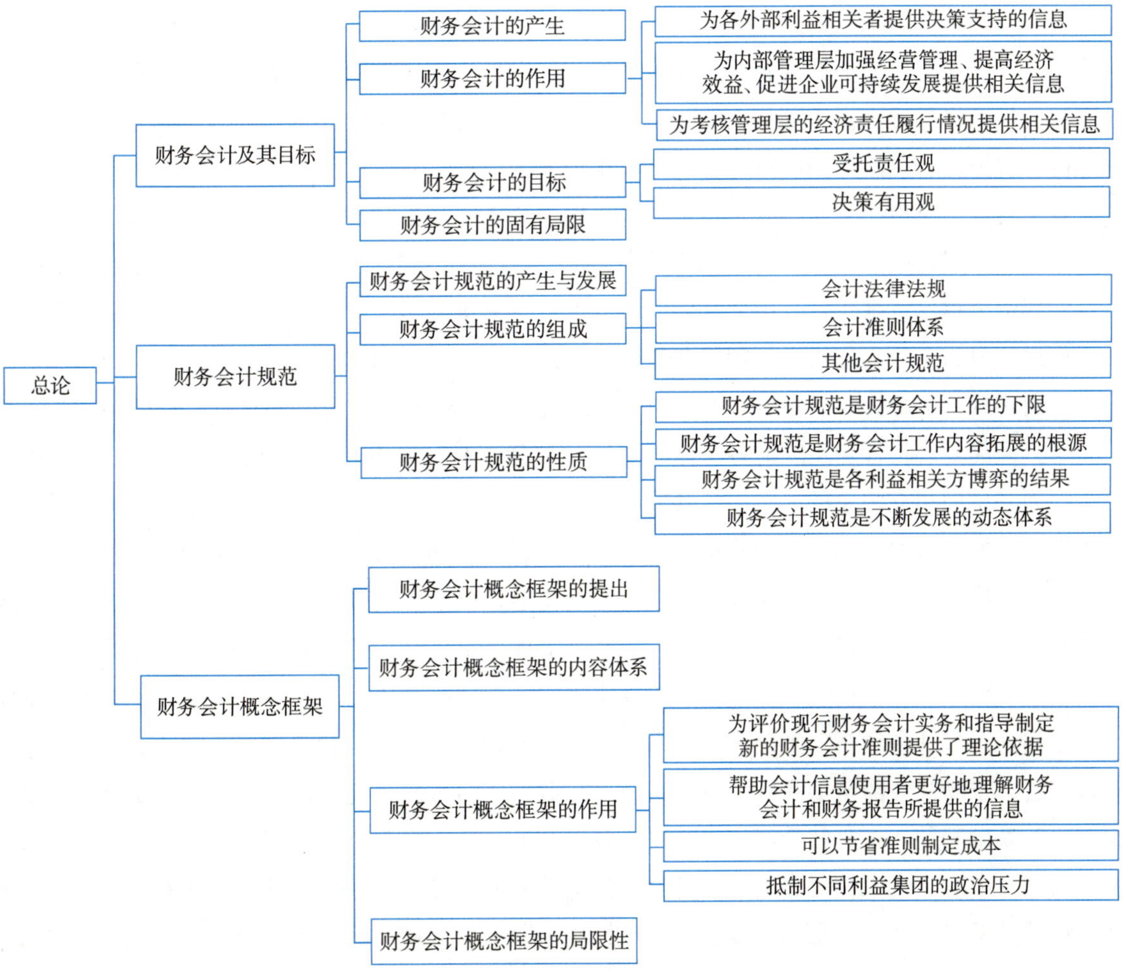

总论
财务会计及其目标
财务会计的产生
财务会计的作用
为各外部利益相关者提供决策支持的信息
为内部管理层加强经营管理、提高经济效益、促进企业可持续发展提供相关信息
为考核管理层的经济责任履行情况提供相关信息
财务会计的目标
受托责任观
决策有用观
财务会计的固有局限
财务会计规范
财务会计规范的产生与发展
财务会计规范的组成
会计法律法规
会计准则体系
其他会计规范
财务会计规范的性质
财务会计规范是财务会计工作的下限
财务会计规范是财务会计工作内容拓展的根源
财务会计规范是各利益相关方博弈的结果
财务会计规范是不断发展的动态体系
财务会计概念框架
财务会计概念框架的提出
财务会计概念框架的内容体系
财务会计概念框架的作用
为评价现行财务会计实务和指导制定新的财务会计准则提供了理论依据
帮助会计信息使用者更好地理解财务会计和财务报告所提供的信息
可以节省准则制定成本
抵制不同利益集团的政治压力
财务会计概念框架的局限性

第一节　财务会计及其目标

一、财务会计的产生

随着社会生产的不断发展，处于自然经济缝隙中的商品生产与交换蓬勃发展起来，直接以交换为目的而进行生产的商品经济最终取代了自然经济，成为普遍的社会经济形式。商品经济具有市场性、开放性、开拓进取性等基本特征。商品生产者为追求更多的经济利益并在优胜劣汰的竞争中处于有利的地位，必然不断增加投入以扩大生产规模、竞相改进技术或采取新技术、改善经营管理、提高劳动生产率。

随着生产单位生产规模与生产经营活动波及范围的日益扩大，社会生产单位（企业是其典型代表）必然需要有更多的资金（含其他资源，下同）投入。这些资金可以通过向银行等金融机构贷款取得，也可以向其他愿意出资的资本所有者吸收投资取得。无论是贷款还是吸收投资，企业的经营风险和收益情况都会发生较大的变化。首先，企业的经营风险将由多人共担；其次，企业的所得也将由多人分享。这样，如何保证企业的经营者尽职尽责地从事经营活动，怎样防止企业的经营者或处于控制地位的出资者不侵害其他人的权益，就成为亟待解决的重要问题。而且，这一问题如果不能事先得到解决，企业的原始出资人就无法取得他人的信任，其也就无法获得他人的资金投入，扩大企业规模将成为空想。为此，在实践中也曾采用了个人资产抵押、有关者向企业派出关键管理人员等多种方法，但这些方法最后均因成本较高而逐渐被淘汰。经过长期的探索，由企业会计部门或人员对外部资金提供者报告信息以便其做出自认为合理决策的做法成为相对较优的方法而被保留了下来。这样，只为企业内部提供管理服务的传统会计分化出一个新的分支——为了更多地获取外部资金投入而对外部资金提供者报告企业生产经营情况与经营成果的对外报告会计，即财务会计。

同时，商品经济将社会生产的各个微观主体（包括企业）联系起来，形成了一个以共同的物质生产活动为基础而相互联系的人类生活共同体大系统——社会。社会的物质生产活动是由一个个微观主体来完成的，微观主体从社会取得资金、人力、资源、环境等生产要素，通过自己的自主活动履行对社会的广泛责任。微观主体履行责任的情况要通过一个机构向社会反馈，以便社会来决定对该主体的处置：扩大其规模、缩减其规模、强制其解体等，当然，这种处置是通过政策的调整和个体的决策来改变生产要素配置或通过法律途径实现的，而非行政手段。可见，社会经济要想协调运行，必须实现组成社会经济大系统中各个系统的充分的物质、能量与信息交流，进而达到社会资源的有效配置，推动社会经济的高效运行。由此，获取如实、可靠、充分的经济信息成为经济建设中亟须解决的基础问题，也是社会经济大系统高效协调运行的前提条件。所以，从社会经济大系统的角度，必然要求有一个机构能够向参与社会经济决策的部门和个人提供反映每一个社会经济活动个体客观情况的信息，而这些信息又以财务信息为主。因此，从社会经济大系统出发，也要求企业会计系统向社会经济活动决策者提供能够反映其生产经营情况和经营成果的会计信息。

此外，社会上还存在着一些其他需要企业会计信息的人，例如经济研究人员、证券分析人员等。他们以"搭便车"的方式获取企业公开的会计信息，通过自己的分析得出结论，供需要的人参考使用。对于此类人员，企业的会计系统可以不予关注。

可见，财务会计是在社会生产普遍采用商品经济形式、企业的所有权与经营权分离以后，企业为了从外部获得资金与其他资源支持而主动对外报告会计信息，以及社会系统为了优化运行要求企业对外报告会计信息的双重作用下产生的，而其主要方面是企业为了从社会系统以及组成社会系统的其他微观主体获得各种支持而主动对外报告信息，因为这是能够获得外部支持的前提。不构成本社会大系统的企业，因不要求本社会大系统支持其运行而无须向本社会大系统报告信息，不要求其他主体提供资源的企业，也无须向其他主体报告信息。上述的制度安排也充分证明了这一点。

当然，财务会计这一概念的正式定名时间尚未有明确定论。

郭道扬教授认为："据现有史料考察，在20世纪三四十年代以前尚无对'财务会计'命名的明确表述，而在一些文件中一般仅有'财务报表'之类的提法。此后，在会计准则研究、发布与执行应用过程中，其中尤其是在有关'财务报表'规范的研究、发布执行过程中，逐渐使会计界的研究者及工作者认识到，在财务报表内有规律组合的信息中，一部分属于财务方面的信息，一部分属于财务与会计信息的结合，另外还有一部分则属于会计信息，故有鉴于此，把这种报表称为'财务会计报表'更为恰当，这种认识成为'财务会计'命名出现的原因之一……1970年美国会计原则委员会APB发布的第4号报告《企业财务报表的基本概念和会计原则》中明确指出：'企业财务会计是会计的一个分支，它着眼于有关财务状况与经营成果的通用报告，即财务报表。'1973年6月，美国财务会计准则委员会建立，该委员会不仅从此在'财务会计准则'系统建设方面进展迅速，成效显著，而且针对解决财务会计实务方面的问题，在财务会计理论方面展开系统研究，其成果显著地推动了财务会计理论及其方法的发展。如1978年发布的《第1号财务会计概念公告》明确指出：财务会计所关注的是企业的资产、负债、收入、费用、盈利等方面的会计。这是对现代财务会计发展的历史性定位。此后，又经过20世纪七八十年代的演进，最终在会计学中形成了财务会计与管理会计并立的局面。"[1]

葛家澍、林志军教授也认为："财务会计何时从传统会计中独立为会计的主要分支，很难确切考证。但使用财务报表这一术语来自1933年证券法和1934年证券法。不过，1929年美国联邦储备委员会已用'财务报表的指证'为题发表了一份规范财务报表的公告，并在1936年作了修改，名为'独立会计师对财务报表的检查'。1943年，George O May写了第一本《财务会计——经验的提炼》也可作为财务会计分化为一门学科的标志。通常，有人还认为美国第一份GAAP——ARB No.1的发表（1938）是财务会计产生的另一个标志。"[2]

综上所述，财务会计是指将企业生产经营过程与结果等会计信息对外报告的会计分支。

二、财务会计的作用

按照现行的一般观点，财务会计的作用具体体现在以下方面。

（一）为各外部利益相关者提供决策支持的信息

这是指财务会计通过对外报告会计信息，让外部信息使用者（包括股东、债权人、企业职工、

---

[1] 郭道扬. 二十世纪会计大事评说（五）二十世纪财务会计的发展——兼评财务与会计关系[J]. 财会通讯,1999(6).
[2] 葛家澍,林志军. 现代西方会计理论(第三版)[M]. 厦门:厦门大学出版社,2011:9.

商业往来客户、政府有关部门和社会公众等利益相关者）能够了解企业生产经营情况和经营成果，以便支持其做出相应决策。比如投资者可以通过财务会计报告的信息分析企业未来的盈利状况，从而做出继续投资或者减少投资的决策；债权人可以根据财务会计报告的信息分析企业的偿债能力，从而做出调整信贷政策的决策；政府相关部门可以依据财务会计报告的信息评价企业的社会责任履行情况，并汇总得出全国经济整体运行态势以及各行业的经营情况，从而做出宏观经济政策调整、社会资源配置改进、对企业征收税费等决策。当然，信息使用者做相关决策时还需要其他方面的信息，但核心的是来自于财务会计提供的信息。

（二）为内部管理层加强经营管理、提高经济效益、促进企业可持续发展提供相关信息

这是指财务会计通过提供会计信息，让企业内部管理层（包括董监高成员、各部门经理、一线主管等）能够进行相应的分析，发现管理过程中存在的缺陷与不足，从而不断改善经营管理、提高经济效益、促进企业可持续发展。比如，内部管理层通过分析和利用有关企业财务状况、经营成果和现金流量方面的信息，可以全面、系统、总括地了解企业生产经营情况、财务状况和经营成果，并在此基础上预测和分析企业未来发展前景；可以通过预算的分解和落实，建立起内部经济责任制；可以通过发现过去的经营活动中存在的问题，找出存在的差距及原因，并提出改善措施。

（三）为考核管理层的经济责任履行情况提供相关信息

这是指财务会计通过提供会计信息，让相关者能够了解管理层人员的履职情况和业绩绩效，以便对管理层进行考核与评聘。这类考评具体包括两方面：第一，在所有权与经营权分离的背景下，企业接受各方面投入的资源后，企业管理层就有责任按照预定的发展目标与要求有效利用资源，加强经营管理，提高经济效益，接受企业所有者的考评；第二，在分层管理和授权管理的背景下，下层人员依据上层领导的授权进行具体业务管理与运行操作，下层人员是否在职权范围内认真积极地开展工作、取得了怎样的业绩绩效，也需要接受上层领导的考评。财务会计报告提供了有关企业财务状况、经营成果与现金流量的财务会计信息，这些信息有助于评价企业的经营业绩，有助于考核企业各级人员受托责任的履行情况。

但是，笔者认为：如此界定等于将财务会计的作用扩大化了。从财务会计的产生原因可以得知，财务会计是为了服务于对外报告信息的需要而产生的，不能要求其同时承担对内部管理与考评提供信息的职责。为企业内部管理与考评需要而提供信息支持的应该是管理会计。如果将对内管理会计信息提供与对外财务会计信息报告的任务合并起来，就是企业会计工作的全部内容，而没必要将财务会计单独作为一个学科分支分化出来。故此，笔者界定：财务会计的作用是对外部报告企业生产经营情况和经营成果等财务会计信息，为企业所有者考评企业管理者的受托责任履行情况和企业所有者及其他外部利益相关者做出是否继续对企业投入资金与其他资源的决策提供信息支持。

三、财务会计的目标

既然财务会计的作用在于考评企业管理层受托责任履行情况和为各类外部利益相关者的决策提供信息支持，那么必然导致财务会计的目标分化成两个：受托责任观和决策有用观。

（一）受托责任观

受托责任观强调：财务会计报告的目标在于向投资者提供能够揭示企业过去的经营活动与财务

成果的信息，反映受托者对受托财产经营管理责任的履行情况，从而有助于评价企业的经营管理状况和资源使用的有效性，协调受托者与委托者的关系。受托责任观与股份公司制和现代产权理论的发展休戚相关。按照产权理论，投资者将其所拥有的资源委托给受托者，同时赋予受托者以资源的保管权和运用权，受托者接受委托者的委托，有权对资源进行自主经营，通过有关组织规则，如公司章程和法规制度等约束机制，明确规定委托者和受托者之间形成一种委托—受托的权力责任关系。而在股份公司制下，资源的所有权和经营权进一步分离，委托—受托责任关系十分明确，客观上要求会计系统反映受托责任，从而形成了以受托经管责任为目标取向的受托责任观。

（二）决策有用观

决策有用观强调：财务会计报告的目标在于向投资者等外部使用者提供决策有用的信息（包括以明确经管责任为主要内容的业绩评估信息），不仅包括企业财务状况、经营成果、现金流量等揭示过去的经营业绩的信息，还包括提供有助于未来决策的相关信息，从而有助于使用者评价公司未来现金流量的金额、时间和不确定性的分布，支持使用者做出相应决策。决策有用观是在证券市场日益扩大化和规范化的历史背景下形成的。随着证券市场的发展，股权分散化趋向加剧，传统的委托方和受托方之间直接建立的委托代理关系被高度发达的资本市场打破，出现了委托方"虚位"的情况。这种情况下的委托方在关心公司资产保管责任的同时，更关心公司价值的创造和股票的涨跌，投资者关注的核心从公司财产本身更多地转向公司价值管理和资本市场股票的表现，如果公司管理层管理不善、业绩不佳，投资者往往不是直接更换公司管理层，而是转变成个人决策——在股票市场上用"以脚投票"的方式，决定是否持有或抛售特定公司的证券。此时，投资者就迫切需要决策有用的会计信息来支持这种决策，借以降低决策过程中的风险和不确定性。由此，财务会计目标的决策有用观得以逐渐形成并发展起来。

可见，决策有用观充分考虑到了非直接委托—受托关系存在的现实情况，强调了会计要为所有的利益相关者服务的目的，并且包含了受托责任观的内容，是对受托责任观的批判、继承和发展。但决策有用观要求提供的"决策有用信息"是一个非常抽象、主观、模糊、宽泛的概念，因为各有关者的利益不尽一致，决策需求也各不相同，对信息是否有用的评价也不一致，进而导致决策有用观的可操作性较低，要求会计能够为每一个利益相关者提供决策有用的信息只是一个理想的状态，而非现实。只有兼顾这两个目标，才能够更好地满足信息使用者的需求。目前，从国际财务报告准则和世界许多国家会计准则及其会计实务发展来看，都实行的是受托责任观和决策有用观并行的双重目标。我国企业会计准则也规定企业财务报告的目标是向财务报告使用者提供与企业财务状况、经营成果和现金流量等有关的会计信息，反映企业管理层受托责任的履行情况，有助于财务报告使用者做出经济决策。

四、财务会计的固有局限

前文已提到，社会经济大系统的协调高效运行需要包括企业在内的各个微观主体提供反映其生产经营活动情况和经营成果等会计信息，企业在获得社会经济大系统及其微观主体的资源支持以便更好发展的同时，也需要对外提供自身的信息，财务会计便应运而生。但值得注意的是，社会经济大系统需要的信息与企业主动对外提供的信息并非天然一致与契合，企业通过对外提供"可信"的财务会计信息是为了从外部获取资源支持，社会经济大系统需要的是切实反映每一个微观主体状况的"客观、可靠"会计信息,以便实现优化运行。这里所说的"可信"与"客观、可靠",既有联系又有区别。"可信"是指能够让信息获得者相信,"客观、可靠"是指切实符合主体实际情况。虽然从理论上说,只有"客观、可靠"的信息才是"可信"的,但并不绝对,因为信息获得者是否相信一条信息受多种因素的影响,而信息是否"客观、可靠"也离不开信息获得者的判断,再加上人们固有的对所获信息按自己的情况进行选择所导致的"选择性接受"误差,就产生了信息获得者将具备一定表面条件的并不"客观、可靠"的信息误认为"可信"信息的可能。正因如此,使得企业可以通过某些手段,利用信息不对称来生产可以使信息获得者认为"可信"但并不"客观、可靠"的信息,实现对企业优势的夸大宣传。

也即为提高生产活动的效益,保障财产权利,产生了建立记录和监管经济活动过程与结果的工作系统的必要①。而为了能够方便地记录和监管经济活动,这个系统最初便安置在了发生经济活动的主体之内,从而生产了一个似乎绝对的真理:"企业(或者说一个会计主体)是每一个会计系统安身立命丰富发展的所在。"② 在自然经济时期,主体进行生产活动的资源只来自单一所有者,建立于主体内部的会计只对同样处于主体内部的所有者服务。这一切都显得那么和谐。商品货币经济,特别是技术革命导致的生产社会化,使得投入到主体进行生产活动的财产来源日益多元化,产权管理和控制成为会计系统的重要工作内容③。在市场经济条件下,产权所有者与财产经营者的分离日益明显,再加上其他处于主体外部的利益相关者对主体活动影响力的加强,会计必须为其提供相应的服务,以维持现行的委托代理关系,实现有关各方的经济利益。这就导致财务会计系统具有了一个"隶属于企业内部,服务于企业外部"的独特方位,并带来信息操纵的可能后果④。

总之,由企业自主对外提供具有"广告宣传"作用的"可信"的财务会计信息不可避免地会存在财务会计信息失真甚至造假的可能,这就是现行财务会计的固有局限。屡禁不止的财务会计信息失真或造假案件充分证明了这一点⑤。

第二节　财务会计规范

一、财务会计规范的产生与发展

在没有认识到让企业自主报告财务会计信息会导致会计信息失真与造假这一固有局限之前,对企业对外报告会计信息采取的是放任自流的态度,结果导致了一系列严重后果。

成立于 1711 年的英国南海公司发生泡沫事件,导致了巨额的财产损失,而调查证明,南海公司董事与议会议员的行贿受贿、南海公司对外发布的虚假信息是造成此次危机的关键。但当时英国并没有采取规范会计信息报告的办法来解决问题,而是通过《泡沫法案》对股份公司进行封杀,严重损害了投资积极性和经济健康发展。1825 年《泡沫法案》被取缔以及 1844 年《公司法》颁布

---

① 郭道扬. 会计史研究(第三卷)[M]. 北京:中国财政经济出版社,2008:4.
② 葛家澍,杜兴强,等. 会计理论[M]. 上海:复旦大学出版社,2005:15.
③ 郭道扬. 会计史研究(第三卷)[M]. 北京:中国财政经济出版社,2008:478.
④ 葛家澍,刘峰. 会计学导论[M]. 上海:立信会计出版社,1999:33.
⑤ 孙玉甫. 公共信息会计理论研究[M]. 上海:立信会计出版社,2012:44 - 48.

后，虽然在1854年产生了世界上第一个会计师协会——爱丁堡会计师公会，但英国仍然没有走上对公司会计信息报告进行统一规范的道路。直到1942年，英国特许会计师协会才开始颁布一些不具备约束力的会计原则推荐书作为企业会计实务的指导性规范，主要对现行实务进行概括，并容纳了多样化的会计处理。

美国虽然早在1792年便成立了纽约证券交易所，但直到1900年，纽约证券交易所才要求所有申请股票上市交易的公司须公布其财务状况和经营成果的年度报告，而且没有给出会计信息对外报告的统一规范性要求。20世纪初美国铁路工业公司为了更多地从社会上圈钱，用资本来支付巨额股利，给投资者造成一种"该公司在未来还会很赚钱"的假象，引发股票价格的暴涨。但显而易见，这种巨额股利不可能在不损害公司未来经营的情况下继续保持下去。当人们意识到这一点后，便引起了股票价格的大幅度下跌，给将该股票作为永久性投资的投资者带来了巨大的损失。各州政府都试图保护自己的公民免受铁路公司活动所带来的损失，但后来发现，由于铁路的范围已跨越了各州的界限，超出了各州所能进行规范的权力范围。于是，一年以后，议会决定成立第一联邦规范机构——州际商务委员会，以专门规范铁路工业。1906年美国联邦政府发布《赫普本法》授权州际商务委员会建立统一会计制度，1909年美国公共会计师协会任命了一个会计名词"委员会"试图规范会计名词术语与方法，从而正式拉开了20世纪制定会计规范的序幕。

1917年，联邦储备委员会印行了一本被称为《统一会计》的小册子，但它对有关统一性或会计问题几乎没有表达什么内容，实质上只是一份审计文件。1926年，纽约证券交易所要求所有上市公司在年度股东大会前向股东提供年度财务报告，但不要求对这些财务报告进行审计。其后，《统一会计》经过两次修订，于1929年以《财务报表的验证》为题发布。1929—1933年的经济危机，对美国经济产生了巨大的影响，在短短两个月里，私人投资下降了90%，生产下降了56%，失业率增加至24%，税收难以维持学校教师和城市雇员的工资，9000家银行倒闭。到1933年3月9日，全美所有银行关门歇业。对1929年大崩溃反应最快的是纽约证券交易所股票上市委员会的执行助理J. M. B. Hoxsey。1930年9月，他在美国会计师协会全国代表大会前夕的一次讲演中强烈地批评了会计实务中所缺乏的统一性，抱怨上市公司不揭示它们所采用的是哪种方法，指责企业低计存货和提取超额折旧的极度保守做法，请求会计人员应当向股东提供恰当的、可理解的信息，避免提供误导股东的信息，以帮助股东做出正确的投资决策。美国会计师协会对Hoxsey的讲演迅速地做出了反应，在美国会计师协会主席George O. May的主持下成立了"协调股票交易特别委员会"。应纽约证券交易所的特别要求，该委员会于1933年7月1日发布了一项类似于英国1844年《公司法》的规定，要求在纽约证券交易所寻求上市的所有公司都必须提供经"部分州或国家的法律授予资格"的会计师签发的财务报表，并要求这些审计要根据1929年联邦储备委员会发布的《财务报表的验证》和首次提出根据"认可会计惯例"来发表财务报表是否具备公允性、一致性的意见。这标志着统一会计信息报告和审计制度走向实用的开启。尽管到目前为止，人们对大崩溃产生的原因及其影响还存在争论，但在当时，企业的行为受到强烈的抨击，其中会计师首当其冲。哥伦比亚大学法学教授Adolph Berlet和经济学家Gardiner Means在他们的著作《现代股份公司与私人财产》中指出，"由于会计标准不具刚性，而法律又未对其施加任何的具体限制，所以，董事及其会计师们可以在有限的范围内尽其所能地组合数字"。事实是，会计人员自身没能制定出一套系统的标准规则。可以看出，这次经济危机加重了制定会计规范的紧迫感。

成立于1936年的美国会计程序委员会，是从当时众多的会计惯例中确认和描述"最佳"惯例，但其所发布的会计研究公报，只是针对某一突发事件而就事论事的。由于美国会计程序委员会提出了数量过多的会计惯例，它非但未解决会计规范需要解决的"统一标准"问题，反而导致了公司间财务信息的不可比较。1959年美国注册会计师协会经研究决定成立会计原则委员会和会计研究处来取代会计程序委员会。会计原则委员会的目标是促进公认会计原则的成文化，缩小所认可惯例中的差异，以及引导未决和有争议问题的讨论；会计研究处负责制定会计准则的理论研究工作，以便通过推理的方式来支持会计原则委员会的结论，但它并没有形成一项广义会计原则公报，仍然无力缩小会计实务的差别与不一致性。1973年美国财务会计准则委员会成立，其目标是"建立和改进财务会计的标准，并向财务信息的发布者、审计人员和信息使用者在内的公众提供指南和教育方面的报告"。财务会计准则委员会的公告因美国注册会计师协会、各州公共会计师委员会、证券交易委员会的认可而权威性大增，成为公认的会计原则，特别是它在探索准则制定过程中形成的前后协调、浑然一体的会计理论体系被英国、澳大利亚等国和国际会计准则委员会所效仿。

1973年6月29日，由澳大利亚、加拿大、法国、联邦德国、日本、墨西哥、荷兰、英国和美国9个国家的16个主要会计职业团体在伦敦发起成立了国际会计准则委员会。该委员会在其章程中制定的目标为：①为了公众的利益，制定和公布编制财务报表应加以遵守的会计准则，并推动这些准则在全世界范围内的接受和遵守；②为改进和协调与编制财务报表有关的规定、会计准则和程序进行广泛的工作。1989年及以后，国际会计准则委员会参考美国的经验来改进现有的国际会计准则，并根据其工作计划陆续制定了一些新的准则，从而获得了大多数国家会计职业团体的广泛支持。目前国际会计准则委员会已发展到拥有来自80多个国家专业会计组织的100多个会员。1997年7月，我国加入了国际会计准则委员会。

自1949年中华人民共和国成立到20世纪90年代之前，我国实行的是高度统一的会计制度。因此并不涉及会计原则和会计准则的制定问题。1992年11月30日，经国务院批准，财政部以第5号部长令的形式，签发了经过长期研究与征求意见改进的《企业会计准则——基本准则》。至此，以国际会计惯例为主的会计准则，在中国实现了零的突破，从一般到具体的准则制定思路正式成形。1997年6月4日，财政部正式颁布了《企业会计准则——关联方关系及其交易的披露》。截至2024年底，财政部已正式颁布了42项具体会计准则及相应的应用指南、18项企业会计准则解释，以及多项其他规定、应用案例和实施问答。另外，各证券交易所也发布了多项适用于上市公司的会计规范。

可见，为了遏制企业对外提供不完整或虚假的财务信息，开始制定会计信息的生产和报告标准——会计规范。从现行会计实务中归纳推荐会计程序与方法的努力白费了，按照"会计假设—基本原则—具体准则或指南"的思路制定会计准则的探索也失败了。这使人们认识到：缺乏一个连贯的系统理论体系，就不能建立起能够应对多方批评的、思路统一的、可以解决各种新老问题的会计规范体系。按照"会计目标—会计信息质量特征—会计要素及其确认与计量—财务报告"结构建立财务会计概念框架，从而形成"财务会计问题处理方法——会计准则"的探索取得了巨大成功，并成为世界各国和国际组织竞相效仿的会计准则制定模板[①]。

---

① 吴水澎. 会计理论[M]. 北京:机械工业出版社,2007:69.

第一章 总论

二、财务会计规范的组成

世界各国的财务会计规范的组成基本相同,这里以我国现行的财务会计规范体系为例,介绍财务会计规范的组成内容。

(一) 会计法律法规

这是由全国人大和国务院发布的与会计相关的一系列法律法规性文件,例如《中华人民共和国会计法》《中华人民共和国公司法》《中华人民共和国注册会计师法》《企业财务会计报告条例》《总会计师条例》等。

(二) 会计准则体系

这是由财政部发布的部门规章,包括基本准则、具体准则、应用指南、准则解释、应用案例、实施问答等。

基本准则规范了包括财务报告目标、会计基本假设、会计信息质量要求、会计要素的定义及其确认、计量原则、财务报告等基本内容。从包含的内容上看,与美国财务会计准则委员会和国际会计准则理事会发布的财务会计概念框架基本相同。从地位与作用上看,两者是有区别的:财务会计概念框架不属于会计准则,是规范和指导会计准则的理论基础;基本会计准则属于准则体系的组成部分,是制定具体准则的基础,对各具体准则的制定起着统御作用,可以确保各具体准则的内在一致性,也为会计实务中出现的、具体准则尚未规范的新问题提供会计处理依据。

具体准则是对具体会计要素组成项目或具体经济业务应该如何进行确认、计量和报告与披露的具体规定。

应用指南是对具体准则中的概念、方法等的进一步阐释,以及对会计科目和主要账务处理作出的规定。

准则解释、应用案例、实施问答是对会计准则执行过程中遇到的问题进行具体的处理方法方面的解释指导。

(三) 其他会计规范

这是指除了上述规范之外的其他一些关于财务会计的规范,如《会计基础工作规范》《会计档案管理办法》《企业数据资源相关会计处理暂行规定》《企业产品成本核算制度——油气管网行业》《新冠肺炎疫情相关租金减让会计处理规定》《永续债相关会计处理的规定》《碳排放权交易有关会计处理暂行规定》《上市公司信息披露管理办法》《国有商业银行年度财务会计报告披露办法(试行)》《国有企业信息披露内控制度》《乌海市市属国有企业信息公开暂行办法》等。

三、财务会计规范的性质

(一) 财务会计规范是财务会计工作的下限

为了防止企业对外报告的财务会计信息失真和造假,制定了财务会计规范。有了财务会计规范,会计人员在进行财务会计工作时就有了一个共同遵循的标准,各行各业的财务会计工作可在同一标准的基础上进行,从而使财务会计行为达到规范化,使得会计人员提供的财务会计信息具有广泛的一致性和可比性,大大提高了财务会计信息的质量。但需要注意的是,财务会计规范作为法律规范的一部分，只是财务会计工作必须达到的最低标准，是下限。各企业有着多种多样的经济业务，而不同行业的企业又有各自的特殊性，各企业还要根据自身生产经营业务的具体情况，尽可能提供更高质量的信息，以便能够更好地实现财务会计的目标。

（二）财务会计规范是财务会计工作内容拓展的根源

在财务会计产生之前，社会生产单位也是有会计工作并提供会计信息的，只不过这些信息只对内部提供，是服务于内部管理控制的。按照学科属性，当时的会计工作实质上就是管理会计。企业有了对外报告信息的需要以后，产生了对外报告信息的财务会计。按理说，企业只需要把原来管理会计信息中的那部分需要对外报告的信息提取出来对外提供即可。但由于会有一些企业利用信息不对称操纵对外报告的财务会计信息，使得对外报告的财务会计信息与内部生产的管理会计信息不一致（俗称两本账），导致企业通过对外提供虚假信息欺骗外部信息使用者而获取不法经济利益。为了应对这一状况，财务会计规范不得不从规范对外财务会计信息报告，进一步拓展到规范对外报告的财务会计信息的生产，从而拓展了财务会计工作的内容，甚至导致了管理会计是利用财务会计信息进一步提供内部管理信息服务的误解。

（三）财务会计规范是各利益相关方博弈的结果

财务会计规范通过规范资产、负债、收入和费用等会计要素的确认、计量和披露等工作，为会计核算和信息报告提供专业的理论和技术标准，但财务会计规范绝不仅仅是一种技术程序和标准，而是具有经济后果的，从本质上说是一种利益分配制度。财务会计信息被广泛运用于税费征管、收益分配、绩效评价、投资和信贷决策等领域，对投资人、信贷人、管理当局和政府的利益等产生影响，从而导致社会财富的重新分配。由于财务会计规范的经济后果，其制定程序是相关各方利益冲突条件下的一种公共选择过程，是一种博弈，制定财务会计规范是不同利益集团间政治较量的结果，是对各种经济后果和政治后果进行估量后做出的选择。我国的财务会计规范虽然是由国家和有关政府部门制定发布的，但在制定过程中也是经过了充分的征求意见和讨论，照顾了各方面的利益关切，仍然属于利益博弈的结果。

（四）财务会计规范是不断发展的动态体系

财务会计规范是指导会计实践工作的理论依据和行为标准，同时又是会计理论与会计实践相结合的产物。随着社会经济环境的发展变化，财务会计规范也要进行相应的修改、充实和淘汰。当前信息技术等的发展进步已经和正在推动着财务会计规范的变革，电子发票、数字签名、电子会计档案的应用，数字货币、数据资产的核算与报告，都充分证明了这一点。

第三节　财务会计概念框架

一、财务会计概念框架的提出

早在15世纪，巴其阿勒就提出了诸如账户等的一些基本概念。1907年，美国斯普拉格出版的著作《账户的原理》中也涉及会计的一些基本概念，如账户、会计等式、资产、负债、权益等。但他们都没有对这些基本概念做出具体的阐述。1940年，美国著名会计学家佩顿和利特尔顿出版了《公司会计准则导论》一书，指出：我们并非直接论述会计准则，而是试图将会计的一些基本思想编织起来，形成一个结构，便于未来公司会计准则构建于其中。这可以说是会计史上最早明确要求建立由若干基本概念所形成的会计理论体系的著作，其对后来的会计理论研究有指导作用。

自1909年美国公共会计师协会试图进行会计规范化的尝试时起，在历经会计名词委员会、会计程序委员会、会计原则委员会以归纳法建立会计规范的工作在诸多争议声中的失败以后，人们认识到缺乏一个连贯的系统理论体系，就无法建立起能够应对多方批评的、思路统一的、可以解决各种新老问题的会计规范体系。建立系统的会计理论体系（特别是财务会计概念框架）的工作随之得到深入发展，并导致了财务会计准则委员会（FASB）的诞生。1973年，美国财务会计准则委员会一成立，便将财务会计概念框架的研究推向了一个新的高度。该委员会历经多年的研究，发布了多份财务会计概念公告，初步形成了财务会计概念框架。

继FASB建立了财务会计概念结构之后，英国、澳大利亚、加拿大等国家和国际会计准则的制定机构也开始了对本国或国际财务会计概念结构的研究，并发布了阐述概念结构的文件，其中英国会计准则委员会（ASB）发布的是《原则报告》；加拿大会计准则委员会发布的是《财务报表概念》；澳大利亚会计准则委员会发布的是《会计概念报告》；国际会计准则委员会（IASC）发布的是《编制和呈报财务报表的框架》。

2004年，为了推动会计概念框架的国际趋同，国际会计准则理事会（IASB）和美国财务会计准则委员会联合启动了财务会计概念框架的研究。2005年2月召开的联席会议决定了联合概念框架的研究阶段和每一阶段的研究内容，具体包括：①财务报告目标与信息质量特征；②会计要素定义与确认；③会计要素计量；④报告主体；⑤财务报表的边界、列报与披露；⑥联合概念框架的目的及其在会计原则层级中的地位；⑦非营利组织的适用性；⑧其他问题并形成整体框架。之后国际会计准则理事会和美国财务会计准则委员会开始了研究工作，发布了征求意见稿并完成了第一阶段的研究工作，于2010年9月发布了第一阶段的研究成果：财务报告的目标和信息质量特征（亦即美国财务会计准则委员会发布的第8号概念公告中的第一章和第三章）。第二、第三阶段的研究仅进行了广泛的讨论，除2008年10月以会议纪要的形式阐述了资产要素的定义外，尚未发布任何咨询文件；第四阶段的研究曾于2010年3月发布了征求意见稿，但未形成最终研究成果。国际金融危机发生以后，联合概念框架的研究工作被搁置。2011年，美国放缓了会计准则的国际趋同步伐，联合概念框架的研究一直未能重启。2011年9月，国际会计准则理事会单方面重启了会计概念框架的研究，于2013年7月发布了一份综合讨论稿：财务报告概念框架的复核。在这份讨论稿中，列出了如下几方面的内容：引言、财务报表的要素、支持资产和负债定义的额外指引、确认和终止确认、权益的定义及债务工具与权益工具的区分、计量、列报和披露、综合收益表的列报——损益和其他综合收益、其他问题。围绕着国际会计准则理事会的讨论稿，又掀起了一次关于概念框架的研究热潮，学者们发表了多篇针对讨论稿的评析及概念框架优化建议相关的论文，各国相关机构也陆续反馈了意见。2015年5月，IASB在综合讨论意见的基础上发布了《财务报告概念框架（征求意见稿）》。2018年3月，IASB正式发布了《财务报告概念框架（2018）》，包括引言、八章正文和附录，其中，引言包括目的、现状、生效日期等；八章正文依次是财务报告的目标、有用财务信息的质量特征、财务报表和报告主体、财务报表的要素、确认和终止确认、计量、列报和披露、资本和资本保全概念;附录给出了概念框架中所使用的术语定义。

2003年,我国新一届会计准则委员会设置了"会计理论专业委员会",负责对财务会计概念框架等与会计准则相关的会计基础理论问题的研究提供咨询意见。在财政部会计准则委员会拟订的"会计准则研究课题"中,也有关于财务会计概念框架的若干课题。2006年,我国财政部发布了具有概念框架性质的《企业会计准则——基本准则》,表明我国企业财务会计概念框架的确立。

二、财务会计概念框架的内容体系

由于各国社会背景和会计理论研究的差异,各国所构造的财务会计概念框架也有所不同,但其基本内容还是极其相似的,均包括会计目标、会计要素概念、会计信息质量特性、会计确认和计量、会计信息列报与披露等。我国《企业会计准则——基本准则》与国际会计准则委员会的财务会计概念框架是基本趋同的,这里将其内容体系整理出来,如图1-1所示。

关于财务会计概念框架中的各项概念与其基本内容在前序课程"基础会计"中已经详细学习过了,本书不再重复。本书后续章节将基于财务会计概念框架的基本理论详细讨论具体会计要素项目和具体经济业务的会计确认、计量、记录和报告等问题。

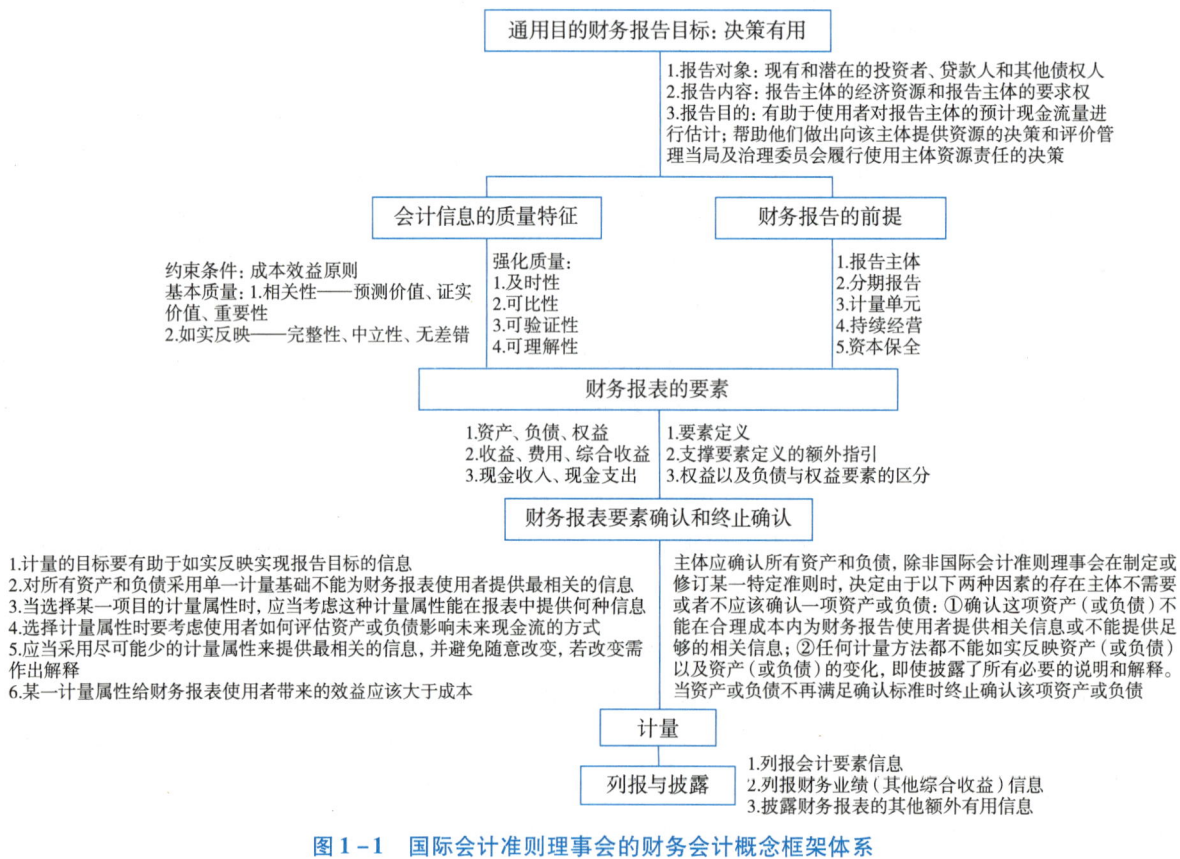

图1-1 国际会计准则理事会的财务会计概念框架体系

三、财务会计概念框架的作用

财务会计概念框架明确了财务会计中的一系列基本概念,形成了一个内在一致的逻辑体系。其主要作用体现在以下方面。

(一) 为评价现行财务会计实务和指导制定新的财务会计准则提供了理论依据

财务会计概念框架规范了财务会计理论研究和实务工作中所常用的基本概念。这些概念"将能够指导首尾一贯的会计准则，并且将说明财务会计和财务报表的性质、作用和局限性……制定、解释和应用会计和报告的准则将反复印证这些概念"。[①] 可见，利用概念框架所提供的概念和逻辑思路，就可以对现行财务会计准则和实务进行分析评价，判断其是否符合逻辑、理论上是否合理等，从而为现行财务会计准则和实务的改进提供依据。同时，在尚未制定会计准则的领域，可以利用概念框架来分析并解决会计工作中新遇到的具体问题，也可以预知社会经济环境变化和理论研究进展对财务会计实务带来的影响，并提供财务会计实务应对变化的理论思路，为制定新的财务会计准则提供理论依据。

(二) 帮助会计信息使用者更好地理解财务会计和财务报告所提供的信息

概念框架展示了财务会计准则制定者的理论思路，有助于增进报表提供者和使用者之间的沟通，帮助使用者了解财务会计与报告的一些基本概念与原理，把握财务会计准则和财务会计实务工作的基点，理解财务报表各项目指标或财务会计信息的含义、作用与局限性。这就为财务会计信息使用者做出恰当的分析判断和正确的经济决策提供了依据，因为，使用者对财务报告的理解越全面和充分，他们就越有能力有效地运用会计信息，减少判断失误，同时也降低了对财务会计准则制定与执行的抵触。

(三) 可以节省准则制定成本

社会经济环境是不断变化的，理论研究也随之不断发展进步，这就要求我们必须适应变化，及时修订现行的具体财务会计准则和制定新的财务会计准则。概念框架将促使准则制定机构保持有关准则文告的内在逻辑一贯性，减少或避免不同准则的冲突，限制实务中相同交易的多种处理方法程序，尽可能做到规范化。"概念框架应该使节约精力可以实现，许多会计问题具有共同的要素，当该委员会（指 FASB）接触到这些问题时，不应该每一次都予以考虑"。[②] 这也就相对减少了准则文告的数量并降低了其复杂性，减少了制定准则的工作量，节约了准则制定成本。

(四) 抵制不同利益集团的政治压力

财务会计准则涉及不同集团的利益，其制定过程往往被认为是不同的利益集团进行博弈的过程。各利益集团都试图施加压力来干预准则的制定，甚至企图通过立法机构或政府出面接管财务会计准则的制定权。而概念框架正好表明财务会计准则有其内在的科学性，制定财务会计准则需要一套完整严密的理论指导。这就为准则制定机构提供了抵制不同利益集团政治压力的有效手段。同时，一套逻辑严密的框架结构也减少了制定准则过程中的个人倾向，掐断了不同利益集团通过影响个别准则制定人员而左右准则制定的途径，更进一步地缓和或抵消了各方面的政治压力。

总之，财务会计概念框架明确了财务会计中的一系列基本概念，形成了一个内在一致的逻辑体系，为评价现行财务会计实务和指导制定新的财务会计准则提供了理论依据，能够帮助会计信息使用者更好地理解财务会计和财务报告所提供的信息，也可以节省准则制定成本，更可以抵制不同利

[①] FASB. Scope and Implication of Conceptual Framework Project. 1976, p. 2.
[②] 常勋译. 对财务会计准则委员会概念结构的评价[J]. 经济资料译丛, 1987(1).

益集团的政治压力。正如1982年FASB的主席Donald Kirk所指出的,"有了概念框架,会计准则的制定就有了方向。否则,它们的制定将是缓慢的。如果缺乏概念框架,势必招致外界集团的批评,比如指责会计准则的发展是毫无目标与宗旨的"。[①]

四、财务会计概念框架的局限性

到目前为止,财务会计概念框架的研究仍然存在较大的局限性。财务会计概念框架重在对会计的一些基本概念作出解释,但由于受到大垄断资本集团等不同利益集团的牵制,其基本概念极少是完整无缺的,内容上也难以实现真正的规范化。葛家澍和刘峰在他们的著作《会计大典——会计理论卷》中指出:"美国的财务会计概念结构始终没有包括与现金流量有关的要素;研究方法不一致,先是演绎法,后又为归纳法,使概念结构内在的逻辑性受到损害;财务报告与财务报表的运用不明确;资产的定义与确认、计量之间不一致;目标定位不恰当,文字不严密,没有涉及财务报表及其编报等。"[②] 此外,概念框架中的基本或抽象理论概念的统一相对还比较容易,而一旦进入较具体的确认、计量、报告和现金流动等项目的研究,就因涉及不同利益集团的利益,致使各方面的外部阻力显著增大,导致某些项目在较长时期内不能得出正式结论。

【本章小结】

本章主要介绍了财务会计及其目标、财务会计规范、财务会计概念框架。通过本章的学习,学生要紧紧抓住财务会计是对外报告会计以及信息的决策相关性这两个特征来理解本章涉及的各个知识点。通过本章的学习,学生应该明确:第一,财务会计是对外报告会计;第二,我国财务会计具有双重目标,既反映管理层受托责任履行情况,又有助于财务报告使用者做出经济决策;第三,财务会计的核算是建立在四个基本假设与权责发生制基础上的;第四,为了实现财务会计目标,需要建立一系列的质量标准;第五,财务会计要素是财务会计信息反映的载体;第六,会计确认与计量是实现财务会计目标的核心。

---

① Donald Kirk. FASB and Industry[J]. The Journal of Accountancy,1982.;葛家澍,林志军. 现代西方会计理论(第三版)[M]. 厦门:厦门大学出版社,2011:88.

② 魏明海,龚凯颂. 会计理论[M]. 大连:东北财经大学出版社,2001:68.

第二章 货币资金

【知识结构图】

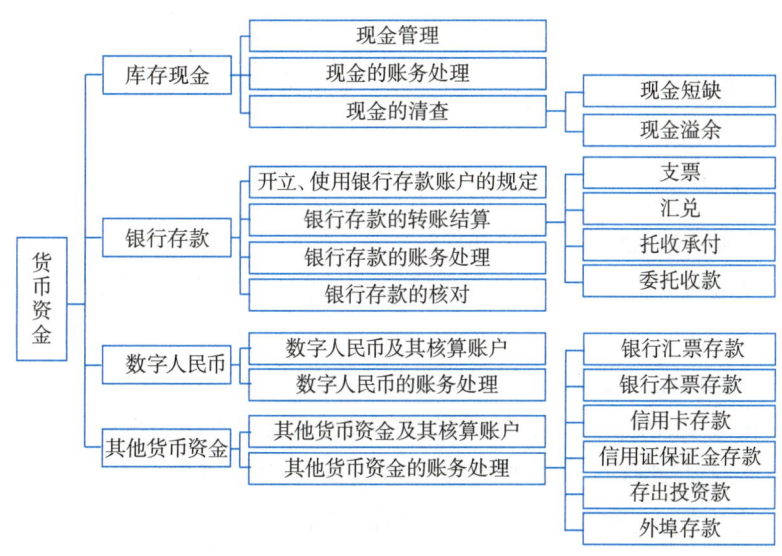

第一节 库存现金

货币资金是指企业生产经营过程中处于货币形态的资产,包括库存现金、银行存款、数字人民币和其他货币资金。

库存现金是指存放于企业财务部门、由出纳人员经管的货币。库存现金是企业流动性最强的资产,企业应当严格遵守国家有关现金管理制度,正确进行现金收支的核算,监督现金使用的合法性与合理性。

一、现金管理

根据国务院发布的《现金管理暂行条例》的规定,企业现金管理制度主要包括以下内容。

1. 现金的使用范围

企业可用现金支付的款项有：

（1）职工工资、津贴；

（2）个人劳务报酬；

（3）根据国家规定颁发给个人的科学技术、文化艺术、体育比赛等各种奖金；

（4）各种劳保、福利费用以及国家规定的对个人的其他支出；

（5）向个人收购农副产品和其他物资的价款；

（6）出差人员必须随身携带的差旅费；

（7）结算起点（1 000元）以下的零星支出；

（8）中国人民银行确定需要支付现金的其他支出。

除上述情况可以用现金支付外，其他款项的支付应通过银行转账结算。

2. 库存现金的限额

为满足企业日常零星开支的需要，由开户银行根据企业的实际情况，核定允许企业留存现金的最高数额。这一限额一般按企业3～5天的日常零星开支所需确定，交通不便的地区，可按5～15天的日常零星开支。经核定的限额，必须严格遵守，如果需要增加或减少限额，企业应向开户银行申请，由开户银行核定。

3. 现金收支规定

开户单位现金收支应当依照下列规定办理：

（1）开户单位现金收入应当于当日送存开户银行，当日送存确有困难的，由开户银行确定送存时间。

（2）开户单位支付现金，可以从本单位库存现金限额中支付或从开户银行提取，不得从本单位的现金收入中直接支付（即坐支）。因特殊情况需要坐支现金的，应当事先报经开户银行审查批准，由开户银行核定坐支范围和限额。坐支单位应当定期向开户银行报送坐支金额和使用情况。

（3）开户单位从开户银行提取现金时，应当写明用途，由本单位财务部门负责人签字盖章，经开户银行审核后，予以支付。

（4）因采购地点不确定，交通不便，生产或市场急需，抢险救灾以及其他特殊情况必须使用现金的，开户单位应向开户银行提出申请，由本单位财会部门负责人签字盖章，经开户银行审核后，予以支付现金。

4. 现金的内部控制

（1）钱账分管。出纳人员不得兼管稽核、会计档案保管和收入、费用、债权、债务账目的登记工作。现金总账不能由出纳登记。

（2）现金开支审批。明确本单位库存现金开支范围；明确各种报销凭证，规定各种库存现金支付业务的报销手续和办法；确定各种现金支出的审批权限。

（3）日清月结。清理各种现金收付款凭证，检查单证是否相符；登记和清理日记账；每日要盘点现金，编制现金盘点表。账实不符要查明原因，主管领导要在盘点表上签字确认。

（4）定期轮岗。出纳岗位最长不能超过3年，应定期轮换。

二、现金的账务处理

为反映和监督企业库存现金的增减变动及结余情况,企业应当设置"库存现金"账户,借方登记库存现金的增加,贷方登记库存现金的减少,期末借方余额反映企业在期末实际持有的库存现金的金额。企业内部各部门周转使用的备用金不属于库存现金,将在后续"其他应收款"核算部分介绍。

为全面、连续反映和监督库存现金的收支和结存情况,企业应当设置现金总账和现金日记账,分别进行企业库存现金的总分类核算和明细分类核算。现金日记账由出纳根据收款凭证、付款凭证,按业务发生的顺序逐笔登记。每日终了,结出当日的现金收入、支出合计数及结存额,并将日记账余额与实际库存额核对,保证账实一致。月度终了,现金日记账余额应与总账余额核对,做到账账相符。

三、现金的清查

为保证现金的安全完整,企业应按规定对库存现金进行定期或不定期的清查,一般采用盘点法,对盘点结果编制现金盘点表。如果账实不符,发现有待查明原因的现金短缺或溢余,应先通过"待处理财产损溢"账户核算。按管理权限报经批准后,分为以下情况处理:

(一) 现金短缺

(1) 属于应由责任人赔偿或保险公司赔偿的部分,计入其他应收款。
(2) 属于无法查明的其他原因或由企业负担的部分,计入管理费用。

【例2-1】茶山股份有限公司2×24年3月31日,在对库存现金进行清查时,发现短缺100元。

借:待处理财产损溢——待处理流动资产损溢　　　　　　　　　　　　100
　　贷:库存现金　　　　　　　　　　　　　　　　　　　　　　　　　100

【例2-2】承接【例2-1】,上述现金短缺,系出纳员李某工作失误导致,由其赔偿80元,其余转入管理费用。

借:其他应收款——李某　　　　　　　　　　　　　　　　　　　　　80
　　管理费用　　　　　　　　　　　　　　　　　　　　　　　　　　　20
　　贷:待处理财产损溢——待处理流动资产损溢　　　　　　　　　　　100

(二) 现金溢余

(1) 属于应支付给有关人员或单位的,计入其他应付款。
(2) 属于无法查明原因的,计入营业外收入。

【例2-3】茶山股份有限公司2×24年5月31日,在对库存现金进行清查时,发生溢余50元。

借:库存现金　　　　　　　　　　　　　　　　　　　　　　　　　　　50
　　贷:待处理财产损溢——待处理流动资产损溢　　　　　　　　　　　 50

【例2-4】承接【例2-3】,上述现金溢余原因不明,经批准转入"营业外收入"科目。

借:待处理财产损溢——待处理流动资产损溢　　　　　　　　　　　　 50
　　贷:营业外收入——现金盘盈利得　　　　　　　　　　　　　　　　50

第二节　银行存款

一、开立、使用银行存款账户的规定

银行存款是企业存放在银行或其他金融机构、没有指定使用方式的货币资金。企业的一切收支，除规定可用现金结算的之外，都必须遵守银行结算办法的规定，通过银行办理转账结算。

银行是全国的结算中心，企业必须在银行开设账户，以办理存款、取款和转账等业务。为维护金融秩序，规范全国银行账户的开立与使用，中国人民银行制定的《人民币银行结算账户管理办法》规定，一个企业可以根据需要在银行开立四种账户，包括基本存款账户、一般存款账户、临时存款账户和专用存款账户。

基本存款账户是企业办理日常结算和现金收付业务的账户，企业职工薪酬等现金的支取只能通过本账户办理。

一般存款账户是企业在基本存款账户以外的银行借款转存以及与基本存款账户的企业不在同一地点的附属非独立核算的单位的账户，企业可以通过本账户办理转账结算和现金缴存，但不能支取现金。

临时存款账户是企业因临时经营活动需要而开立的账户，企业可以通过本账户办理转账结算和根据国家现金管理的规定办理现金收付。

专用存款账户是企业因特殊用途需要而开立的账户。

一个企业只能在一家银行开立一个基本账户，由中国人民银行当地分支机构负责审批；不得在同一家银行的几个分支机构开立一般存款账户。企业在办理存款账户后，应严格遵守银行结算纪律。具体包括：合法使用银行账户，不得转借给其他单位或个人使用；不得利用银行账户进行非法活动；不得签发没有资金保证的票据和远期支票，套取银行信用；不得签发、取得和转让没有真实交易和债权债务的票据，套取银行和他人的资金；不准无理拒付、任意占用他人资金；不准违反规定开立和使用账户。

二、银行存款的转账结算

转账结算，又称"非现金结算""划拨结算"，是指各单位之间的款项收付不是动用现金，而是通过银行将款项从付款单位账户划转到收款单位账户的货币收付行为。目前国内使用的转账结算包括支票、汇兑、托收承付、委托收款、银行汇票、银行本票、信用卡等；国际结算包括信用证、托收、汇付等。本部分介绍支票、汇兑、托收承付、委托收款四种；国际结算的托收、付汇与国内结算的委托收款、汇兑基本相同，不予重复；其他内容将在后文介绍。

（一）支票

支票是出票人签发的、委托办理支票存款业务的银行在见票时无条件支付确定的金额给收款人或者持票人的票据。支票分为现金支票、转账支票和普通支票。现金支票只能用于支取现金。转账支票只能用于转账。普通支票既可用于支取现金，也可用于转账。在普通支票左上角划两条平行线

的，为划线支票，划线支票只能用于转账，不能用于支取现金。单位和个人的各种款项结算，均可以使用支票。

支票的持票人应当自出票日起10日内提示付款。

支票的出票人签发支票的金额不得超过付款时在付款人处实有的金额。禁止签发空头支票、与其预留的签章不符的支票。否则，银行应予以退票，并按票面金额处以5%但不低于1 000元的罚款；持票人有权要求出票人赔偿支票金额2%的赔偿金。对屡次签发的，银行应停止其签发支票。

(二) 汇兑

汇兑是汇款人委托银行将其款项支付给异地收款人的结算方式。单位和个人各种款项的结算，均可使用汇兑结算方式。

汇款回单只能作为汇出银行受理汇款的依据，不能作为该笔汇款已经转入收款人账户的证明；收账通知是银行将款项确已收入收款人账户的凭据。

汇款人对汇出银行"尚未汇出"的款项可以申请撤销。

(三) 托收承付

托收承付是根据购销合同由收款人发货后委托银行向异地付款人收取款项，由付款人向银行承认付款的结算方式。

托收承付结算款项的每笔金额起点是10 000元，新华书店系统每笔的金额起点是1 000元。办理托收承付结算的款项，必须是商品交易以及因商品交易而产生的劳务供应的款项。代销、寄销、赊销商品的款项，不得办理托收承付结算。使用托收承付结算方式的收款单位和付款单位，必须是国有企业、供销合作社以及经营管理较好并经开户银行审查同意的城乡集体所有制工业企业。收付双方使用托收承付结算必须签订符合《中华人民共和国民法典》合同编规定的购销合同，并在合同中明确约定使用托收承付结算方式。收款人办理托收，必须具有商品确已发运的证件，包括铁路、航运、公路等运输部门签发的运单、运单副本和邮局包裹回执等。

收款人对同一付款人发货托收累计3次收不回货款的，收款人开户银行应暂停收款人向该付款人办理托收；付款人累计3次提出无理拒付的，付款人开户银行应暂停其向外办理托收。

承付货款分为验单付款和验货付款两种，由收付双方协商选用，并在合同中予以明确规定。验单付款的承付期为3天，自付款人开户银行发出承付通知的次日起计算（承付期内遇法定休假日顺延）。验货付款的承付期为10天，自运输部门向付款人发出提货通知的次日起计算。

对下列情况，付款人在承付期内可向银行提出全部或部分拒绝付款：

(1) 没有签订购销合同或者购销合同未订明托收承付结算方式的款项；

(2) 未经双方事先达成协议，收款人提前交货，或者因逾期交货，付款人不再需要该项货物的款项；

(3) 未按合同规定的到货地址发货的款项；

(4) 代销、寄销、赊销商品的款项；

(5) 验单付款，发现所列货物的品种、规格、数量、价格与合同规定不符；或者货物已到，经查验货物与合同规定或与发货清单不符的款项；

(6) 验货付款，经查验货物与合同规定或与发货清单不符的款项；

(7) 货款已经支付或计算错误的款项。

(四) 委托收款

委托收款是收款人委托银行向付款人收取款项的结算方式。单位和个人凭已承兑商业汇票、债券、存单等付款人债务证明办理款项的结算，均可以使用委托收款结算方式。委托收款在同城、异地均可以使用。

委托收款以银行以外的单位为付款人的，委托收款凭证必须记载付款人开户银行名称；以银行以外的单位或在银行开立存款账户的个人为收款人的，委托收款凭证必须记载收款人开户银行名称；未在银行开立存款账户的个人为收款人，委托收款凭证必须记载被委托银行名称。

收款人办理委托收款应向银行提交委托收款凭证和有关的债务证明。以银行为付款人的，银行应当在当日将款项主动支付给收款人。以单位为付款人的，银行应及时通知付款人，付款人应于接到通知的当日书面通知银行付款，如果付款人未在接到通知的次日起3日内通知银行付款的，视为同意付款。

三、银行存款的账务处理

为反映和监督企业银行存款的增减变动和结存情况，企业应当设置"银行存款"账户，借方登记企业银行存款的增加，贷方登记企业银行存款的减少，期末借方余额反映企业在期末实际持有的银行存款金额。

企业应设置银行存款总账和银行存款日记账，分别进行银行存款的总分类核算和明细分类核算。"银行存款日记账"，根据收付款凭证，按照业务的发生顺序逐笔登记，每日终了，应结出余额。

【例2-5】 茶山股份有限公司2×24年6月发生如下经济业务：

(1) 6月15日，公司购买材料一批已入库，材料价款6 000元，可抵扣增值税780元，公司开出转账支票6 780元支付；

(2) 6月20日，收到银行通知，公司委托收取的货款2 540元，已存入公司账户；

(3) 6月28日，以银行存款支付本月电费2 100元，其中，生产车间耗用1 800元，管理部门耗用300元；

(4) 6月29日，公司销售产品一批，售价2 000元，增值税260元，收到支票送交银行。

上述业务的会计处理为：

(1) 借：原材料　　　　　　　　　　　　　　　　　　　　　　6 000
　　　　应交税费——应交增值税（进项税额）　　　　　　　　　780
　　　贷：银行存款　　　　　　　　　　　　　　　　　　　　　　6 780

(2) 借：银行存款　　　　　　　　　　　　　　　　　　　　　　2 540
　　　贷：应收账款　　　　　　　　　　　　　　　　　　　　　　2 540

(3) 借：制造费用　　　　　　　　　　　　　　　　　　　　　　1 800
　　　　管理费用　　　　　　　　　　　　　　　　　　　　　　　300
　　　贷：银行存款　　　　　　　　　　　　　　　　　　　　　　2 100

(4) 借：银行存款　　　　　　　　　　　　　　　　　　　　　　2 260

贷：主营业务收入　　　　　　　　　　　　　　　　　　　　　　　　　　2 000
　　　　应交税费——应交增值税（销项税额）　　　　　　　　　　　　　　　260

四、银行存款的核对

"银行存款日记账"应定期与"银行对账单"核对，至少每月一次。企业银行存款账面余额与对账单余额之间如有差额，应编制"银行存款余额调节表"调节，如没有记账错误，调节后的双方余额应当相等。银行存款余额调节表只是为了核对账目，并不能作为调整银行存款账面余额的记账依据。

企业银行存款账面余额与银行对账单余额之间不一致的原因，除记账错误之外，还可能是因为未达账项。未达账项，是指企业和银行之间，由于记账时间不一致而发生的一方已经入账，而另一方尚未入账的事项。未达账项一般有四种情况：一是企业已收款入账，银行尚未收款入账；二是企业已付款入账，银行尚未付款入账；三是银行已收款入账，企业尚未收款入账；四是银行已付款入账，企业尚未付款入账。

【例2-6】 茶山股份有限公司2×24年12月31日银行存款日记账余额为89 750元，开户银行转来的对账单的余额为97 100元。该公司经逐笔核对，发现以下未达账项：

(1) 12月2日，公司购买一批材料，开出转账支票8 600元，持票人尚未到银行兑现；

(2) 12月7日，银行收到货款6 880元，已存入公司账户，公司尚未收到收款通知；

(3) 12月18日，银行代公司支付本月电费2 830元，公司尚未收到付款通知；

(4) 12月26日，公司预收货款3 000元，送存银行，银行尚未入账；

(5) 12月30日，银行代扣公司本月应付的短期借款利息2 300元，公司尚未收到付息通知。

由此，编制的银行存款余额调节表见表2-1。

表2-1　银行存款余额调节表

2×24年12月31日　　　　　　　　　　　　　　　　　　　　　　　　　　　　　　　单位：元

项目	金额	项目	金额
银行存款日记账余额	89 750	银行对账单余额	97 100
加：银行已收，企业未收	6 880	加：企业已收，银行未收	3 000
减：银行已付，企业未付	(2 830 + 2 300)	减：企业已付，银行未付	8 600
调节后的存款余额	91 500	调节后的存款余额	91 500

由表2-1可知，表中左右两方调节后的余额相等。茶山股份有限公司银行存款的实有数是91 500元。

第三节　数字人民币

一、数字人民币及其核算账户

数字人民币是由中国人民银行发行的数字形式的法定货币，由指定运营机构参与运营并向公众兑换，以广义账户体系为基础，支持银行账户松耦合功能，与纸钞硬币等价，具有价值特征和法偿性，支持可控匿名。

数字人民币是指以广义账户体系为基础，任何能形成个人身份唯一标识的东西都可以成为账户（如手机号、车牌号、身份证号等），开立数字人民币钱包，进行数字人民币的结算。对于一些农村地区或者边远山区群众，来华境外旅游者等，不能或者不便持有银行账户的，也可以通过数字人民币钱包享受相应的金融服务，有助于实现普惠金融。可见，开立数字人民币钱包不需要像开立银行账户那样提交很多文件和个人信息，从而可以很方便地使用。

松耦合则是松开耦合之意，使结构独立起来，便于独立修改和操作。银行账户松耦合功能是指银行系统中将不同账户之间的功能进行分离，让它们可以相互解耦。用户可以根据自己的需求自由选择开通或关闭一个账户的转账、存款、取款、贷款等功能中的一项或几项，也可以保证一个账户出现问题不会影响其他账户的正常使用；银行新增或调整某种功能也不会对其他功能产生影响，从而提高系统的灵活性和可维护性。

人民币的法偿性即以人民币支付中华人民共和国境内的一切公共的和私人的债务，任何单位和个人不得拒收。转账、购物、出行、生活、旅游等常用支付场景都可以使用数字人民币支付。

可控匿名作为数字人民币的重要特征，一方面，体现了数字人民币属于流通中现金的定位，保障公众合理的匿名交易和个人信息保护的需求；另一方面，也是防控和打击洗钱、恐怖融资、逃税等违法犯罪行为，维护金融安全的客观需要。匿名数字人民币钱包之间用匿名化的技术处理，所有钱包之间有关个人信息的数据对交易对手和其他商业机构匿名。对于公众正常的交易和消费，上述主体均无法获取完整的交易信息和消费行为信息，以保护消费者的个人隐私。数字人民币相关信息将加密封存，所有客户信息进行去标识化处理，非经合法授权，无论是人民银行内部人员还是外部的任何单位和个人，均不得随意查询、使用；未经授权查询或使用个人信息的，将依法追究法律责任。只有当触发涉嫌非法可疑交易等情况时，有关权力机关才可以依法向运营机构查询、使用用户个人信息，同时，严格将知悉和使用范围控制在法律法规授权内，并采取安全保护措施。

为反映和监督企业数字人民币的增减变动和结存情况，企业应设置"数字货币——人民币"账户，借方登记数字人民币的增加，贷方登记数字人民币的减少，期末余额在借方，反映企业在期末实际持有的数字人民币的金额。

二、数字人民币的账务处理

企业开立数字人民币钱包，兑换或者通过交易结算取得数字人民币时，记录"数字货币——人民币"的增加；使用数字人民币支付时，记录"数字货币——人民币"的减少。

【例2-7】茶山股份有限公司2×24年8月发生如下经济业务：

（1）8月1日，公司开出支票在指定运营机构兑换数字人民币100 000元；

（2）8月15日，公司以数字人民币支付本月职工工资80 000元；

（3）8月20日，公司销售产品一批，售价2 000元，增值税260元，收到数字人民币；

（4）8月22日，公司购买材料一批已入库，材料价款6 000元，可抵扣增值税780元，公司以数字人民币支付。

上述业务的会计处理为：

(1) 借：数字货币——人民币　　　　　　　　　　　　　　　　100 000
　　　贷：银行存款　　　　　　　　　　　　　　　　　　　　　　100 000
(2) 借：应付职工薪酬　　　　　　　　　　　　　　　　　　　　 80 000
　　　贷：数字货币——人民币　　　　　　　　　　　　　　　　 80 000
(3) 借：数字货币——人民币　　　　　　　　　　　　　　　　 2 260
　　　贷：主营业务收入　　　　　　　　　　　　　　　　　　　 2 000
　　　　　应交税费——应交增值税（销项税额）　　　　　　　　 260
(4) 借：原材料　　　　　　　　　　　　　　　　　　　　　　　 6 000
　　　　应交税费——应交增值税（进项税额）　　　　　　　　　 780
　　　贷：数字货币——人民币　　　　　　　　　　　　　　　　 6 780

第四节　其他货币资金

一、其他货币资金及其核算账户

其他货币资金是指企业除库存现金、银行存款以外的各种货币资金，主要包括银行汇票存款、银行本票存款、信用卡存款、信用证保证金存款、存出投资款、外埠存款等。

为反映和监督企业其他货币资金的增减变动和结存情况，企业应设置"其他货币资金"账户，借方登记其他货币资金的增加，贷方登记其他货币资金的减少，期末余额在借方，反映企业在期末实际持有的其他货币资金的金额。"其他货币资金"账户应按照企业货币资金的种类设置明细账户进行明细核算。

二、其他货币资金的账务处理

（一）银行汇票存款

1. 银行汇票及其使用规定

银行汇票存款，是企业为取得银行汇票按规定存入银行的款项。银行汇票是出票银行签发的，由其在见票时按照实际结算金额无条件支付给收款人或者持票人的票据。银行汇票的实际结算金额低于出票金额的，多余金额由出票银行退交申请人。银行汇票可用于转账，填明"现金"字样的银行汇票也可以支取现金，但申请人或者收款人有一方为单位的，不得申请现金银行汇票；单位和个人各种款项结算，均可使用银行汇票。银行汇票的提示付款期限自出票之日起1个月。持票人超过付款期限提示付款的，代理付款银行不予受理。

收款人受理申请人交付的银行汇票时，应在出票金额内，根据实际需要的款项办理结算，并将实际结算金额和多余金额准确、清晰地填入银行汇票和解讫通知的有关栏内。未填明实际结算金额和多余金额或者实际结算金额超过出票金额的，银行不予受理。银行汇票的实际结算金额一经填写不得更改，更改实际结算金额的银行汇票无效。

银行汇票可以背书转让,但背书转让金额以不超过出票金额为限。未填写实际结算金额或者实际结算金额超过出票金额的银行汇票不得背书转让。

2. 银行汇票存款的账务处理

申请使用银行汇票的企业,在填写"银行汇票申请书"、将款项交存银行取得银行汇票时,记录"其他货币资金——银行汇票"的增加;使用银行汇票购货时,记录"其他货币资金——银行汇票"的减少;采购完毕转回剩余款项时,记录"其他货币资金——银行汇票"的减少。

销货企业收到银行汇票、填制进账单到开户银行办理款项入账手续时,根据进账单及销货发票,记录"银行存款"的增加,借:银行存款;贷:主营业务收入和应交税费——应交增值税(销项税额)。

【例2-8】茶山股份有限公司为增值税一般纳税人,2×24年5月10日向银行提交"银行汇票委托书",并交存230 000元,银行受理该业务。茶山股份有限公司购入原材料一批,取得的增值税专用发票上的价款为200 000元,增值税26 000元,已用银行汇票办理结算,余款退回开户银行。材料已验收入库。

(1)将款项交存银行转作银行汇票存款,根据银行盖章退回的申请书存根联:

借:其他货币资金——银行汇票　　　　　　　　　　　230 000
　　贷:银行存款　　　　　　　　　　　　　　　　　　　230 000

(2)用银行汇票结算材料价款和增值税时:

借:原材料　　　　　　　　　　　　　　　　　　　　200 000
　　应交税费——应交增值税(进项税额)　　　　　　　 26 000
　　贷:其他货币资金——银行汇票　　　　　　　　　　 226 000

(3)收到多余款项时:

借:银行存款　　　　　　　　　　　　　　　　　　　　4 000
　　贷:其他货币资金——银行汇票　　　　　　　　　　　4 000

(二)银行本票存款

1. 银行本票及其使用规定

银行本票存款,是企业为取得银行本票按规定存入银行的款项。银行本票是出票人(银行)签发的,承诺自己在见票时无条件支付确定的金额给收款人或持票人的票据。单位和个人在同一票据交换区域支付各种款项时,均可以使用银行本票。银行本票可以用于转账,注明"现金"字样的银行本票可以用于支取现金,但申请人或收款人为单位的,不得申请签发现金银行本票。银行本票的提示付款期限自出票日起最长不得超过2个月。

2. 银行本票存款的账务处理

申请使用银行本票的企业,在填写"银行本票申请书"、将款项交存银行取得银行本票时,记录"其他货币资金——银行本票"的增加;使用银行本票时,记录"其他货币资金——银行本票"的减少。

销货企业收到银行本票、填制进账单到开户银行办理款项入账手续时,根据进账单及销货发票,记录"银行存款"的增加,借:银行存款;贷:主营业务收入和应交税费——应交增值税(销项税额)。

【例2-9】茶山股份有限公司系增值税一般纳税人,为取得银行本票,于2×24年1月5日向银行填交"银行本票申请书",并将2 000元银行存款转作银行本票存款。

借:其他货币资金——银行本票　　　　　　　　　　　　　　　　2 000
　　贷:银行存款　　　　　　　　　　　　　　　　　　　　　　　　　　2 000

2×24年1月15日,茶山股份有限公司用2 000元银行存款支付咨询费,编制如下会计分录:

借:管理费用　　　　　　　　　　　　　　　　　　　　　　　　2 000
　　贷:其他货币资金——银行本票　　　　　　　　　　　　　　　　　2 000

(三) 信用卡存款

1. 信用卡及其使用规定

信用卡存款,是企业或个人存放在信用卡的款项。信用卡是指经批准由商业银行(含邮政金融机构)向社会发行的具有消费信用、转账结算、存取现金等全部或部分功能的信用支付工具。按发行对象的不同,银行卡可分为单位卡、个人卡。

凡在中国境内金融机构开立基本存款账户的单位,应当凭中国人民银行核发的开户许可证申领单位卡;个人申领信用卡,应当向发卡银行提供公安部门规定的本人有效身份证件,经发卡银行审查合格后,为其开立记名账户。信用卡及其账户只限经发卡银行批准的持卡人本人使用,不得出租和转借。

单位人民币卡可以办理商品交易和劳务供应款项的结算,但不得透支。单位人民币卡账户的资金一律从其基本存款账户转账存入,不得存取现金,不得将销货收入存入单位卡账户。单位外币卡账户的资金应从其单位的外汇账户转账存入,不得在境内存取外币现钞。个人人民币卡账户的资金以其持有的现金存入或以其工资性款项、属于个人的合法的劳务报酬、投资回报等收入转账存入。严禁将单位的款项转入个人卡账户存储。

持卡人可持信用卡在特约单位购物、消费,但单位卡不得用于10万元以上的商品交易、劳务供应款项的结算,不得支取现金。

持卡人在还清全部交易款项、透支本息和有关费用后,可申请办理销户。销户时,单位人民币卡账户的资金应当转入其基本存款账户,单位外币卡账户的资金应当转回相应的外汇账户,不得提取现金。

2. 信用卡存款的账务处理

企业向信用卡中存入资金时,记录"其他货币资金——信用卡"的增加;使用信用卡支付时,记录"其他货币资金——信用卡"的减少。

【例2-10】茶山股份有限公司为增值税一般纳税人,2×24年3月1日因开展业务需要向银行申请办理信用卡,开出转账支票一张,金额200 000元,收到进账单第一联和信用卡。

借:其他货币资金——信用卡　　　　　　　　　　　　　　　　200 000
　　贷:银行存款　　　　　　　　　　　　　　　　　　　　　　　　200 000

2×24年3月5日,茶山股份有限公司用信用卡购买商品一批,取得的增值税专用发票上注明价款100 000元,增值税13 000元。

借：在途物资　　　　　　　　　　　　　　　　　　　　　　　　　　　100 000
　　应交税费——应交增值税（进项税额）　　　　　　　　　　　　　　13 000
　　贷：其他货币资金——信用卡　　　　　　　　　　　　　　　　　　113 000

（四）信用证保证金存款

1. 信用证及其使用规定

信用证保证金存款，是指采用信用证结算方式的企业为取得信用证，按规定存入银行信用证保证金专户的款项。信用证是银行（即开证行）按照进口商（即开证申请人）的要求和指示向出口商（即受益人）开具的、授权出口商签发以银行或进口商为付款人的汇票，保证在将来收到符合信用证条款的汇票和单据时，必定承兑和付款的保证文件。信用证是国际贸易中常用的主要支付方式，国内也可以使用信用证进行转账结算。

2. 信用证保证金存款的账务处理

申请使用信用证的企业，在填写"信用证申请书"并将保证金交存银行时，记录"其他货币资金——信用证保证金"的增加；收到信用证使用通知书和有关购货单据并支付余款时，记录"其他货币资金——信用证保证金"和"银行存款"的减少。

【例2-11】茶山股份有限公司为增值税一般纳税人，2×24年3月10日因从国外进口货物向银行申请使用国际信用证进行结算，并按规定向银行交纳保证金2 000 000元，收到进账单第一联。

借：其他货币资金——信用证保证金　　　　　　　　　　　　　　　　2 000 000
　　贷：银行存款　　　　　　　　　　　　　　　　　　　　　　　　2 000 000

2×24年3月18日，茶山股份有限公司收到银行转来的进口货物信用证通知书，根据海关完税凭证，进口货物成本为4 000 000元，增值税520 000元，货物已验收入库，并支付余款。

借：原材料　　　　　　　　　　　　　　　　　　　　　　　　　　　4 000 000
　　应交税费——应交增值税（进项税额）　　　　　　　　　　　　　　520 000
　　贷：其他货币资金——信用卡保证金　　　　　　　　　　　　　　　2 000 000
　　　　银行存款　　　　　　　　　　　　　　　　　　　　　　　　2 520 000

（五）存出投资款

1. 存出投资款概念

存出投资款，是指企业已存入证券公司但尚未进行短期投资的款项。

2. 存出投资款的账务处理

企业向证券公司划出资金时，记录"其他货币资金——存出投资款"的增加；使用存出投资款购入投资品或将存出投资款转回企业基本存款账户时，记录"其他货币资金——存出投资款"的减少；企业处置投资品收到款项时，记录"其他货币资金——存出投资款"的增加。

【例2-12】茶山股份有限公司为利用闲置资金进行证券投资，于2×24年4月2日向申银万国申请资金账号，并开出转账支票划出投资资金6 000 000元准备购买股票。

借：其他货币资金——存出投资款　　　　　　　　　　　　　　　　　6 000 000
　　贷：银行存款　　　　　　　　　　　　　　　　　　　　　　　　6 000 000

2×24年4月10日，茶山股份有限公司以每股8.5元的价格从二级市场购入某股份公司股票500 000股作为交易性金融资产。

  借：交易性金融资产   4 250 000
    贷：其他货币资金——存出投资款   4 250 000

2×24年5月18日，茶山股份有限公司将持有的上述股票出售，实际收到款项5 000 000元。

  借：其他货币资金——存出投资款   5 000 000
    贷：交易性金融资产   4 250 000
      投资收益   750 000

2×24年5月26日，茶山股份有限公司从证券公司账户中划转1 000 000元到本公司基本存款账户。

  借：银行存款   1 000 000
    贷：其他货币资金——存出投资款   1 000 000

（六）外埠存款

1. 外埠存款及其使用规定

外埠存款，是指企业到外地进行临时或零星采购时，汇往采购地银行开立采购专户的款项。

企业将款项汇往外地时，应填写汇款委托书，委托开户银行办理汇款。汇入地银行以汇款单位名义开立临时采购账户，该账户的存款不计利息、只付不收、付完清户，除了采购人员可从中提取少量现金外，一律采用转账结算。

2. 外埠存款的账务处理

企业将款项汇往外地开立采购专用账户时，记录"其他货币资金——外埠存款"的增加；使用外埠存款购货时，记录"其他货币资金——外埠存款"的减少；采购完毕转回剩余款项时，记录"其他货币资金——外埠存款"的减少。

【例2-13】茶山股份有限公司派采购员到异地采购原材料，2×24年8月15日企业委托开户银行汇款90 000元到采购地设立采购专户，根据收到的银行汇款凭证回单联，企业编制如下会计分录：

  借：其他货币资金——外埠存款   90 000
    贷：银行存款   90 000

2×24年8月22日，采购员交来从采购专户付款购入材料的有关凭证，增值税专用发票上的原材料价款为70 000元，增值税税额为9 100元，企业编制如下会计分录：

  借：原材料   70 000
    应交税费——应交增值税（进项税额）   9 100
    贷：其他货币资金——外埠存款   79 100

2×24年8月30日，收到开户银行的收款通知，该采购专户中的结余款项已经转回，根据收账通知，企业编制如下会计分录：

  借：银行存款   10 900
    贷：其他货币资金——外埠存款   10 900

【本章小结】

本章主要介绍了货币资金的组成及各部分的核算。库存现金主要内容包括库存现金的管理、现金的日常核算及清查。银行存款主要涉及银行账户管理、日常核算和转账结算方式。其他货币资金重点是其内容及核算。

第三章

存货

【知识结构图】

- 存货
  - 存货概述
    - 存货的概念及特征
    - 存货的内容
    - 存货的确认条件
      - 与该存货有关的经济利益很可能流入企业
      - 该存货的成本能够可靠地计量
  - 存货的初始计量
    - 外购的存货
      - 成本构成
      - 会计处理
    - 自制的存货
    - 投资者投入的存货
    - 其他方式取得的存货
  - 发出存货的计量
    - 发出存货的计价方法
      - 先进先出法
      - 加权平均法
      - 个别计价法
    - 发出存货的会计处理
      - 生产经营领用原材料
      - 生产经营领用周转材料
      - 销售存货
  - 计划成本法
    - 设置的科目
    - 会计处理
      - 材料成本差异的形成
      - 材料成本差异的分摊
  - 存货的期末计量
    - 存货期末计量的原则
    - 存货的可变现净值
      - 确定存货可变现净值时应考虑的因素
      - 估计售价的确定方法
    - 计提存货跌价准备的方法
    - 账务处理
      - 计提存货跌价准备
      - 转回存货跌价准备
      - 结转存货跌价准备
  - 存货清查
    - 存货清查的概念
    - 账务处理
      - 盘盈的账务处理
      - 盘亏的账务处理

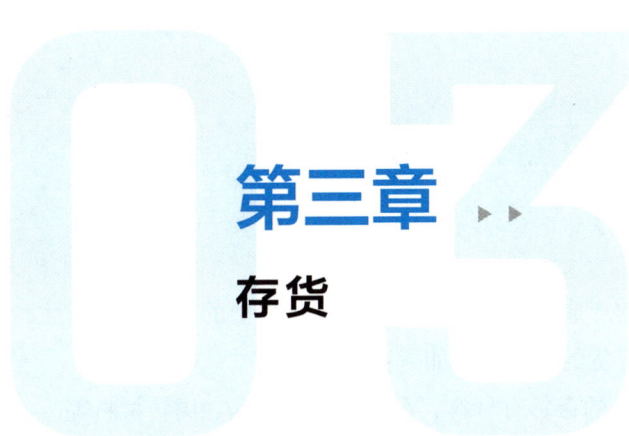

第一节　存货概述

一、存货的概念及特征

存货是指企业在日常活动中持有以备出售的产成品或商品、处在生产过程中的在产品、在生产过程或提供劳务过程中耗用的材料和物料等。存货的主要特征如下：

（1）存货是有形资产，具有实物形态。常见的存货有材料、在产品、产成品、周转材料等。

（2）存货属于流动资产，具有较大的流动性。存货通常是在一年或一个营业周期内被销售或被耗用。

（3）持有存货的目的是以备出售或将在生产过程或提供劳务过程中被耗用。这是存货区别于固定资产的最基本的特征。

（4）存货存在价值减损的可能性。由于存货的价值受市场价格波动的影响较大，当存货在较长时间内不能被销售或耗用时，就有可能成为积压物资或降价处理。

二、存货的内容

企业的存货通常包括以下内容：

（1）原材料。指企业在生产过程中经加工改变其形态或性质并构成产品主要实体的各种原料及主要材料、辅助材料、外购半成品（外购件）、修理用备件（备品备件）、包装材料、燃料等。为建造固定资产等各项工程而储备的各种材料，虽然同属于材料，但是，由于用于建造固定资产等各项工程不符合存货的定义，因此不能作为企业的存货进行核算。

（2）在产品。指企业正在制造尚未完工的产品，包括正在各个生产工序加工的产品和已加工完毕但尚未检验或已检验但尚未办理入库手续的产品。

（3）半成品。指经过一定生产过程并已检验合格交付半成品仓库保管，但尚未制造完工成为产成品，仍需进一步加工的中间产品。

（4）产成品。指工业企业已经完成全部生产过程并验收入库，可以按照合同规定的条件送交订货单位，或者可以作为商品对外销售的产品。企业接受外来原材料加工制造的代制品和为外单位加工修理的代修品，制造和修理完成验收入库后，应视同企业的产成品。

（5）商品。指商品流通企业外购或委托加工完成验收入库用于销售的各种商品。

（6）周转材料。指企业能够多次使用，但不符合固定资产定义的材料，如为了包装本企业商品而储备的各种包装物，各种工具、管理用具、玻璃器皿、劳动保护用品以及在经营过程中周转使用的容器等低值易耗品和建造承包商的钢模板、木模板、脚手架等其他周转材料。但是，周转材料符合固定资产定义的，应当作为固定资产处理。

三、存货的确认条件

存货必须在符合定义的前提下，同时满足下列两个条件，才能予以确认。

（一）与该存货有关的经济利益很可能流入企业

企业在确认存货时，需要判断与该项存货相关的经济利益是否很可能流入企业。在实务中，主要通过判断与该项存货所有权相关的风险和报酬是否转移到了企业来确定与存货相关的经济利益是否很可能流入企业。通常情况下，随着存货实物的交付和存货所有权的转移，所有权上的风险和报酬也一并转移。一般来说，凡企业拥有所有权的货物，无论存放何处，都应包括在本企业的存货之中；而尚未取得所有权或已将所有权转移给其他企业的货物，即使存放在本企业，也不应该算入本企业的存货。但在有些交易方式下（如售后回购、售后回租等），存货实物的交付及所有权的转移与所有权上的主要风险和报酬的转移可能并不同步，此时，存货的确认应当注重交易的经济实质，而不能仅仅依据其所有权的归属。

（二）该存货的成本能够可靠地计量

作为企业资产的组成部分，要确认存货，企业必须能够对其成本进行可靠的计量。存货的成本能够可靠地计量必须取得确凿、可靠的证据，并且具有可验证性。如果存货的成本不能可靠地计量，则不能确认为一项存货。例如，企业承诺购买的货物，由于目前尚未发生实际购买行为，不能可靠确定其成本，因此不能确认为购买企业的存货。

第二节　存货的初始计量

企业取得存货应当按照成本进行初始计量。存货成本包括采购成本、加工成本和使存货达到目前场所和状态所发生的其他成本。由于存货的取得方式有多种，不同取得方式下，存货成本的具体构成内容并不完全相同。

一、外购的存货

（一）成本构成

外购存货的成本即存货的采购成本，是指企业物资从采购到入库前所发生的全部支出。存货的采购成本，包括购买价款、相关税费、运输费、装卸费、保险费以及其他可归属于存货采购成本的费用。购买价款，是指购买的材料或商品的发票账单上列明的价款，但不包括按规定准予抵扣的增值税额；相关税费，是指进口存货发生的进口关税、消费税、资源税以及不能从增值税销项税额中抵扣的进项税额等；其他可归属于存货采购成本的费用，是指存货采购过程中发生的除上述各项费用以外的仓储费、包装费、运输途中的合理损耗、入库前的挑选整理费用等可直接归属于存货采购成本的费用。

但是，市内零星运杂费、采购人员差旅费和采购部门经费一般不应当包括在存货的采购成本中。

（二）会计处理

在实际成本下，存货的日常采购业务一般通过"原材料"和"在途物资"等科目进行核算。存货的外购方式包括现购、赊购和预付款购货。在不同的方式下，其会计处理有所不同。

1. 现购

在现购方式下,根据存货验收入库和货款结算能否同步完成,具体分为以下三种情况:

(1) 存货已经验收入库,货款已经结算。

【例 3–1】 茶山股份有限公司购入 A 材料一批,增值税专用发票上注明的材料价款为 200 000 元,增值税 32 000 元,对方代垫包装费 1 000 元,全部款项已用转账支票付讫,材料已验收入库。

借:原材料——A 材料　　　　　　　　　　　　　　　　　　　　　201 000
　　应交税费——应交增值税(进项税额)　　　　　　　　　　　　 32 000
　　贷:银行存款　　　　　　　　　　　　　　　　　　　　　　　233 000

【例 3–2】 茶山股份有限公司购入 B 材料一批,增值税专用发票上注明的材料价款为 100 000 元,增值税 16 000 元,对方代垫包装费 600 元,开出一张已承兑的 3 个月商业汇票用于支付,票据面值为 116 600 元,材料已验收入库。

借:原材料——B 材料　　　　　　　　　　　　　　　　　　　　　100 600
　　应交税费——应交增值税(进项税额)　　　　　　　　　　　　 16 000
　　贷:应付票据　　　　　　　　　　　　　　　　　　　　　　　116 600

(2) 存货尚未验收入库,货款已经结算。

【例 3–3】 茶山股份有限公司购入 C 材料一批,取得的增值税专用发票上注明的货款为 20 000 元,增值税 3 200 元,全部款项已转账支付,材料尚未到达。

借:在途物资——C 材料　　　　　　　　　　　　　　　　　　　　20 000
　　应交税费——应交增值税(进项税额)　　　　　　　　　　　　 3 200
　　贷:银行存款　　　　　　　　　　　　　　　　　　　　　　　 23 200

待 C 材料运抵企业,并验收入库时:

借:原材料——C 材料　　　　　　　　　　　　　　　　　　　　　 20 000
　　贷:在途物资——C 材料　　　　　　　　　　　　　　　　　　 20 000

(3) 存货已经验收入库,发票账单未到。材料办理验收入库时,暂不作处理。月末仍未收到相关发票账单的,按暂估价入账。下月初作相反分录予以冲回,待收到相关发票账单后再编制会计分录。

【例 3–4】 茶山股份有限公司于 2×24 年 5 月 5 日购入 D 材料一批,材料已验收入库。月末发票账单尚未收到,也无法确定其实际成本,暂估价值为 30 000 元。

5 月 5 日,材料运抵企业并验收入库,暂不作会计处理。

5 月 30 日,发票账单仍未到,对该批材料按暂估价入账。

借:原材料——D 材料　　　　　　　　　　　　　　　　　　　　　 30 000
　　贷:应付账款——暂估应付账款　　　　　　　　　　　　　　　 30 000

6 月 1 日,作相反会计分录或红字冲销分录予以冲回。

借:应付账款——暂估应付账款　　　　　　　　　　　　　　　　　 30 000
　　贷:原材料——D 材料　　　　　　　　　　　　　　　　　　　 30 000

或

借:原材料——D 材料　　　　　　　　　　　　　　　　　　　　　 30 000

贷：应付账款——暂估应付账款　　　　　　　　　　　　　　　　　　　　　　　30 000

假定6月20日收到发票账单，增值税专用发票上注明的货款为31 000元，增值税税额4 960元，对方代垫保险费2 000元，已用银行存款付讫。

　　借：原材料——D材料　　　　　　　　　　　　　　　　　　　　　　　　　　33 000
　　　　应交税费——应交增值税（进项税额）　　　　　　　　　　　　　　　　　4 960
　　　　贷：银行存款　　　　　　　　　　　　　　　　　　　　　　　　　　　　37 960

2. 赊购

赊购是一种信用交易，即买方在购买商品或服务时，尚未支付相应款项给卖方，一般通过"应付账款"账户进行核算。

【例3-5】茶山股份有限公司购入E材料一批，取得的增值税专用发票上注明的货款为50 000元，增值税6 500元，材料已经验收入库，款项尚未支付。

　　借：原材料——E材料　　　　　　　　　　　　　　　　　　　　　　　　　　50 000
　　　　应交税费——应交增值税（进项税额）　　　　　　　　　　　　　　　　　6 500
　　　　贷：应付账款　　　　　　　　　　　　　　　　　　　　　　　　　　　　56 500

若赊购附有现金折扣条件，会计处理可采用总价法和净价法。现金折扣是指卖方为鼓励买方提前支付货款而提供的价格优惠。通常在赊销交易中使用，目的是加速资金回笼，减少应收账款回收风险。折扣比例和折扣期限由合同明确，如"2/10, n/30"表示10天内付款可享2%折扣，超过10～30天的信用期则全额付款。买方通过提前付款降低采购成本，卖方则为了加快资金周转，给予相应折扣。

总价法以未扣除折扣的发票金额确认应付账款和采购成本。如果购货方在折扣期内付款，则将享受的折扣冲减采购成本。

【例3-6】茶山股份有限公司购入F材料一批，取得的增值税专用发票上注明的货款为100 000元，增值税13 000元，材料已经验收入库，款项尚未支付。现金折扣条件为"2/10, n/30"，采用总价法核算。

购入时：

　　借：原材料——F材料　　　　　　　　　　　　　　　　　　　　　　　　　　100 000
　　　　应交税费——应交增值税（进项税额）　　　　　　　　　　　　　　　　　13 000
　　　　贷：应付账款　　　　　　　　　　　　　　　　　　　　　　　　　　　　113 000

假设茶山股份有限公司在10天内支付，则

　　借：应付账款　　　　　　　　　　　　　　　　　　　　　　　　　　　　　　113 000
　　　　贷：银行存款　　　　　　　　　　　　　　　　　　　　　　　　　　　　111 000
　　　　　　原材料——F材料　　　　　　　　　　　　　　　　　　　　　　　　2 000

假设茶山股份有限公司超过10天支付，则

　　借：应付账款　　　　　　　　　　　　　　　　　　　　　　　　　　　　　　113 000
　　　　贷：银行存款　　　　　　　　　　　　　　　　　　　　　　　　　　　　113 000

净价法以扣除折扣后的净额确认应付账款和采购成本。如果购货方未在折扣期内付款，则将未享受的折扣计入采购成本。

同【例 3-6】资料，若采用净价法核算。

购入时：

借：原材料——F 材料　　　　　　　　　　　　　　　　　　98 000
　　应交税费——应交增值税（进项税额）　　　　　　　　　13 000
　　贷：应付账款　　　　　　　　　　　　　　　　　　　　　　　111 000

假设茶山股份有限公司在 10 天内支付，则

借：应付账款　　　　　　　　　　　　　　　　　　　　　　111 000
　　贷：银行存款　　　　　　　　　　　　　　　　　　　　　　　111 000

假设茶山股份有限公司超过 10 天支付，则

借：应付账款　　　　　　　　　　　　　　　　　　　　　　111 000
　　原材料——F 材料　　　　　　　　　　　　　　　　　　　2 000
　　贷：银行存款　　　　　　　　　　　　　　　　　　　　　　　113 000

3. 预付款购货

预付款购货是指买方在收到货物之前，预先支付部分或全部货款给卖方，可开设"预付账款"账户核算。

【例 3-7】 茶山股份有限公司准备向丙公司购入 G 材料一批，根据合同约定，预先支付货款 30 000 元。

借：预付账款　　　　　　　　　　　　　　　　　　　　　　30 000
　　贷：银行存款　　　　　　　　　　　　　　　　　　　　　　　30 000

茶山股份有限公司实际收到丙公司发出的 G 材料，取得的增值税专用发票上注明的货款为 60 000 元，增值税 7 800 元，材料已经验收入库。

借：原材料——G 材料　　　　　　　　　　　　　　　　　　60 000
　　应交税费——应交增值税（进项税额）　　　　　　　　　　7 800
　　贷：预付账款　　　　　　　　　　　　　　　　　　　　　　　67 800

茶山股份有限公司补付 37 800 元给丙公司。

借：预付账款　　　　　　　　　　　　　　　　　　　　　　37 800
　　贷：银行存款　　　　　　　　　　　　　　　　　　　　　　　37 800

二、自制的存货

自制的存货的成本包括直接材料、直接人工和按照一定方法分配的制造费用。

制造费用是指企业为生产产品和提供劳务而发生的各项间接费用，包括企业生产部门（如生产车间）管理人员的职工薪酬、折旧费、办公费、水电费、机物料消耗、劳动保护费等。

自制的存货涉及相关会计科目钩稽关系如下：

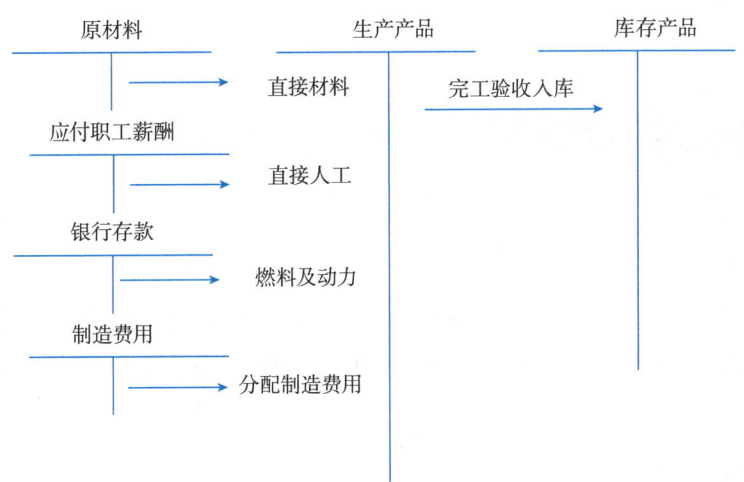

三、投资者投入的存货

投资者投入的存货的成本,应当按照投资合同或协议约定的价值确定,但合同或协议约定的价值不公允的除外。在投资合同或协议约定的价值不公允的情况下,按照该项存货的公允价值作为其入账价值。

【例3-8】茶山股份有限公司收到甲股东投入的一批A材料,增值税发票上注明原材料价格1 200 000元,进项税额156 000元,根据投资双方协议,以发票金额确认,A股东可折换茶山股份公司每股面值1元的普通股股票1 000 000股。

借:原材料——A材料　　　　　　　　　　　　　　　　　　　　　1 200 000
　　应交税费——应交增值税(进项税额)　　　　　　　　　　　　　156 000
　　贷:股本——甲股东　　　　　　　　　　　　　　　　　　　　　1 000 000
　　　　资本公积——股本溢价　　　　　　　　　　　　　　　　　　　356 000

四、其他方式取得的存货

企业取得存货的其他方式主要包括非货币性资产交换取得和债务重组取得等。

非货币性资产交换、债务重组取得的存货,其成本应当分别按照《企业会计准则第7号——非货币性资产交换》和《企业会计准则第12号——债务重组》的规定确定,在后续章节一并进行介绍。

在确定存货成本的过程中,下列费用不应当计入存货成本,而应当在其发生时计入当期损益:

(1) 非正常消耗的直接材料、直接人工及制造费用应计入当期损益(自然灾害类损失计入"营业外支出",管理不善所致的损失计入"管理费用"),不得计入存货成本。

(2) 仓储费用,指企业在采购入库后发生的储存费用。但是,在生产过程中为达到下一个生产阶段所必需的仓储费用则应计入存货成本。

(3) 不能归属于使存货达到目前场所和状态的其他支出。

(4) 企业采购用于广告营销活动的特定商品,向客户预付货款未取得商品时,应作为预付账款进行会计处理,待取得相关商品时计入当期损益(销售费用)。企业取得广告营销性质的服务比照该原则进行处理。

第三节 发出存货的计量

一、发出存货的计价方法

《企业会计准则第1号——存货》规定，企业应当采用先进先出法、加权平均法或者个别计价法确定发出存货的实际成本。对于性质和用途相似的存货，应当采用相同的成本计算方法确定发出存货的成本。

（一）先进先出法

先进先出法是指以先购入的存货应先发出（销售或耗用）这样一种存货实物流动假设为前提，对发出存货进行计价的一种方法。采用这种方法，先购入的存货成本在后购入存货成本之前转出，据此确定发出存货和期末存货的成本。

【例3-9】茶山股份有限公司2×25年5月A材料的收入、发出及结存情况如表3-1所示。

表3-1　A材料明细账　　　　　　　　　　　　　　金额单位：元

日期		摘要	收入			发出			结存		
月	日		数量	单价	金额	数量	单价	金额	数量	单价	金额
5	1	期初余额							1 500	10	15 000
5	3	购入	1 000	12	12 000				2 500		
5	13	发出				2 000			500		
5	18	购入	2 000	14	28 000				2 500		
5	20	发出				1 000			1 500		
5	31	合计	3 000	—	40 000	3 000	—		1 500		

采用"先进先出法"计算如下（见表3-2）：

表3-2　A材料明细账（先进先出法）　　　　　　　　金额单位：元

日期		摘要	收入			发出			结存		
月	日		数量	单价	金额	数量	单价	金额	数量	单价	金额
5	1	期初余额							1 500	10	15 000
5	3	购入	1 000	12	12 000				1 500 1 000	10 12	15 000 12 000
5	13	发出				1 500 500	10 12	15 000 6 000	500	12	6 000
5	18	购入	2 000	13	26 000				500 2 000	12 13	6 000 26 000
5	20	发出				500 500	12 13	6 000 6 500	1 500	13	19 500
5	31	合计	3 000	—	38 000	3 000	—	33 500	1 500	13	19 500

13 日发出 A 材料的成本 = 1 500 × 10 + 500 × 12 = 21 000（元）

20 日发出 A 材料的成本 = 500 × 12 + 500 × 13 = 12 500（元）

所以本月发出 A 材料的成本 = 21 000 + 12 500 = 33 500（元）

月末结存 A 材料的成本 = 1 500 × 13 = 19 500（元）[或等于 15 000 + 38 000 − 33 500 = 19 500（元）]

采用先进先出法进行存货计价，可以随时结转存货发出成本。但采用该法计算较烦琐；如果存货收发业务较多，且存货单价不稳定时，其工作量较大。

从该方法对财务报告的影响来看，在物价持续上升时，期末存货成本接近于市价，而发出成本偏低，会高估企业当期利润和库存存货价值；反之，会低估企业当期利润和库存存货价值。

（二）加权平均法

加权平均法又可以分为月末一次加权平均法和移动加权平均法。

1. 月末一次加权平均法

月末一次加权平均法，是指以当月全部进货数量加上月初存货数量作为权数，去除本月全部进货成本加上月初存货成本，计算出存货的加权平均单位成本，以此为基础计算本月发出存货的成本和期末存货的成本的一种方法。计算公式如下：

加权平均单位成本 = 总成本 ÷ 总数量 = [月初库存存货成本 + Σ（本月各批入库存货的实际单位成本 × 本月各批入库存货的数量）] ÷（月初库存存货的数量 + 本月各批入库存货数量之和）

由于在计算加权平均单位成本时往往不能除尽，因此在实务中，应当先按照加权平均单位成本计算月末结存存货成本，然后倒挤出本月发出存货成本。

本月月末库存存货成本 = 月末库存存货的数量 × 存货单位成本

本月发出存货的成本 = 月初库存存货成本 + 本月入库存货成本 − 月末库存存货成本

同【例 3 − 9】资料，采用月末一次加权平均法计算如下（见表 3 − 3）：

表 3 − 3　A 材料明细账（月末一次加权平均法）　　　　　金额单位：元

日期		摘要	收入			发出			结存		
月	日		数量	单价	金额	数量	单价	金额	数量	单价	金额
5	1	期初余额							1 500	10	15 000
5	3	购入	1 000	12	12 000				2 500		
5	13	发出				2 000			500		
5	18	购入	2 000	13	26 000				2 500		
5	20	发出				1 000			1 500		
5	31	合计	3 000	—	38 000	3 000		35 333	1 500		17 667

本月 A 材料加权平均单位成本 =（15 000 + 38 000）÷（1 500 + 3 000）= 11.7778（元）

月末库存 A 材料的成本 = 1 500 × 11.7778 = 17 667（元）

本月发出 A 材料的成本 = 15 000 + 38 000 − 17 667 = 35 333（元）

采用月末一次加权平均法，只在月末一次计算加权平均单价，比较简单，有利于简化成本计算工作；但由于平时无法从账上提供发出和结存存货的单价及金额，因此不利于存货成本的日常管理与控制。

2. 移动加权平均法

移动加权平均法，是指以每次进货的成本加上原有库存存货的成本，除以每次进货数量与原有库存存货的数量之和，据以计算加权平均单位成本，作为在下次进货前计算各次发出存货成本的依据。计算公式如下：

加权平均单位成本＝（原有库存存货的实际成本＋本次进货的实际成本）÷（原有库存存货数量＋本次进货数量）

本次发出存货的成本＝本次发出存货的数量×本次发货前存货的单位成本

本月月末库存存货成本＝月末库存存货的数量×本月月末存货的单位成本

同【例3－9】资料，采用移动加权平均法计算如下（见表3－4）：

表3－4　A材料明细账（移动加权平均法）　　　　金额单位：元

日期		摘要	收入			发出			结存		
月	日		数量	单价	金额	数量	单价	金额	数量	单价	金额
5	1	期初余额							1 500	10	15 000
5	3	购入	1 000	12	12 000				2 500	10.8	27 000
5	13	发出				2 000	10.8	21 600	500		5 400
5	18	购入	2 000	13	26 000				2 500	12.56	31 400
5	20	发出				1 000	12.56	12 560	1 500		18 840
5	31	合计	3 000	—	38 000	3 000		34 160	1 500		18 840

3日购入后A材料的平均单位成本＝（15 000＋12 000）÷（1 500＋1 000）＝10.8（元）

13日发出A材料的成本＝2 000×10.8＝21 600（元）

13日结存A材料的成本＝15 000＋12 000－21 600＝5 400（元）

18日购入后A材料的平均单位成本＝（5 400＋26 000）÷（500＋2 000）＝12.56（元）

20日发出A材料的成本＝1 000×12.56＝12 560（元）

20日结存A材料的成本＝5 400＋26 000－12 560＝18 840（元）

本月发出A材料的成本＝21 600＋12 560＝34 160（元）

月末结存A材料的成本＝15 000＋38 000－34 160＝18 840（元）

采用移动加权平均法能使企业管理层及时了解存货成本的结存情况，计算的平均单位成本以及发出和结存的存货成本比较客观。但计算工作量较大，对收发货较频繁的企业不适用。

（三）个别计价法

个别计价法，亦称个别认定法，采用这一方法是假设存货具体项目的实物流转与成本流转相一致，是指按照各种存货逐一辨认各批发出存货和期末存货所属的购进批次或生产批次，分别按其购入或生产时所确定的单位成本计算各批发出存货和期末存货成本的方法。

同【例3－9】资料，假设经过具体辨认，本期发出A材料的单位成本如下：13日发出的2 000件A材料中，1 000件系期初结存的，另外1 000件为3日购入的；20日发出的1 000件A材料均系18日购入的。

按照个别计价法，茶山股份有限公司2×25年5月A材料收入、发出与结存情况如表3－5所示。

表3–5　A材料明细账（个别计价法）　　　　　　　　　　　　　　　　　　　　金额单位：元

日期		摘要	收入			发出			结存		
月	日		数量	单价	金额	数量	单价	金额	数量	单价	金额
5	1	期初余额							1 500	10	15 000
5	3	购入	1 000	12	12 000				1 500 1 000	10 12	15 000 12 000
5	13	发出				1 000 1 000	10 12	10 000 12 000	500	10	5 000
5	18	购入	2 000	13	26 000				500 2 000	10 13	5 000 26 000
5	20	发出				1 000	13	13 000	500 1 000	10 13	5 000 13 000
5	31	合计	3 000	—	38 000	3 000	—	35 000	1 500		18 000

13 日发出 A 材料的成本 = 1 000×10 + 1 000×12 = 22 000（元）

20 日发出 A 材料的成本 = 1 000×13 = 13 000（元）

本月发出 A 材料的成本 = 22 000 + 13 000 = 35 000（元）

月末结存 A 材料的成本 = 15 000 + 38 000 − 35 000 = 18 000（元）

个别计价法的成本计算准确、符合实际情况，但在存货收发频繁的情况下，其发出成本分辨的工作量较大。

发出存货实际成本的确定，可以由企业从上述先进先出法、加权平均法、个别计价法中选择。计价方法一经确定，不得随意变更，如需变更，应在附注中予以说明。

二、发出存货的会计处理

（一）生产经营领用原材料

原材料在生产过程中被领用后，其原有实物形态会发生改变乃至消失，其成本也随之形成相关资产成本或直接转化为费用。根据原材料的消耗特点，企业应按发出原材料的用途，将其成本直接计入相关资产的成本或当期损益。

【例3–10】茶山股份有限公司根据"发料凭证汇总表"的记录，2×24 年 7 月车间甲产品生产领用 A 材料 270 000 元，车间管理部门领用 A 材料 2 000 元，公司行政管理部门领用 A 材料 3 000 元，计 275 000 元。

借：生产成本——甲产品　　　　　　　　　　　　　　　　　270 000
　　　制造费用　　　　　　　　　　　　　　　　　　　　　2 000
　　　管理费用　　　　　　　　　　　　　　　　　　　　　3 000
　　贷：原材料——A 材料　　　　　　　　　　　　　　　　275 000

（二）生产经营领用周转材料

周转材料是指在生产经营过程中能够多次使用、逐渐转移其价值但仍保持原有形态的材料，如模板、挡板、脚手架等，主要包括低值易耗品和包装物。为了反映和监督周转材料的增减变动及其结存等情况，企业应当设置"周转材料"科目进行核算，借方登记周转材料的增加，贷方登记周转材料的减少，期末余额在借方，通常反映企业期末结存周转材料的金额。企业应建立健全周转材料的管理制度，明确领用、归还、保管和报废等环节的责任和流程。

企业应当采用一次摊销法、分次摊销法或者五五摊销法对周转材料进行摊销，计入相关资产的成本或者当期损益。

1. 一次摊销法

一次摊销法是指在领用周转材料时，将其全部价值一次性计入当期成本或费用，适用于价值较低、使用期限较短的周转材料。

【例3-11】茶山股份有限公司车间领用一批价值1 000元的包装袋，采用一次摊销法。

领用时：

借：制造费用　　　　　　　　　　　　　　　　　　　　　　　　　　　1 000
　　贷：周转材料　　　　　　　　　　　　　　　　　　　　　　　　　　　1 000

2. 分次摊销法

分次摊销法是指根据周转材料的预计使用次数，将其价值分次计入各期成本或费用，适用于价值较高、使用次数较多的周转材料。在周转材料下开设"在库""在用""摊销"等明细科目核算。

【例3-12】茶山股份有限公司车间领用一批价值6 000元的模具，预计使用6次，采用分次摊销法，本月使用2次。

领用时：

借：周转材料——在用　　　　　　　　　　　　　　　　　　　　　　　　6 000
　　贷：周转材料——在库　　　　　　　　　　　　　　　　　　　　　　　　6 000

本月摊销时：

借：制造费用　　　　　　　　　　　　　　　　　　　　　　　　　　　2 000
　　贷：周转材料——摊销　　　　　　　　　　　　　　　　　　　　　　　　2 000

待摊销完毕：

借：周转材料——摊销　　　　　　　　　　　　　　　　　　　　　　　　6 000
　　贷：周转材料——在用　　　　　　　　　　　　　　　　　　　　　　　　6 000

3. 五五摊销法

五五摊销法是指在领用周转材料时，先摊销其价值的50%，剩余50%在报废时摊销，适用于价值较高、使用期限较长的周转材料。

（三）销售存货

销售存货的会计处理主要涉及确认销售收入、结转销售成本以及相关的税务处理。

【例3-13】茶山股份有限公司本月以60元的单价销售100件商品，该批商品的单位成本为30元，适用增值税税率13%，款项均已收到存入银行。

确认销售收入：

借：银行存款　　　　　　　　　　　　　　　　　　　　　　　　　　　6 780
　　贷：主营业务收入　　　　　　　　　　　　　　　　　　　　　　　　　　6 000

应交税费——应交增值税（销项税额）　　　　　　　　　　　　　780
结转销售成本：
　　借：主营业务成本　　　　　　　　　　　　　　　　　　　　　3 000
　　　　贷：库存商品　　　　　　　　　　　　　　　　　　　　　　　　3 000

第四节　计划成本法

计划成本法是指存货的日常收入、发出及期末结存均按事先制定的计划成本计价，并设置"材料成本差异"科目登记实际成本与计划成本之间的差异；月末，再通过对存货成本差异的分摊，将发出存货的计划成本和结存存货的计划成本调整为实际成本进行反映的一种核算方法。

一、设置的科目

计划成本法下，企业外购的存货，需要设置"材料采购""材料成本差异"科目进行核算。

"材料采购"科目的借方登记采购材料的实际成本，贷方登记入库材料的计划成本，实际成本与计划成本的差额转入"材料成本差异"科目，余额在借方，表示在途材料的采购成本。"材料成本差异"科目借方登记实际成本高于计划成本的超支差异，贷方登记实际成本低于计划成本的节约差异；发出存货并分摊差异时，超支差异从该科目的贷方用蓝字转出，节约差异从该科目的贷方用红字转出。借方余额表示尚未分摊的超支差，贷方余额表示尚未分摊的节约差。

二、会计处理

（一）材料成本差异的形成

企业外购的存货，随着存货的入库，形成超支差或节约差。

（1）存货已经验收入库，货款已经结算。

【例3-14】茶山股份有限公司购入M材料一批，增值税专用发票上注明的货款为300 000元，增值税税额48 000元，发票账单已收到，计划成本为320 000元，已验收入库，全部款项以银行存款支付。

　　借：材料采购——M材料　　　　　　　　　　　　　　　　　300 000
　　　　应交税费——应交增值税（进项税额）　　　　　　　　　　48 000
　　　　贷：银行存款　　　　　　　　　　　　　　　　　　　　　　　348 000
　　借：原材料——M材料　　　　　　　　　　　　　　　　　　　320 000
　　　　贷：材料采购——M材料　　　　　　　　　　　　　　　　　　300 000
　　　　　　材料成本差异——M材料　　　　　　　　　　　　　　　　20 000

【例3-15】接【例3-14】，假设M材料的计划成本为290 000元，其他条件不变。

　　借：材料采购——M材料　　　　　　　　　　　　　　　　　300 000
　　　　应交税费——应交增值税（进项税额）　　　　　　　　　　48 000

贷：银行存款　　　　　　　　　　　　　　　　　　　　　　　　　　348 000
　借：原材料——M 材料　　　　　　　　　　　　　　　　　　　　　　290 000
　　　材料成本差异——M 材料　　　　　　　　　　　　　　　　　　　　10 000
　　贷：材料采购——M 材料　　　　　　　　　　　　　　　　　　　　　30 000

（2）存货尚未验收入库，货款已经结算。

【例 3-16】茶山股份有限公司采用商业承兑汇票结算方式购入 N 材料一批，增值税专用发票上注明的货款为 300 000 元，增值税税额 48 000 元，发票账单已收到，计划成本为 320 000 元，材料尚未验收入库。

　借：材料采购——N 材料　　　　　　　　　　　　　　　　　　　　　300 000
　　　应交税费——应交增值税（进项税额）　　　　　　　　　　　　　　 48 000
　　贷：应付票据　　　　　　　　　　　　　　　　　　　　　　　　　348 000

（3）存货已经验收入库，发票账单未到。材料验收入库时，暂不作处理。月末仍未收到相关发票账单的，按计划成本暂估入账。下月初作相反分录予以冲回，待收到相关发票账单后再编制会计分录。

【例 3-17】茶山股份有限公司购入 P 材料一批，材料已验收入库。月末发票账单尚未收到，货款尚未支付，计划成本为 50 000 元。

材料运抵企业并验收入库，暂不作会计处理。

月末，发票账单仍未到，对该批材料按暂估价入账。

　借：原材料——P 材料　　　　　　　　　　　　　　　　　　　　　　 50 000
　　贷：应付账款——暂估应付账款　　　　　　　　　　　　　　　　　　50 000

下月初，作相反会计分录予以冲回。

　借：应付账款——暂估应付账款　　　　　　　　　　　　　　　　　　 50 000
　　贷：原材料——P 材料　　　　　　　　　　　　　　　　　　　　　　50 000

等下月收到有关发票等结算凭证，按正常程序记账。

（二）材料成本差异的分摊

企业日常采用计划成本核算的，发出的材料成本应由计划成本调整为实际成本，通过"材料成本差异"科目进行结转。

材料成本差异率 = 总差异 ÷ 总计划成本

＝（期初结存材料的成本差异 + 本期验收入库材料的成本差异）÷（期初结存材料的计划成本 + 本期验收入库材料的计划成本）×100%

发出材料应负担的成本差异 = 发出材料的计划成本 × 本期材料成本差异率

发出材料的实际成本 = 发出材料的计划成本 + 发出材料应负担的成本差异

【例 3-18】茶山股份有限公司根据"发料凭证汇总表"的记录，2×24 年 6 月领用 S 材料的计划成本为：基本生产车间领用 200 000 元，辅助生产车间领用 60 000 元，车间管理部门领用 25 000 元，企业行政管理部门领用 5 000 元。6 月初结存 S 材料的计划成本为 100 000 元，成本差异为超支 3 074 元；当月入库 S 材料的计划成本为 320 000 元，成本差异为节约 20 000 元。

（1）按计划成本领用 S 材料。

借:生产成本——基本生产车间　　　　　　　　　　　　　　　　　　　200 000
　　　　　　——辅助生产车间　　　　　　　　　　　　　　　　　　　 60 000
　　制造费用　　　　　　　　　　　　　　　　　　　　　　　　　　　 25 000
　　管理费用　　　　　　　　　　　　　　　　　　　　　　　　　　　 5 000
　　贷:原材料——S 材料　　　　　　　　　　　　　　　　　　　　　　290 000

(2) 计算本月材料成本差异率。

本月材料成本差异率 = (3 074 - 20 000) ÷ (100 000 + 320 000) × 100%
　　　　　　　　　= -4.03%

(3) 分摊材料成本差异。

生产成本(基本生产车间)差异 = 200 000 × (-4.03%) = -8 060 (元)
生产成本(辅助生产车间)差异 = 60 000 × (-4.03%) = -2 418 (元)
制造费用差异 = 25 000 × (-4.03%) = -1 007.5 (元)
管理费用差异 = 5 000 × (-4.03%) = -201.5 (元)

借:生产成本差异——基本生产车间　　　　　　　　　　　　　　　　　　8 060
　　　　　　　　——辅助生产车间　　　　　　　　　　　　　　　　　　2 418
　　制造费用差异　　　　　　　　　　　　　　　　　　　　　　　　　1 007.5
　　管理费用差异　　　　　　　　　　　　　　　　　　　　　　　　　 201.5
　　贷:材料成本差异——S 材料　　　　　　　　　　　　　　　　　　　11 687

第五节　存货的期末计量

一、存货期末计量的原则

资产负债表日,存货应当按照成本与可变现净值孰低计量。其中,成本是指期末存货的实际成本。可变现净值是指在日常活动中,存货的估计售价减去至完工时估计将要发生的成本、估计的销售费用以及相关税费后的金额。

当存货成本低于可变现净值时,存货按成本计量;当存货成本高于可变现净值时,存货按可变现净值计量,同时按照成本高于可变现净值的差额计提存货跌价准备,计入当期损益。

成本与可变现净值孰低计量的理论基础是使存货符合资产的定义,且符合谨慎性原则的要求。当存货的可变现净值下跌至成本以下时,表明该存货会使企业带来的未来经济利益低于其账面成本,因而应将这部分损失从资产价值中扣除,计入当期损益。否则,存货的可变现净值低于成本时,如果仍然以其成本计量,就会出现虚增资产的现象。

二、存货的可变现净值

(一) 确定存货可变现净值时应考虑的因素

企业在确定存货的可变现净值时,应当以取得的确凿证据为基础,并且考虑持有存货的目的、资产负债表日后事项的影响等因素。

1. 确定存货的可变现净值应当以取得确凿证据为基础

存货可变现净值的确凿证据,是指对确定存货的可变现净值有直接影响的确凿证明,如产成品或商品的市场销售价格、与产成品或商品相同或类似商品的市场销售价格、销售方提供的有关资料和生产成本资料等。

2. 确定存货的可变现净值应当考虑持有存货的目的

由于企业持有存货的目的不同,确定存货可变现净值的计算方法也不相同。根据存货的定义,企业持有存货有两个基本目的,即以备出售和以备继续加工或耗用。

(1) 持有以备出售的存货,可变现净值=估计售价-估计销售费用和相关税费。

(2) 持有以备继续加工或耗用的材料存货,可变现净值=该材料所生产的产成品的估计售价-至完工估计将要发生的成本-估计销售费用和相关税费。

3. 确定存货的可变现净值应当考虑资产负债表日后事项等的影响

确定存货可变现净值时,应当以资产负债表日取得最可靠的证据估计的售价为基础并考虑持有存货的目的,在资产负债表日至财务报告批准报出日之间存货售价发生波动的,如有确凿证据表明其对资产负债表日存货已经存在的情况提供了新的或进一步的证据,则在确定存货可变现净值时应该予以考虑,否则,不应予以考虑。

(二) 估计售价的确定方法

对于企业持有的各类存货,在确定其可变现净值时,最关键的问题是确定估计售价。企业应当区别以下情况确定存货的估计售价:

(1) 为执行销售合同或者劳务合同而持有的存货,其可变现净值应当以合同价格为基础计算。

(2) 企业持有的同一项存货的数量多于销售合同或劳务合同订购数量的,超出合同部分的存货的可变现净值应当以一般销售价格为基础计算。

总之,可变现净值中估计售价的确定方法为:签订合同的用合同价格,没有签订合同的用市场价格。

需要注意的是,资产负债表日同一项存货中一部分有合同价格约定、其他部分不存在合同价格的,应当分别确定可变现净值,并与其相对应的成本进行比较,分别确定存货跌价准备的计提或转回的金额,由此计提的存货跌价准备不得相互抵消。

【例 3-19】茶山股份有限公司期末存货有关资料如下:

资料 1:2×24 年末有 A 产品库存 30 台,已经与 T 公司签订了不可撤销的销售合同,约定在 2×25 年 2 月 20 日向该企业销售 A 产品 20 台,单位成本为 35 000 元,A 产品市场销售价格为每台 34 500 元。合同价格为每台 48 000 元。向 T 公司销售的 A 产品销售税费为每台 2 500 元;向其他客户销售的 A 产品销售税费为每台 3 500 元。

20 台签订合同的 A 产品可变现净值 = 20 × (48 000 − 2 500) = 910 000(元)

成本 = 20 × 35 000 = 700 000(元)

所以 20 台签订了合同的 A 产品未发生减值。

10 台未签订合同的 A 产品可变现净值 = 10 × (34 500 − 3 500) = 310 000(元)

成本 = 10 × 35 000 = 350 000（元）

所以 10 台未签订合同的 A 产品发生了减值 4 万元。

资料 2：2×25 年 4 月 10 日将库存甲材料全部用于加工成 B 产品，B 产品的售价为 650 000 元。将乙材料加工成 B 产品，尚需投入人工及制造费用 350 000 元，估计销售费用及税金为 30 000 元。

B 产品可变现净值 = 650 000 − 30 000 = 620 000（元）

B 产品成本 = 250 000 + 350 000 = 600 000（元）

所以 B 产品未发生减值，甲材料也未发生减值。

资料 3：2×25 年 5 月 10 日将库存乙材料全部用于加工成 C 产品，C 产品的售价为 590 000 元。将乙材料加工成 C 产品，尚需投入人工及制造费用 350 000 元，估计销售费用及税金为 30 000 元。

C 产品可变现净值 = 590 000 − 30 000 = 560 000（元）

C 产品成本 = 250 000 + 350 000 = 600 000（元）

所以 C 产品发生减值，乙材料也发生减值，乙材料按可变现净值计量。

乙材料可变现净值 = 590 000 − 350 000 − 30 000 = 210 000（元）

三、计提存货跌价准备的方法

计提存货跌价准备的方法如下：

（1）企业通常应当按照单个存货项目计提存货跌价准备。比如，将某一型号和规格的材料作为一个存货项目、将某一品牌和规格的商品作为一个存货项目等。

（2）对于数量繁多、单价较低的存货，可以按照存货类别计提存货跌价准备。如果某一类存货的数量繁多并且单价较低，企业可以按存货类别计量成本与可变现净值，即按存货类别的成本的总额与可变现净值的总额进行比较，每个存货类别均取较低者确定存货期末价值。

（3）与在同一地区生产和销售的产品系列相关，具有相同或类似最终用途或目的，且难以与其他项目分开计量的存货，可以合并计提存货跌价准备。

（4）存货存在以下情形之一的，应当考虑计提存货跌价准备：

①市价持续下跌，并且在可预见的未来无回升的希望。

②企业使用该项原材料生产的产品的成本大于产品的销售价格。

③企业因产品更新换代，原有库存原材料已不适应新产品的需要，而该原材料的市场价格又低于其账面成本。

④因企业所提供的商品或劳务过时或消费者偏好改变而使市场的需求发生变化，导致市场价格逐渐下跌。

⑤其他足以证明该项存货实质上已经发生减值的情形。

（5）存货存在下列情形之一的，通常表明存货的可变现净值为零：

①已霉烂变质的存货。

②已过期且无转让价值的存货。

③生产中已不再需要，并且已无使用价值和转让价值的存货。

四、账务处理

（一）计提存货跌价准备

存货发生减值的，一般按存货可变现净值低于成本的差额：

借：资产减值损失
　　贷：存货跌价准备

（二）转回存货跌价准备

已计提跌价准备的存货价值以后又得以恢复的，应在原已计提的存货跌价准备金额内恢复增加的金额：

借：存货跌价准备
　　贷：资产减值损失

（三）结转存货跌价准备

1. 生产经营领用的存货

领用时一般可不结转相应的存货跌价准备，待期末计提存货跌价准备时一并调整。若需要同时结转，则企业在结转存货成本时，应同时结转对其已计提的存货跌价准备。

借：生产成本等
　　存货跌价准备
　　贷：原材料

2. 销售的存货

企业计提了存货跌价准备，如果其中有部分存货已经销售，则企业在结转销售成本时，应同时结转已对其计提的存货跌价准备。

借：主营业务成本/其他业务成本等
　　存货跌价准备
　　贷：库存商品、原材料等

【例3–20】茶山股份有限公司D产品存货有关资料如下（假定可变现净值的变动均系同一因素变化所致）：

（1）2×22年初，"存货跌价准备"科目为贷方余额5 210元，2021年随存货出售结转存货跌价准备1 000元，年末存货成本为863 000元，可变现净值为854 140元。

可变现净值低于成本的差额 = 863 000 - 854 140 = 8 860（元）

当期应计提的存货跌价准备 = 8 860 - (5 210 - 1 000) = 4 650（元）

借：资产减值损失　　　　　　　　　　　　　　　　　　　　　　　　　　　4 650
　　贷：存货跌价准备——D产品　　　　　　　　　　　　　　　　　　　　　　4 650

（2）2×23年，随同存货出售结转跌价准备2 500元，年末存货成本为629 000元，可变现净值为624 040元。

可变现净值低于成本的差额 = 629 000 - 624 040 = 4 960（元）

当期应计提的存货跌价准备 = 4 960 - (8 860 - 2 500) = -1 400（元）

借：存货跌价准备——D产品　　　　　　　　　　　　　　　　　　　　1 400
　　贷：资产减值损失　　　　　　　　　　　　　　　　　　　　　　　　　　　1 400

（3）2×24年，随同存货出售结转跌价准备1 800元，年末存货成本为508 600元，可变现净值为502 630元。

可变现净值低于成本的差额 = 508 600 - 502 630 = 5 970（元）

当期应计提的存货跌价准备 = 5 970 - (4 960 - 1 800) = 2 810（元）

借：资产减值损失　　　　　　　　　　　　　　　　　　　　　　　　　2 810
　　贷：存货跌价准备——D产品　　　　　　　　　　　　　　　　　　　　　2 810

（4）2×25年，随同存货出售结转跌价准备2 400元，年末存货成本为710 020元，可变现净值为724 070元。

由于可变现净值高于成本，则需将原计提的跌价准备转回。

当期应计提的存货跌价准备 = -(5 970 - 2 400) = -3 570（元）

借：存货跌价准备——D产品　　　　　　　　　　　　　　　　　　　　3 570
　　贷：资产减值损失　　　　　　　　　　　　　　　　　　　　　　　　　　　3 570

第六节　存货清查

一、存货清查的概念

存货清查是指通过对存货的实地盘点，确定存货的实有数量，并与账面结存数核对，从而确定存货实存数与账面结存数是否相符的一种专门方法。

由于存货种类繁多、收发频繁，在日常收发过程中可能发生计量错误、计算错误、自然损耗，还可能发生损坏变质以及贪污、盗窃等情况，造成账实不符，形成存货的盘盈、盘亏。对于存货的盘盈、盘亏，应填写存货盘点报告（如实存账存对比表），及时查明原因，按照规定程序报批处理。

为反映和监督企业在财产清查中查明的各种存货的盘盈、盘亏和毁损情况，企业应当设置"待处理财产损溢"科目，借方登记存货的盘亏、毁损金额及盘盈的转销金额，贷方登记存货的盘盈金额及盘亏的转销金额。企业清查的各种存货损溢，应在期末结转前处理完毕，期末处理后，"待处理财产损溢"科目应无余额。

二、账务处理

（一）盘盈的账务处理

1. 发生盘盈时

盘盈的存货应按其重置成本作为入账价值。

借：原材料/库存商品等
　　贷：待处理财产损溢

2. 经批准后

借：待处理财产损溢
　　贷：管理费用

（二）盘亏的账务处理

1. 发生盘亏及毁损时

借：待处理财产损溢
　　贷：原材料/库存商品等

2. 经批准后

根据造成存货盘亏或毁损的原因，分别对以下情形进行处理：

（1）属于计量收发差错和管理不善等原因造成的存货短缺，应先扣除残料价值、可以收回的保险赔偿和过失人赔偿，将净损失计入管理费用。

（2）属于自然灾害等非常原因造成的存货毁损，应先扣除处置收入（如残料价值）、可以收回的保险赔偿和过失人赔偿，将净损失计入营业外支出。

借：其他应收款/管理费用/营业外支出等
　　贷：待处理财产损溢

3. 增值税的处理

（1）合理损耗的处理。

①日常合理损耗的处理：如果是将该材料的损耗率在税务机关备案，之后发生合理损耗且在其损耗率之内的，直接进行会计处理，进项税额不需要转出。

【例3-21】茶山股份有限公司2×25年末进行财产清查时，发现材料A毁损15 000元，经查属于保管员的过失，按规定由其个人赔偿10 000元。

借：待处理财产损溢　　　　　　　　　　　　　　　　　　　　　　　　　15 000
　　贷：原材料　　　　　　　　　　　　　　　　　　　　　　　　　　　　15 000
借：其他应收款　　　　　　　　　　　　　　　　　　　　　　　　　　　10 000
　　管理费用　　　　　　　　　　　　　　　　　　　　　　　　　　　　 5 000
　　贷：待处理财产损溢　　　　　　　　　　　　　　　　　　　　　　　　15 000

②突发性合理损耗（自然灾害）的处理：需要实施税收备案制度，备案之后才能进行税务处理，但进项税额也不需要转出。

【例3-22】茶山股份有限公司2×25年末进行财产清查时，发现材料B毁损，经调查系自然灾害所致，材料成本为1 000 000元，甲公司已经取得税务师事务所出具的损失鉴定报告并送交税务机关备案，同时税务机关给企业出示登记证明。

借：待处理财产损溢　　　　　　　　　　　　　　　　　　　　　　　　1 000 000
　　贷：原材料　　　　　　　　　　　　　　　　　　　　　　　　　　　1 000 000
借：营业外支出　　　　　　　　　　　　　　　　　　　　　　　　　　1 000 000
　　贷：待处理财产损溢　　　　　　　　　　　　　　　　　　　　　　　1 000 000

（2）非正常损耗的处理。

需要履行损失鉴定和税务机关备案程序，损失材料的原进项税额必须转出。如果非正常损失当年未报税务机关备案登记，则不允许在当年及其以后年度企业所得税前扣除。

【本章小结】

本章介绍了存货的概念、特征、确认条件、存货的初始计量、发出存货的计量、计划成本法、存货的期末计量及存货清查，可以说涉及存货的各个环节。存货的确认条件与其他资产的确认条件是一致的。存货的初始计量应以其实际成本为基础，实际成本包括采购成本、加工成本及其他成本。不同取得方式下，存货成本的具体内容有所不同。我国企业会计准则规定，企业在确定发出存货的成本时，可以采用先进先出法、加权平均法和个别计价法。发出存货计价方法的选择，将对企业的财务状况和经营成果产生一定的影响。为了简化存货的核算，企业可以采用计划成本法对存货的收入、发出及结存进行日常核算。期末账簿、报表信息还是需要调整为实际成本。为使存货符合资产的定义，期末存货应当按照成本与可变现净值孰低法计量。可变现净值的计算需考虑持有存货的目的及资产负债表日后事项的影响。存货跌价准备涉及计提、转回、结转三个方面。存货是企业资产的重要组成部分，企业应当定期或不定期对存货的实物进行盘点，确保存货账实相符。

第四章
金融资产

【知识结构图】

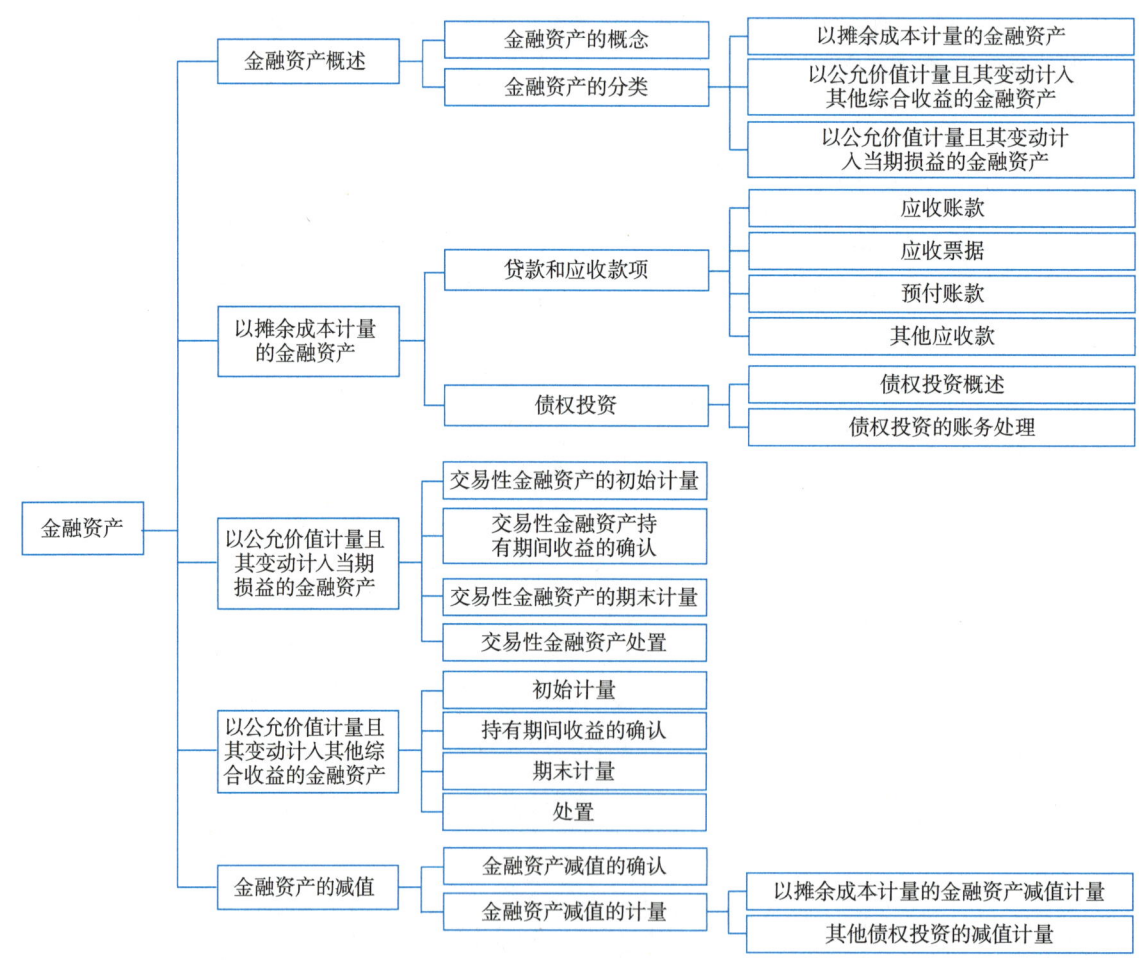

第一节　金融资产概述

一、金融资产的概念

随着资本市场的不断发展成熟，金融工具得到广泛应用。金融工具，是指形成一方的金融资产并形成其他方的金融负债或权益工具的合同。

金融资产，是指企业持有的现金、其他方的权益工具以及符合下列条件之一的资产：

（1）从其他方收取现金或其他金融资产的合同权利。

（2）在潜在有利条件下，与其他方交换金融资产或金融负债的合同权利。

（3）将来需用或可用企业自身权益工具进行结算的衍生工具合同，但以固定数量的自身权益工具交换固定金额的现金或其他金融资产的衍生工具合同除外。常见的衍生工具包括远期合同、期货合同、互换合同和期权合同等。

（4）将来需用或可用企业自身权益工具进行结算的非衍生工具合同，且企业根据该合同将收到可变数量的自身权益工具。

金融资产通常包括货币资金、应收账款、应收票据、应收利息、应收股利、其他应收款、贷款、债权投资、股权投资、基金投资和衍生金融工具等。

本章不涉及以下金融资产的会计处理：①货币资金（已经在第二章"货币资金"中介绍）；②长期股权投资（即企业对外能够形成控制、共同控制和重大影响的股权投资，将在第五章"长期股权投资"中介绍）。

二、金融资产的分类

企业应当根据其管理金融资产的业务模式和金融资产的合同现金流量特征，将金融资产划分为以摊余成本计量的金融资产、以公允价值计量且其变动计入其他综合收益的金融资产和以公允价值计量且其变动计入当期损益的金融资产。

企业管理金融资产的业务模式是指企业通过管理（如交易和投资等）金融资产来获取收益的方式，包括以收取合同现金流量为目标、以出售金融资产为目标或者两者兼而有之。企业应当在合理预期客观事实的基础上，根据企业关键管理人员对金融资产进行管理的特定业务目标，确定企业管理金融资产的业务模式。

金融资产的合同现金流量特征是指金融工具合同约定的、反映相关金融资产经济特征的现金流量属性，即在合同条款下产生的现金流量的性质和时间分布。这些特征是金融资产分类和计量的重要依据。合同现金流量仅包括未偿付本金和以未偿付本金金额为基础的利息。

如果金融资产的合同现金流量特征满足仅包含本金和利息的条件，并且企业的业务模式是仅以收取合同现金流量为目标，则该金融资产可以按摊余成本计量。如果合同现金流量特征不满足上述条件，或者企业的业务模式并非仅以收取合同现金流量为目标，则该金融资产应按公允价值计量。

（一）以摊余成本计量的金融资产

以摊余成本计量的金融资产是指同时符合下列条件的金融资产：

（1）企业管理该金融资产的业务模式是以收取合同现金流量为目标。

（2）该金融资产的合同条款规定，在特定日期产生的现金流量，仅为对本金和以未偿付本金金额为基础的利息的支付。

（二）以公允价值计量且其变动计入其他综合收益的金融资产

以公允价值计量且其变动计入其他综合收益的金融资产是指同时符合下列条件的金融资产：

（1）企业管理该金融资产的业务模式既以收取合同现金流量为目标，又以出售该金融资产为目标。

（2）该金融资产的合同条款规定，在特定日期产生的现金流量，仅为对本金和以未偿付本金金额为基础的利息的支付。

在初始确认时，企业可以将非交易性权益工具投资指定为以公允价值计量且其变动计入其他综合收益的金融资产，且该指定不可撤销。

（三）以公允价值计量且其变动计入当期损益的金融资产

除以摊余成本计量的金融资产和以公允价值计量且其变动计入其他综合收益的金融资产之外的金融资产，企业应当将其分类为以公允价值计量且其变动计入当期损益的金融资产。

与第一类和第二类金融资产明显不同的是，企业持有第三类金融资产通常是为了短期获利，近期内就准备出售，具有交易性的目的。对于第一类和第二类的相关金融资产，在特定日期产生的合同现金流量都为本金和利息。而对于第三类金融资产，由于其交易性的目的，而不具备另外两类金融资产的现金流量特征。

企业在改变其管理金融资产的业务模式时，应当按照相关规定对所有受影响的相关金融资产进行重分类。

第二节　以摊余成本计量的金融资产

一、贷款和应收款项

贷款和应收款项，是指在活跃市场中没有报价、回收金额固定或可确定的非衍生金融资产。贷款和应收款项主要是指金融企业发放的贷款和销售商品或提供劳务形成的应收款项、持有的其他企业的债权（不包括在活跃市场上有报价的债务工具）等。

贷款是金融企业的一项主要业务，本书主要介绍一般企业的经济业务，因此以下有关会计处理原则主要针对一般企业的应收款项业务，具体包括以下两个方面：

（1）一般企业对外销售商品或提供劳务形成的应收债权，通常应按以购货方应收的合同或协议价款作为初始确认金额。

（2）企业收回或处置应收款项时，应将取得的价款与该应收款项账面价值之间的差额计入当期损益。

一般企业的应收款项，通常设置"应收账款""应收票据""预付账款""其他应收款"等账户核算。

（一）应收账款

1. 应收账款概述

应收账款是指企业因销售商品或提供劳务等业务，应向购货单位或接受劳务单位收取的款项，是企业因销售商品或提供劳务等经营活动所形成的债权，不包括应收职工欠款、应收债务人的利息等其他应收款项。

2. 应收账款的账务处理

应收账款通常应按实际发生额计价入账，其入账价值包括应收取的货款、增值税销项税额、代购货单位垫付的运杂费等。计价时还需要考虑商业折扣和现金折扣等因素。

（1）商业折扣。

商业折扣是指企业根据市场供需情况，或针对不同的顾客，在商品标价上给予的扣除。商业折扣是企业最常用的促销手段之一，其目的是通过薄利多销的方式促进销售，例如商场规定消费者一次性购买3件打九折，购买5件打八折，购买的越多折扣力度越大。

商业折扣实际上是对商品报价进行的扣除，一般在交易发生时即已确定，扣除折扣后的净额才是实际销售价格并按其开具发票，所以商业折扣对应收账款的入账价值没有什么实质性的影响。因此，在存在商业折扣的情况下，企业应收账款入账金额应按扣除商业折扣以后的实际售价确认。

【例4-1】 茶山股份有限公司向甲公司赊销一批产品，按照价目表上标明的价格计算，其售价金额为50 000元，给予甲公司10%的商业折扣，折扣金额为5 000元，适用的增值税税率为13%。茶山股份有限公司的账务处理如下：

销售实现时：

借：应收账款——甲公司　　　　　　　　　　　　　　　　　　　　50 850
　　贷：主营业务收入　　　　　　　　　　　　　　　　　　　　　　45 000
　　　　应交税费——应交增值税（销项税额）　　　　　　　　　　　 5 850

收到价款时：

借：银行存款　　　　　　　　　　　　　　　　　　　　　　　　　　50 850
　　贷：应收账款——甲公司　　　　　　　　　　　　　　　　　　　 50 850

（2）现金折扣。

现金折扣是指企业发生赊销业务时，为了鼓励客户早日偿还货款，向提早付款客户提供的债务扣除。企业提供现金折扣是为了鼓励客户提前偿付货款，通常与客户达成协议，在不同期限内付款可享受不同比例的折扣。

现金折扣一般用"折扣/付款期限"表示。

存在现金折扣的情况下，应收账款入账金额确认有两种方法：一种是总价法；另一种是净价法。

总价法是将未扣减现金折扣的金额作为应收账款的入账价值。现金折扣只有客户在折扣期内支付货款时，才予以确认，会计上作冲减收入处理。

净价法是将扣减最大现金折扣后的金额作为应收账款的入账价值。这种方法是把客户取得折扣视为正常现象，认为客户一般都会提前付款，而将客户超过折扣期限多收的金额，会计上作为收入入账。

【例4-2】 茶山股份有限公司向乙公司赊销商品一批,该批商品货款为100 000元,增值税税额为13 000元,现金折扣条件为:2/10,1/10,n/30。假定双方协议规定,计算现金折扣时不考虑增值税。茶山股份有限公司的账务处理如下:

①总价法。

赊销发生时:

借:应收账款——乙公司　　　　　　　　　　　　　　　　　113 000
　　贷:主营业务收入　　　　　　　　　　　　　　　　　　　100 000
　　　　应交税费——应交增值税(销项税额)　　　　　　　　 13 000

借:主营业务成本　　　　　　　　　　　　　　　　　　　　 60 000
　　贷:库存商品　　　　　　　　　　　　　　　　　　　　　 60 000

假若乙公司在10天内付款:

借:银行存款　　　　　　　　　　　　　　　　　　　　　　111 000
　　主营业务收入　　　　　　　　　　　　(100 000×2%)2 000
　　贷:应收账款——乙公司　　　　　　　　　　　　　　　　113 000

假若乙公司超过10天,在20天内付款:

借:银行存款　　　　　　　　　　　　　　　　　　　　　　112 000
　　主营业务收入　　　　　　　　　　　　(100 000×1%)1 000
　　贷:应收账款——乙公司　　　　　　　　　　　　　　　　113 000

假若乙公司超过20天付款:

借:银行存款　　　　　　　　　　　　　　　　　　　　　　113 000
　　贷:应收账款——乙公司　　　　　　　　　　　　　　　　113 000

②净价法。

赊销发生时:

借:应收账款——乙公司　　　　　　　　　　　　　　　　　111 000
　　贷:主营业务收入　　　　　　　　　　　　　　　　　　　 98 000
　　　　应交税费——应交增值税(销项税额)　　　　　　　　 13 000

借:主营业务成本　　　　　　　　　　　　　　　　　　　　 60 000
　　贷:库存商品　　　　　　　　　　　　　　　　　　　　　 60 000

假若乙公司在10天内付款:

借:银行存款　　　　　　　　　　　　　　　　　　　　　　111 000
　　贷:应收账款——乙公司　　　　　　　　　　　　　　　　111 000

假若乙公司超过10天,在20天内付款:

借:银行存款　　　　　　　　　　　　　　　　　　　　　　112 000
　　贷:应收账款——乙公司　　　　　　　　　　　　　　　　111 000
　　　　主营业务收入　　　　　　　　　　　　(100 000×1%)1 000

假若乙公司超过20天付款:

借：银行存款　　　　　　　　　　　　　　　　　　　　　　　　113 000
　　贷：应收账款——乙公司　　　　　　　　　　　　　　　　　　　111 000
　　　　主营业务收入　　　　　　　　　　　　　　　　（100 000×2%）2 000

(二) 应收票据

1. 应收票据概述

应收票据是指企业持有的尚未到期或未兑现的商业汇票，通常是企业采用商业汇票结算方式销售商品或提供劳务时收到的。商业汇票是指由出票人签发，委托付款人在指定日期无条件支付确定金额给收款人或持票人的票据。

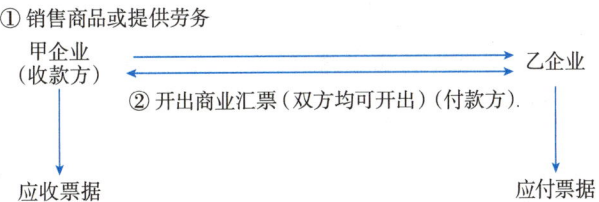

商业汇票按承兑人分类，可以分为商业承兑汇票和银行承兑汇票。商业承兑汇票是由付款人或收款人签发，由付款人承兑的商业汇票。银行承兑汇票是由在承兑银行开立存款账户的存款人签发，由承兑银行承兑的商业汇票。

商业汇票按其是否计息分类，可以分为不带息商业汇票和带息商业汇票。不带息商业汇票是指票据到期时，承兑人只按票面金额（即面值）向收款人或被背书人支付款项，而不再计算利息的票据，即票据到期值=票据面值。带息商业汇票是指票据到期时，承兑人必须按票面金额加上到期利息（根据票面金额、票据规定的利率和票据期限计算）向收款人或被背书人支付票款的票据，即票据到期值=票据面值+票据利息。

2. 应收票据的账务处理

为了反映商业汇票的取得和收回情况，应设置"应收票据"一级账户进行核算，按商业汇票的种类设置明细账户，并设置"应收票据备查簿"，逐笔登记商业汇票的种类、号数和出票日、票面金额、交易合同号和付款人、承兑人、背书人的姓名或单位名称、到期日、背书转让日、贴现日、贴现率、贴现净额以及收款日、收回金额和退票情况等资料。商业汇票到期结清票款或退票后，在备查簿中应予注销。该账户是资产类账户。

应收票据	
收到商业汇票的面值	到期收回 到期前向银行贴现或 转让的票据账面价值
持有的商业汇票账面价值	

（1）企业实际收到商业汇票时，按票据的面值入账。借记"应收票据"科目，按确认的营业收入，贷记"主营业务收入"等科目，按涉及的增值税销项税额，贷记"应交税费——应交增值税（销项税额）"科目。

对于带息的商业汇票，按权责发生制原则，企业应于会计期末计提利息，借记"应收利息"科目，贷记"财务费用"科目。

商业汇票到期，应按实际收到的金额，借记"银行存款"科目，按商业汇票的账面价值，贷记"应收票据"科目。到期付款方拒付或无力支付票据款时，应该根据银行退回的商业承兑汇票、未付款通知书，拒付理由书等凭证，借记"应收账款"科目，贷记"应收票据"科目。

【例4-3】茶山股份有限公司销售一批A产品给乙企业，价款20 000元，专用发票注明增值税税额2 600元，收到乙企业承兑的不带息商业汇票一张，期限为3个月。茶山股份有限公司的账务处理如下：

收到商业汇票时：
借：应收票据——乙企业　　　　　　　　　　　　　　　　　　22 600
　　贷：主营业务收入　　　　　　　　　　　　　　　　　　　　20 000
　　　　应交税费——应交增值税（销项税额）　　　　　　　　　2 600

3个月后票据到期时收回款项：
借：银行存款　　　　　　　　　　　　　　　　　　　　　　　22 600
　　贷：应收票据——乙企业　　　　　　　　　　　　　　　　22 600

如果票据到期，乙企业拒付或无力付款时：
借：应收账款——乙企业　　　　　　　　　　　　　　　　　　22 600
　　贷：应收票据——乙企业　　　　　　　　　　　　　　　　22 600

【例4-4】2×25年3月1日茶山股份有限公司销售一批A产品给乙企业，价款12 000元，专用发票注明增值税税额1 560元，收到乙企业承兑的带息商业汇票一张，期限为2个月，票面利率为年利率的10%。茶山股份有限公司的账务处理如下：

3月1日收到商业汇票时：
借：应收票据——乙企业　　　　　　　　　　　　　　　　　　13 560
　　贷：主营业务收入　　　　　　　　　　　　　　　　　　　　12 000
　　　　应交税费——应交增值税（销项税额）　　　　　　　　　1 560

3月31日计提利息：
借：应收利息　　　　　　　　　　　　　　　　　　　　　　　　113
　　贷：财务费用　　　　　　　　　　　　　　　　　　　　　　　113

4月30日计提利息：
借：应收利息　　　　　　　　　　　　　　　　　　　　　　　　113
　　贷：财务费用　　　　　　　　　　　　　　　　　　　　　　　113

5月1日票据到期收回款项：
借：银行存款　　　　　　　　　　　　　　　　　　　　　　　13 786
　　贷：应收票据——乙企业　　　　　　　　　　　　　　　　13 560
　　　　应收利息　　　　　　　　　　　　　　　　　　　　　　226

（2）企业持有的应收票据在到期前，如果出现资金短缺，可以将未到期的商业汇票向其开户银行申请贴现，以便获得所需要的资金。票据贴现是指商业汇票持有人将未到期的票据背书转让给银行，银行受理后从票据到期值中扣除按银行贴现率计算的自贴现日起至票据到期日止的贴现利息，将余款付给持票人的业务活动。票据贴现实质上是企业融通资金的一种形式,因此贴现利息计入企业财务费用。

持未到期的商业汇票向银行贴现,符合金融资产终止确认条件的,应按实际收到的金额(即减去贴现利息后的净额),借记"银行存款"等科目,按商业汇票的账面余额,贷记"应收票据"科目,按其差额记入"财务费用"科目;不符合金融资产终止确认条件的,不应结转应收票据,应按实际收到的金额(即减去贴现利息后的净额),借记"银行存款"等科目,按商业汇票的账面余额,贷记"短期借款——本金"科目,按其差额记入"短期借款——利息调整"科目。

【例4-5】假若【例4-3】茶山股份有限公司在该票据到期前向银行贴现,且银行拥有追索权,则表明该票据贴现不符合金融资产终止确认条件,茶山股份有限公司按票据账面余额确认短期借款。假定该票据贴现获得现金净额21 800元,则相关账务处理如下:

借:银行存款 21 800
　　短期借款——利息调整 800
　　贷:短期借款——本金 22 600

(3) 企业持有的应收票据在到期前,可以将未到期的商业汇票背书转让以取得所需物资。按应计入取得物资成本的金额,借记"材料采购"或"原材料""库存商品"等科目,按商业汇票的票面金额,贷记"应收票据"科目,如有差额,借记或贷记"银行存款"等科目,涉及增值税进项税额的,还应按进项税额,借记"应交税费——应交增值税(进项税额)"等科目。

【例4-6】茶山股份有限公司因向甲企业采购材料将一张持有的未到期不带息商业承兑汇票背书转让给甲企业,票据面值为40 000元,甲企业开出的增值税专用发票注明价款36 000元,增值税税额4 680元,茶山股份有限公司以银行存款补付差额。

借:材料采购 36 000
　　应交税费——应交增值税(进项税额) 4 680
　　贷:应收票据 40 000
　　　　银行存款 680

(三) 预付账款

1. 预付账款概述

预付账款是企业按照有关合同规定,预先支付给供货方或施工单位的货款或工程款项,企业已经向对方支付款项,但对方尚未发货或提供劳务,要求对方履行义务是企业的权利,因此预付账款仍为企业的资产。

2. 预付账款的账务处理

企业通过设置"预付账款"账户核算预付账款增减变动情况。该账户属资产类账户。预付账款不多的企业,也可以不设"预付账款"账户,而将预付账款业务在"应付账款"账户核算。

预付账款	
预付的款项	转销的预付账款
补付的款项	退回多付的款项
预付的款项	

【例4-7】茶山股份有限公司因向甲企业采购材料,预付货款10 000元,以银行存款支付。

借:预付账款　　　　　　　　　　　　　　　　　　　　　　　　　10 000
　　贷:银行存款　　　　　　　　　　　　　　　　　　　　　　　　10 000

茶山股份有限公司收到甲企业的材料验收入库,相关增值税专用发票注明价款20 000元,增值税税额2 600元,差额以银行存款补付。

借:原材料　　　　　　　　　　　　　　　　　　　　　　　　　　20 000
　　应交税费——应交增值税(进项税额)　　　　　　　　　　　　　2 600
　　贷:预付账款　　　　　　　　　　　　　　　　　　　　　　　 22 600
借:预付账款　　　　　　　　　　　　　　　　　　　　　　　　　12 600
　　贷:银行存款　　　　　　　　　　　　　　　　　　　　　　　 12 600

(四)其他应收款

1. 其他应收款概述

其他应收款是指除应收账款、应收票据以外,企业应收、暂付其他单位和个人的各种款项,其具体包括以下几个方面:

(1)应收的各种赔款、罚款,如应向责任者个人和保险公司收取的财产物资等损失的赔偿款项。

(2)应收出租包装物的租金。

(3)存出的保证金,如包装物押金等。

(4)应向职工个人收取的各种垫付款项。

(5)预付给企业内部单位和职工个人的各种备用款项。

(6)其他应收、暂付款项。

2. 其他应收款的核算

企业设置"其他应收款"账户对其他应收款进行核算。该账户属资产类账户,借方登记发生的各种其他应收款,贷方登记企业收到的款项和结转情况,余额一般在借方,表示应收未收的其他应收款项。

【例4-8】茶山股份有限公司职工李梅外出预借差旅费3 000元,以现金付讫。

借:其他应收款——李梅　　　　　　　　　　　　　　　　　　　　3 000
　　贷:库存现金　　　　　　　　　　　　　　　　　　　　　　　　3 000

【例4-9】接【例4-8】,李梅出差归来,报销2 800元,退回现金200元。

借:管理费用　　　　　　　　　　　　　　　　　　　　　　　　　2 800
　　库存现金　　　　　　　　　　　　　　　　　　　　　　　　　　 200
　　贷:其他应收款——李梅　　　　　　　　　　　　　　　　　　　3 000

若李梅出差归来报销3 500元,则公司补付500元。

借:管理费用　　　　　　　　　　　　　　　　　　　　　　　　　3 500
　　贷:其他应收款——李梅　　　　　　　　　　　　　　　　　　　3 000
　　　　库存现金　　　　　　　　　　　　　　　　　　　　　　　　 500

【例 4-10】 茶山股份有限公司租用乙企业包装桶 100 只，每只交押金 50 元，以银行存款支付。甲公司根据有关凭证作如下会计分录：

借：其他应收款——乙企业　　　　　　　　　　　　　　　　　　　　5 000
　　贷：银行存款　　　　　　　　　　　　　　　　　　　　　　　　　　5 000

二、债权投资

（一）债权投资概述

债权投资，是指到期日固定、回收金额固定或可确定，且企业有明确意图和能力持有至到期的非衍生金融资产。

1. 到期日固定、回收金额固定或可确定

相关合同明确了投资者在确定的期间内获得或收取现金流量（如投资利息和本金等）的金额和时间。

2. 有明确意图持有至到期

投资者在取得投资时意图是明确的，除非遇到一些企业所不能控制、预期不会重复发生且难以合理预计的独立事件，否则将持有至到期。

存在下列情况之一的，表明企业没有明确意图将金融资产持有至到期：

（1）持有该金融资产的期限不确定。

（2）发生市场利率变化、流动性需要变化、替代投资机会及其投资收益率变化、融资来源的条件变化、外汇风险变化等情况时，将出售该金融资产。但无法控制、预期不会重复发生且难以合理预计的独立事项引起的金融资产出售除外。

（3）该金融资产的发行方可以按照明显低于其摊余成本的金额清偿。

（4）其他表明企业没有明确意图将该金融资产持有至到期的情况。

3. 有能力持有至到期

企业有足够的财力资源，并不受外部因素影响将投资持有至到期。

存在下列情况之一的，表明企业无能力持有至到期：

（1）没有可利用的财务资源持续地为该金融资产投资提供资金支持，以使该金融资产投资持有至到期；

（2）受法律、行政法规的限制，使企业难以将该金融资产投资持有至到期；

（3）其他表明企业没有能力将具有固定期限的金融资产投资持有至到期的情况。

（二）债权投资的账务处理

1. 债权投资初始计量

企业应设置"债权投资"账户，用来核算企业债权投资的摊余成本，应当按照债权投资的类别和品种，分别设置"成本""利息调整""应计利息"等进行明细核算。其中，"成本"反映的是债权投资的面值，"利息调整"反映的是债权投资初始入账金额和面值的差额，以及按照实际利率法分期摊销后该差额的摊余金额，"应计利息"反映的是到期一次还本付息债权投资的期末应计未付利息。

债权投资应当按取得时的公允价值计量和相关交易费用之和作为初始确认金额。交易费用是指可直接归属于购买、发行或处置金融工具的增量费用。增量费用是指企业没有发生购买、发行或处置相关金融工具的情形就不会发生的费用,包括支付给代理机构、咨询公司、券商、证券交易所、政府有关部门等的手续费、佣金、相关税费以及其他必要支出,不包括债券溢价、折价、融资费用、内部管理成本和持有成本等与交易不直接相关的费用。

借:债权投资——成本(面值)
　　　　　——利息调整(差额,可能在贷方)
　　应收利息或债权投资——应计利息(支付价款中已到付息期未领取的利息)
　贷:银行存款等(实际支付的价款)

【例4-11】2×25年1月1日,茶山股份有限公司支付价款1 000 000元(含交易费用)从上海证券交易所购入A公司同日发行的5年期公司债券。债券票面价值总额为1 000 000元,票面年利率为7%,每年年末付息,本金在债券到期时一次性偿还。茶山股份有限公司有意图也有能力将该债券持有至到期,划分为债权投资。茶山股份有限公司账务处理如下:

借:债权投资——A公司债券(成本)　　　　　　　　　　　　　　1 000 000
　贷:银行存款　　　　　　　　　　　　　　　　　　　　　　　　1 000 000

【例4-12】2×25年1月1日,茶山股份有限公司支付价款1 060 000元(含交易费用)从上海证券交易所购入B公司同日发行的4年期公司债券。债券票面价值总额为1 000 000元,票面年利率为7%,每年年末付息,本金在债券到期时一次性偿还。茶山股份有限公司有意图也有能力将该债券持有至到期,划分为债权投资。茶山股份有限公司账务处理如下:

借:债权投资——B公司债券(成本)　　　　　　　　　　　　　　1 000 000
　　　　　——B公司债券(利息调整)　　　　　　　　　　　　　　60 000
　贷:银行存款　　　　　　　　　　　　　　　　　　　　　　　　1 060 000

【例4-13】2×25年1月1日,茶山股份有限公司支付价款1 059 000元(含交易费用)从上海证券交易所购入C公司于2×24年1月1日发行的6年期公司债券,该价款中包含已到付息期但尚未支付的利息59 000元。债券票面价值总额为1 250 000元,票面年利率为4.72%,每年年末付息,本金在债券到期时一次性偿还。1月15日茶山股份有限公司收到利息。茶山股份有限公司有意图也有能力将该债券持有至到期,划分为债权投资。茶山股份有限公司账务处理如下:

1月1日购入时:

借:债权投资——C公司债券(成本)　　　　　　　　　　　　　　1 250 000
　　应收利息　　　　　　　　　　　　　　　　　　　　　　　　　59 000
　贷:银行存款　　　　　　　　　　　　　　　　　　　　　　　　1 059 000
　　债权投资——C公司债券(利息调整)　　　　　　　　　　　　　250 000

1月15日收到利息时:

借:银行存款　　　　　　　　　　　　　　　　　　　　　　　　　59 000
　贷:应收利息　　　　　　　　　　　　　　　　　　　　　　　　59 000

2. 债权投资后续计量

债权投资在持有期间应当按照摊余成本进行后续计量,并采用实际利率法按照摊余成本和实际利率计算确认当期利息收入，计入投资收益。

实际利率法，是指计算金融资产的摊余成本及将利息收入分摊计入各会计期间的方法。

金融资产摊余成本，应当以该金融资产的初始确认金额经下列调整后的结果确定：①扣除已偿还的本金。②加上或减去采用实际利率法将该初始确认金额与到期日金额之间的差额进行摊销形成的累计摊销额。③扣除累计计提的损失准备。

实际利率，是指将金融资产在预计存续期的估计未来现金流量，折现为该金融资产当前账面价值所使用的利率。

利息收入 = 期初摊余成本 × 实际利率

票面利息 = 面值 × 票面利率

利息调整摊销额 = 利息收入 – 票面利息

期末摊余成本 = 期初摊余成本 ± 利息调整摊销额 – 本期收回的本金 – 本期计提的减值准备

（1）分期付息到期还本债券。

借：应收利息（按面值 × 票面利率计算的票面利息）
　　贷：投资收益（按摊余成本 × 实际利率计算的利息收入）
　　　　债权投资——利息调整（差额也可能在借方）

【例 4 – 14】接【例 4 – 11】，2×25 年 1 月 1 日，茶山股份有限公司支付价款 1 000 000 元（含交易费用）从上海证券交易所购入 A 公司同日发行的 5 年期公司债券。债券票面价值总额为 1 000 000 元，票面年利率为 7%，每年年末付息，本金在债券到期时一次性偿还。茶山股份有限公司在持有期间每年年末确认利息收入，账务处理如下：

借：应收利息　　　　　　　　　　　　　　　　　　　　　　70 000
　　贷：投资收益　　　　　　　　　　　　　　　　　　　　　　70 000

收到利息时：

借：银行存款　　　　　　　　　　　　　　　　　　　　　　70 000
　　贷：应收利息　　　　　　　　　　　　　　　　　　　　　　70 000

【例 4 – 15】接【例 4 – 12】，2×25 年 1 月 1 日，茶山股份有限公司支付价款 1 060 000 元（含交易费用）从上海证券交易所购入 B 公司同日发行的 4 年期公司债券。债券票面价值总额为 1 000 000 元，票面年利率为 7%，每年年末付息，本金在债券到期时一次性偿还。茶山股份有限公司在持有期间按实际利率法每年年末确认利息收入，账务处理如下：

①计算该债券的实际利率 i：

$1\ 060\ 000 = 70\ 000 \times PVIFA_{i,4} + 1\ 000\ 000 \times PVIF_{i,4}$

当 i = 6%，70 000 × 3.4651 + 1 000 000 × 0.7921 = 1 034 657（元）。

当 i = 5%，70 000 × 3.5460 + 1 000 000 × 0.8227 = 1 070 920（元）。

采用插值法，计算 i = 5% + (6% – 5%) × (1 070 920 – 1 060 000) ÷ (1 070 920 – 1 034 657) = 5.3%。

②采用实际利率法编制利息收入与摊余成本计算表（见表 4 – 1）。

表4-1 利息收入与摊余成本计算表 单位：元

日期	应收利息（a）	利息收入 （b）=（d）×5.3%	利息调整摊销额 （c）=（a）-（b）	摊余成本余额 （d）=期初（d）-（c）
2×25年1月1日	—	—	—	1 060 000
2×25年12月31日	70 000	56 180	13 820	1 046 180
2×26年12月31日	70 000	55 448	14 552	1 031 628
2×27年12月31日	70 000	54 676	15 324	1 016 304
2×28年12月31日	70 000	53 696*	16 304	1 000 000
合　计	280 000	220 000	60 000	—

注：* 表示尾数调整：70 000 -（1 016 304 - 1 000 000）= 53 696（元）。

③根据表4-1中的数据，茶山股份有限公司编制会计分录如下：

2×25年12月31日，确认利息收入，收到债券利息。

借：应收利息　　　　　　　　　　　　　　　　　　　　　　70 000
　　贷：投资收益　　　　　　　　　　　　　　　　　　　　　　56 180
　　　　债权投资——B公司债券（利息调整）　　　　　　　　　13 820
借：银行存款　　　　　　　　　　　　　　　　　　　　　　70 000
　　贷：应收利息　　　　　　　　　　　　　　　　　　　　　　70 000

2×26年12月31日，确认利息收入，收到债券利息。

借：应收利息　　　　　　　　　　　　　　　　　　　　　　70 000
　　贷：投资收益　　　　　　　　　　　　　　　　　　　　　　55 448
　　　　债权投资——B公司债券（利息调整）　　　　　　　　　14 552
借：银行存款　　　　　　　　　　　　　　　　　　　　　　70 000
　　贷：应收利息　　　　　　　　　　　　　　　　　　　　　　70 000

2×27年12月31日，确认利息收入，收到债券利息。

借：应收利息　　　　　　　　　　　　　　　　　　　　　　70 000
　　贷：投资收益　　　　　　　　　　　　　　　　　　　　　　54 676
　　　　债权投资——B公司债券（利息调整）　　　　　　　　　15 324
借：银行存款　　　　　　　　　　　　　　　　　　　　　　70 000
　　贷：应收利息　　　　　　　　　　　　　　　　　　　　　　70 000

2×28年12月31日，确认利息收入，收到债券利息。

借：应收利息　　　　　　　　　　　　　　　　　　　　　　70 000
　　贷：投资收益　　　　　　　　　　　　　　　　　　　　　　53 696
　　　　债权投资——B公司债券（利息调整）　　　　　　　　　16 304
借：银行存款　　　　　　　　　　　　　　　　　　　　　　70 000
　　贷：应收利息　　　　　　　　　　　　　　　　　　　　　　70 000

债券到期，收回债券本金：

借：银行存款　　　　　　　　　　　　　　　　　　　　　1 000 000
　　贷：债权投资——B公司债券（成本）　　　　　　　　　1 000 000

【例4-16】接【例4-13】,2×25年1月1日,茶山股份有限公司支付价款1 059 000元(含交易费用)从上海证券交易所购入C公司于2×24年1月1日发行的6年期公司债券,该价款中包含已到付息期但尚未支付的利息59 000元。债券票面价值总额为1 250 000元,票面年利率为4.72%,每年年末付息,本金在债券到期时一次性偿还。茶山股份有限公司在持有期间按实际利率法每年年末确认利息收入,账务处理如下:

①计算该债券的实际利率i:

1 000 000 = 59 000 × PVIFAi, 5 + 1 250 000 × PVIFi, 5

采用插值法,计算i=10%。

②采用实际利率法编制利息收入与摊余成本计算表(见表4-2)。

表4-2 利息收入与摊余成本计算表　　　　　　　　　　　　　　单位:元

日　期	应收利息 (a)	利息收入 (b) = (d) ×10%	利息调整摊销额 (c) = (b) - (a)	摊余成本余额 (d) =期初(d) + (c)
2×25年1月1日	—	—	—	1 000 000
2×25年12月31日	59 000	100 000	41 000	1 041 000
2×26年12月31日	59 000	104 100	45 100	1 086 100
2×27年12月31日	59 000	108 610	49 610	1 135 710
2×28年12月31日	59 000	113 571	54 571	1 190 281
2×29年12月31日	59 000	118 719 *	59 719	1 250 000
合　计	295 000	545 000	250 000	—

注:* 表示尾数调整:1 250 000 - 1 190 281 + 59 000 = 118 719(元)。

③根据表4-2中的数据,茶山股份有限公司编制会计分录如下:

2×25年12月31日,确认利息收入,收到债券利息。

借:应收利息　　　　　　　　　　　　　　　　　　　　　　　　　　59 000
　　债权投资——C公司债券(利息调整)　　　　　　　　　　　　　　41 000
　　贷:投资收益　　　　　　　　　　　　　　　　　　　　　　　　　　　100 000
借:银行存款　　　　　　　　　　　　　　　　　　　　　　　　　　59 000
　　贷:应收利息　　　　　　　　　　　　　　　　　　　　　　　　　　　59 000

2×26年12月31日,确认利息收入,收到债券利息。

借:应收利息　　　　　　　　　　　　　　　　　　　　　　　　　　59 000
　　债权投资——C公司债券(利息调整)　　　　　　　　　　　　　　45 100
　　贷:投资收益　　　　　　　　　　　　　　　　　　　　　　　　　　　104 100
借:银行存款　　　　　　　　　　　　　　　　　　　　　　　　　　59 000
　　贷:应收利息　　　　　　　　　　　　　　　　　　　　　　　　　　　59 000

2×27年12月31日,确认利息收入,收到债券利息。

借:应收利息　　　　　　　　　　　　　　　　　　　　　　　　　　59 000
　　债权投资——C公司债券(利息调整)　　　　　　　　　　　　　　49 610
　　贷:投资收益　　　　　　　　　　　　　　　　　　　　　　　　　　　108 610
借:银行存款　　　　　　　　　　　　　　　　　　　　　　　　　　59 000

贷：应收利息　　　　　　　　　　　　　　　　　　　　　　　　　　　59 000

2×28年12月31日，确认利息收入，收到债券利息。

　　借：应收利息　　　　　　　　　　　　　　　　　　　　　　　　　　　59 000
　　　　债权投资——C公司债券（利息调整）　　　　　　　　　　　　　　 54 571
　　　　贷：投资收益　　　　　　　　　　　　　　　　　　　　　　　　　113 571
　　借：银行存款　　　　　　　　　　　　　　　　　　　　　　　　　　　59 000
　　　　贷：应收利息　　　　　　　　　　　　　　　　　　　　　　　　　59 000

2×29年12月31日，确认利息收入，收到债券利息。

　　借：应收利息　　　　　　　　　　　　　　　　　　　　　　　　　　　59 000
　　　　债权投资——C公司债券（利息调整）　　　　　　　　　　　　　　 59 719
　　　　贷：投资收益　　　　　　　　　　　　　　　　　　　　　　　　　118 719
　　借：银行存款　　　　　　　　　　　　　　　　　　　　　　　　　　　59 000
　　　　贷：应收利息　　　　　　　　　　　　　　　　　　　　　　　　　59 000

债券到期，收回债券本金：

　　借：银行存款　　　　　　　　　　　　　　　　　　　　　　　　　　　1 250 000
　　　　贷：债权投资——C公司债券（成本）　　　　　　　　　　　　　　 1 250 000

（2）一次还本付息债券。

【例4-17】 2×25年1月1日，茶山股份有限公司支付价款343 000元（含交易费用）从上海证券交易所购入D公司于同日发行的5年期公司债券。债券票面价值总额为400 000元，票面年利率为5%，该债券到期一次还本付息。茶山股份有限公司有意图也有能力将该债券持有至到期，划分为债权投资。茶山股份有限公司账务处理如下：

①购入时：

　　借：债权投资——D公司债券（成本）　　　　　　　　　　　　　　　　400 000
　　　　贷：银行存款　　　　　　　　　　　　　　　　　　　　　　　　　343 000
　　　　　　债权投资——D公司债券（利息调整）　　　　　　　　　　　　 57 000

②计算该债券的实际利率 i：

343 000 = （400 000 + 20 000）× $PVIF_{i,5}$

采用插值法，计算 i = 7.83%。

③采用实际利率法编制利息收入与摊余成本计算表（见表4-3）。

表4-3　利息收入与摊余成本计算表　　　　　　　　　　　　　　　单位：元

日期	应计利息 (a)	利息收入 (b) = (d) ×7.83%	利息调整摊销额 (c) = (b) - (a)	摊余成本余额 (d) =期初(d) + (b)
2×25年1月1日	—	—	—	343 000
2×25年12月31日	20 000	26 857	6 857	369 857
2×26年12月31日	20 000	28 960	8 960	398 817
2×27年12月31日	20 000	31 227	11 227	430 044
2×28年12月31日	20 000	33 672	13 672	463 716

续表

日　期	应计利息 （a）	利息收入 （b）=（d）×7.83%	利息调整摊销额 （c）=（b）-（a）	摊余成本余额 （d）=期初（d）+（b）
2×29年12月31日	20 000	36 284*	16 284	500 000
合　计	100 000	157 000	57 000	—

注：* 表示尾数调整：500 000 - 463 716 = 36 284（元）。

④根据表4-3中的数据，茶山股份有限公司编制会计分录如下：

2×25年12月31日，确认利息收入，收到债券利息。

借：债权投资——D公司债券（应计利息）　　　　　　　　　　　20 000
　　　　　　　——D公司债券（利息调整）　　　　　　　　　　6 857
　　贷：投资收益　　　　　　　　　　　　　　　　　　　　　　26 857

2×26年12月31日，确认利息收入，收到债券利息。

借：债权投资——D公司债券（应计利息）　　　　　　　　　　　20 000
　　　　　　　——D公司债券（利息调整）　　　　　　　　　　8 960
　　贷：投资收益　　　　　　　　　　　　　　　　　　　　　　28 960

2×27年12月31日，确认利息收入。

借：债权投资——D公司债券（应计利息）　　　　　　　　　　　20 000
　　　　　　　——D公司债券（利息调整）　　　　　　　　　　11 227
　　贷：投资收益　　　　　　　　　　　　　　　　　　　　　　31 227

2×28年12月31日，确认利息收入。

借：债权投资——D公司债券（应计利息）　　　　　　　　　　　20 000
　　　　　　　——D公司债券（利息调整）　　　　　　　　　　13 672
　　贷：投资收益　　　　　　　　　　　　　　　　　　　　　　33 672

2×29年12月31日，确认利息收入。

借：债权投资——D公司债券（应计利息）　　　　　　　　　　　20 000
　　　　　　　——D公司债券（利息调整）　　　　　　　　　　16 284
　　贷：投资收益　　　　　　　　　　　　　　　　　　　　　　36 284

债券到期，收回债券本金及利息。

借：银行存款　　　　　　　　　　　　　　　　　　　　　　　　500 000
　　贷：债权投资——D公司债券（成本）　　　　　　　　　　　400 000
　　　　　　　——D公司债券（应计利息）　　　　　　　　　100 000

第三节　以公允价值计量且其变动计入当期损益的金融资产

除衍生金融资产单独设置"衍生工具"账户核算外，企业应设置"交易性金融资产"账户，用以核算以公允价值计量且其变动计入当期损益的金融资产的公允价值。

一、交易性金融资产的初始计量

"交易性金融资产"账户按照投资的类别和品种,分别设置"成本""公允价值变动"进行明细核算。其中,"成本"反映的是交易性金融资产的初始入账金额,"公允价值变动"反映的是交易性金融资产在资产负债表日公允价值的变动。

企业取得交易性金融资产时,应当按照该金融资产取得时的公允价值作为其初始入账金额,相关交易费用直接计入当期损益,不计入交易性金融资产的初始入账金额。取得交易性金融资产所支付的价款中包含的已宣告但尚未领取的现金股利或已到付息期但尚未领取的债券利息,单独作为应收项目核算。

企业取得交易性金融资产,按其公允价值,借记"交易性金融资产——成本"科目,按发生的交易费用,借记"投资收益"科目,按已到付息期但尚未领取的利息或已宣告但尚未领取的现金股利,借记"应收利息"或"应收股利"科目,按实际支付的金额,贷记"银行存款"等科目。

【例4-18】茶山股份有限公司于2×25年1月5日以银行存款购入下列公司的股票并将其划分为交易性金融资产(见表4-4)。茶山股份有限公司账务处理如下:

表4-4 交易性金融资产

项目	股数(股)	每股单价(元)	税费(元)
A公司股票	10 000	5.30	300
B公司股票	20 000	6.10	650
合计	—	—	950

借:交易性金融资产——A公司股票(成本) 53 000
　　　　　　　　　　——B公司股票(成本) 122 000
　　投资收益 950
　贷:银行存款 175 950

【例4-19】茶山股份有限公司于2×25年3月20日以银行存款购入C公司股票35 000股,并将其划分为交易性金融资产。每股成交价5.8元,其中包括已宣告但尚未分派的现金股利0.1元。另以银行存款支付相关税费1 000元。茶山股份有限公司于4月10日实际收到C公司发放的上述现金股利。茶山股份有限公司账务处理如下:

2×25年3月20日购入股票时:

借:交易性金融资产——C公司股票(成本) 199 500
　　应收股利 3 500
　　投资收益 1 000
　贷:银行存款 204 000

2×25年4月10日收到现金股利时:

借:银行存款 3 500
　贷:应收股利 3 500

【例4-20】茶山股份有限公司于2×25年7月1日以银行存款827 000元购入D公司2×24年1月1日发行的3年期债券,并将其划分为交易性金融资产。该债券面值总额为800 000元,年利率

6%，每年6月30日付息，债券购买价格中包含已到付息期但尚未支付的利息24 000元。另以存款支付税费等相关费用4 200元。茶山股份有限公司于7月10日实际收到D公司支付的上述利息。茶山股份有限公司账务处理如下：

2×25年7月1日购入债券时：

借：交易性金融资产——D公司债券（成本） 803 000
　　应收利息 24 000
　　投资收益 4 200
　　贷：银行存款 831 200

2×25年7月10日收到利息时：

借：银行存款 24 000
　　贷：应收利息 24 000

二、交易性金融资产持有期间收益的确认

交易性金融资产持有期间被投资单位宣告发放的现金股利，或在资产负债表日按分期付息、一次还本债券投资票面利率计算的利息，借记"应收股利"或"应收利息"科目，贷记"投资收益"科目。

【例4-21】接【例4-18】，A公司于2×25年1月15日宣告发放现金股利，每股0.2元，茶山股份有限公司于2×25年2月1日实际收到现金股利。茶山股份有限公司账务处理如下：

2×25年1月15日A公司宣告发放现金股利时：

借：应收股利 2 000
　　贷：投资收益 2 000

2×25年2月1日实际收到现金股利时：

借：银行存款 2 000
　　贷：应收股利 2 000

【例4-22】接【例4-20】，2×25年12月31日茶山股份有限公司计提D公司债券半年的利息24 000元，并于2×26年1月5日实际收到利息。茶山股份有限公司账务处理如下：

2×25年12月31日计提利息时：

借：应收利息 24 000
　　贷：投资收益 24 000

2×26年1月5日收到利息时：

借：银行存款 24 000
　　贷：应收利息 24 000

三、交易性金融资产的期末计量

资产负债表日，交易性金融资产按公允价值计量，公允价值变动记入当期损益。当交易性金融资产的公允价值高于其账面余额，按其差额，借记"交易性金融资产——公允价值变动"科目，贷记"公允价值变动损益"科目；当交易性金融资产的公允价值低于其账面余额，按其差额，作相反

的会计分录。

【例4-23】 接【例4-19】、【例4-20】，2×25年12月31日，茶山股份有限公司持有的C公司股票和D公司债券账面余额和公允价值如表4-5所示，账务处理如下：

表4-5 交易性金融资产账面余额和公允价值　　　　　　　　　　　　　　　　单位：元

	账面余额	公允价值
C公司股票	199 500	249 000
D公司债券	803 000	800 000

借：交易性金融资产——C公司股票（公允价值变动）　　　　　　　　　49 500
　　贷：公允价值变动损益　　　　　　　　　　　　　　　　　　　　　　　49 500
借：公允价值变动损益　　　　　　　　　　　　　　　　　　　　　　　　3 000
　　贷：交易性金融资产——D公司债券（公允价值变动）　　　　　　　　　3 000

四、交易性金融资产处置

出售交易性金融资产，应按实际收到的金额，借记"银行存款"等科目，按该金融资产的账面余额，贷记"交易性金融资产——成本"科目，贷记或借记"交易性金融资产——公允价值变动"科目，按其差额，贷记或借记"投资收益"科目。

【例4-24】 接【例4-19】、【例4-23】，C公司于2×26年1月20日宣告分派每股0.1元的现金股利。茶山股份有限公司于2×26年2月3日将C公司股票全部卖出，实际收到的价款为350 000元，卖出时尚未收到C公司的现金股利。茶山股份有限公司账务处理如下：

2×26年1月20日C公司宣告分派现金股利时：
借：应收股利　　　　　　　　　　　　　　　　　　　　　　　　　　　35 000
　　贷：投资收益　　　　　　　　　　　　　　　　　　　　　　　　　　35 000

2×26年2月3日卖出C公司股票时：
借：银行存款　　　　　　　　　　　　　　　　　　　　　　　　　　　350 000
　　贷：交易性金融资产——C公司股票（成本）　　　　　　　　　　　　199 500
　　　　　　——C公司股票（公允价值变动）　　　　　　　　　　　　　49 500
　　　　应收股利　　　　　　　　　　　　　　　　　　　　　　　　　35 000
　　　　投资收益　　　　　　　　　　　　　　　　　　　　　　　　　66 000

【例4-25】 接【例4-20】、【例4-22】、【例4-23】，茶山股份有限公司于2×26年1月8日将持有的D公司债券出售50%，实际收到价款398 000元。茶山股份有限公司账务处理如下：

借：银行存款　　　　　　　　　　　　　　　　　　　　　　　　　　　398 000
　　交易性金融资产——D公司债券（公允价值变动）　　　　　　　　　　1 500
　　投资收益　　　　　　　　　　　　　　　　　　　　　　　　　　　2 000
　　贷：交易性金融资产——D公司债券（成本）　　　　　　　　　　　　401 500

第四节　以公允价值计量且其变动计入其他综合收益的金融资产

企业应设置"其他权益工具投资"和"其他债权投资"账户，用以核算以公允价值计量且其变动计入其他综合收益的金融资产的公允价值。

一、初始计量

"其他权益工具投资"账户按照投资的类别和品种，分别设置"成本""公允价值变动"等进行明细核算。其中，"成本"反映的是其他权益工具投资的初始入账金额，"公允价值变动"反映的是其他权益工具投资在资产负债表日公允价值的变动。

"其他债权投资"账户按照投资的类别和品种，分别设置"成本""利息调整""应计利息"等进行明细核算。其中，"成本"反映的是其他债权投资的面值，"利息调整"反映的是其他债权投资初始入账金额和面值的差额，以及按照实际利率法分期摊销后该差额的摊余金额，"应计利息"反映的是到期一次还本付息其他债权投资的期末应计未付利息。

企业取得投资时，应按其公允价值与相关交易费用之和作为以公允价值计量且其变动计入其他综合收益的金融资产的初始入账金额。

企业取得其他权益工具投资的应按其公允价值与交易费用之和，借记"其他权益工具投资——成本"科目，按实际支付的金额，贷记"银行存款"等科目。

企业取得其他债权投资的，应按债券的面值，借记"其他债权投资——成本"科目，按实际支付的金额，贷记"银行存款"等科目，按差额，借记或贷记"其他债权投资——利息调整"科目。

二、持有期间收益的确认

其他权益工具投资持有期间收益的确认与交易性金融资产相同，按被投资单位宣告发放的现金股利，借记"应收股利"科目，贷记"投资收益"科目。

其他债权投资持有期间收益的确认与债权投资相同，采用实际利率法按照摊余成本和实际利率计算确认当期利息收入，计入投资收益。

三、期末计量

资产负债表日，以公允价值计量且其变动计入其他综合收益的金融资产按公允价值计量，公允价值变动计入其他综合收益。当资产的公允价值高于其账面余额，按其差额，借记"其他权益工具投资——公允价值变动"科目或"其他债权投资——公允价值变动"，贷记"其他综合收益"科目；当资产的公允价值低于其账面余额，按其差额，作相反的会计分录。

四、处置

出售其他权益工具投资，应按实际收到的金额，借记"银行存款"等科目，按该金融资产的账面余额，贷记"其他权益工具投资——成本"科目，贷记或借记"以公允价值计量且其变动记入其他综合收益的金融资产——公允价值变动"科目，按其差额贷记或借记"投资收益"科目。同时，将原计入该金融资产的公允价值变动转出，借记或贷记"其他综合收益"科目，贷记或借记"盈余公积"科目和"利润分配——未分配利润"科目。

出售其他债权投资，应按实际收到的金额，借记"银行存款"等科目，按该金融资产的账面余额，贷记"其他债权投资——成本"科目和"其他债权投资——应计利息"科目，贷记或借记"其他债权投资——利息调整"科目和"其他债权投资——公允价值变动"科目，按其差额贷记或借记"投资收益"科目。同时，将原计入该金融资产的公允价值变动转出，借记或贷记"其他综合收益"科目，贷记或借记"投资收益"科目。

第五节　金融资产的减值

一、金融资产减值的确认

资产负债表日，企业需判断以摊余成本计量的金融资产（应收款项和债权投资）和以公允价值计量且其变动计入其他综合收益的债权投资（其他债权投资）是否已发生信用减值。当对这两类金融资产预期未来现金流量具有不利影响的一项或多项事件发生时，企业应当确认其已发生信用减值，进行减值会计处理。金融资产已发生信用减值的证据包括下列可观察信息：

（1）发行方或债务人发生重大财务困难；

（2）债务人违反合同，如偿付利息或本金违约或逾期等；

（3）债权人出于与债务人财务困难有关的经济或合同考虑，给予债务人在任何其他情况下都不会做出的让步；

（4）债务人很可能破产或进行其他财务重组；

（5）发行方或债务人财务困难导致该金融资产的活跃市场消失；

（6）以大幅折扣购买或源生一项金融资产，该折扣反映了发生信用损失的事实。

金融资产发生信用减值，有可能是多个事件的共同作用所致，未必是可单独识别的事件所致。

二、金融资产减值的计量

企业应以预期信用损失为基础，进行减值会计处理并确认损失准备。预期信用损失，是指以发生违约的风险为权重的金融资产信用损失的加权平均值。

信用损失，是指企业按照原实际利率折现的、应收取的合同现金流量与预期收取的现金流量之间差额的现值。其中，对于企业购买或源生的已发生信用减值的金融资产，应按照该金融资产经信用调整的实际利率折现。由于预期信用损失考虑付款的金额和时间分布，因此即使企业预计可以全额收款但收款时间晚于合同规定的到期期限，也会产生信用损失。

企业应当在每个资产负债表日评估相关金融工具的信用风险自初始确认后是否已显著增加，并按照下列情形分别计量其损失准备、确认预期信用损失及其变动：

（1）如果该金融工具的信用风险自初始确认后已显著增加，企业应当按照相当于该金融工具整个存续期内预期信用损失的金额计量其损失准备。无论企业评估信用损失的基础是单项金融资产还是金融资产组合，由此形成的损失准备的增加或转回金额，应当作为减值损失或利得计入当期损益。

（2）如果该金融工具的信用风险自初始确认后并未显著增加，企业应当按照相当于该金融工具未来 12 个月内预期信用损失的金额计量其损失准备，无论企业评估信用损失的基础是单项金融资产还是金融资产组合，由此形成的损失准备的增加或转回金额，应当作为减值损失或利得计入当期损益。

未来 12 个月内预期信用损失，是指因资产负债表日后 12 个月内（若金融工具的预计存续期少于 12 个月，则为预计存续期）可能发生的金融工具违约事件而导致的预期信用损失，是整个存续期预期信用损失的一部分。

企业在进行相关评估时，应当考虑所有合理且有依据的信息，包括前瞻性信息。为确保自金融资产初始确认后信用风险显著增加即确认整个存续期预期信用损失，企业在一些情况下应当以组合为基础考虑评估信用风险是否显著增加。整个存续期预期信用损失，是指因金融工具整个预计存续期内所有可能发生的违约事件而导致的预期信用损失。比如，在考虑金融资产减值测试时，应当先将单项金额重大的金融资产区分开来，单独进行减值测试，如有客观证据表明其已发生减值，应当确认减值损失，计入当期损益。对单项金额非重大金融资产，可以单独进行减值测试，或包括在具有类似信用风险特征的金融资产组合中进行减值测试。实务中，企业可以根据具体情况确定单项金额重大的标准。该项标准一经确定，应当一直运用，不得随意变更。

企业通常应当在金融资产逾期前确认该工具整个存续期预期信用损失。

在确定信用风险自初始确认后是否显著增加时，企业无须付出不必要的额外成本或努力即可获得合理且有依据的前瞻性信息的，不得仅依赖逾期信息来确定信用风险自初始确认后是否显著增加。

企业必须付出不必要的额外成本或努力才可获得合理且有依据的逾期信息以外的单独或汇总的前瞻性信息的，可以采用逾期信息来确定信用风险自初始确认后是否显著增加。

无论企业采用何种方式评估信用风险是否显著增加，通常情况下，如果逾期超过 30 日，则表明金融资产的信用风险已经显著增加。除非企业在无须付出不必要的额外成本或努力的情况下即可获得合理且有依据的信息，证明即使逾期超过 30 日，信用风险自初始确认后仍未显著增加。如果企业在合同付款逾期超过 30 日前已确定信用风险显著增加，则应当按照整个存续期的预期信用损失确认损失准备。如果交易对手方未按合同规定时间支付约定的款项，则表明该金融资产发生逾期。

（一）以摊余成本计量的金融资产减值计量

1. 应收款项减值计量

无法收回或收回可能性极小的应收款项称为坏账，企业由于发生坏账而产生的损失称为坏账损失。企业应当在资产负债表日根据信用减值的证据，合理确定应收款项的坏账损失准备。

计提应收款项损失准备时，按估计损失准备的金额，借记"信用减值损失"科目，贷记"坏账准备"科目。

对于已确认坏账准备的应收款项，如有客观证据表明其价值已恢复，且客观上与确认该损失准备后发生的事项有关的，应在原确认的坏账准备范围内按已恢复的金额，借记"坏账准备"等科目，贷记"信用减值损失"等科目。

确认应收款项已经无法收回,形成坏账损失时,借记"坏账准备"科目,贷记"应收账款"等科目。

若前已确认并转销的坏账后又收回时,则应按收回的金额借记"应收账款"科目,贷记"坏账准备"科目,以恢复债权并转回已转销的坏账准备金额,同时,借记"银行存款"科目,贷记"应收账款"科目,以反映应收账款的收回情况;也可以直接借记"银行存款"科目,贷记"坏账准备"科目。

坏账准备	
转销提取的坏账准备	当期按规定计提的坏账准备
	已提取的坏账准备

由于应收款项通常是短期项目,在预计未来现金流量与其现值相差很小的情况下,在估计坏账损失时,企业实务中一般不对其预计未来现金流量进行折现。应收款项单项金额为重大的,应当单独进行减值测试;应收款项单项金额为非重大的,可以单独进行减值测试,也可以按照类似信用风险特征和单独测试后未减值的应收款项划分为若干组合,采用应收款项余额百分比法、账龄分析法等预计减值金额。

(1)应收款项余额百分比法。

应收款项余额百分比法是按应收款项余额的百分比来估计坏账损失的一种方法。采用这一方法,应事先根据经验确定一个综合的坏账损失百分比,然后用此百分比乘以应收款项的账面余额,求得本期估计坏账损失额,然后将其与"坏账准备"科目的余额比较,如果估计坏账损失额大于"坏账准备"科目的余额,按其差额提取;如果估计坏账损失额小于"坏账准备"科目的余额,按其差额冲销多提的坏账准备。

【例4-26】2×25—2×27年,茶山股份有限公司发生如下经济业务(假定公司均按5%计提坏账准备):

①2×25年年末,应收账款余额为1 000 000元,年初坏账准备余额为0。

②2×26年3月,由于甲企业破产,应收甲企业的货款20 000元无法收回,经认可作为坏账损失处理。

③2×26年年末,应收账款余额为1 500 000元。

④2×27年10月,已经作为坏账转销的应收乙公司货款30 000元又收回,存入银行。

⑤2×27年年末,应收账款余额为1 800 000元。

茶山股份有限公司账务处理如下:

①2×25年年末计提坏账准备时。

应计提的坏账准备=1 000 000×5%=50 000(元)

借:信用减值损失　　　　　　　　　　　　　　　　　　　　　　　50 000
　　贷:坏账准备　　　　　　　　　　　　　　　　　　　　　　　　　　　50 000

②2×26年3月,确认应收甲企业的货款20 000元无法收回,作为坏账损失处理。

借:坏账准备　　　　　　　　　　　　　　　　　　　　　　　　　20 000
　　贷:应收账款——甲企业　　　　　　　　　　　　　　　　　　　　　20 000

③2×26年年末计提坏账准备时。

应计提的坏账准备 = 1 500 000 × 5% - (50 000 - 20 000) = 45 000（元）

借：信用减值损失　　　　　　　　　　　　　　　　　　　　　　45 000
　　贷：坏账准备　　　　　　　　　　　　　　　　　　　　　　　　　45 000

④2×27年10月，已经作为坏账转销的应收乙公司货款30 000元又收回存入银行。

借：应收账款——乙公司　　　　　　　　　　　　　　　　　　　30 000
　　贷：坏账准备　　　　　　　　　　　　　　　　　　　　　　　　　30 000
借：银行存款　　　　　　　　　　　　　　　　　　　　　　　　　30 000
　　贷：应收账款——乙公司　　　　　　　　　　　　　　　　　　　　30 000

或

借：银行存款　　　　　　　　　　　　　　　　　　　　　　　　　30 000
　　贷：坏账准备　　　　　　　　　　　　　　　　　　　　　　　　　30 000

⑤2×27年年末计提坏账准备时。

应计提的坏账准备 = 1 800 000 × 5% - (75 000 + 30 000) = -15 000（元）

借：坏账准备　　　　　　　　　　　　　　　　　　　　　　　　　15 000
　　贷：信用减值损失　　　　　　　　　　　　　　　　　　　　　　　15 000

（2）账龄分析法。

账龄分析法是根据各项应收款项入账时间的长短来估计坏账损失的一种方法。

由于应收款项拖欠期越长，发生坏账的概率越大，因此，将全部应收款项按账龄分成若干组别，分别估计各组坏账损失率，用各组估计损失率求得各组发生坏账损失的金额，合计得出全部应收款项的估计坏账损失总金额，以此计提坏账准备。

【例4-27】茶山股份有限公司2×25年末和2×26年末应收款项账龄分析如表4-6所示。该公司2×25年年初"坏账准备"科目有贷方余额10万元。2×25年该公司发生坏账损失8万元，2×26年收回已核销的坏账5万元。

表4-6　账龄分析　　　　　　　　　　　　　　　　　　　　　　　　金额单位：万元

账龄	应收款项余额（2×25年）	应收款项余额（2×26年）	估计坏账损失率（%）
未到期	500	800	1
过期两个月	50	40	2
过期四个月	20	10	3
过期半年以上	10	5	4
合计	580	855	—

要求：计算茶山股份有限公司2×25年和2×26年提取的坏账准备金额，并作出有关会计分录。

①2×25年估计坏账损失：500×1% + 50×2% + 20×3% + 10×4% = 7（万元）。

提取坏账准备 = 7 - 10 + 8 = 5（万元）

借：信用减值损失　　　　　　　　　　　　　　　　　　　　　　50 000
　　贷：坏账准备　　　　　　　　　　　　　　　　　　　　　　　　　50 000

②2×26年估计坏账损失：800×1% + 40×2% + 10×3% + 5×4% = 9.3（万元）。

提取坏账准备 = 9.3 - (7 + 5) = -2.7（万元）

借：坏账准备　　　　　　　　　　　　　　　　　　　　　　　27 000
　　贷：信用减值损失　　　　　　　　　　　　　　　　　　　　　27 000

2. 债权投资减值计量

企业应以预期信用损失为基础，进行减值会计处理并确认损失准备。对于该项金融资产，信用损失应为企业应收取的合同现金流量与预期收取的现金流量之间差额的现值。

确认时：

借：信用减值损失
　　贷：债权投资减值准备

因债权投资信用风险降低导致其预期信用损失减少，企业则按照减少的金额转回。

（二）其他债权投资的减值计量

企业以预期信用损失为基础，在其他综合收益中确认其损失准备，并将减值损失或利得计入当期损益，且不应减少该金融资产在资产负债表中列示的账面价值，即公允价值变动继续计入其他综合收益，减值损失通过"信用减值损失"科目计入损益。

公允价值下降：

借：其他综合收益——其他债权投资公允价值变动
　　贷：其他债权投资——公允价值变动

确认预期信用损失：

借：信用减值损失
　　贷：其他综合收益——信用减值准备

【本章小结】

本章介绍了金融资产的概念与分类，以及各类金融资产的初始计量、后续计量、处置与减值。企业根据其管理金融资产的业务模式和金融资产的合同现金流量特征，将金融资产划分为以摊余成本计量的金融资产、以公允价值计量且其变动计入其他综合收益的金融资产、以公允价值计量且其变动计入当期损益的金融资产三类。以摊余成本计量的金融资产主要介绍了应收款项和债权投资的会计处理，其中债权投资按照实际利率法计算确认利息收入。以公允价值计量且其变动计入其他综合收益的金融资产和以公允价值计量且其变动计入当期损益的金融资产，在以公允价值计量的同时，其存续期间发生的公允价值变动分别计入所有者权益和当期损益。处置金融资产时，应将实际收到价款与金融资产的账面价值之间的差额，计入投资收益。金融资产的减值只针对以摊余成本计量的金融资产和以公允价值计量且其变动计入其他综合收益的金融资产，当其发生信用减值时，计提信用减值损失。

第五章 长期股权投资

【知识结构图】

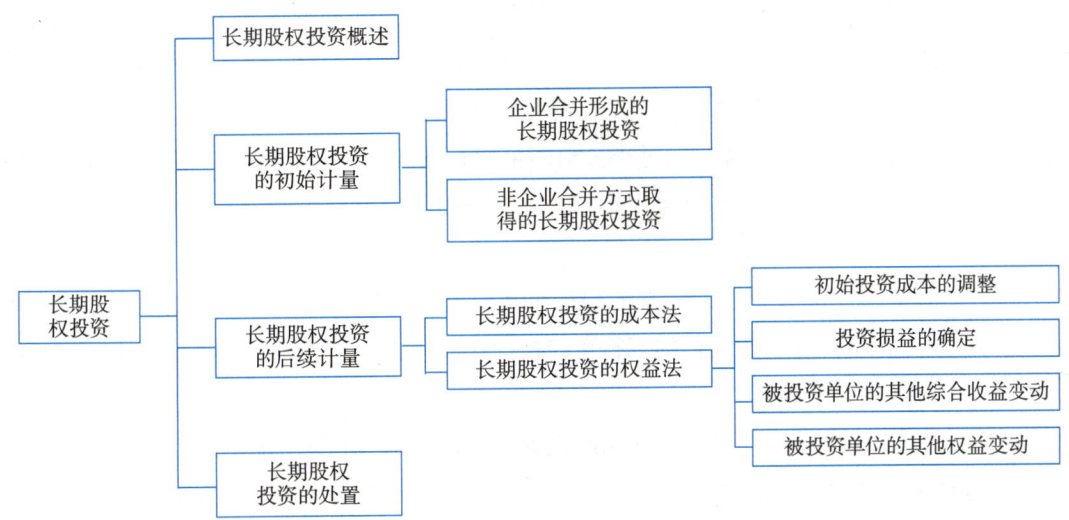

第一节　长期股权投资概述

长期股权投资是指投资方对被投资单位实施控制、重大影响的权益性投资，以及对其合营企业的权益性投资，具体包括以下三个方面：

（1）投资方能够对被投资单位实施控制的权益性投资，即对子公司的投资。

控制，是指一个企业能够决定另一个企业的财务和经营政策，并能据以从另一个企业的经营活动中获取利益的权力。

控制可以表现为以下两种情形：

1）投资方直接或通过子公司间接拥有被投资单位半数以上的表决权。

2）投资方拥有被投资单位半数或以下的表决权，满足下列条件之一的，视为投资方能够实质控制被投资单位，应当将该被投资单位认定为子公司，但是有证据表明投资方不能控制被投资单位的除外：①根据公司章程或协议，有权决定被投资单位的财务和经营政策；②有权任免被投资单位的董事会或类似机构的多数成员；③在被投资单位的董事会或类似机构占多数表决权。

（2）投资方和其他合营方一同对被投资单位实施共同控制且对被投资单位净资产享有权利的权益性投资，即为对合营企业的投资。

共同控制，是指按照相关约定对某项安排所共有的控制，并且该安排的相关活动必须经过分享控制权的参与方一致同意后才能决策。共同控制不同于控制，控制是单一投资方实施，共同控制是两个或两个以上的投资方实施，任何一个投资方均可以阻止其他投资方在未经其同意的情况下就相关活动单方面做出决策。

在确定被投资单位是否为合营企业时，应当按照《企业会计准则第 40 号——合营安排》的有关规定进行判断。

（3）投资方能够对被投资单位具有重大影响的权益性投资，即对联营企业的投资。

重大影响，是指投资方对被投资单位的财务和经营政策有参与决策的权力，但并不能够控制或者与其他方一起共同控制这些政策的制定。实务中，较为常见的重大影响体现为在被投资单位的董事会或类似权力机构中派有代表，通过在被投资单位生产经营决策制定过程中的发言权实施重大影响。

在确定能否对被投资单位施加重大影响时，应考虑以下两个方面：

1）表决权股份比例。投资方直接或通过子公司间接拥有被投资单位 20% 以上但低于 50% 的表决权股份时，一般认为对被投资单位具有重大影响，除非有明确的证据表明该种情况下不能参与被投资单位的生产经营决策，不形成重大影响。

2）潜在表决权因素。企业及其他方持有的现行可执行潜在表决权在假定转换为对被投资单位的股权后产生的影响，如被投资单位发行的现行可转换的认股权证、股份期权及可转换公司债券等的影响。

企业通常可以通过以下一种或几种情形来判断投资方能否对被投资单位施加重大影响：①在被投资单位的董事会或类似权力机构中派有代表；②参与被投资单位财务和经营政策制定过程；③与被投资单位之间发生重要交易；④向被投资单位派出管理人员；⑤向被投资单位提供关键资料。

第二节　长期股权投资的初始计量

一、企业合并形成的长期股权投资

企业合并形成的长期股权投资，初始投资成本的确定应遵循《企业会计准则第 20 号——企业合并》的相关原则，即应区分企业合并的类型，分别为同一控制下控股合并与非同一控制下控股合并，确定形成长期股权投资的成本。

（1）同一控制下的企业合并。

长期股权投资的初始投资成本是按持股比例享有的被合并方所有者权益在最终控制方合并财务报表中账面价值的份额。企业合并中发生的各项直接相关费用计入当期管理费用。

合并方以支付现金、转让非现金资产或承担债务方式作为合并对价的，长期股权投资的初始投资成本与支付的现金、转让的非现金资产及所承担债务账面价值之间的差额，应当调整资本公积；资本公积不足冲减的，调整留存收益。

合并方以发行权益性证券作为合并对价的，应按发行股份的面值总额作为股本，长期股权投资初始投资成本与所发行股份面值总额之间的差额，应当调整资本公积；资本公积不足冲减的，调整留存收益。

具体进行会计处理时，合并方在合并日按取得被合并方所有者权益账面价值的份额，借记"长期股权投资"科目，按支付的合并对价的账面价值，贷记有关资产或负债科目，按其差额，贷记"资本公积——资本溢价或股本溢价"科目；如为借方差额，应借记"资本公积——资本溢价或股本溢价"科目，资本公积（资本溢价或股本溢价）不足冲减的，借记"盈余公积""利润分配——未分配利润"科目。上述业务如以发行权益性证券方式进行的，应按发行权益性证券的面值总额，贷记"股本"科目。

在确定同一控制下企业合并形成的长期股权投资时，若合并方与被合并方在合并前会计政策不同，以被合并方的账面价值为基础确定长期股权投资成本前，应先基于重要性原则，统一合并方与被合并方的会计政策。在按照合并方的会计政策对被合并方资产、负债的账面价值进行调整的基础上，计算确定长期股权投资的初始投资成本。

（2）非同一控制下的企业合并中，购买方应当按照确定的企业合并成本作为长期股权投资的初始投资成本。企业合并成本包括购买方付出的资产、发生或承担的负债、发行的权益性证券的公允价值以及为进行企业合并发生的各项直接相关费用。

非同一控制下的企业合并，是将合并行为看作一方购买另一方的交易，原则上，购买方为了取得对被购买方的控制权而放弃的资产、发生或承担的负债、发行的权益性证券等均应按其在购买日的公允价值计量，所有为进行企业合并而支付对价的公允价值之和以及发生的各项相关费用作为合并中形成长期股权投资的成本。其中，支付非货币性资产为对价的，所支付非货币性资产在购买日的公允价值与其账面价值的差额应作为资产处置损益，计入企业合并当期的利润表。

二、非企业合并方式取得的长期股权投资

非企业合并方式取得的长期股权投资主要体现在以下方面：

（1）以支付现金取得的长期股权投资，应当按照实际支付的购买价款作为长期股权投资的初始投资成本，包括购买过程中支付的手续费等必要支出。

【例5-1】茶山股份有限公司于2×25年1月10日，自公开市场中买入甲公司30%的股份，实际支付价款90 000 000元。在购买过程中支付手续费等相关费用1 200 000元。该股份取得后能够对甲公司施加重大影响。

茶山股份有限公司应当按照实际支付的购买价款作为取得长期股权投资的成本，其账务处理如下：

借：长期股权投资——甲公司（成本）　　　　　　　　　　　　　　91 200 000
　　贷：银行存款　　　　　　　　　　　　　　　　　　　　　　　91 200 000

（2）以发行权益性证券方式取得的长期股权投资，其成本为所发行权益性证券的公允价值。为

发行权益性证券支付的手续费、佣金等应自权益性证券的溢价发行收入中扣除，溢价收入不足的，应冲减盈余公积和未分配利润。

【例 5-2】2×25 年 2 月，茶山股份有限公司通过增发 50 000 000 股（每股面值 1 元）本企业普通股为对价取得 B 公司 20% 的股权。按照增发前一定时期的平均股价计算，该 50 000 000 股普通股的公允价值为 86 000 000 元。为增发该部分普通股，茶山股份有限公司支付了 1 000 000 元的佣金和手续费。取得 B 公司该部分股权后，茶山股份有限公司能够对 B 公司施加重大影响。

茶山股份有限公司应当以所发行股份的公允价值作为取得长期股权投资的成本，其账务处理如下：

借：长期股权投资——B 公司（成本）　　　　　　　　　　　　　86 000 000
　　贷：股本　　　　　　　　　　　　　　　　　　　　　　　　50 000 000
　　　　资本公积——股本溢价　　　　　　　　　　　　　　　　36 000 000
借：资本公积——股本溢价　　　　　　　　　　　　　　　　　　1 000 000
　　贷：银行存款　　　　　　　　　　　　　　　　　　　　　　1 000 000

（3）投资者投入的长期股权投资，应当按照投资合同或协议约定的价值作为初始投资成本，但合同或协议约定价值不公允的除外。

投资者投入的长期股权投资，是指投资者以其持有的对第三方的投资作为出资投入企业，接受投资的企业在确定所取得的长期股权投资的成本时，原则上应按照投资各方在投资合同或协议中约定的价值作为其初始投资成本。例外的情况是，如果投资各方在投资合同或协议中约定的价值明显高于或低于该项投资公允价值的，应以公允价值作为长期股权投资的初始投资成本，由该项出资构成实收资本（或股本）的部分与确认的长期股权投资初始投资成本之间的差额，相应调整资本公积（资本溢价）。

【例 5-3】茶山股份有限公司的 H 股东以其持有的 E 公司 30 000 000 股普通股（每股面值为 1 元）作为出资投入企业，投资协议约定该项股权投资价值为 46 000 000 元，可折换茶山股份有限公司 20 000 000 股普通股（每股面值为 1 元），取得 E 公司该部分股权后，茶山股份有限公司能够对 E 公司施加重大影响。

茶山股份有限公司应进行的账务处理为：

借：长期股权投资——E 公司（成本）　　　　　　　　　　　　46 000 000
　　贷：股本　　　　　　　　　　　　　　　　　　　　　　　20 000 000
　　　　资本公积——股本溢价　　　　　　　　　　　　　　　26 000 000

（4）以非货币性资产交换、债务重组等方式取得的长期股权投资的初始投资成本的确定，分别参见本书后续相关章节内容。

第三节　长期股权投资的后续计量

企业取得的长期股权投资，在确定其初始投资成本后，持续持有期间，视对被投资单位的影响程度等情况的不同，应分别采用成本法及权益法进行核算。对子公司的长期股权投资应当采用成本法核算，对联营企业、合营企业的长期股权投资应当采用权益法核算。

一、长期股权投资的成本法

成本法,是指按照股权投资的取得成本计量,持有过程中除发生减值、追加投资或撤资等情况外,对其账面价值不进行调整,适用于能够对被投资单位实施控制的长期股权投资。企业持有的对子公司投资应当采用成本法核算,投资方作为投资性主体且子公司不纳入其合并财务报表的除外。

采用成本法核算的长期股权投资,初始投资或追加投资时,按照初始投资或追加投资时的成本增加长期股权投资的账面价值。

被投资单位宣告分派的现金股利或利润中,投资企业享有的部分,应确认为当期投资收益。

【例5-4】 茶山股份有限公司于2×24年3月10日以50 000 000元取得丙公司普通股股票30 000 000股,占丙公司70%的股权。2×25年2月1日,丙公司宣告分派现金股利每股0.2元。丙公司于2×25年3月1日实际分派股利。2×25年丙公司亏损,未进行股利分配。2×27年2月5日丙公司宣告分派股票股利,每股派送股票股利0.1股。2×27年丙公司扭亏为盈,2×28年1月30日宣告分派现金股利0.15元。

茶山股份有限公司应进行的账务处理为:

(1) 2×24年3月10日。

借:长期股权投资——丙公司　　　　　　　　　　　　　　　　　50 000 000
　　贷:银行存款　　　　　　　　　　　　　　　　　　　　　　　　50 000 000

(2) 2×25年2月1日。

借:应收股利　　　　　　　　　　　　　　　　　　　　　　　　　6 000 000
　　贷:投资收益　　　　　　　　　　　　　　　　　　　　　　　　6 000 000

(3) 2×25年3月1日。

借:银行存款　　　　　　　　　　　　　　　　　　　　　　　　　6 000 000
　　贷:应收股利　　　　　　　　　　　　　　　　　　　　　　　　6 000 000

(4) 2×25年丙公司亏损,未进行股利分配。

2×26年茶山股份有限公司不进行任何会计处理。

(5) 2×27年2月5日丙公司宣告分派股票股利。

茶山股份有限公司不作正式会计记录,只需在备查簿中登记增加的股份。

持有丙公司股票总数 = 30 000 000 + 30 000 000 × 0.1 = 33 000 000(股)

(6) 2×28年1月30日。

借:应收股利　　　　　　　　　　　　　　　　　　　　　　　　　4 950 000
　　贷:投资收益　　　　　　　　　　　　　　　　　　　　　　　　4 950 000

投资企业在确认自被投资单位应分得的现金股利或利润后,应当考虑长期股权投资是否发生减值。在判断该类长期股权投资是否存在减值迹象时,应当关注长期股权投资的账面价值是否大于享有被投资单位净资产(包括相关商誉)账面价值的份额等情况。出现类似情况时,企业应当按照《企业会计准则第8号——资产减值》的规定对长期股权投资进行减值测试,可收回金额低于长期股权投资账面价值的,应当计提减值准备。

二、长期股权投资的权益法

权益法,是指投资以初始投资成本计量后,在持有期间,根据被投资单位所有者权益的变动,投资企业按应享有被投资单位所有者权益的份额调整其投资账面价值的方法。对联营企业、合营企业的长期股权投资应当采用权益法核算,即对被投资单位具有共同控制或重大影响的长期股权投资,应当采用权益法核算。在确定能否对被投资单位实施共同控制或重大影响时,应当考虑投资企业和其他方持有的被投资单位当期可转换公司债券、当期可执行认股权证等潜在表决权因素的影响。

采用权益法核算的长期股权投资,一般的核算程序为:

一是初始投资或追加投资时,按照初始投资成本或追加投资的成本,增加长期股权投资的账面价值。

二是比较初始投资成本与投资时应享有被投资单位可辨认净资产公允价值的份额,对于初始投资成本大于应享有被投资单位可辨认净资产公允价值份额的,不要求调整长期股权投资的成本;对于初始投资成本小于应享有被投资单位可辨认净资产公允价值份额的,应对长期股权投资的成本进行调整,并计入取得当期的损益。

三是持有投资期间,随着被投资单位所有者权益的变动相应调整增加或减少长期股权投资的账面价值,并分情况处理:对属于因被投资单位实现净损益产生的所有者权益的变动,投资企业按照持股比例计算应享有的份额,增加或减少长期股权投资的账面价值,同时确认为当期投资损益;对被投资单位的其他综合收益导致的所有者权益变动,在持股比例不变的情况下,按照持股比例计算应享有或应分担的份额,增加或减少长期股权投资的账面价值,同时确认为其他综合收益。对被投资单位除净损益和其他综合收益以外其他因素导致的所有者权益变动,在持股比例不变的情况下,按照持股比例计算应享有或应分担的份额,增加或减少长期股权投资的账面价值,同时确认为资本公积(其他资本公积)。

四是被投资单位宣告分派现金股利或利润时,投资企业按持股比例计算应分得的部分,一般应冲减长期股权投资的账面价值。

(一)初始投资成本的调整

投资企业取得对联营企业或合营企业的投资以后,对于取得投资时点上投资成本与应享有被投资单位可辨认净资产公允价值份额之间的差额,应区别以下情况处理:

(1)投资成本大于取得投资时应享有被投资单位可辨认净资产公允价值份额的,该部分差额体现为投资企业在购入该项投资过程中通过作价体现出的与所取得股权份额相对应的商誉。该部分差额不要求调整长期股权投资的成本。

(2)投资成本小于取得投资时应享有被投资单位可辨认净资产公允价值份额的,两者之间的差额体现为交易双方在作价过程中转让方对投资企业给予的让步或是出于其他方面的考虑给予投资企业的无偿经济利益流入,应计入取得投资当期的损益。

【例5-5】茶山股份有限公司于2×25年1月1日取得D公司30%的股权,实际支付价款60 000 000元。茶山股份有限公司在取得对D公司的股权后,能够对D公司的生产经营决策施加重大影响,茶山股份有限公司对该项投资采用权益法核算。

①假定取得投资时D公司可辨认净资产公允价值为150 000 000元。

长期股权投资的成本 60 000 000 元大于取得投资时应享有 D 公司可辨认净资产公允价值的份额 45 000 000 元（150 000 000×30%），不对其初始投资成本进行调整。茶山股份有限公司的账务处理为：

借：长期股权投资——D公司（成本）　　　　　　　　　　　　　　　60 000 000
　　贷：银行存款　　　　　　　　　　　　　　　　　　　　　　　　　60 000 000

②假定取得投资时 D 公司可辨认净资产公允价值为 250 000 000 元。

长期股权投资的成本 60 000 000 元小于取得投资时应享有 D 公司可辨认净资产公允价值的份额 75 000 000 元（250 000 000×30%），则初始投资成本与应享有 D 公司可辨认净资产公允价值份额之间的差额 15 000 000 元应计入取得投资当期的损益。茶山股份有限公司的账务处理为：

借：长期股权投资——D公司（成本）　　　　　　　　　　　　　　　75 000 000
　　贷：银行存款　　　　　　　　　　　　　　　　　　　　　　　　　60 000 000
　　　　营业外收入　　　　　　　　　　　　　　　　　　　　　　　　15 000 000

（二）投资损益的确定

1. 一般原则

投资企业按照在被投资企业实现净利润或发生亏损中应享有或应承担的份额确认投资损益，同时调整长期股权投资的账面价值。即按应享有收益份额，借记"长期股权投资——损益调整"科目，贷记"投资收益"科目；按应承担亏损份额，借记"投资收益"科目，贷记"长期股权投资——损益调整"科目。

在确认应享有或应分担被投资单位的净利润或净亏损时，还需要考虑以下因素对被投资单位净损益的影响：

（1）被投资单位采用的会计政策和会计期间与投资企业不一致时，应按照投资企业的会计政策和会计期间对被投资单位的财务报表进行调整，以此为基础确定被投资单位的损益。

（2）如果取得投资时被投资单位各项资产、负债的公允价值与其账面价值不同，投资企业在计算确定投资收益时，不能完全以被投资单位自身核算的净利润与持股比例计算确定，而是需要在被投资单位实现净利润的基础上经过适当调整后确定。

（3）在确认投资收益时，除考虑有关资产、负债的公允价值与账面价值差异的调整外，对于投资企业与其联营企业和合营企业之间发生的未实现内部交易损益也应予以抵销。即投资企业与联营企业和合营企业之间发生的未实现内部交易损益按照持股比例计算归属于投资企业的部分应当予以抵销，在此基础上确认投资损益。

【例 5-6】沿用【例 5-5】，假定茶山股份有限公司长期股权投资的成本大于取得投资时 D 公司可辨认净资产公允价值份额的情况下，2×25 年 D 公司实现净利润 9 000 000 元。茶山股份有限公司和 D 公司均以公历年度作为会计年度，采用相同的会计政策，双方未发生任何内部交易。投资时 D 公司各项资产、负债的账面价值与其公允价值相同。

茶山股份有限公司的会计处理如下：

借：长期股权投资——D公司（损益调整）　　　　　　　　　　　　　 2 700 000
　　贷：投资收益　　　　　　　　　　　　　　　　　　　　　　　　　 2 700 000

2. 取得现金股利或利润的处理

采用权益法核算的长期股权投资，投资企业自被投资单位取得的现金股利或利润，应冲减长期股权投资的账面价值。在被投资单位宣告分派现金股利或利润时，借记"应收股利"科目，贷记"长期股权投资——损益调整"科目。

3. 超额亏损的确认

权益法下，投资企业确认应分担被投资单位发生的损失，原则上应以长期股权投资及其他实质上构成长期权益的项目减记至零为限，投资企业负有承担额外损失义务的除外。这里所讲"其他实质上构成长期权益的项目"主要是指长期性的应收项目等，应收被投资单位的长期债权从目前来看没有明确的清偿计划并且在可预见的未来期间也不可能进行清偿的，从实质上来看，即构成长期权益。

采用权益法核算的情况下，投资企业在确认应分担被投资单位发生的亏损时，应按照以下顺序处理：

首先，减记长期股权投资的账面价值。

其次，在长期股权投资的账面价值减记至零的情况下，考虑是否有其他构成长期权益的项目，如果有，则以其他实质上构成对被投资单位长期权益的账面价值为限，继续减记。

最后，在有关其他实质上构成对被投资单位长期权益的价值也减记至零的情况下，如果按照投资合同或协议约定，投资企业需要承担额外义务的，则需按预计将承担责任的金额确认相关的损失。

除按上述顺序已确认的损失以外仍有额外损失的，应在账外作备查登记，不再予以确认。

在确认了有关投资损失以后，被投资单位于以后期间实现盈利的，应按以上相反顺序恢复其他实质上构成对被投资单位净投资的长期权益及长期股权投资的账面价值。

（三）被投资单位的其他综合收益变动

采用权益法核算的情况下，投资企业对于被投资单位的其他综合收益变动，应按照持股比例确认应享有或应承担的份额，相应调整长期股权投资的账面价值，同时增加或减少其他综合收益。

【例 5-7】 茶山股份有限公司持有 F 公司 40% 的股份，能够对 F 公司施加重大影响，茶山股份有限公司对该项投资采用权益法核算。当期 F 公司因持有的其他权益工具投资公允价值的变动计入其他综合收益的金额为 600 000 元。

茶山股份有限公司的会计处理如下：

借：长期股权投资——F 公司（其他综合收益） 240 000
　　贷：其他综合收益 240 000

（四）被投资单位的其他权益变动

采用权益法核算的情况下，投资企业对于被投资单位的除净损益、分配利润和确认其他综合收益以外所有者权益的其他变动，应按照持股比例确认应享有或应承担的份额，相应调整长期股权投资的账面价值，同时增加或减少其他资本公积。

【例 5-8】 茶山股份有限公司持有 G 公司 40% 的股份，能够对 G 公司施加重大影响，茶山股份有限公司对该项投资采用权益法核算。当期 G 公司"资本公积——其他资本公积"减少 200 000 元。

茶山股份有限公司的会计处理如下：

借：资本公积——其他资本公积 80 000
　　贷：长期股权投资——G 公司（其他权益变动） 80 000

第四节 长期股权投资的处置

企业处置长期股权投资时,应结转与所售股权相对应的长期股权投资的账面价值,出售所得价款与处置长期股权投资账面价值之间的差额,应确认为处置损益。

采用权益法核算的长期股权投资,原计入其他综合收益的金额,在处置时亦应进行结转,将与所出售股权相对应的部分在处置时自其他综合收益转入当期损益。

【例5-9】茶山股份有限公司持有G公司40%的股权,采用权益法核算。2×25年11月30日,茶山股份有限公司将所持有G公司股权全部出售,出售时茶山股份有限公司账面上对G公司长期股权投资账面余额,其构成为:投资成本48 000 000元,损益调整为2 300 000元,其他综合收益1 700 000元,其他权益变动1 000 000元。出售实际取得价款66 000 000元。

茶山股份有限公司的会计处理为:

借:银行存款	66 000 000
贷:长期股权投资——G公司(成本)	48 000 000
——G公司(损益调整)	2 300 000
——G公司(其他综合收益)	1 700 000
——G公司(其他权益变动)	1 000 000
投资收益	13 000 000
借:其他综合收益	1 700 000
贷:投资收益	1 700 000
借:资本公积——其他资本公积	1 000 000
贷:投资收益	1 000 000

【本章小结】

拓展阅读4

本章介绍了长期股权投资的概念和内容、初始计量、后续计量和处置。长期股权投资是指投资方对被投资单位实施控制、重大影响的权益性投资,以及对其合营企业的权益性投资,包括对子公司的投资、对合营企业的投资和对联营企业的投资。企业合并形成的长期股权投资应区分企业合并的类型,分别就同一控制下控股合并与非同一控制下控股合并,确定其初始投资成本。长期股权投资的后续计量根据投资方对被投资方的影响程度等情况的不同,应分别采用成本法和权益法进行核算。长期股权投资处置时,出售所得价款与处置长期股权投资账面价值之间的差额,应确认为处置损益,计入投资收益。

第六章 固定资产

【知识结构图】

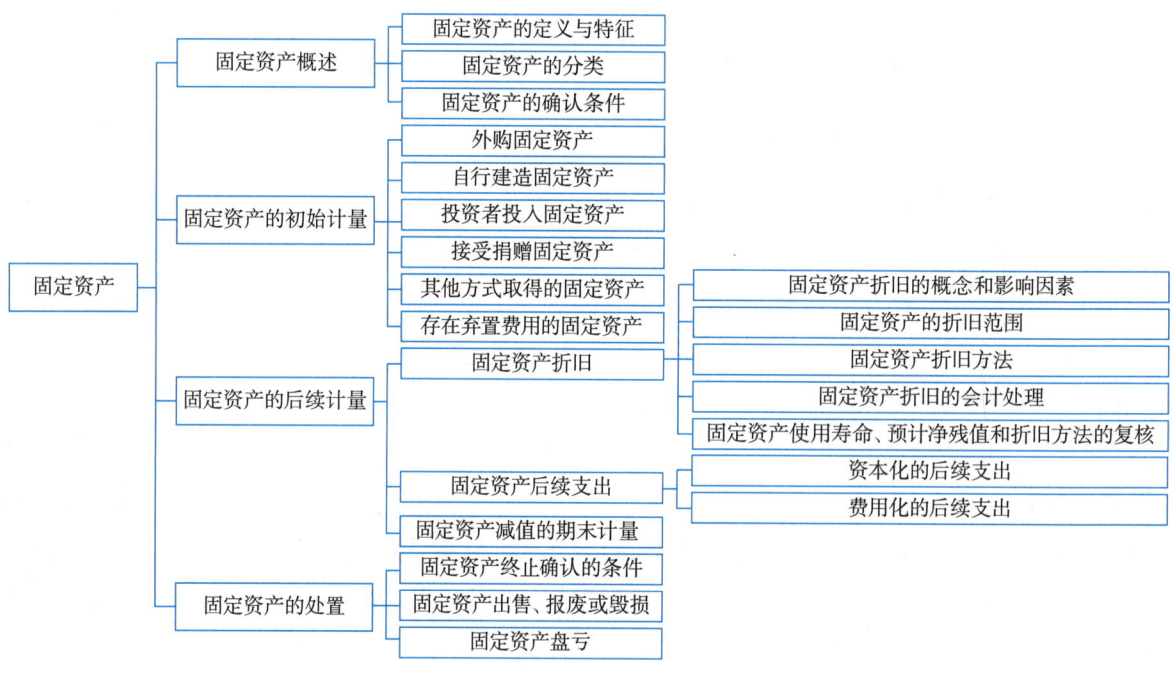

第一节 固定资产概述

一、固定资产的定义与特征

1. 固定资产的定义

我国企业会计准则和国际会计准则给出了本质基本一致的固定资产定义。固定资产要同时具有下列特征：①有形资产；②为生产商品、提供劳务、出租或经营管理而持有的；③使用寿命超过一个会计年度。

可见，这一定义通过三个基本特征将固定资产与企业的其他资产区别开来。但要说明的是，这只是原则性的规定，在实务中确认一项资产是否属于固定资产，还要具体问题具体分析。下面结合固定资产的特征予以详细介绍。

2. 固定资产的特征

（1）固定资产首先是有形资产。

有形资产是指这些资产必须具有实物形态，是有实体存在的，看得见、摸得着。这与前文所述的存货一致，但与金融资产和长期股权投资有着显著区别，也不同于下一章将要阐述的无形资产。应收款项、债权、股权、无形资产等都没有实物形态，只是一种权利。

（2）固定资产可供企业长期使用。

固定资产属于长期耐用资产，其使用寿命超过一个会计年度（注意不是一个自然年度）。使用寿命，是指企业使用固定资产的预计期间，或者该固定资产所能生产产品或提供劳务的数量。固定资产作为长期耐用资产，从投入使用到退出使用能够持续运行较长时间或生产大量产品、提供大量劳务，而且其实物形态在使用过程中基本不会发生变化或显著消耗，其账面价值随着使用逐渐减少。也即固定资产在生产经营中的作用是劳动条件、劳动工具或手段，而不是劳动对象。这一点也是区分固定资产和存货与投资品的首要特征。通常来说，存货随着使用，其外在形态会发生根本变化，从而使之变成了另外一种物品或直接被消耗掉；投资品则随着对外投资发生产权转移，不再是本企业的资产。

这里强调固定资产的使用寿命超过一个会计年度，但也并不是绝对的。有些物品由于单位价值较高，虽然使用寿命稍短于一个会计年度，但为了加强资产管理、保护资产安全，也应当作为固定资产，如航空运输企业持有的高价周转件等。相反，对于具有固定资产某些特征的实物资产，虽然其使用寿命超过一个会计年度，但由于单位价值低、数量多，为了简化会计核算、降低会计处理成本，不作为固定资产管理与核算，而是确认为存货（即第三章所介绍的周转材料）。

（3）固定资产的持有目的是自用。

固定资产的取得与持有是为了服务于企业自身的生产经营活动。在企业的生产经营过程中，企业的劳动者使用固定资产生产产品，并通过销售产品获取销售收入；或者使用固定资产提供劳务而赚取劳务收入；或者使用固定资产服务于自身的经营管理活动以提升企业的管理水平与经济效益；或者将固定资产出租给别人使用从而得到租金收入。此外，除了这些直接参与生产劳动过程的机器设备、生产工具等固定资产之外，也有些固定资产提供的是生产经营过程所需的必要条件（如房屋、构筑物、安全生产设备、环境污染防治设备等），还有些固定资产是为了辅助生产经营活动而存在的（如动力设备、传导设备、运输工具等）。可见，固定资产的持有目的不是出售或者将其投资给外部其他企业使用，而是自用。

需要注意的是，这里提到的将固定资产出租给别人使用，仅限于企业以经营租赁方式出租的机器设备、运输工具等动产，不包括以经营租赁方式出租的房产。以经营租赁方式出租的房产属于企业的投资性房地产，不属于固定资产，将在后续章节介绍。

还需要说明的是，在实务中，不属于生产经营主要设备的物品，如果单位价值在 2 000 元以上，并且使用年限超过两年的，也作为固定资产进行管理与核算。不属于生产经营主要设备的物品通常包括两类：一是不直接服务于生产经营过程的不动产和设备等，如职工宿舍、职工文化活动场所与设备等；二是与生产经营活动有关但属于次要设备或辅助设备的物品，如企业陈列的展示品和展柜、生产车间放置的存储备查生产技术资料的设备、医院配置的咨询导诊机器人等。

二、固定资产的分类

为了更好地进行固定资产的实物管理与会计核算，需要对固定资产进行科学、合理的分类。一般来说，固定资产可以按照经济用途、使用情况、所有权归属、性能、来源渠道等标准进行分类。

1. 按照经济用途分类

按照经济用途分类，固定资产可以分为两大类：

经营用固定资产，是指直接参加或服务于企业生产经营活动和管理过程的固定资产，如用于生产经营和管理的房屋、构筑物、设备、家具、陈列品、图书和档案等。企业由于安全生产或环境净化与污染防治要求使用的设备等，虽然不直接参与企业生产经营活动，不能直接给企业带来未来经济利益，但却是生产经营不可或缺的前提条件，能够减少企业因安全事故或污染处罚导致的损失，更有助于企业从其他相关资产的使用中获得更多的未来经济利益，也应确认为经营用固定资产。

非经营用固定资产，是指不直接参加或服务于企业生产经营活动和管理过程的固定资产，如职工宿舍、职工文化活动场所与设备等。

2. 按照使用情况分类

按照使用情况分类，固定资产可以分为四大类：

使用中固定资产，是指正在使用的经营用固定资产和非经营用固定资产。企业的房屋、构筑物无论是否实际使用，因其都要承受自然环境的影响，故都应作为使用中固定资产。企业由于季节性生产或进行大修理等原因暂时停止使用的固定资产以及存放在生产车间或经营场所备用、轮换使用的固定资产，也属于使用中固定资产。

未使用固定资产，是指正在新建或改扩建过程中，尚未达到预定可使用状态的固定资产。

出租固定资产，是指企业以经营租赁的方式提供给其他企业临时使用的各类动产固定资产。

不需用固定资产，是指企业由于多余、不适用、更换等原因决定停止使用、离开使用过程而准备处置（出售、报废、投资转出等）的固定资产。

3. 按照所有权归属分类

按照所有权归属分类，固定资产可以分为两大类：

自有固定资产，是指企业拥有所有权等完整产权的固定资产。

融资租入固定资产，是指企业采用融资租入的方式取得的固定资产。融资租赁是指出租人根据承租人对租赁物件的特定要求和对供货人的选择，出资向供货人购买租赁物件，并租给承租人使用，承租人则分期向出租人支付租金，在租赁期内租赁物件的所有权属于出租人所有，承租人拥有租赁物件的使用权。虽然从法律形式上看，企业没有该固定资产的所有权，但实质上能够几乎在整个固定资产的使用寿命期内控制使用该固定资产并获得经济利益，故此应视同企业的固定资产管理与核算。

有时企业会因为生产经营和管理活动的临时需要，而短期租入房屋、设备等使用。这些临时经营租入的资产，企业没有所有权和控制权，不能获得与所有权相关的经济利益，不属于企业的固定资产。但为了便于对实物资产进行管理，防止无人负责甚至遗失，应在备查簿中进行登记。

4. 固定资产的其他分类

根据 2022 年发布的《中华人民共和国国家标准（GB/T 14885—2022）》，固定资产可以按对象基本属性并兼顾用途、占有使用单位、管理性质等多维度情况分为房屋和构筑物、设备、陈列品、图书和档案、家具和用具、特种动植物六大类[①]。

按照来源渠道，固定资产可以分为外购的固定资产、自建的固定资产、投资者投入的固定资产、融资租入的固定资产、接受抵债取得的固定资产、以非货币性资产换入的固定资产、接受捐赠的固定资产、盘盈的固定资产等。

在会计实务中，往往将几种分类标准结合起来，综合采用经济用途、使用情况和所有权归属的标准将固定资产分为经营用固定资产、非经营用固定资产、经营出租固定资产、未使用固定资产、不需用固定资产、融资租入固定资产等。

企业应该根据固定资产的定义，按照本企业的具体情况，制定自己的固定资产目录、分类方法等，为本企业的固定资产管理与核算提供依据。

三、固定资产的确认条件

固定资产确认是指企业在什么时候将取得的资产作为固定资产进行反映的工作。一项资产如果要确认为固定资产，不仅要符合固定资产的定义，还要符合以下两个确认条件：

1. 与该固定资产有关的经济利益很可能流入企业

这一条件要求企业在确认固定资产时，需要有一定的证据进行判断，只有在企业确定使用该资产很可能获得经济利益时，才将其确认为企业的资产。实务中，主要是通过所有权归属来判断，如果企业已经取得固定资产所有权，说明与该固定资产所有权相关的风险和报酬已经转移到了企业，该项资产在未来所能带来的经济利益也应该可以流入企业。但在有些情况下，某项固定资产的所有权虽然不属于企业，企业却能够控制与该项固定资产有关的经济利益流入企业，企业应将该固定资产予以确认，如融资租入的固定资产。

2. 该固定资产的成本能够可靠地计量

成本能够可靠地计量是资产确认的一个基本条件。要确认固定资产，企业取得该固定资产所发生的支出必须能够可靠地计量。大多数情况下，固定资产的取得成本是不难确定的，例如，外购的固定资产的交易价格和相关费用就是其取得成本，自建的固定资产建设中的各项耗费就是其取得成本。但在某些特殊情况下，不能直接得到固定资产取得成本，如接受捐赠的固定资产、盘盈的固定资产等；还有些时候，取得或建设固定资产需要支付利息费用或将要支付弃置费用，这就需要对这些费用影响固定资产成本的金额进行估计。如果企业可以根据所获得的最新资料合理地估计出固定资产的成本，则视同固定资产的成本能够可靠地计量。

如果企业取得的固定资产的各个组成部分具有不同使用寿命或者以不同方式为企业提供经济利

[①] 该标准的分类共有七大类，但其中的第 7 类物资不属于固定资产。本处略去。

益以及企业一次性取得多项固定资产，表明这些组成部分或每项资产实际上是以独立的方式为企业提供经济利益，企业应当将其分别确认为单项固定资产。如飞机的引擎，如果其与飞机机身具有不同的使用寿命，则企业应当将其单独确认为一项固定资产。

第二节　固定资产的初始计量

固定资产的初始计量是指最初取得固定资产时对其入账价值的确定。一般来说，固定资产应当按照取得成本进行初始计量。固定资产的取得成本，是指企业购建某项固定资产达到预定可使用状态前所发生的一切合理、必要的支出。这些支出包括直接发生的价款、相关税费（但允许抵扣的增值税进项税额除外）、运杂费、包装费和安装成本、应承担的借款利息、外币借款折算差额以及间接发生的应由该项固定资产分摊的其他间接费用。

企业取得固定资产的方式不同，其入账价值所包括的经济内容和会计核算方法也各不相同。

一、外购固定资产

企业外购固定资产的成本，包括购买价款、不可抵扣的增值税进项税额和其他相关税费，以及使固定资产达到预定可使用状态前所发生的可归属于该项资产的运输费、装卸费、安装费和专业人员服务费等。

外购固定资产是否达到预定可使用状态，需要根据具体情况进行分析判断。如果购入不需要安装的固定资产，购入后即可发挥作用，达到预定可使用状态。如果购入需要安装的固定资产，须在安装调试后达到设计要求或合同规定的标准，才能达到预定可使用状态。

1. 外购不需要安装固定资产

购入不需要安装固定资产的取得成本为企业实际支付的购买价款、包装费、运杂费、保险费、专业人员服务费和相关税费（不含可抵扣的增值税进项税额）等，其账务处理为：按应计入固定资产成本的金额，借记"固定资产"科目，贷记"银行存款""应付账款""应付票据"等科目。

【例6-1】茶山股份有限公司购入一厂房，发票上注明的价款为3 000万元，增值税税额为270万元。另发生过户登记费用等2 000元。全部款项通过银行存款支付。

借：固定资产——厂房　　　　　　　　　　　　　　　　30 002 000
　　应交税费——应交增值税（进项税额）　　　　　　　 2 700 000
　　贷：银行存款　　　　　　　　　　　　　　　　　　32 702 000

如果一次性购入多项不需要安装的固定资产，则应将各项资产单独确认为固定资产，并按各项固定资产公允价值的比例对总成本进行分配，分别确定各项固定资产的成本。如果以一笔款项购入的多项资产中还包括固定资产以外的其他资产，也应按类似的方法予以处理。

【例6-2】茶山股份有限公司向瓯越公司一次购入3套不同型号且具有不同生产能力的设备A、B、C，取得的增值税专用发票上注明的设备总价款为5 000 000元，增值税税额为650 000元；支付装卸费取得的增值税专用发票上注明的装卸费为20 000元，增值税税额为1 200元，全部以银行转账支付。假定 A、B、C 设备分别满足固定资产确认条件，其公允价值分别为 1 560 000 元、2 340 000 元、1 300 000 元。不考虑其他相关税费，茶山股份有限公司的账务处理如下：

(1) 确定应计入固定资产成本的金额（包括购买价款和装卸费）。

5 000 000 + 20 000 = 5 020 000（元）

(2) 确定 A、B、C 设备的价值分配比例。

A 设备应分配的固定资产价值比例为：

1 560 000 ÷（1 560 000 + 2 340 000 + 1 300 000）× 100% = 30%

B 设备应分配的固定资产价值比例为：

2 340 000 ÷（1 560 000 + 2 340 000 + 1 300 000）× 100% = 45%

C 设备应分配的固定资产价值比例为：

1 300 000 ÷（1 560 000 + 2 340 000 + 1 300 000）× 100% = 25%

(3) 确定 A、B、C 设备各自的成本并进行会计处理。

A 设备的成本 = 5 020 000 × 30% = 1 506 000（元）

B 设备的成本 = 5 020 000 × 45% = 2 259 000（元）

C 设备的成本 = 502 000 × 25% = 1 255 000（元）

借：固定资产——A 设备	1 506 000
——B 设备	2 259 000
——C 设备	1 255 000
应交税费——应交增值税（进项税额）	651 200
贷：银行存款	5 671 200

2. 外购需要安装固定资产

外购需要安装固定资产的取得成本是在前者取得成本的基础上，加上安装调试成本等，其账务处理为：按应计入固定资产成本的金额，先记入"在建工程"科目，安装完毕达到预定可使用状态时再转入"固定资产"科目。

【例 6-3】茶山股份有限公司购入一台需要安装的生产用机器设备，取得的增值税专用发票上注明的设备价款为 100 万元，增值税进项税额为 13 万元，支付的运输费为 2 500 元（不含增值税），运输费适用的增值税税率为 9%，款项已通过银行支付；安装设备时，领用本公司原材料一批，价值 10 万元，购进该批原材料时支付的增值税进项税额为 1.3 万元；支付安装工人的工资为 5 000 元。假定不考虑其他相关税费，茶山股份有限公司的账务处理如下：

(1) 支付设备价款、增值税、运输费合计。

1 000 000 + 130 000 + 2 500 + 2 500 × 9% = 1 132 725（元）

其中可抵扣的增值税进项税额：

130 000 + 2 500 × 9% = 130 225（元）

设备运达后直接交付安装，则：

借：在建工程——在安装设备	1 002 500
应交税费——应交增值税（进项税额）	130 225
贷：银行存款	1 132 725

(2) 领用本公司原材料、支付安装工人工资等费用合计。

100 000 + 5 000 = 105 000（元）

借：在建工程——在安装设备　　　　　　　　　　　　　　　　　　105 000
　　贷：原材料　　　　　　　　　　　　　　　　　　　　　　　　　　100 000
　　　　应付职工薪酬　　　　　　　　　　　　　　　　　　　　　　　　5 000

(3) 设备安装完毕达到预定可使用状态。

固定资产总成本 = 1 002 500 + 105 000 = 1 107 500（元）

借：固定资产——××设备　　　　　　　　　　　　　　　　　　1 107 500
　　贷：在建工程——在安装设备　　　　　　　　　　　　　　　　　1 107 500

购买固定资产的价款超过正常信用条件延期支付或分期支付，实质上具有融资性质，固定资产的成本以购买价款的现值为基础确定。实际支付的价款与购买价款的现值之间的差额，除按照《企业会计准则第17号——借款费用》应予资本化的以外，应当在信用期间内计入当期损益。相关会计处理将在后续章节介绍。

二、自行建造固定资产

自行建造固定资产，其成本由建造该项资产达到预定可使用状态前所发生的合理、必要支出构成。由于企业自行建造固定资产包括自营建造和出包建造两种方式，其具体建造过程和相关会计处理也是不同的。

1. 自营建造固定资产

自营建造固定资产是指企业利用自身现有的闲置生产能力进行的固定资产建造工作。由于自营建造固定资产通常与企业正常生产经营活动混杂在一起进行，因此，固定资产建造成本很难与产品生产成本区分清楚。为了简化核算，一般要求是只将固定资产建造过程中发生的直接支出计入工程成本，如建造工程直接消耗的工程物资、原材料、库存商品的成本，直接负担的职工薪酬和辅助生产直接为工程提供的水、电费用与各项劳务支出，直接由工程负担的借款费用，以及工程发生的待摊支出（是指在建设期间发生的、不能直接计入某项固定资产价值，而应由所建造固定资产共同负担的相关费用，如工程管理费、征地费、可行性研究费、临时设施费、公证费、监理费等）。建设期间发生的工程物资盘亏、报废及毁损，减去残料价值以及保险公司、过失人等赔款后的净损失，计入所建工程项目的成本；盘盈的工程物资或处置净收益，冲减所建工程项目的成本。工程完工后已领用的剩余物资要办理退库手续，冲减工程成本，其后发生的工程物资等盘盈、盘亏、报废、毁损，计入当期营业外收支。企业在建工程达到预定可使用状态前进行联合负荷试车过程中发生的费用，计入工程成本；试车期间产出的产品或副产品对外销售的，应当按照《企业会计准则第14号——收入》《企业会计准则第1号——存货》等规定，对相关销售的收入和成本分别进行会计处理，计入当期损益，不应将其冲减工程成本。企业为建造固定资产占用的场地，其土地使用权成本不计入在建工程成本。如果企业自营建造的是用于集体福利的固定资产，不可抵扣的增值税进项税额和领用自产产品应负担的增值税销项税额，应计入工程成本。

【例6-4】茶山股份有限公司利用剩余生产能力自行制造甲、乙两种生产产品的设备。设备制造过程中主要发生下列支出：

(1) 1月6日，以银行存款购入工程物资入库，价款80 000元，增值税税额10 400元。

借：工程物资　　　　　　　　　　　　　　　　　　　　　　　　　80 000
　　应交税费——应交增值税（进项税额）　　　　　　　　　　　　10 400
　　贷：银行存款　　　　　　　　　　　　　　　　　　　　　　　90 400

(2) 1月20日甲设备制造工程领用工程物资50 000元，乙设备制造工程领用工程物资30 000元。

借：在建工程——甲设备　　　　　　　　　　　　　　　　　　　　50 000
　　　　　　——乙设备　　　　　　　　　　　　　　　　　　　　30 000
　　贷：工程物资　　　　　　　　　　　　　　　　　　　　　　　80 000

(3) 1月22日甲设备制造工程领用原材料6 000元。

借：在建工程——甲设备　　　　　　　　　　　　　　　　　　　　6 000
　　贷：原材料　　　　　　　　　　　　　　　　　　　　　　　　6 000

(4) 1月25日乙设备制造工程领用库存产品一批，实际成本9 980元。

借：在建工程——乙设备　　　　　　　　　　　　　　　　　　　　9 980
　　贷：库存商品　　　　　　　　　　　　　　　　　　　　　　　9 980

(5) 1月31日计算两设备制造工程共耗用辅助生产车间提供的水、电费5 000元，直接人工费10 200元。

借：在建工程——待摊支出　　　　　　　　　　　　　　　　　　　15 200
　　贷：生产成本——辅助生产成本　　　　　　　　　　　　　　　5 000
　　　　应付职工薪酬　　　　　　　　　　　　　　　　　　　　　10 200

(6) 1月31日计算确定两设备制造工程应负担的利息费用2 000元（尚未支付），工程临时设施费1 800元（以银行存款支付）。

借：在建工程——待摊支出　　　　　　　　　　　　　　　　　　　3 800
　　贷：应付利息　　　　　　　　　　　　　　　　　　　　　　　2 000
　　　　银行存款　　　　　　　　　　　　　　　　　　　　　　　1 800

(7) 2月3日乙设备制造工程领用的物资非正常毁损100元，确定由责任人赔偿70元。

借：营业外支出　　　　　　　　　　　　　　　　　　　　　　　　30
　　其他应收款　　　　　　　　　　　　　　　　　　　　　　　　70
　　贷：在建工程——乙设备　　　　　　　　　　　　　　　　　　100

(8) 2月6日两设备制造完成，甲设备试车发生原材料耗费500元，水、电耗费100元，表明能够达到预定可使用状态，生产出的产品估计价值480元直接用于乙设备加工；乙设备试车发生水、电费消耗200元，表明能够达到预定可使用状态，生产出的产品可以对外销售，按成本680元入成品库。

借：在建工程——甲设备　　　　　　　　　　　　　　　　　　　　600
　　贷：生产成本——辅助生产成本　　　　　　　　　　　　　　　100
　　　　原材料　　　　　　　　　　　　　　　　　　　　　　　　500

借：生产成本——试生产中间产品	480	
贷：在建工程——甲设备		480
借：在建工程——乙设备	680	
贷：生产成本——辅助生产成本		200
——试生产中间产品		480
借：库存商品	680	
贷：在建工程——乙设备		680

(9) 2月6日甲设备领用的工程物资剩余1 000元，入材料库。

借：原材料	1 000	
贷：在建工程——甲设备		1 000

(10) 工程完工，分摊待摊支出并结转工程成本。

甲设备制造工程直接支出＝50 000＋6 000＋600－480－1 000＝55 120（元）

乙设备制造工程直接支出＝30 000＋9 980＋680－680－100＝39 880（元）

待摊支出分摊率＝（15 200＋3 800）÷（55 120＋39 880）＝20%

甲设备应分摊待摊费用＝55 120×20%＝11 024（元）

乙设备应分摊待摊费用＝39 880×20%＝7 976（元）

借：在建工程——甲设备	11 024	
——乙设备	7 976	
贷：在建工程——待摊支出		19 000

甲设备建造成本＝55 120＋11 024＝66 144（元）

乙设备建造成本＝39 880＋7 976＝47 856（元）

借：固定资产——甲设备	66 144	
——乙设备	47 856	
贷：在建工程——甲设备		66 144
——乙设备		47 856

2. 出包建造固定资产

出包建造固定资产是指企业委托其他单位为自己建造固定资产。建造过程中发生的材料费、人工费、机械使用费等由建造单位核算，与本企业无关。本企业仅核算依据出包合同结算的工程价款，因此出包建造固定资产的成本由建造该项固定资产达到预定可使用状态前所发生的必要支出构成，包括发生的建筑工程支出、安装工程支出以及需分摊计入各固定资产价值的待摊支出。企业将与建造承包商结算的工程价款作为工程成本，统一通过"在建工程"科目进行核算。

【例6-5】茶山股份有限公司以出包方式建造一座厂房和安装一批生产设备。厂房建造金额为3 000万元，按照合同规定，工程开工时茶山股份有限公司需向承包方预付厂房工程款2 800万元，余款在厂房工程完工时付清；生产设备由茶山股份有限公司购买后交付承包方安装，茶山股份有限公司以银行存款支付设备买价800万元，增值税税额104万元，设备尚待安装；设备交付安装时向承包方支付安装费200万元（不考虑建造增值税）。

（1）预付厂房工程款。

借：在建工程——建筑工程 28 000 000
　　贷：银行存款 28 000 000

（2）厂房建造完成，结清剩余工程款。

借：在建工程——建筑工程 2 000 000
　　贷：银行存款 2 000 000

（3）以银行存款 800 万元购入设备。

借：工程物资 8 000 000
　　应交税费——应交增值税（进项税额） 1 040 000
　　贷：银行存款 9 040 000

（4）设备交付安装，支付安装费 200 万元。

借：在建工程——在安装设备 8 000 000
　　贷：工程物资 8 000 000
借：在建工程——安装工程 2 000 000
　　贷：银行存款 2 000 000

（5）茶山股份有限公司以银行存款支付建造厂房、安装设备等发生管理费用 80 万元。

借：在建工程——待摊支出 800 000
　　贷：银行存款 800 000

（6）分摊待摊支出。

待摊支出分配率 = 80 ÷（1 500 + 400 + 100）= 4%
建筑工程分摊的待摊支出 = 1 500 × 4% = 60（万元）
在安装设备分摊的待摊支出 = 400 × 4% = 16（万元）
安装工程分摊的待摊支出 = 100 × 4% = 4（万元）

借：在建工程——建筑工程 600 000
　　　　　　——在安装设备 160 000
　　　　　　——安装工程 40 000
　　贷：在建工程——待摊支出 800 000

（7）全部工程达到预计可使用状态，结转工程成本。

借：固定资产——厂房 30 600 000
　　　　　　——设备 10 200 000
　　贷：在建工程——建筑工程 30 600 000
　　　　　　　　——在安装设备 8 160 000
　　　　　　　　——安装工程 2 040 000

三、投资者投入固定资产

投资者投入固定资产的成本，应当按照投资合同或协议约定的价值确定，但合同或协议约定价值不公允的除外。在投资合同或协议约定价值不公允的情况下，按照该项固定资产的公允价值作为入账价值。

【例6-6】茶山股份有限公司根据投资各方达成的协议，按资产评估确认的价值作为投资各方投入资本价值确认的标准。A股东以一座厂房作为投资投入该公司，该厂房经评估确认价值为1 260万元（与公允价值一致），增值税按简易计税法计算，税率为5%，按协议折换每股面值为1元的普通股股票1 000万股；B股东投入一台需要安装的设备作为投资，该设备一般市场销售价格为200万元，应交增值税税额为26万元，按协议可折换成面值为1元的普通股股票160万股，公司以银行存款支付该项设备安装发生的设备安装成本1万元。

(1) A股东投入厂房。

增值税税额 = 1 260 ÷ (1 + 5%) × 5% = 60 (万元)

借：固定资产　　　　　　　　　　　　　　　　　　　　　　　12 000 000
　　应交税费——应交增值税（进项税额）　　　　　　　　　　　600 000
　　贷：股本——A股东　　　　　　　　　　　　　　　　　　　10 000 000
　　　　资本公积——股本溢价　　　　　　　　　　　　　　　　 2 600 000

(2) B股东投入需要安装的设备。

①投入时：

借：工程物资　　　　　　　　　　　　　　　　　　　　　　　2 000 000
　　应交税费——应交增值税（进项税额）　　　　　　　　　　　260 000
　　贷：股本——B股东　　　　　　　　　　　　　　　　　　　1 600 000
　　　　资本公积——股本溢价　　　　　　　　　　　　　　　　 660 000

②安装时：

借：在建工程　　　　　　　　　　　　　　　　　　　　　　　2 010 000
　　贷：工程物资　　　　　　　　　　　　　　　　　　　　　 2 000 000
　　　　银行存款　　　　　　　　　　　　　　　　　　　　　　 10 000

③设备安装完工，结转工程成本：

借：固定资产　　　　　　　　　　　　　　　　　　　　　　　2 010 000
　　贷：在建工程　　　　　　　　　　　　　　　　　　　　　 2 010 000

四、接受捐赠固定资产

接受捐赠固定资产应根据具体情况进行初始计量。如果捐赠方提供了有关凭证，按凭证上标明的价值加上接受企业支付的相关费用及不可抵扣的税费作为入账价值。如果捐赠方没有提供有关凭证，按如下顺序进行初始计量：①同类或类似固定资产存在活跃市场的，按同类或类似固定资产的市场价格估计的金额，再加上接受企业支付的相关费用及不可抵扣的税费作为入账价值；②同类或类似固定资产不存在活跃市场的，按接受捐赠固定资产未来现金流量的现值，再加上接受企业支付的相关费用及不可抵扣的税费作为入账价值。

【例6-7】茶山股份有限公司接受一台全新专用设备的捐赠，捐赠者提供的有关价值凭证上标明的价格为200 000元，应交增值税税额为26 000元，办理产权过户手续时支付相关税费5 000元。

借：固定资产	205 000	
应交税费——应交增值税（进项税额）	26 000	
贷：营业外收入——捐赠利得		226 000
银行存款		5 000

五、其他方式取得的固定资产

盘盈的固定资产待报经批准进行处理时，作为企业前期会计差错处理，在增加"固定资产"账面价值的同时，记入"以前年度损益调整"账户。关于前期会计差错的详细处理原则与方法，将在后续课程中学习，本处略去。

融资租入的固定资产按照《企业会计准则第 21 号——租赁》进行会计处理。相关内容将在后续课程中学习，本处略去。

接受抵债取得的固定资产按照《企业会计准则第 12 号——债务重组》进行会计处理。相关内容将在后续章节中介绍。

以非货币性资产换入的固定资产按照《企业会计准则第 7 号——非货币性资产交换》进行会计处理。相关内容将在后续章节中介绍。

六、存在弃置费用的固定资产

弃置费用通常是指根据国家法律和行政法规、国际公约等规定，企业承担的环境保护和生态恢复等义务所确定的支出，如核电站核设施等的弃置和恢复环境义务。关于此种固定资产的核算将在后续章节中介绍。

第三节　固定资产的后续计量

固定资产使用过程中，一方面由于自然力的作用、部件之间的磨损以及外部环境的影响，会导致其价值发生变化；另一方面企业也会不断对使用中的固定资产进行维修保养、改扩建等，从而发生相关支出。如何反映使用中固定资产价值变化的情况，就涉及固定资产的后续计量。固定资产的后续计量包括三部分内容：固定资产折旧、固定资产后续支出、固定资产减值的期末计量。

一、固定资产折旧

（一）固定资产折旧的概念和影响因素

固定资产折旧，是指在固定资产使用寿命内，按照确定的方法对应计提折旧额进行系统分摊。其中，应计提折旧额是指应当计提折旧的固定资产的原价扣除其预计净残值后的金额；已计提减值准备的固定资产，还应当扣除已计提的固定资产减值准备累计金额。

显然，确定每一会计期间应分摊多少应折旧总额，受四大因素的影响。

1. 固定资产原价

固定资产原价是指固定资产的初始计量成本。这是固定资产折旧的基数，在其他因素不变的情况下，固定资产原价越高，每一会计期间应分摊的折旧额就越多。

2. 预计净残值

预计净残值是指假定固定资产预计使用寿命已满并处于使用寿命终了时的预期状态，企业目前从该项资产处置中获得的扣除预计处置费用后的金额。预计净残值预期能够在固定资产使用寿命终了后收回，因此计算折旧时应将其扣除。

3. 固定资产减值准备

固定资产减值准备是指固定资产已计提的固定资产减值准备累计金额。固定资产计提减值准备，使得固定资产价值下降，并将该部分价值下降确认为资产减值损失，故此，在后续使用过程中不能再将这部分已经确认为损失的金额作为折旧基数，而应当在剩余使用寿命内根据调整后的固定资产账面价值（固定资产账面余额扣减累计折旧和累计减值准备后的余额）和预计净残值重新计算确定折旧率和折旧额。

4. 固定资产使用寿命

固定资产使用寿命是指企业使用固定资产的预计期间或者该固定资产所能生产产品或提供劳务的数量。企业确定固定资产使用寿命时，应当考虑下列因素：

（1）该资产的预计生产能力或实物产量；

（2）该资产的预计有形损耗，如设备使用中发生磨损、房屋建筑物受到自然侵蚀等；

（3）该资产的预计无形损耗，如因新技术的出现而使现有的资产技术水平相对陈旧、市场需求变化使产品过时等；

（4）法律或类似规定对该项资产使用的限制。某些固定资产的使用寿命可能受法律或者类似规定的约束。如对于租入的固定资产，根据《企业会计准则第 21 号——租赁》规定，能够合理确定租赁期届满时将会取得租赁资产所有权的，应当在租赁资产使用寿命内计提折旧；如果无法合理确定租赁期届满时能够取得租赁资产所有权的，应当在租赁期与租赁资产使用寿命两者中较短的期间内计提折旧。

企业应当根据固定资产的性质和使用情况，合理确定固定资产使用寿命和预计净残值。固定资产的使用寿命、预计净残值一经确定，不得随意变更。

（二）固定资产的折旧范围

企业应当对所有使用中的固定资产计提折旧，但是，已提足折旧仍继续使用的固定资产和单独计价作为固定资产入账的土地除外。

在确定计提折旧的范围时还应注意以下几点：

（1）固定资产应当按月计提折旧。固定资产应自达到预定可使用状态时开始计提折旧，终止确认时或划分为持有待售非流动资产时停止计提折旧。为了简化核算，当月增加的固定资产，当月不计提折旧，从下月起计提折旧；当月减少的固定资产，当月仍计提折旧，从下月起不计提折旧。

（2）固定资产提足折旧后，无论能否继续使用，均不再计提折旧，提前报废的固定资产也不再补提折旧。所谓提足折旧，是指已经提足该项固定资产的应计折旧额。

（3）已达到预定可使用状态但尚未办理竣工决算的固定资产，应当按照估计价值确定其成本，并计提折旧；待办理竣工决算后再按实际成本调整原来的暂估价值，但不需要调整原已计提的折旧额。

(4) 处于更新改造过程停止使用的固定资产,应将其账面价值转入在建工程,不再计提折旧。更新改造项目达到预定可使用状态转为固定资产后,再按重新确定的折旧方法和该项固定资产尚可使用寿命计提折旧。

(5) 融资租入的固定资产,应当采用与自有应计提折旧资产相一致的折旧政策。

(三) 固定资产折旧方法

固定资产折旧方法是指企业将应计提折旧额在固定资产各使用期间进行分配时所采用的具体计算方法,包括平均年限法、工作量法、年数总和法及双倍余额递减法等。

企业应当根据与固定资产有关的经济利益的预期消耗方式,合理选择固定资产折旧方法。但企业不能以包括使用固定资产在内的经济活动所产生的收入为基础进行折旧,因为收入可能受到投入、生产过程、销售等因素的影响,这些因素与固定资产有关经济利益的预期消耗方式无关。企业选用不同的固定资产的折旧方法,将影响固定资产使用寿命期间内不同时期的折旧费用,因此,固定资产的折旧方法一经确定,不得随意变更。

1. 平均年限法

平均年限法又称为直线法,是将固定资产的应计折旧额均衡地分摊到固定资产预计使用寿命内的一种方法。采用这种方法计算的每期折旧额均相等。计算公式如下:

年折旧额 = (原值 − 预计净残值) ÷ 预计使用寿命 (年)

月折旧额 = 年折旧额 ÷ 12

也可以使用折旧率来计算:

年折旧率 = (1 − 预计净利残值率) ÷ 预计使用寿命 (年) ×100%

其中:预计净残值率 = 预计净残值 ÷ 原值 ×100%

月折旧率 = 年折旧率 ÷ 12

月折旧额 = 固定资产原价 × 月折旧率

【例 6−8】 茶山股份有限公司现有一台机器设备原始价值为 100 000 元,预计净残值为 2%,预计使用 5 年,采用平均年限法计提折旧。

年折旧率 = (1 − 2%) ÷ 5 = 19.6%

月折旧率 = 19.6% ÷ 12 = 1.633%

年折旧额 = 100 000 × 19.6% = 19 600 (元)

月折旧额 = 100 000 × 1.633% = 1 633 (元)[①]

采用平均年限法计算固定资产折旧虽然简单,但也存在一些局限性:①固定资产在不同年限使用状况不同,负荷与磨损也不相同,都计提同样的折旧费用,显然是不合理的;②固定资产各年的维修费用通常会越来越高,平均年限法也没有考虑这一因素,会导致固定资产使用早期负担的总运行成本偏低。因此,只有当固定资产各期的负荷程度相同,各期应分摊相同的折旧费时,采用平均年限法计算折旧才是合理的。

---

① 由于月折旧率存在四舍五入的情况,所以在实际工作中每月计提折旧额时,每隔三个月(因为是除 3 没有除尽)要进行一次尾差调整,即前两个月每月计提折旧额 1 633 元,后一个月计提折旧额 1 634 元。

2. 工作量法

工作量法是将应计提折旧额的分摊标准从预计使用寿命修改为预计可以完成的总工作量,首先计算单位工作量应分摊的折旧额,再根据每期实际工作量计算每期应计提折旧额的一种方法。工作量法实际上是直线法的一种变形,但可以弥补平均年限法只注重使用时间、不考虑使用强度的缺点。

工作量法计提折旧的计算公式为:

单位工作量折旧额 = [原价 × (1 - 预计净残值率)] ÷ 预计总工作量

月折旧额 = 该项固定资产当月工作量 × 单位工作量折旧额

【例6-9】茶山股份有限公司的一台施工机械按工作量法计提折旧。原始价值150 000元,预计净残值率3%,预计可工作20 000个台班时数。该设备投入使用后,第1—4个月的工作台班时数分别为720小时、680小时、450小时、550小时。则该固定资产开始计提折旧的前4个月每月应计提的折旧额计算如下:

每台班时数折旧额 = 150 000 × (1 - 3%) ÷ 20 000 = 7.275 (元/台班时)

第1个月折旧额 = 720 × 7.275 = 5 238 (元)

第2个月折旧额 = 680 × 7.275 = 4 947 (元)

第3个月折旧额 = 450 × 7.275 = 3 273.75 (元)

第4个月折旧额 = 550 × 7.275 = 4 001.25 (元)

后续各月的计算方法是同样的,不再赘述。

工作量法假定固定资产价值的降低是由于使用,但又把有形损耗看作引起固定资产折旧的唯一因素,没有考虑无形磨损的影响。

工作量法适用于使用情况很不均衡的大型机器设备、大型施工机械以及运输工具等固定资产折旧的计算。

3. 年数总和法

年数总和法,又称年限合计法、年限积数法,是指将固定资产的原价减去预计净残值后的余额,乘以一个以固定资产尚可使用寿命为分子、以预计使用寿命逐年数字之和为分母的逐年递减的分数计算每年的折旧额。计算公式如下:

某年折旧率 = 该年资产尚可使用寿命 ÷ 各年使用寿命的年数总和 × 100%

年折旧额 = (原价 - 预计净残值) × 年折旧率

月折旧额 = 年折旧额 ÷ 12

【例6-10】茶山股份有限公司一固定资产的原价为10 000元,预计使用年限为5年,预计净残值为400元,按年数总和法计算折旧,每年的折旧额为:

第一年应提的折旧额 = (10 000 - 400) × 5 ÷ (5 + 4 + 3 + 2 + 1) = 3 200 (元)

第二年应提的折旧额 = (10 000 - 400) × 4 ÷ (5 + 4 + 3 + 2 + 1) = 2 560 (元)

第三年应提的折旧额 = (10 000 - 400) × 3 ÷ (5 + 4 + 3 + 2 + 1) = 1 920 (元)

第四年应提的折旧额 = (10 000 - 400) × 2 ÷ (5 + 4 + 3 + 2 + 1) = 1 280 (元)

第五年应提的折旧额 = (10 000 - 400) × 1 ÷ (5 + 4 + 3 + 2 + 1) = 640 (元)

4. 双倍余额递减法

双倍余额递减法是在前期折旧的计算不考虑固定资产预计净残值的情况下,根据每期期初固定资产账面净值(即固定资产原价减去累计折旧后的金额)和双倍直线法折旧率计算固定资产折旧的一种方法。计算公式如下:

年折旧率 = 2 ÷ 预计的折旧年限 × 100%

年折旧额 = 固定资产年初账面净值 × 年折旧率

月折旧额 = 年折旧额 ÷ 12

应用这种方法计算折旧额时,由于每年年初固定资产净值没有扣除预计净残值,所以在计算固定资产折旧额时,应在其折旧年限到期前两年内,将固定资产净值扣除预计净残值后的余额平均摊销。计算公式如下:

最后两年的年折旧额 = (倒数第二年年初净值 − 预计净残值)÷ 2

【例6-11】茶山股份有限公司一固定资产的原价为10 000元,预计使用年限为5年,预计净残值200元,按双倍余额递减法计算折旧,每年的折旧额为:

双倍余额年折旧率 = 2 ÷ 5 × 100% = 40%

第一年应提的折旧额 = 10 000 × 40% = 4 000(元)

第二年应提的折旧额 = (10 000 − 4 000)× 40% = 2 400(元)

第三年应提的折旧额 = (6 000 − 2 400)× 40% = 1 440(元)

第四年、第五年应提的折旧额 = (10 000 − 4 000 − 2 400 − 1 440 − 200)÷ 2 = 980(元)

若固定资产原值为C,预计净残值为S,预计使用寿命为N,双倍余额递减法各年折旧额的计算公式也可以写成:

第T年的折旧额 = $C \times (1 - 2/N)^{T-1} \times 2/N$ (T < N − 1)

第N − 1年、第N年的折旧额 = $[C \times (1 - 2/N)^{N-2} - S] \div 2$

双倍余额递减法和年数总和法的共同特点是:在固定资产有效使用年限的前期多提折旧,后期少提折旧,从而相对加快折旧的速度,以使固定资产成本在有效使用年限中加快得到补偿。所以这两种方法也被称为加速折旧法、递减折旧费用法。加速折旧法可以均衡各年的固定资产使用成本(折旧费和修理维护费的和),使得收入与费用配比更加合理、降低无形磨损的风险等。

(四)固定资产折旧的会计处理

企业计提的固定资产折旧应通过"累计折旧"科目核算,并根据用途计入相关资产的成本或者当期损益。

拓展阅读5

(1)企业基本生产车间使用的固定资产,若是某种产品生产专用的,计提的折旧直接计入某种产品的生产成本;若是多种产品共同使用的,计提的折旧先计入制造费用。

(2)管理部门使用的固定资产,计提的折旧应计入管理费用。

(3)专设销售机构使用的固定资产,计提的折旧应计入销售费用。

(4)自行建造固定资产过程中使用的固定资产,计提的折旧应计入在建工程成本。

(5)经营租出的固定资产,计提的折旧应计入其他业务成本。

【例6-12】茶山股份有限公司2×24年1月固定资产计提折旧情况如下:第一生产车间厂房计

提折旧7.6万元，机器设备计提折旧9万元。管理部门房屋建筑物计提折旧13万元，运输工具计提折旧4.8万元。专设销售机构房屋建筑物计提折旧6.4万元，运输工具计提折旧5.26万元。此外，本月第一生产车间新购置一台设备，原价为122万元，预计使用寿命10年，预计净残值1万元，按平均年限法计提折旧。

本例中，新购置的设备本月不提折旧，应从2×24年2月开始计提折旧。故茶山股份有限公司2×24年1月计提折旧的账务处理如下：

借：制造费用——第一生产车间　　　　　　　　　　　　　　　　166 000
　　管理费用　　　　　　　　　　　　　　　　　　　　　　　　178 000
　　销售费用　　　　　　　　　　　　　　　　　　　　　　　　116 600
　　贷：累计折旧　　　　　　　　　　　　　　　　　　　　　　　　460 600

（五）固定资产使用寿命、预计净残值和折旧方法的复核

在固定资产使用过程中，其所处的经济环境、技术环境以及其他环境有可能对固定资产使用寿命和预计净残值产生较大影响。例如，固定资产使用强度比正常情况大大加强，致使固定资产使用寿命大大缩短；替代该项固定资产的新产品的出现致使其实际使用寿命缩短，预计净残值减少等。此时，如果不对固定资产使用寿命和预计净残值进行调整，必然不能准确反映其实际情况，也不能真实反映其为企业提供经济利益的期间及每期实际的资产消耗。因此，企业至少应当于每年年度终了，对固定资产使用寿命和预计净残值进行复核。如有确凿证据表明固定资产使用寿命预计数与原先估计数有差异，应当调整固定资产使用寿命；如果固定资产预计净残值预计数与原先估计数有差异，应当调整预计净残值。

在固定资产使用过程中，与其有关的经济利益预期实现方式也可能发生重大变化，在这种情况下，企业也应相应改变固定资产折旧方法。例如，复核发现，茶山股份有限公司一台专用设备已由自用变为出租且按照每月承租单位实际使用时数收取租赁费，显然该项固定资产给企业带来经济利益的预期实现方式已发生重大改变，需要将年限平均法改为工作量法。

固定资产使用寿命、预计净残值和折旧方法的改变按照会计估计变更的有关规定进行处理，具体处理过程与方法将在后续课程中学习。需要特别注意的是，企业应当根据与固定资产有关的经济利益的预期实现方式等实际情况合理确定固定资产折旧方法、预计净残值和使用寿命，除非有确凿证据表明经济利益的预期实现方式发生了重大变化，或者取得了新的信息、积累了更多的经验，能够更准确地反映企业的财务状况和经营成果，否则不得随意变更。

二、固定资产后续支出

固定资产后续支出，是指固定资产在使用过程中发生的与固定资产使用效能直接相关的各项支出，如更新改造支出、修理费用等。后续支出的处理原则为：符合固定资产确认条件的，应当作为资本化的后续支出，计入固定资产成本，同时将被替换部分的账面价值扣除；不符合固定资产确认条件的，应当作为费用化的后续支出，计入当期损益。判断一项固定资产后续支出是否应该资本化，主要考察该项支出能否提升固定资产的后续使用效能，使用该固定资产能否带来未来经济利益的增加（如延长使用寿命、提高产量、降低成本、提升所生产产品质量等）。如果答案是肯定的，则该项固定资产后续支出属于资本化的后续支出；否则，该项支出作为费用化的后续支出处理。

（一）资本化的后续支出

与固定资产有关的更新改造等后续支出，符合固定资产确认条件的，应当计入固定资产成本，同时将被替换部分的账面价值扣除。企业将固定资产进行更新改造的，应将相关固定资产的原价、已计提的累计折旧和减值准备转销，将固定资产的账面价值转入在建工程，并停止计提折旧。固定资产发生的可资本化的后续支出，通过"在建工程"科目核算。待固定资产发生的后续支出完工并达到预定可使用状态时，再从在建工程转为固定资产，并按重新确定的使用寿命、预计净残值和折旧方法计提折旧。

【例6-13】茶山股份有限公司有关固定资产更新改造的资料如下：

（1）2×21年12月30日，该公司自行建成了一条生产线，建造成本为1 136 000元；采用年限平均法计提折旧，预计净残值率为3%，预计使用寿命为6年。

（2）2×23年12月31日，由于生产的产品适销对路，现有生产线的生产能力已难以满足公司生产发展的需要，但若新建生产线则建设周期过长。茶山股份有限公司决定对现有生产线进行改扩建，以提高其生产能力。假定该生产线未发生减值。

（3）2×23年12月31日至2×24年3月31日，经过三个月的改扩建，完成了对这条生产线的改扩建工程，达到预定可使用状态，共发生支出537 800元，全部以银行存款支付。

（4）该生产线改扩建工程达到预定可使用状态后，大大提高了生产能力，预计将其使用寿命延长4年，即为10年。假定改扩建后的生产线的预计净残值率为改扩建后固定资产账面价值的3%；折旧方法仍为年限平均法。

（5）为简化计算过程，整个过程不考虑其他相关税费；茶山股份有限公司按年度计提固定资产折旧。

本例中，生产线改扩建后，生产能力大大提高，能够为企业带来更多的经济利益，改扩建的支出金额也能可靠计量，因此该后续支出符合固定资产的确认条件，应计入固定资产的成本。

有关的账务处理如下：

（1）2×22年1月1日至2×23年12月31日两年间（即固定资产后续支出发生前）该条生产线的应计折旧额=1 136 000×（1-3%）=1 101 920（元）。

年折旧额=1 101 920÷6≈183 653.33（元）

这两年计提固定资产折旧的账务处理为：

借：制造费用　　　　　　　　　　　　　　　　　　　　　　　　183 653.33
　　贷：累计折旧　　　　　　　　　　　　　　　　　　　　　　　　183 653.33

（2）2×23年12月31日，固定资产的账面价值=1 136 000-（183 653.33×2）=768 693.34（元）。

固定资产转入改扩建：

借：在建工程——××生产线　　　　　　　　　　　　　　　　　768 693.34
　　累计折旧　　　　　　　　　　　　　　　　　　　　　　　　367 306.66
　　贷：固定资产——××生产线　　　　　　　　　　　　　　　1 136 000

（3）2×23年12月31日至2×24年，发生改扩建工程支出。

借：在建工程——××生产线　　　　　　　　　　　　　　　　　537 800
　　贷：银行存款　　　　　　　　　　　　　　　　　　　　　　　537 800

(4) 2×24 年 3 月 31 日，生产线改扩建工程达到预定可使用状态。

固定资产的入账价值 = 768 693.34 + 537 800 = 1 306 493.34（元）

借：固定资产——××生产线　　　　　　　　　　　　　　　　1 306 493.34
　　贷：在建工程——××生产线　　　　　　　　　　　　　　　　1 306 493.34

(5) 2×24 年 3 月 31 日，转为固定资产后，按重新确定的使用寿命、预计净残值和折旧方法计提折旧。

应计折旧额 = 1 306 493.34 ×（1 − 3%）= 1 267 298.54（元）

月折旧额 = 1 267 298.54 ÷（7 × 12 + 9）= 13 626.87（元）

年折旧额 = 13 626.87 × 12 = 163 522.39（元）

2×24 年应计提的折旧额 = 13 626.87 × 9 = 122 641.83（元）

会计分录为：

借：制造费用　　　　　　　　　　　　　　　　　　　　　　　　122 641.83
　　贷：累计折旧　　　　　　　　　　　　　　　　　　　　　　　122 641.83

企业发生的一些固定资产后续支出可能涉及替换原固定资产的某组成部分。如对某项机器设备进行检修时，发现其中的电机（未单独确认为一项固定资产）出现难以修复的故障，将其拆除后重新安装了一个新电机。在这种情况下，当发生的后续支出符合固定资产确认条件时，应将其计入固定资产成本，同时将被替换部分的账面价值扣除，以避免将替换部分的成本和被替换部分的成本同时计入固定资产成本，导致固定资产成本重复计算。

【例 6–14】2×24 年 6 月 30 日，茶山股份有限公司一台生产用升降机械出现故障，经检修发现其中的电动机磨损严重，需要更换。该升降机械购买于 2×20 年 6 月 30 日，茶山股份有限公司已将其整体作为一项固定资产进行了确认，原价 400 000 元（其中的电动机在 2×20 年 6 月 30 日的市场价格为 85 000 元），预计净残值为 0，预计使用年限为 10 年，采用年限平均法计提折旧。为继续使用该升降机械并提高工作效率，茶山股份有限公司决定对其进行改造，为此购买了一台更大功率的电动机替代原电动机。新购置电动机的价款为 82 000 元，增值税税额为 10 660 元，款项已通过银行转账支付；改造过程中，辅助生产车间发生了劳务支出 15 000 元。

假定原电动机磨损严重，没有任何价值。不考虑其他相关税费，茶山股份有限公司的账务处理为：

(1) 固定资产转入在建工程。

本例中的更新改造支出符合固定资产的确认条件，应予资本化；同时应终止确认原电动机价值。2×24 年 6 月 30 日，原电动机的价值为：85 000 −（85 000 ÷ 10）× 4 = 51 000（元）。

借：营业外支出——处置非流动资产损失　　　　　　　　　　　　　51 000
　　在建工程——升降机械　　　　　　　　　　　　　　　　　　189 000
　　累计折旧——升降机械　　　　　　　　　　(400 000 ÷ 10 × 4) 160 000
　　贷：固定资产——升降机械　　　　　　　　　　　　　　　　　400 000

(2) 更新改造支出。

借：工程物资——新电动机　　　　　　　　　　　　　　　　　　　82 000
　　应交税费——应交增值税（进项税额）　　　　　　　　　　　　10 660
　　贷：银行存款　　　　　　　　　　　　　　　　　　　　　　　92 660

借：在建工程——升降机械	97 000	
贷：工程物资——新电动机		82 000
生产成本——辅助生产成本		15 000

(3) 在建工程转回固定资产。

借：固定资产——升降机械	286 000	
贷：在建工程——升降机械		286 000

(二) 费用化的后续支出

不符合固定资产后续支出资本化条件的固定资产日常修理费用，在发生时应当按照受益对象计入当期损益。企业生产车间和行政管理部门等发生的固定资产维修保养等费用化支出计入管理费用；企业专设的销售机构发生的固定资产维修保养费用计入销售费用。但是如果企业对固定资产进行定期检查发生的大修理费用，有确凿的证据表明其符合资本化条件的，可以计入固定资产成本。固定资产在定期大修理间隔期间，照提折旧。

【例6-15】2×24年1月3日，茶山股份有限公司对现有的一台生产用机器设备进行日常维护，维护过程中领用本企业原材料一批，价值为10 000元，应支付维护人员的工资为8 000元；不考虑其他相关税费。

对机器设备的维护，仅仅是为了维护固定资产的正常使用而发生的，不产生未来的经济利益，因此应在其发生时确认为费用。该公司的账务处理为：

借：管理费用	18 000	
贷：原材料		10 000
应付职工薪酬		8 000

三、固定资产减值的期末计量

资产负债表日，固定资产的可收回金额小于其账面价值时，应计提减值准备。其中：固定资产可收回金额可按其公允价值减去处置费用的净额与其未来现金流量现值两者较高者计量。

计提固定资产减值准备的账务处理为：

借：资产减值损失
　　贷：固定资产减值准备

固定资产计提减值准备后不得转回。同时，固定资产计提减值后应重新计算以后各期应计提的折旧额。

【例6-16】茶山股份有限公司于2×23年1月开始对一台管理用设备计提折旧，原始价值为92 000元，预计净残值率为4%，预计使用5年，采用平均年限法计提折旧，2×23年12月31日，进行减值测试，预计可收回金额为66 000元。2×24年12月31日，该设备可收回金额52 000元。

年折旧率 = (1 - 4%) ÷ 5 × 100% = 19.2%

2×23年年折旧额 = 92 000 × 19.2% = 17 664 (元)

借：管理费用	17 664	
贷：累计折旧		17 664

2×23年年末账面价值 = 92 000 - 17 644 = 74 336 (元)，高于可收回金额。

2×23 年年末计提减值准备 = 74 336 – 66 000 = 8 336（元）

借：资产减值损失　　　　　　　　　　　　　　　　　　8 336
　　贷：固定资产减值准备　　　　　　　　　　　　　　　　8 336

2×24 年年折旧额 = 66 000 ×（1 – 4%）÷ 4 = 15 840（元）

借：管理费用　　　　　　　　　　　　　　　　　　　　15 840
　　贷：累计折旧　　　　　　　　　　　　　　　　　　　15 840

2×24 年年末账面价值 66 000 – 15 840 = 50 160（元），低于可收回金额，但已经计提的减值准备不予转回。

第四节　固定资产的处置

一、固定资产终止确认的条件

固定资产处置包括固定资产的持有待售、出售、报废或毁损、对外投资、非货币性资产交换、债务重组等。本处只介绍出售、报废或毁损、盘亏，持有待售的内容见拓展阅读，其他内容在本书其他章节介绍。

固定资产满足下列条件之一的，应当予以终止确认：

（1）该固定资产处于处置状态，是指该固定资产不再用于生产商品、提供劳务、出租或经营管理。因此，不再符合固定资产的定义，应予终止确认。

（2）该固定资产预期通过使用或处置不能产生经济利益。因为固定资产的确认条件之一是"与该固定资产有关的经济利益很可能流入企业"，如果一项固定资产预期通过使用或处置不能产生经济利益，就不再符合固定资产的定义和确认条件，应终止确认。

拓展阅读6

二、固定资产出售、报废或毁损

未划归为持有待售类别的固定资产出售的，通过"固定资产清理"科目归集所发生的损益，其产生的利益或损失转入"资产处置损益"科目，计入当期损益；固定资产因报废、毁损等原因而终止确认的，通过"固定资产清理"科目归集所发生的损益，其产生的利得或损失计入营业外收入或者营业外支出。

企业通过"固定资产清理"科目核算因出售、报废或毁损而处置的固定资产，其会计处理一般经过以下几个步骤：

第一，固定资产转入清理。固定资产转入清理时，按固定资产账面价值，借记"固定资产清理"科目，按已计提的累计折旧，借记"累计折旧"科目，按已计提的减值准备，借记"固定资产减值准备"科目，按固定资产账面余额，贷记"固定资产"科目。

第二，发生的清理费用。固定资产清理过程中发生的有关费用以及应支付的不可抵扣相关税费，借记"固定资产清理"科目，贷记"银行存款""应交税费"等科目。

第三,出售收入和残料等的处理。企业收回出售固定资产的价款、残料价值和变价收入等,应冲减清理支出。按实际收到的出售价款以及残料变价收入等,借记"银行存款""原材料"等科目,贷记"固定资产清理""应交税费——应交增值税"等科目。

第四,保险赔偿的处理。企业计算或收到的应由保险公司或过失人赔偿的损失,应冲减清理支出,借记"其他应收款""银行存款"等科目,贷记"固定资产清理"科目。

第五,清理净损益的处理。固定资产清理完成后产生的清理净损益,依据固定资产处置方式的不同,分别适用不同的处理方法:

(1) 固定资产出售产生的利得或损失应计入资产处置收益,借记或贷记"资产处置损益"科目,贷记或借记"固定资产清理"科目。

(2) 固定资产报废或毁损产生的利得或损失应计入营业外收支,如为净损失,借记"营业外支出"科目,贷记"固定资产清理"科目;如为净收益,借记"固定资产清理"科目,贷记"营业外收入"科目。

【例6-17】2×24年1月16日,茶山股份有限公司因生产能力调整,出售一台已使用两年的设备,取得价款500 000元,应交增值税税额为65 000元,设该备原值为530 000元,已计提折旧为40 000元,已计提减值准备10 000元,以银行存款付清理费1 200元。

(1) 注销固定资产账面价值转入清理。

借:固定资产清理　　　　　　　　　　　　　　　　　　480 000
　　累计折旧　　　　　　　　　　　　　　　　　　　　 40 000
　　固定资产减值准备　　　　　　　　　　　　　　　　 10 000
　　贷:固定资产　　　　　　　　　　　　　　　　　　　530 000

(2) 支付清理费用。

借:固定资产清理　　　　　　　　　　　　　　　　　　 1 200
　　贷:银行存款　　　　　　　　　　　　　　　　　　　 1 200

(3) 取得价款。

借:银行存款　　　　　　　　　　　　　　　　　　　　565 000
　　贷:固定资产清理　　　　　　　　　　　　　　　　　500 000
　　　　应交税费——应交增值税(销项税额)　　　　　　 65 000

(4) 结转净损益。

借:固定资产清理　　　　　　　　　　　　　　　　　　 18 800
　　贷:资产处置损益　　　　　　　　　　　　　　　　　 18 800

【例6-18】茶山股份有限公司有一台设备因自然灾害毁损。该设备原价为186 400元,累计已计提折旧77 080元,减值准备2 300元。在清理过程中,以银行存款支付清理费用4 000元,收到保险公司赔偿款100 000元,应支付相关税费270元(非增值税)。

有关账务处理如下:

(1) 固定资产转入清理。

借:固定资产清理　　　　　　　　　　　　　　　　　　107 020
　　累计折旧　　　　　　　　　　　　　　　　　　　　 77 080

　　　　固定资产减值准备　　　　　　　　　　　　　2 300
　　　　贷：固定资产　　　　　　　　　　　　　　　　　　　186 400
（2）发生清理费用和相关税费。
借：固定资产清理　　　　　　　　　　　　　　　4 270
　　贷：银行存款　　　　　　　　　　　　　　　　　　　　4 000
　　　　应交税费　　　　　　　　　　　　　　　　　　　　　270
（3）收到保险公司赔偿。
借：银行存款　　　　　　　　　　　　　　　　100 000
　　贷：固定资产清理　　　　　　　　　　　　　　　　　　100 000
（4）结转固定资产净损益。
借：营业外支出——非常损失　　　　　　　　　　11 290
　　贷：固定资产清理　　　　　　　　　　　　　　　　　　11 290

三、固定资产盘亏

企业应当定期或者至少每年年末对固定资产进行清查盘点，以保证固定资产核算的真实性，充分挖掘企业现有固定资产的潜力。在固定资产清查过程中，如果发现盘亏的固定资产，应当及时查明原因，并按照规定程序报批处理。

企业在财产清查中盘亏的固定资产，按盘亏的固定资产的账面价值，借记"待处理财产损溢——待处理固定资产损溢"科目，按照已经计提的折旧，借记"累计折旧"科目，按照已经计提的减值准备，借记"固定资产减值准备"科目，按照固定资产原价，贷记"固定资产"科目。按照管理权限报经批准之后进行处理时，按可收回的保险赔偿或过失人赔偿，借记"其他应收款"科目；按应计入营业外支出的金额，借记"营业外支出——盘亏损失"科目，贷记"待处理财产损溢——待处理固定资产损溢"科目。

【本章小结】

固定资产是企业重要的一项资产。因其金额较大，所以对固定资产的正确确认及其计量、处置就显得格外重要。固定资产的初始计量需结合不同的取得方式，主要包括外购、自建、投资者投入等。固定资产的后续计量包括折旧的核算和后续支出的核算。固定资产的处置需区分出售、报废、毁损等不同情形。正确记录固定资产，对固定资产管理亦要求严格，这就要求企业固定资产的内部控制制度健全完善，这样提供的财务会计信息才会真实可靠，供报表使用者做出正确的经济决策。

第七章 无形资产

【知识结构图】

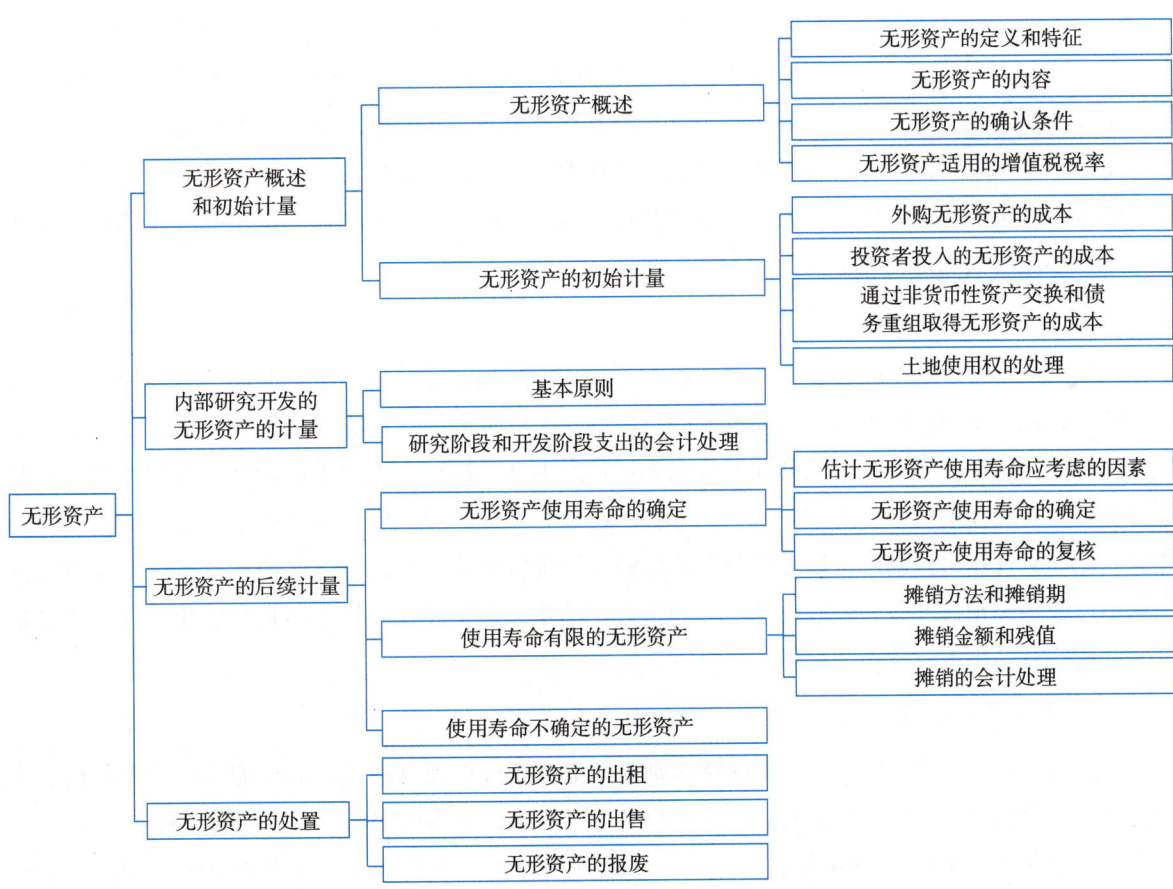

第一节 无形资产概述和初始计量

一、无形资产概述

（一）无形资产的定义和特征

无形资产，是指企业拥有或者控制的没有实物形态的可辨认非货币性资产。无形资产具有以下特征：

1. 无形资产是由企业拥有或者控制并预期能够给其带来未来经济利益的资源

资产的本质特征是预期能够给企业带来未来经济利益的流入，无形资产也不例外。一般情况下，企业拥有或控制的无形资产，是指企业拥有了该项无形资产的所有权，且该项无形资产能够给企业带来未来经济利益的流入。在某些情况下，即使企业不拥有无形资产的所有权，但有权获得该项无形资产产生的经济利益，同时又能够约束其他人获得这些经济利益，则说明企业控制了该项无形资产。比如，企业经过研发并通过申请之后依法获得发明专利权，则自申请之日起 20 年内，获得了该项发明专利的所有权，并受《中华人民共和国专利法》的保护。又如，在特许经营权的让渡中，受让方并未取得该项无形资产的所有权，但获得了一定期限的使用权，可以控制该项无形资产产生的未来经济利益。需要注意的是，企业文化、人力资源等，由于企业无法控制其带来的未来经济利益，不应将其确认为无形资产。

2. 无形资产不具有实物形态

无形资产是有形资产的对称，通常表现为权利、技术或者是获取超额利润的综合能力，不具有实物形态，比如土地使用权、非专利技术等。但某些无形资产的存在需要依赖有形载体，比如，计算机软件需要存储在介质中，但这并未改变无形资产本身不具有实物形态的特征。因此在判定同时包含有形要素和无形要素的资产归属于固定资产还是无形资产时，要以哪个要素更为重要作为判断依据。比如，计算机控制的机械工具没有特定的计算机软件就不能运行，说明计算机软件是该机械工具不可缺少的组成部分，则该软件作为固定资产核算；如果计算机软件不是构成相关硬件不可缺少的组成部分，则该软件作为无形资产核算。

3. 无形资产具有可辨认性

作为无形资产核算的资产必须是能够区别于其他资产可单独辨认的，如企业持有的专利权、非专利技术、商标权、土地使用权等。满足下列条件之一的，应当认定为其具有可辨认性：

（1）能够从企业中分离或者划分出来，并能单独或者与相关合同、资产或负债一起，用于出售、转移、授予许可、租赁或者交换。在某些情况下，无形资产可能需要与有关合同一起用于出售转让等，此类无形资产也视为可辨认。

（2）源自合同性权利或其他法定权利，无论这些权利是否可以从企业或其他权利和义务中转移或者分离。如一方通过与另一方签订特许权合同而获得的特许权使用权、通过法律程序申请获得的商标权和专利权等。

需要特别指出的是：①商誉不属于无形资产。因为商誉与企业整体价值相关，其存在无法与企业自身区分开来，不具有可辨认性。②内部产生的品牌、报刊名、刊头等不属于无形资产。因为这些支出不能与整个业务开发成本区分开来，不具有可辨认性。

4. 无形资产属于非货币性资产

非货币性资产是指企业持有的货币资金和将以固定或可确定的金额收取的资产以外的其他资产。无形资产由于没有发达的交易市场，在持有期间能否转化为现金以及转化的金额都存在较大的不确定性，不属于以固定或可确定的金额收取的资产，属于非货币性资产。

（二）无形资产的内容

1. 专利权

专利权是指国家专利主管机关依法授予发明创造专利申请人，对其发明创造在法定期限内所享受的专有权利，包括发明专利权、实用新型专利权和外观设计专利权。发明专利权的期限为20年，实用新型专利权和外观设计专利权的期限为10年，均自申请日期计算。

2. 非专利技术

非专利技术也称专有技术。它是指不为外界所知、在生产经营活动中已采用了的、不享有法律保护的、可以带来经济效益的各种技术和诀窍。非专利技术一般包括工业专有技术、商业贸易专有技术、管理专有技术等。非专利技术并不是指专利权的保护对象，非专利技术用自我保密的方式来维持其独占性。

3. 商标权

商标是用来辨认特定的商品或劳务的标记。商标权是指专门在某类指定的商品或产品上使用特定的名称或图案的权利。《中华人民共和国商标法》明确规定，经商标局核准注册的商标为注册商标，商标注册人享有商标专用权，受法律的保护。

企业为宣传自创并已注册登记的商标而发生的相关费用，应在发生时直接计入当期损益。

企业如果购买他人的商标，一次性支出费用较大，可以将购入商标的价款、支付的手续费及有关费用确认为商标权的成本。

4. 著作权

著作权又称版权，指作者对其创作的文字、科学和艺术作品依法享有的某些特殊权利。著作权包括作品署名权、发表权、修改权和保护作品完整权，还包括复制权、发行权、出租权、展览权、表演权、放映权、广播权、信息网络传播权、摄制权、改编权、翻译权、汇编权以及应当由著作权人享有的其他权利。

5. 特许权

特许权又称经营特许权、专营权，指企业在某一地区经营或销售某种特定商品的权利或是一家企业接受另一家企业使用其商标、商号、技术秘密等的权利。通常有两种形式，一种是由政府机构授权，准许企业使用或在一定地区享有经营某种业务的特权，如水、电、邮电、通信等专营权、烟草专卖权等；另一种指企业间依照签订的合同，有限期或无限期使用另一家企业的某些权利，如连锁店分店使用总店的名称等。通常在特许权转让合同中规定了特许权转让的日期、转让人和受让人的权利和义务。转让人一般要向受让人提供商标、商号等使用权，传授专有技术，并负责培训营业人员，提供经营所必需的设备和特殊原料。受让人则需要向转让人支付取得特许权的费用，开业后则按营业收入的一定比例或其他计算方法支付享用特许权费用。

6. 土地使用权

土地使用权指国家准许某企业在一定期间内对国有土地享有开发、利用、经营的权利。根据《中华人民共和国土地管理法》的规定，我国土地实行公有制，任何单位和个人不得侵占、买卖或者以其他形式非法转让。企业取得土地使用权的方式大致有行政划拨取得、外购取得（例如以缴纳土地出让金方式取得）及投资者投资取得几种。通常情况下，作为投资性房地产或者作为固定资产核算的土地，按照投资性房地产或者固定资产核算；以缴纳土地出让金等方式外购的土地使用权、投资者投入等方式取得的土地使用权，作为无形资产核算。

（三）无形资产的确认条件

无形资产应当在符合其定义的前提下，同时满足以下两个确认条件时，才能予以确认。

1. 与该无形资产有关的经济利益很可能流入企业

作为无形资产确认的项目，必须具备产生的经济利益很可能流入企业的特征。通常情况下，无形资产产生的未来经济利益可能包括在销售商品、提供劳务的收入中，或者企业使用该项无形资产而减少或节约的成本中，或体现在获得的其他利益中。例如，生产加工企业在生产工序中使用了某种知识产权，使其降低了未来生产成本，而不是增加未来收入。在实施这种判断时，需要对无形资产在预计使用寿命内可能存在的各种经济因素做出合理估计，并且应当有明确的证据支持，比如，企业是否有足够的人力资源、高素质的管理队伍、相关的硬件设备、相关的原材料等来配合无形资产为企业创造经济利益。同时，更为重要的是，关注一些外在因素的影响，比如是否存在相关的新技术、新产品冲击与无形资产相关的技术或据其生产的产品的市场等，在实施判断时，企业的管理当局应对无形资产的预计使用寿命内存在的各种因素做出最稳健的估计。

2. 该无形资产的成本能够可靠地计量

成本能够可靠地计量是资产确认的基本条件之一。比如，企业内部产生的品牌、报刊名等，因其成本无法可靠地计量，不作为无形资产确认。又如，一些高科技企业的科技人才，假定其与企业签订了服务合同，且合同规定其在一定期限内不能为其他企业提供服务。在这种情况下，虽然这些科技人才的知识在规定的期限内预期能够为企业创造经济利益，但由于这些技术人才的知识难以辨认，且形成这些知识所发生的支出难以计量，因而不能作为企业的无形资产加以确认。

（四）无形资产适用的增值税税率

根据《财政部 国家税务总局关于全面推开营业税改征增值税试点的通知》（财税〔2016〕36号）的相关规定：转让土地使用权，适用的增值税税率为11%；转让商标权和特许权，适用的增值税税率为6%；转让专利权和非专利技术以及个人转让著作权，免征增值税。

二、无形资产的初始计量

无形资产通常按照实际成本进行初始计量，即以取得无形资产并使之达到预定用途而发生的全部支出作为无形资产的成本。对于不同来源取得的无形资产，其成本构成不尽相同。

为了反映和监督无形资产的取得、摊销和处置等情况，企业应当设置"无形资产""累计摊销"等科目进行核算。

"无形资产"科目核算企业持有的无形资产成本，借方登记取得无形资产的成本，贷方登记处置无形资产时转出的账面余额，期末借方余额，反映企业无形资产的成本。"无形资产"科目应当按照无形资产的项目设置明细科目进行核算。

"累计摊销"科目核算企业对使用寿命有限的无形资产计提的累计摊销，该科目属于"无形资产"的调整科目。"累计摊销"科目的贷方登记企业计提的无形资产摊销，借方登记处置无形资产时转出的无形资产累计摊销，期末贷方余额，反映企业无形资产的累计摊销额。

此外，企业无形资产发生减值的，还应当设置"无形资产减值准备"科目进行核算。

（一）外购无形资产的成本

外购无形资产的成本，包括购买价款、相关税费以及直接归属于使该项资产达到预定用途所发生的其他支出。其中，直接归属于使该项资产达到预定用途所发生的其他支出包括使无形资产达到预定用途所发生的专业服务费用、测试无形资产能否正常发挥作用的费用等，但不包括下列项目：

（1）为引入新产品进行宣传发生的广告费、管理费用及其他间接费用；
（2）符合条件的增值税可抵扣进项税额；
（3）无形资产已经达到预定用途以后发生的费用。

购买无形资产的价款超过正常信用条件延期支付，实质上具有融资性质的，无形资产的成本应以购买价款的现值为基础确定。实际支付的价款与购买价款的现值之间的差额作为未确认融资费用，在付款期间内采用实际利率法进行摊销，摊销金额除满足借款费用资本化条件应当计入无形资产成本外，均应当在信用期间内确认为财务费用，计入当期损益。

【例7-1】茶山股份有限公司为增值税一般纳税人，2×21年2月5日，以212万元（含增值税税额12万元）的价格购入一项商标权，并取得销售方开具的增值税专用发票。为推广该商标权，甲公司发生广告宣传费用2万元，上述款项均以银行存款支付。

分析：商标权符合无形资产的定义，其初始成本为购买价款、相关税费以及直接归属于使该项资产达到预定用途所发生的其他支出，但不包括为引入新产品进行宣传发生的广告费和增值税进项税额。

无形资产的初始成本 = 212 ÷ （1 + 6%） = 200（万元）

茶山股份有限公司的账务处理如下：

借：无形资产——商标权　　　　　　　　　　　　　　　　2 000 000
　　应交税费——应交增值税（进项税额）　　　　　　　　　 120 000
　　贷：银行存款　　　　　　　　　　　　　　　　　　　 2 120 000
借：销售费用　　　　　　　　　　　　　　　　　　　　　　 20 000
　　贷：银行存款　　　　　　　　　　　　　　　　　　　　 20 000

（二）投资者投入的无形资产的成本

投资者投入的无形资产的成本，应当按照投资合同或者协议约定的价值确定无形资产的取得成本。如果投资合同或协议约定价值不公允的，应按无形资产的公允价值作为无形资产的初始成本入账。无形资产入账价值与折合注册资本份额之间的差额，计入资本公积。

【例7-2】茶山股份有限公司因业务发展需要接受A公司以一项专利权向企业的投资。双方签订的投资合同约定：此项专利权的价值为250 000元，折合为公司股票100 000股，每股面值1元（不考虑相关税费的影响）。

分析：投资者投入的无形资产的成本，按照投资合同约定的金额入账，超过注册资本份额的部分，计入资本公积。账务处理如下：

借：无形资产——专利权　　　　　　　　　　　　　　　　　　　　 250 000
　　贷：股本　　　　　　　　　　　　　　　　　　　　　　　　　　 100 000
　　　　资本公积——股本溢价　　　　　　　　　　　　　　　　　　 150 000

（三）通过非货币性资产交换和债务重组取得无形资产的成本

通过非货币性资产交换和债务重组取得无形资产的成本，应分别参照本书非货币性资产交换和债务重组的相关内容。

（四）土地使用权的处理

土地使用权的处理应根据会计主体的持有意图记入不同的会计科目。初始成本通常为取得时所支付的价款和相关税费。一般情况下，企业取得土地使用权用于自行开发建造厂房等地上建筑物时，土地使用权和地上建筑物分别通过无形资产和固定资产进行确认和计量。但下列情况除外：

（1）企业外购的房屋建筑物，实际支付的价款中包括土地以及建筑物的价值，则应当对支付的价款按照合理的方法在土地和地上建筑物之间进行分配；如果确实无法在地上建筑物与土地使用权之间进行合理的分配，应当全部作为固定资产，按照固定资产确认和计量的规定进行处理。

（2）房地产开发企业取得的土地使用权用于建造对外出售的房屋建筑物，相关的土地使用权应当计入所建造的房屋建筑物成本当中，通过开发产品进行确认和计量。

（3）企业持有土地使用权是为了出租或增值后转让，通过投资性房地产进行确认和计量。如果企业将原先自用的土地使用权转为出租，则应将无形资产转为投资性房地产。

第二节　内部研究开发的无形资产的计量

内部研发活动发生的无形资产的成本，由可直接归属于该无形资产的创造、生产并使该无形资产能够以管理层预定的方式运作的所有必要支出组成。可直接归属成本包括：开发该无形资产时耗费的材料、劳务成本、注册费、在开发该无形资产过程中使用的其他专利权和特许权的摊销、按照借款费用的处理原则可以资本化的利息支出等。在开发无形资产过程中发生的，除上述可直接归属于无形资产开发活动之外的其他销售费用、管理费用等间接费用，无形资产达到预定用途前发生的可辨认的无效和初始运作损失，为运行该无形资产发生的培训支出等不构成无形资产的开发成本。

需要注意的是，内部开发无形资产的成本仅包括在满足资本化条件的时点至无形资产达到预定用途前发生的支出总和，对于同一项无形资产在开发过程中达到资本化条件之前已经费用化计入当期损益的支出不再进行调整。

一、基本原则

对于企业自行进行的研究开发项目,应当区分研究阶段和开发阶段。研究阶段的支出全部费用化,计入当期损益(管理费用);开发阶段符合资本化条件的支出资本化、不符合资本化条件的支出费用化,计入当期损益(管理费用)。如果确实无法区分研究阶段支出和开发阶段支出,应将其所发生的研发支出全部费用化,计入当期损益。

二、研究阶段和开发阶段支出的会计处理

(1) 研究阶段支出和开发阶段不符合资本化条件的支出,借记"研发支出——费用化支出"科目,贷记"原材料""应付职工薪酬""银行存款"等科目。自行研究开发无形资产发生支出取得增值税专用发票可抵扣的进项税,借记"应交税费——应交增值税(进项税额)"科目。

(2) 开发阶段符合资本化条件的支出,借记"研发支出——资本化支出"科目,贷记"原材料""应付职工薪酬""银行存款"等科目。

(3) 研究开发项目达到预定用途形成无形资产时,应按"研发支出——资本化支出"科目的余额,借记"无形资产"科目,贷记"研发支出——资本化支出"科目;同时将"研发支出——费用化支出"科目的余额转入"管理费用",借记"管理费用"科目,贷记"研发支出——费用化支出"科目。

【例7-3】茶山股份有限公司因生产产品的需要,组织研究人员进行一项技术发明。研发支出如下:2×21年度发生材料费210 000元,应付研发人员薪酬62 000元,专用设备折旧7 000元,2×21年12月31日达到预定用途。根据《企业会计准则第6号——无形资产》的相关规定,上述支出中60%符合资本化条件、40%不符合资本化条件。另外,该项技术又成功申请了国家发明专利,在申请专利过程中发生注册费18 000元、律师费5 000元。

分析:材料费、研发人员薪酬和折旧费的60%属于资本化支出,40%属于费用化支出;注册费和律师费属于为使无形资产达到预定用途发生的必要支出,应当计入无形资产成本当中。账务处理如下:

(1) 2×21年研发支出:

借:研发支出——资本化支出　　　　　　　　　　　　　　　　190 400
　　　　　　——费用化支出　　　　　　　　　　　　　　　　111 600
　　贷:原材料　　　　　　　　　　　　　　　　　　　　　　210 000
　　　　应付职工薪酬　　　　　　　　　　　　　　　　　　　62 000
　　　　累计折旧　　　　　　　　　　　　　　　　　　　　　7 000
　　　　银行存款　　　　　　　　　　　　　　　　　　　　　23 000

(2) 2×21年12月31日达到预定用途:

借:无形资产　　　　　　　　　　　　　　　　　　　　　　　190 400
　　管理费用　　　　　　　　　　　　　　　　　　　　　　　111 600
　　贷:研发支出——资本化支出　　　　　　　　　　　　　　190 400
　　　　　　　　——费用化支出　　　　　　　　　　　　　　111 600

第三节 无形资产的后续计量

一、无形资产使用寿命的确定

无形资产的后续计量以其使用寿命为基础,在初始确认中就需要预计其使用寿命。对于使用寿命有限的无形资产,应当估计其使用寿命或者构成寿命的产量等类似计量单位数量,从而确定在使用寿命内的摊销期、摊销方法和摊销金额;对于使用寿命不确定的无形资产,在持有期间不需要摊销,但应当在每个会计期间进行减值测试。

(一) 估计无形资产使用寿命应考虑的因素

无形资产的使用寿命包括法定寿命和经济寿命两个方面,有些无形资产的使用寿命受法律、规章或合同的限制,称为法定寿命;经济寿命则是指无形资产可以为企业带来经济利益的年限。

在估计无形资产使用寿命时,应当综合考虑多方面的因素,具体如下:

(1) 运用该无形资产生产的产品通常的寿命周期、可获得的类似资产使用寿命的信息。
(2) 技术、工艺等方面的现实情况及对未来发展的估计。
(3) 以该资产生产的产品或服务的市场需求情况。
(4) 现在或潜在的竞争者预期采取的行动。
(5) 为维持该资产产生未来经济利益的能力预期的维护支出及企业预计支付有关支出的能力。
(6) 对该资产的控制期限,对该资产使用的法律或类似限制,如特许使用期间、租赁期间等。
(7) 与企业持有的其他资产使用寿命的关联性等。

(二) 无形资产使用寿命的确定

(1) 源自合同性权利或其他法定权利取得的无形资产,其使用寿命不应超过合同性权利或其他法定权利的期限。例如,企业以支付土地出让金方式取得一块土地的使用权,如果企业准备持续持有,在50年期间内没有计划出售,该块土地使用权预期为企业带来未来经济利益的期间为50年。但如果企业使用资产的预期期限短于合同性权利或其他法定权利规定的期限的,则应当按照企业预期使用的期限来确定其使用寿命。例如,企业取得的某项实用新型专利权,法律规定的保护期限为10年,企业预计运用该项实用新型专利权所生产的产品在未来6年内会为企业带来经济利益,则该项专利权的预计使用寿命为6年,如果合同性权利或其他法定权利能够在到期时因续约等延续,当有证据表明企业续约不需要付出重大成本时,续约期才能够包括在使用寿命的估计中。下列情况一般说明企业无须付出重大成本即可延续合同性权利或其他法定权利:有证据表明合同性权利或法定权利将被重新延续,如果在延续之前需要第三方同意,则还需有第三方将会同意的证据;有证据表明为获得重新延续所必需的所有条件相对于企业的未来经济利益不具有重要性。如果企业在延续无形资产持有期间时付出的成本与预期流入企业的未来经济利益相比具有重要性,则从本质上来看是企业获得了一项新的无形资产。

(2) 没有明确的合同或法律规定无形资产的使用寿命的,企业应当综合各方面因素判断,例如,企业经过努力,聘请相关专家进行论证、与同行业的情况进行比较以及参考企业的历史经验等，来确定无形资产为企业带来未来经济利益的期限。

（3）经过上述努力仍无法合理确定无形资产为企业带来经济利益的期限的，才能将其作为使用寿命不确定的无形资产。例如，企业取得了一项在过去几年中市场份额领先的畅销产品的商标，该商标按照法律规定还有5年的使用寿命，但是在保护期届满时，企业可每10年以较低的手续费申请延期，同时有证据表明企业有能力申请延期。此外，有关的调查表明，根据产品生命周期、市场竞争等方面情况综合判断，该商标将在不确定的期间内为企业带来现金流量。综合各方面情况，该商标可视为使用寿命不确定的无形资产。又如，企业通过公开拍卖取得一项出租车运营许可，按照所在地的规定，以现有出租车运营许可权为限，不再授予新的运营许可权，而且在旧的出租车报废以后，有关的运营许可权可用于新的出租车。企业估计在有限的未来，将持续经营出租车行业。对于该运营许可权，由于其能为企业带来未来经济利益的期限，从目前情况来看，无法可靠地估计，因而应将其视为使用寿命不确定的无形资产。

（三）无形资产使用寿命的复核

企业至少应当于每年年度终了，对使用寿命有限的无形资产的使用寿命进行复核。如果有证据表明无形资产的使用寿命与以前估计不同的，应当改变其摊销期限，并按照会计估计变更进行处理。例如，企业使用的某项专利权，原预计使用寿命为10年，使用至第3年年末时，该企业计划再使用2年即不再使用，为此，在第3年年末，企业应当变更该项无形资产的使用寿命，并作为会计估计变更进行处理。又如，某项无形资产计提了减值准备，这可能表明企业原估计的摊销期限需要做出变更。

企业应当在每个会计期间对使用寿命不确定的无形资产的使用寿命进行复核。如果有证据表明该无形资产的使用寿命是有限的，应当按照《企业会计准则第28号——会计政策、会计估计变更和差错更正》进行处理，并按照使用寿命有限的无形资产的处理原则进行会计处理。

二、使用寿命有限的无形资产

（一）摊销方法和摊销期

在无形资产的使用寿命内应选择系统合理的方法分摊其摊销金额，这些方法包括直线法、产量法等。企业选择的无形资产摊销方法，应当能够反映与该项无形资产有关的经济利益预期实现方式，并一致地运用于不同的会计期间。例如，由于技术进步导致专利权和专有技术等无形资产更新速度加快，可采用类似固定资产的加速折旧方法进行摊销；有特定产量限制的特许经营权，应采用产量法进行摊销。无法可靠确定其预期经济利益实现方式的，应当采用直线法进行摊销。持有待售的无形资产不进行摊销，按照账面价值与公允价值减去处置费用后的净额孰低进行计量。

无形资产的摊销期自其可供使用时起至终止确认时止，即无形资产摊销的起始和停止日期分别为：当月增加的无形资产，当月开始摊销；当月减少的无形资产，当月不再摊销。

（二）摊销金额和残值

摊销金额，是指无形资产的成本扣除残值后的金额。已计提减值准备的无形资产，还应扣除已计提的无形资产减值准备累计额。

使用寿命有限的无形资产，其残值一般应当视为零，但下列情况除外：

(1) 有第三方承诺在无形资产使用寿命结束时愿意以一定的价格购买该无形资产;

(2) 可以根据活跃市场得到预计残值信息,并且从目前情况来看,该市场在无形资产使用寿命结束时还可能存在。

无形资产的残值意味着,在其经济寿命结束之前,企业预计将会处置该无形资产,并且从该处置中获得利益。估计无形资产的残值应以资产处置时的可收回金额为基础,此时的可收回金额是指在预计出售日,出售一项使用寿命已满且处于类似使用状况下,同类无形资产预计的处置价格(扣除相关税费)。残值确定以后,在持有无形资产的期间内,至少应于每年年末进行复核,预计其残值与原估计金额不同的,应按照会计估计变更进行处理。如果无形资产的残值重新估计以后高于其账面价值,则无形资产不再摊销,直至残值降至低于账面价值时再恢复摊销。采用直线法进行摊销时,有关计算公式如下:

$$应摊销金额 = 无形资产入账成本 - 残值 - 无形资产减值准备$$

$$每期应摊销金额 = \frac{无形资产应摊销金额}{摊销期}$$

(三) 摊销的会计处理

对于无形资产摊销的会计处理,设置"累计摊销"科目,反映因摊销而减少的无形资产价值。管理用无形资产,其摊销金额记入"管理费用";出租的无形资产,其摊销金额记入"其他业务成本";某项无形资产包含的经济利益通过所产生的产品或其他资产实现的,其摊销金额计入相关资产成本。

【例7-4】2×21年1月1日,茶山股份有限公司从外单位购入一项非专利技术专用于产品生产,支付价款5 000 000元,款项已经支付,估计该非专利技术的使用寿命为10年;同时购入一项商标权,支付价款3 000 000元,款项已经支付,估计该商标权的使用寿命为15年。假定这两项无形资产的净残值均为零,并按直线法摊销。

账务处理如下:

(1) 购入无形资产时。

借:无形资产——非专利技术	5 000 000
——商标权	3 000 000
贷:银行存款	8 000 000

(2) 按年摊销时。

借:制造费用	500 000
管理费用	200 000
贷:累计摊销	700 000

如果该公司2×22年12月31日根据技术进步的趋势判断,2×21年购入的非专利技术将在4年后被淘汰,不能为企业带来经济利益,决定再使用4年后将转销该非专利技术。因此该公司应当在2×22年12月31日据此变更该非专利技术的预计使用寿命,并按会计估计变更处理。

2×22年12月31日该项非专利技术的账面价值为4 000 000元 (5 000 000 - 500 000×2),2×23年的摊销金额为1 000 000元 (4 000 000÷4)。2×23年该公司摊销的账务处理如下:

借:制造费用	1 000 000

贷：累计摊销　　　　　　　　　　　　　　　　　　　　　　　　　　　　1 000 000

三、使用寿命不确定的无形资产

如果企业有确凿证据表明无法合理估计无形资产的使用寿命，应将其划分为使用寿命不确定的无形资产。对于使用寿命不确定的无形资产，在持有期间不需要摊销，但应当在每个会计期末按照《企业会计准则第8号——资产减值》的有关规定进行减值测试。经过减值测试，如果无形资产的可收回金额低于其账面价值，则需要计提减值准备，具体的账务处理为：借记"资产减值损失"科目，贷记"无形资产减值准备"科目。

【例7-5】2×22年1月1日，茶山股份有限公司自行研发的某项非专利技术已经达到预定用途，累计研究支出为600 000元，累计开发支出为2 000 000元（其中符合资本化条件的支出为1 800 000元）。根据技术进步和市场竞争等因素综合判断，该项非专利技术在不确定的期间内为企业带来经济利益。

2×23年年底，该公司对于此项非专利技术进行了减值测试，经测试表明其已经发生了减值，可收回金额为1 500 000元。

分析：由于该项非专利技术在不确定的期间内为企业带来经济利益，无法可靠估计其使用寿命，因此将其划分为使用寿命不确定的无形资产，在持有期间不需要摊销。账务处理如下：

（1）2×22年1月1日，非专利技术达到预定用途。

　　借：无形资产——非专利技术　　　　　　　　　　　　　　　　　　　1 800 000
　　　　管理费用　　　　　　　　　　　　　　　　　　　　　　　　　　　　800 000
　　　贷：研发支出——资本化支出　　　　　　　　　　　　　　　　　　　1 800 000
　　　　　　　　——费用化支出　　　　　　　　　　　　　　　　　　　　　800 000

（2）2×23年年底，计提减值准备。

　　借：资产减值损失　　　　　　　　　　　　　　　　　　　　　　　　　300 000
　　　贷：无形资产减值准备　　　　　　　　　　　　　　　　　　　　　　300 000

第四节　无形资产的处置

无形资产的处置，主要是指无形资产对外出租、出售以及当无形资产无法为企业带来未来经济利益时，应予转销并终止确认。

一、无形资产的出租

企业让渡无形资产使用权并收取租金，在满足收入确定条件下，应确认相关的收入和费用。

出租无形资产取得租金收入时，借记"银行存款"科目，贷记"其他业务收入""应交税费"等科目；摊销出租无形资产的成本和发生的有关税费时，借记"其他业务成本""税金及附加"等科目，贷记"累计摊销"等科目。

【例7-6】2×22年1月1日，茶山股份有限公司将某项商标权出租给乙公司使用，租期5年，每年收取不含税租金 150 000 元,根据《财政部 国家税务总局关于全面推开营业税改征增值税试点的通知》(财税〔2016〕36 号)的有关规定,应交增值税 9 000 元(该公司为增值税一般纳税人,适用增值税税率为 6%)。在出租期间内甲公司不再使用该商标权。

该商标权系该公司 2×21 年 1 月 1 日购入的,初始入账价值为 1 800 000 元,预计使用年限为 15 年,净残值为零,采用直线法摊销。假定按年摊销商标权,且不考虑增值税以外的其他相关税费。

分析:出租无形资产产生的收入记入"其他业务收入",无形资产的摊销记入"其他业务成本"。账务处理如下:

(1) 收取租金。

借:银行存款　　　　　　　　　　　　　　　　　　　　　　　　　159 000
　　贷:其他业务收入　　　　　　　　　　　　　　　　　　　　　　150 000
　　　　应交税费——应交增值税(销项税额)　　　　　　　　　　　　9 000

(2) 无形资产摊销。

借:其他业务成本　　　　　　　　　　　　　　　　　　　　　　　120 000
　　贷:累计摊销　　　　　　　　　　　　　　　　　　　　　　　　120 000

二、无形资产的出售

企业出售无形资产,表明企业放弃该无形资产的所有权,应将所取得的价款与该无形资产账面价值的差额作为资产处置利得或损失,计入当期损益。但值得注意的是,企业出售无形资产确认其利得的时点,应按照收入确认中的相关原则进行确定。

出售无形资产时,应按实际收到的金额等,借记"银行存款"等科目;按已计提的累计摊销额,借记"累计摊销"科目;原已计提减值准备的,借记"无形资产减值准备"科目;按应支付的相关税费及其他费用,贷记"应交税费""银行存款"等科目;按其账面余额,贷记"无形资产"科目;按其差额,贷记或借记"资产处置损益"科目。

【例 7-7】温州茶山股份有限公司为增值税一般纳税人,出售一项商标权,所得的不含税价款为 1 200 000 元,税率为 6%,增值税税额为 72 000 元。该商标权成本为 3 000 000 元,出售时已摊销金额为 1 800 000 元,已计提的减值准备为 300 000 元。

账务处理如下:

借:银行存款　　　　　　　　　　　　　　　　　　　　　　　　1 272 000
　　累计摊销　　　　　　　　　　　　　　　　　　　　　　　　1 800 000
　　无形资产减值准备　　　　　　　　　　　　　　　　　　　　　300 000
　　贷:无形资产　　　　　　　　　　　　　　　　　　　　　　　3 000 000
　　　　应交税费——应交增值税(销项税额)　　　　　　　　　　　72 000
　　　　资产处置损益　　　　　　　　　　　　　　　　　　　　　　300 000

三、无形资产的报废

如果无形资产预期不能为企业带来未来经济利益,例如,某无形资产已被其他新技术所替代或超过法律保护期，不能再为企业带来经济利益，则不再符合无形资产的定义，应将其报废并予以转销，其账面价值转作当期损益。

转销时，应按已计提的累计摊销额，借记"累计摊销"科目，按已计提的减值准备，借记"无形资产减值准备"科目，按无形资产账面余额，贷记"无形资产"科目，按其差额，借记"营业外支出——处置非流动资产损失"科目。

【例7-8】茶山股份有限公司原拥有一项非专利技术，采用直线法进行摊销，预计使用期限为10年。现该项非专利技术已被内部研发成功的新技术所替代，并且根据市场调查，用该非专利技术生产的产品已没有市场，预期不能再为企业带来任何经济利益，故应当予以转销。转销时，该项非专利技术的成本为9 000 000元，已摊销6年，累计计提减值准备为2 400 000元，该项非专利技术的残值为0。假定不考虑其他相关因素。

分析：该非专利技术报废时的账面价值为1 200 000元（9 000 000 - 9 000 000 ÷ 10 × 6 - 2 400 000），将其金额记入"营业外支出——处置非流动资产损失"。账务处理如下：

借：累计摊销　　　　　　　　　　　　　　　　　　　　　　　5 400 000
　　无形资产减值准备　　　　　　　　　　　　　　　　　　　2 400 000
　　营业外支出——处置非流动资产损失　　　　　　　　　　　1 200 000
　　贷：无形资产——非专利技术　　　　　　　　　　　　　　　　　9 000 000

【本章小结】

无形资产，是指企业拥有或者控制的没有实物形态的可辨认非货币性资产，包含专利权、非专利技术、商标权、著作权等。无形资产的确认条件需要同时满足经济利益很可能流入企业和成本能够可靠计量这两个条件。外购无形资产的成本，包括购买价款、相关税费以及直接归属于使该项资产达到预定用途所发生的其他支出。研究阶段的支出和开发阶段不符合资本化条件的支出费用化，开发阶段符合资本化条件的支出资本化。根据无形资产的使用寿命将其划分为使用寿命有限的无形资产和使用寿命不确定的无形资产，使用寿命有限的无形资产需要摊销，使用寿命不确定的无形资产每个会计期末需要进行减值测试。无形资产的处置，主要是指无形资产对外出租、出售和报废。

第八章 投资性房地产

【知识结构图】

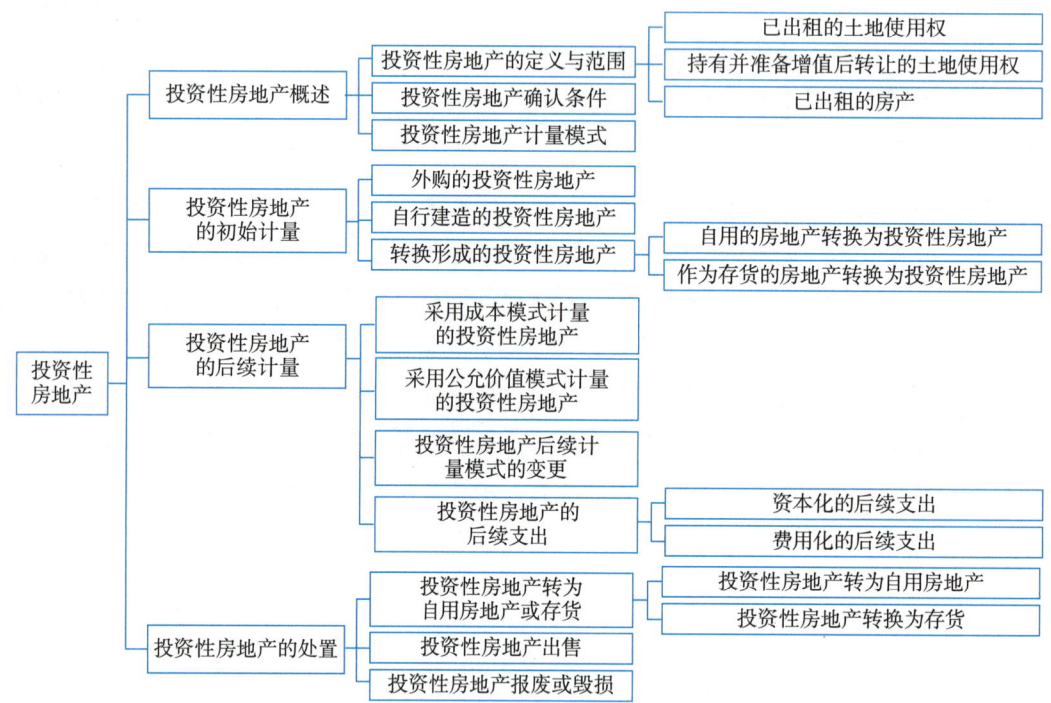

第一节 投资性房地产概述

一、投资性房地产的定义与范围

投资性房地产，是指为赚取租金或资本增值，或两者兼有而持有的房地产。

从其概念可以看出，投资性房地产包括以下三部分内容：

(一) 已出租的土地使用权

已出租的土地使用权，是指企业通过出让或者转让方式取得的、以经营租赁方式出租的土地使用权。企业计划用于出租但尚未出租的土地使用权，不属于此类。对于租入土地使用权再转租给其他单位的，不能确认为投资性房地产。

(二) 持有并准备增值后转让的土地使用权

持有并准备增值后转让的土地使用权，是指企业依法取得土地使用权以后在规定的期限内完成开发活动或者企业将自用的土地使用权停止使用并准备增值后转让的土地使用权。企业已出租的土地使用权同时也准备增值后出售，仍然属于投资性房地产。但是，按照国家有关规定认定的闲置土地，不属于持有并准备增值后转让的土地使用权。

(三) 已出租的房产

已出租的房产，是指企业拥有产权并以经营租赁方式出租的房屋和构筑物等。企业已出租的房产必须是拥有产权的房产，以经营租赁方式租入再转租的建筑物不属于投资性房地产。判定是否已出租，通常依据租赁协议，企业已经与其他方签订了租赁协议，约定以经营租赁方式出租的房产，自租赁协议规定的租赁期开始日应该认定为已出租的房产。对企业持有以备经营出租的空置房产或在建房产，如董事会或类似机构作出书面决议，明确表明将其用于经营出租，且持有意图短期内不再发生变化的，即使尚未签订租赁协议，也应视为投资性房地产。企业将房产出租，按租赁协议向承租人提供的相关辅助服务在整个协议中不重大的，应当将该房产确认为投资性房地产。例如，企业将其办公楼出租，同时向承租人提供维护、安保等日常辅助服务，企业应当将其确认为投资性房地产。

总之，自用房地产和准备出售的房地产存货不属于投资性房地产。自用房地产是指为生产商品、提供劳务或者经营管理而持有的房地产。例如，企业出租给本企业职工居住的房屋；企业拥有并自行经营的旅馆饭店；企业自用的办公楼、生产车间厂房等。作为存货的房地产是指房地产开发企业在正常经营过程中销售的或为销售而正在开发的商品房和土地①。

如果某项房地产，部分用于赚取租金或资本增值、部分用于自用或作为存货出售，能够单独计量和出售的、用于赚取租金或资本增值的部分，应当确认为投资性房地产；不能够单独计量和出售的、用于赚取租金或资本增值的部分，不确认为投资性房地产。该项房地产自用的部分，以及不能够单独计量和出售的、用于赚取租金或资本增值的部分，应当确认为固定资产、无形资产或存货。

二、投资性房地产确认条件

投资性房地产确认条件与其他资产确认条件一致，即在符合投资性房地产定义的前提下，同时满足下列条件才能确认：①与该投资性房地产有关的经济利益很可能流入企业；②该投资性房地产的成本能够可靠地计量。

对于已出租的房地产，确认为投资性房地产的时点一般为租赁期开始日；对于企业持有以备出租的房地产或持有并准备增值后转让的土地使用权，确认为投资性房地产的时点是企业董事会或类

---

① 注意：从事房地产经营开发的企业依法取得的、准备开发后出售的土地使用权，属于房地产开发企业的存货，即使该企业决定待增值后即转让其开发的土地，也不得将其确认为投资性房地产。

似权力机构就该事项作出正式书面决议、企业已经停止自用的日期。

三、投资性房地产计量模式

投资性房地产出租业务实质上属于一种让渡资产使用权行为。房地产租金就是让渡资产使用权取得的使用费收入，是企业为完成其经营目标所从事的经营性活动以及与之相关的其他活动形成的经济利益总流入。投资性房地产的另一种形式是持有并准备增值后转让的土地使用权，尽管其增值收益通常与市场供求、经济发展等因素有关，但目的是增值后转让以赚取增值收益，也是企业为完成其经营目标所从事的经营性活动以及与之相关的其他活动形成的经济利益总流入。

投资性房地产相关业务虽然属于经营活动的范畴，但是却具有正常运营和投资性双重属性，特别是准备增值后转让的土地使用权更需要关注其市场公允价值的变化。由此，投资性房地产的计量模式有成本模式和公允价值模式两种。

成本模式下，投资性房地产存续期间一直使用成本（更确切地说是折余成本）进行计量。固定资产的计量采用的就是成本模式，可以类比对照理解。

公允价值模式下，投资性房地产存续期间要始终以其公允价值进行计量。交易性金融资产的计量采用的就是公允价值模式，可以类比对照理解。

企业通常应当采用成本模式对投资性房地产进行后续计量，有确凿证据表明投资性房地产的公允价值能够持续可靠取得的[①]，也可以采用公允价值模式对投资性房地产进行后续计量。同一个企业只能采用一种后续计量模式，不得对一部分投资性房地产采用成本模式计量，而对另一部分投资性房地产采用公允价值模式计量。

但是，在特殊情况下，可能会导致一家企业的不同投资性房地产使用不同计量模式的情形。如果企业选择采用成本模式进行投资性房地产的后续计量，那么所有的投资性房地产（包括已有的和新增的）都要采用成本模式进行计量，不会出现导致两种计量模式并存的例外。如果企业选择采用公允价值模式进行投资性房地产的后续计量，那么当时所有的投资性房地产都必须能够使用公允价值模式进行计量，不允许出现例外。可是，在以后的经营过程中，采用公允价值模式计量投资性房地产的企业新取得了一项投资性房地产，而且有证据表明其公允价值不能持续可靠取得，导致无法对其采用公允价值模式进行计量，不得不对此项投资性房地产采用成本模式计量并直至其处置（还要假设该投资性房地产无残值），这时就会出现企业原有的投资性房地产采用公允价值模式进行计量，而新增的这一项投资性房地产使用成本模式进行计量的特殊情形。

第二节 投资性房地产的初始计量

投资性房地产无论采用哪一种计量模式，取得时均应当按照取得成本进行初始计量。投资性房

[①] 一般认为，同时满足下列条件即表明能够持续可靠取得投资性房地产的公允价值：一是投资性房地产所在地有活跃的房地产交易市场；二是企业能够从活跃的房地产交易市场上取得同类或类似房地产的市场价格及其他相关信息，从而对投资性房地产的公允价值作出合理的估计。

地产的取得渠道不同，取得成本的构成内容也会有所不同。

一、外购的投资性房地产

企业外购的房地产，只有在购入房地产的同时开始对外出租（自租赁期开始日起，下同）或用于资本增值，才能称之为外购的投资性房地产。外购投资性房地产的实际成本，包括购买价款、相关税费和可直接归属于该资产的其他支出。

采用成本模式进行后续计量的企业，应当在购入投资性房地产时，借记"投资性房地产"科目，贷记"银行存款"等科目。

采用公允价值模式进行后续计量的企业，应当在"投资性房地产"科目下设置"成本"和"公允价值变动"两个明细科目，分别核算投资性房地产的取得成本和持有期间的累计公允价值变动金额，购入投资性房地产时，借记"投资性房地——成本"科目，贷记"银行存款"科目。

【例8-1】2×24年8月，茶山股份有限公司（一般纳税人）计划购入写字楼用于对外出租。8月10日与A公司签订经营租赁合同，约定自9月1日起将购入的写字楼租赁给A公司使用，租赁期5年。8月31日，茶山股份有限公司支付银行存款购入写字楼，专用发票上注明的价款2 000万元、增值税款100万元。9月1日茶山股份有限公司将写字楼交付A公司使用。

（1）假定茶山股份有限公司采用成本模式进行后续计量。

借：投资性房地产——写字楼　　　　　　　　　　　　　　　20 000 000
　　应交税费——应交增值税（进项税额）　　　　　　　　　　1 000 000
　　贷：银行存款　　　　　　　　　　　　　　　　　　　　　　　21 000 000

（2）假定茶山股份有限公司采用公允价值模式进行后续计量。

借：投资性房地产——写字楼（成本）　　　　　　　　　　　20 000 000
　　应交税费——应交增值税（进项税额）　　　　　　　　　　1 000 000
　　贷：银行存款　　　　　　　　　　　　　　　　　　　　　　　21 000 000

二、自行建造的投资性房地产

自行建造的投资性房地产，其成本由建造该项资产达到预定可使用状态前发生的必要支出构成，包括土地开发费、建筑成本、安装成本、应予以资本化的借款费用、支付的其他费用和分摊的间接费用等。建造过程中发生的非正常性损失，直接计入当期损益，不计入建造成本。

采用成本模式进行后续计量的，应按照确定的自行建造的投资性房地产成本，借记"投资性房地产"科目，贷记"在建工程"或"开发产品"科目。

采用公允价值模式进行后续计量的，应按照确定的自行建造的投资性房地产成本，借记"投资性房地产——成本"科目，贷记"在建工程"或"开发产品"科目。

【例8-2】某年8月，茶山股份有限公司（一般纳税人）与A公司签订经营租赁合同，约定自9月1日起将正在建设的一栋厂房租赁给A公司使用，租赁期5年。8月31日，茶山股份有限公司所建设的厂房完工，造价1 600万元（已归集于"在建工程"账户），所占用的土地使用权成本300万元。9月1日茶山股份有限公司将厂房交付A公司使用。

（1）假定茶山股份有限公司采用成本模式进行后续计量。

借：投资性房地产——厂房	16 000 000	
贷：在建工程		16 000 000
借：投资性房地产——土地使用权	3 000 000	
贷：无形资产——土地使用权		3 000 000

(2) 假定茶山股份有限公司采用公允价值模式进行后续计量。

借：投资性房地产——厂房（成本）	16 000 000	
贷：在建工程		16 000 000
借：投资性房地产——土地使用权（成本）	3 000 000	
贷：无形资产——土地使用权		3 000 000

三、转换形成的投资性房地产

在某些情况下，企业会将自用的房地产或存货转换为投资性房地产对外出租或准备增值后转让。

（一）自用的房地产转换为投资性房地产

自用的房地产始终是采用成本模式进行计量的，但投资性房地产有两种计量模式。

1. 转换为成本模式计量的投资性房地产

企业将自用的房地产转换为成本模式计量的投资性房地产时，应当按该项自用房地产在转换日（租赁期开始日，或企业董事会或类似权力机构就该事项做出正式书面决议、企业已经停止自用的日期）的原价、累计折旧、减值准备等，分别转入"投资性房地产""投资性房地产累计折旧（摊销）""投资性房地产减值准备"科目。

【例 8-3】2×24 年 6 月，茶山股份有限公司打算搬迁至新建办公楼，由于原办公楼处于商业繁华地段，该企业准备将其出租，以赚取租金收入。2×24 年 10 月 30 日，该企业完成了搬迁工作，原办公楼停止自用，并与乙企业签订了租赁协议，将其原办公楼租赁给乙企业使用，租赁期开始日为 2×24 年 10 月 30 日，租赁期为 3 年。2×24 年 10 月 30 日，该办公楼原价为 50 000 万元，已提折旧 13 250 万元，已提减值准备 1 000 万元，公允价值为 35 000 万元。该办公楼占用的土地使用权原值为 1 000 万元，累计摊销 600 万元，公允价值为 8 000 万元。假设茶山股份有限公司对投资性房地产采用成本模式计量。

借：投资性房地产——办公楼	500 000 000	
累计折旧	132 500 000	
固定资产减值准备	10 000 000	
贷：固定资产——办公楼		500 000 000
投资性房地产累计折旧		132 500 000
投资性房地产减值准备		10 000 000
借：投资性房地产——土地使用权	10 000 000	
累计摊销	6 000 000	
贷：无形资产——土地使用权		10 000 000
投资性房地产累计摊销		6 000 000

2. 转换为公允价值模式计量的投资性房地产

企业将自用房地产转换为采用公允价值模式计量的投资性房地产，应当按该项土地使用权或建筑物在转换日的公允价值，借记"投资性房地产——成本"科目，按已计提的累计摊销或累计折旧，借记"累计摊销"或"累计折旧"科目；原已计提减值准备的，借记"无形资产减值准备"或"固定资产减值准备"科目，按其余额，贷记"固定资产"或"无形资产"科目。同时，转换日的公允价值小于账面价值的，按其差额，借记"公允价值变动损益"科目；转换日的公允价值大于其账面价值的，按其差额，贷记"其他综合收益"科目。待该项投资性房地产处置时，因转换计入其他综合收益的部分应转入当期损益。

【例8-4】2×24年6月，茶山股份有限公司打算搬迁至新建办公楼，由于原办公楼处于商业繁华地段，该企业准备将其出租，以赚取租金收入。2×24年10月30日，该企业完成了搬迁工作，原办公楼停止自用，并与乙企业签订了租赁协议，将其原办公楼租赁给乙企业使用，租赁期开始日为2×24年10月30日，租赁期为3年。2×24年10月30日，该办公楼原价为50 000万元，已提折旧13 250万元，已提减值准备1 000万元，公允价值为35 000万元。该办公楼占用的土地使用权原值为1 000万元，累计摊销600万元，公允价值为8 000万元。假设茶山股份有限公司对投资性房地产采用公允价值模式计量。

借：投资性房地产——办公楼（成本）　　　　　　　　　　　　　　　350 000 000
　　公允价值变动损益　　　　　　　　　　　　　　　　　　　　　　　7 500 000
　　累计折旧　　　　　　　　　　　　　　　　　　　　　　　　　　132 500 000
　　固定资产减值准备　　　　　　　　　　　　　　　　　　　　　　　10 000 000
　　贷：固定资产——办公楼　　　　　　　　　　　　　　　　　　　　500 000 000
借：投资性房地产——土地使用权（成本）　　　　　　　　　　　　　　80 000 000
　　累计摊销　　　　　　　　　　　　　　　　　　　　　　　　　　　6 000 000
　　贷：无形资产——土地使用权　　　　　　　　　　　　　　　　　　10 000 000
　　　　其他综合收益　　　　　　　　　　　　　　　　　　　　　　　76 000 000

（二）作为存货的房地产转换为投资性房地产

企业将作为存货的房地产转换为采用成本模式计量的投资性房地产时，应当按该项存货在转换日的账面价值，借记"投资性房地产"科目，原已计提跌价准备的，借记"存货跌价准备"科目，按其账面余额，贷记"开发产品"等科目。

企业将作为存货的房地产转换为采用公允价值模式计量的投资性房地产时，应当按该房地产在转换日的公允价值入账，借记"投资性房地产——成本"科目，原已计提跌价准备的，借记"存货跌价准备"科目；按其账面余额，贷记"开发产品"等科目。同时，转换日的公允价值小于账面价值的，按其差额，借记"公允价值变动损益"科目；转换日的公允价值大于账面价值的，按其差额，贷记"其他综合收益"科目。待该项投资性房地产处置时，因转换计入其他综合收益的部分应转入当期损益。

第三节　投资性房地产的后续计量

一、采用成本模式计量的投资性房地产

采用成本模式进行后续计量的投资性房地产，应当参照《企业会计准则第4号——固定资产》或《企业会计准则第6号——无形资产》的有关规定，按期（月）计提折旧或摊销，借记"其他业务成本"等科目，贷记"投资性房地产累计折旧（摊销）"科目。取得的租金收入，借记"银行存款"等科目，贷记"其他业务收入"等科目。如果租金是预收的，预收时确认为合同负债，待后续再分期确认为其他业务收入。

投资性房地产存在减值迹象的，还应当参照《企业会计准则第8号——资产减值》的有关规定。经减值测试后确定发生减值的，应当计提减值准备，借记"资产减值损失"科目，贷记"投资性房地产减值准备"科目。已经计提减值准备的投资性房地产，其减值损失在以后的会计期间不得转回。

【例8-5】茶山股份有限公司将一栋写字楼出租给乙公司使用，确认为投资性房地产，采用成本模式进行后续计量，假设这栋办公楼的成本为7 200万元，按照年限平均法计提折旧，使用寿命为20年，预计净残值为零。经营租赁合同约定，乙公司每月等额支付茶山股份有限公司租金40万元（不含9%增值税）。不考虑其他相关税费。

（1）每月计提折旧时：

每月计提的折旧 =（7 200÷20）÷12 = 30（万元）

借：其他业务成本——出租写字楼折旧	300 000
贷：投资性房地产累计折旧	300 000

（2）每月确认租金收入时：

借：银行存款（或其他应收款）	436 000
贷：其他业务收入——出租写字楼租金收入	400 000
应交税费——应交增值税（销项税额）	36 000

二、采用公允价值模式计量的投资性房地产

投资性房地产采用公允价值模式进行后续计量的，不计提折旧或摊销，应当以资产负债表日的公允价值计量。资产负债表日，投资性房地产的公允价值高于其账面余额的差额，借记"投资性房地产——公允价值变动"科目，贷记"公允价值变动损益"科目；公允价值低于其账面余额的差额作相反的账务处理。此种模式下获得的租金收入同样记入"其他业务收入"。

【例8-6】茶山股份有限公司为从事房地产经营开发的企业。2×23年10月1日，茶山股份有限公司与美丽公司签订租赁协议，约定将茶山股份有限公司开发的一栋精装修的写字楼于开发完成的同时开始租赁给美丽公司使用，租赁期为10年，每年租金（不含9%增值税）500万元于租赁期开始后按年预收（同时开具增值税专用发票）。当年10月1日，该写字楼开发完成并开始起租，写

字楼的造价为 9 000 万元。2×23 年 12 月 31 日，该写字楼的公允价值为 9 200 万元。2×24 年 12 月 31 日，该写字楼的公允价值为 8 900 万元。假设茶山股份有限公司采用公允价值计量模式。

(1) 2×23 年 10 月 1 日，茶山股份有限公司开发完成写字楼并出租。

借：投资性房地产——写字楼（成本） 90 000 000
　　贷：开发成本 90 000 000
借：银行存款 5 450 000
　　贷：合同负债 5 000 000
　　　　应交税费——应交增值税（销项税额） 450 000

(2) 2×23 年 12 月 31 日，确认当年租金收入并以公允价值为基础调整其账面价值，公允价值与原账面价值之间的差额计入当期损益。

借：合同负债 1 250 000
　　贷：其他业务收入 1 250 000
借：投资性房地产——写字楼（公允价值变动） 2 000 000
　　贷：公允价值变动损益 2 000 000

(3) 2×24 年 10 月 1 日，预收下一年租金。

借：银行存款 5 450 000
　　贷：合同负债 5 000 000
　　　　应交税费——应交增值税（销项税额） 450 000

(4) 2×24 年 12 月 31 日，确认当年租金收入并以公允价值为基础调整其账面价值，公允价值与原账面价值之间的差额计入当期损益。

借：合同负债 5 000 000
　　贷：其他业务收入 5 000 000
借：公允价值变动损益 3 000 000
　　贷：投资性房地产——写字楼（公允价值变动） 3 000 000

三、投资性房地产后续计量模式的变更

为保证会计信息的可比性，企业对投资性房地产的计量模式一经确定，不得随意变更。只有在房地产市场比较成熟、能够满足采用公允价值模式条件的情况下，才允许对投资性房地产从成本模式计量变更为公允价值模式计量。以成本模式转为公允价值模式的，应当作为会计政策变更处理，将计量模式变更时公允价值与账面价值的差额，调整期初留存收益。关于会计政策变更的处理将在后续课程中学习，本处略去。

已采用公允价值模式计量的投资性房地产，不得从公允价值模式转为成本模式。

四、投资性房地产的后续支出

（一）资本化的后续支出

与投资性房地产有关的后续支出，满足投资性房地产确认条件的，应当计入投资性房地产成本。例如，企业为了提高投资性房地产的使用效能，往往需要对投资性房地产进行改建、扩建而使

其更加坚固耐用，或者通过装修改善其室内装潢，改扩建或装修支出满足确认条件的，应当将其资本化。

企业对某项投资性房地产进行改扩建等再开发且将来仍作为投资性房地产的，在再开发期间应继续将其作为投资性房地产，再开发期间不计提折旧或摊销。

1. 成本模式下的后续支出

成本模式下核算的投资性房地产资本化的后续支出处理方法类同于固定资产，只是使用"投资性房地产——在建"科目核算改扩建或装修过程中的投资性房地产的价值。将使用中的投资性房地产转为改扩建或装修时，借记"投资性房地产——在建""投资性房地产累计折旧（摊销）""投资性房地产减值准备"科目，贷记"投资性房地产"科目；改扩建过程中发生的各项耗费，借记"投资性房地产——在建"科目，贷记"银行存款""原材料""应付账款""应付职工薪酬"等科目；改扩建或装修完成时，借记"投资性房地产"科目，贷记"投资性房地产——在建"科目。

【例8-7】茶山股份有限公司为提高某厂房租金收入，决定租赁期满后对其进行重新外包改建。租赁期满收回时，该厂房原价1 900万元，已提折旧400万元。以银行存款支付改建款160万元、增值税款14.4万元，并与A公司签订合同，装修完成后经营租赁给A公司使用。茶山股份有限公司采用成本模式计量投资性房地产。

(1) 转入改扩建。

借：投资性房地产——厂房（在建）   15 000 000
      投资性房地产累计折旧   4 000 000
    贷：投资性房地产——厂房   19 000 000

(2) 支付改扩建费用。

借：投资性房地产——厂房（在建）   1 600 000
      应交税费——应交增值税（进项税额）   144 000
    贷：银行存款   1 744 000

(3) 改扩建完成继续出租。

借：投资性房地产——厂房   16 600 000
    贷：投资性房地产——厂房（在建）   16 600 000

2. 公允价值模式下的后续支出

公允价值模式下核算的投资性房地产资本化的后续支出，也是使用"投资性房地产——在建"科目核算改扩建或装修过程中的投资性房地产的价值。将使用中的投资性房地产转为改扩建或装修时，借记"投资性房地产——在建"科目，贷记"投资性房地产——成本"科目，借记或贷记"投资性房地产——公允价值变动"科目；改扩建过程中发生的各项耗费，借记"投资性房地产——在建"科目，贷记"银行存款""原材料""应付账款""应付职工薪酬"等科目；改扩建或装修完成时，借记"投资性房地产——成本"科目，贷记"投资性房地产——在建"科目。

【例8-8】茶山股份有限公司为提高某厂房租金收入，决定租赁期满后对其进行重新外包改建。租赁期满收回时，该厂房原价1 900万元，公允价值变动（借方）400万元。以银行存款支付改建款160万元、增值税款14.4万元，并与A公司签订合同，装修完成后经营租赁给A公司使用。

茶山股份有限公司采用公允价值模式计量投资性房地产。

(1) 转入改扩建。

借：投资性房地产——厂房（在建）　　　　　　　　　　　　　　23 000 000
　　贷：投资性房地产——厂房（成本）　　　　　　　　　　　　　19 000 000
　　　　投资性房地产——厂房（公允价值变动）　　　　　　　　　　4 000 000

(2) 支付改扩建费用。

借：投资性房地产——厂房（在建）　　　　　　　　　　　　　　 1 600 000
　　应交税费——应交增值税（进项税额）　　　　　　　　　　　　　 144 000
　　贷：银行存款　　　　　　　　　　　　　　　　　　　　　　　 1 744 000

(3) 改扩建完成继续出租。

借：投资性房地产——厂房（成本）　　　　　　　　　　　　　　24 600 000
　　贷：投资性房地产——厂房（在建）　　　　　　　　　　　　 24 600 000

（二）费用化的后续支出

与投资性房地产有关的后续支出，不满足投资性房地产确认条件的，如企业对投资性房地产进行日常维护所发生的支出，应当计入当期损益，借记"其他业务成本"等科目，贷记"银行存款"等科目。

第四节　投资性房地产的处置

当投资性房地产不再作为投资性房地产而存在时，称为投资性房地产处置。投资性房地产处置包括退出出租转为自用或存货、出售、报废或毁损等。投资性房地产处置时，应当终止确认该项投资性房地产。

一、投资性房地产转为自用房地产或存货

将投资性房地产转为自用房地产或存货，应该于企业董事会或类似机构作出书面决议，且将该房地产停止出租之日终止确认投资性房地产。

（一）投资性房地产转为自用房地产

企业将原本用于赚取租金或资本增值的房地产改用于生产商品、提供劳务或者经营管理，投资性房地产相应的转换为固定资产或无形资产。

1. 投资性房地产以成本模式计量的

在此种情况下，投资性房地产和自用房地产都是以成本模式计量的，只需要按该项投资性房地产在转换日的账面余额、累计折旧或摊销余额、减值准备余额，分别转入"固定资产"或"无形资产"、"累计折旧"或"累计摊销"、"固定资产减值准备"或"无形资产减值准备"科目即可。

【例8-9】茶山股份有限公司决定将出租的厂房收回自己使用。当日出租厂房的账面原价6 500万元，已提折旧2 000万元，已提减值准备200万元。

借：固定资产——厂房	65 000 000
投资性房地产累计折旧	20 000 000
投资性房地产减值准备	2 000 000
贷：投资性房地产——厂房	65 000 000
累计折旧	20 000 000
固定资产减值准备	2 000 000

2. 投资性房地产以公允价值模式计量的

企业将采用公允价值模式计量的投资性房地产转换为自用房地产时，应当以其转换当日的公允价值作为自用房地产的账面价值，公允价值与投资性房地产原账面价值的差额计入公允价值变动损益。

转换日，按该项投资性房地产的公允价值，借记"固定资产"或"无形资产"科目，按该项投资性房地产的成本，贷记"投资性房地产——成本"科目，按该项投资性房地产的累计公允价值变动，贷记或借记"投资性房地产——公允价值变动"科目，按其差额，贷记或借记"公允价值变动损益"科目。

【例8-10】2×24年10月15日，茶山股份有限公司因租赁期满，将出租的写字楼收回，开始作为办公楼用于本企业的行政管理。2×24年10月15日，该写字楼的公允价值为4 800万元。该项房地产在转换前采用公允价值模式计量，原账面价值为4 750万元，其中，成本为4 500万元，公允价值变动为增值250万元。

借：固定资产	48 000 000
贷：投资性房地产——写字楼（成本）	45 000 000
投资性房地产——写字楼（公允价值变动）	2 500 000
公允价值变动损益	500 000

（二）投资性房地产转换为存货

房地产开发企业将用于经营出租的房地产重新开发用于对外销售的，从投资性房地产转换为存货。

投资性房地产以成本模式计量的，企业应当按照该项房地产在转换日的账面价值，借记"开发产品"科目，按已计提的折旧或摊销，借记"投资性房地产累计折旧（摊销）"科目，原已计提减值准备的，借记"投资性房地产减值准备"科目，按其账面余额，贷记"投资性房地产"科目。

投资性房地产采用公允价值模式计量的，企业应当以转换当日的公允价值作为存货的入账价值，公允价值与原账面价值的差额计入公允价值变动损益。

【例8-11】茶山股份有限公司将其开发的部分写字楼用于对外经营租赁。2×24年10月15日，因租赁期满，该企业将出租的写字楼收回，并作出书面决议，将该写字楼重新开发用于对外销售，即由投资性房地产转换为存货，当日的公允价值为5 400万元。该项房地产在转换前采用公允价值模式计量，原账面价值为5 600万元，其中，成本为5 000万元，公允价值增值600万元。

借：开发产品	54 000 000
公允价值变动损益	2 000 000

贷：投资性房地产——写字楼（成本）　　　　　　　　　　　　　50 000 000
　　　　投资性房地产——写字楼（公允价值变动）　　　　　　　　 6 000 000

二、投资性房地产出售

企业出售时，应当将处置收入扣除其账面价值和相关税费后的金额计入当期损益（将实际收到的处置收入计入其他业务收入，所处置投资性房地产的账面价值计入其他业务成本）。

1. 采用成本模式计量的投资性房地产出售

出售按成本模式进行后续计量的投资性房地产时，应当按实际收到的金额，借记"银行存款"等科目，贷记"其他业务收入""应交税费——应交增值税（销项税额）"科目；按该项投资性房地产的账面价值，借记"其他业务成本"科目，按其账面余额，贷记"投资性房地产"科目；按照已计提的折旧或摊销，借记"投资性房地产累计折旧（摊销）"科目；原已计提减值准备的，借记"投资性房地产减值准备"科目。

【例 8-12】某年 6 月 30 日，茶山股份有限公司（一般纳税人）决定将出租的厂房收回后直接出售。当日厂房的账面原价 6 500 万元，已提折旧 2 000 万元，已提减值准备 200 万元。收到出售价款 5 000 万元、增值税款 450 万元，已存入银行。

　　借：银行存款　　　　　　　　　　　　　　　　　　　　　　54 500 000
　　　　贷：其他业务收入　　　　　　　　　　　　　　　　　　50 000 000
　　　　　　应交税费——应交增值税（销项税额）　　　　　　　 4 500 000
　　借：其他业务成本　　　　　　　　　　　　　　　　　　　　43 000 000
　　　　投资性房地产累计折旧　　　　　　　　　　　　　　　　20 000 000
　　　　投资性房地产减值准备　　　　　　　　　　　　　　　　 2 000 000
　　　　贷：投资性房地产——厂房　　　　　　　　　　　　　　65 000 000

2. 采用公允价值模式计量的投资性房地产出售

出售采用公允价值模式计量的投资性房地产时，应当按实际收到的金额，借记"银行存款"等科目，贷记"其他业务收入""应交税费——应交增值税（销项税额）"科目；按该项投资性房地产的账面余额，借记"其他业务成本"科目，按其成本，贷记"投资性房地产——成本"科目，按其累计公允价值变动，贷记或借记"投资性房地产——公允价值变动"科目。同时，将投资性房地产累计公允价值变动转入其他业务成本，贷记或借记"公允价值变动损益"科目，贷记或借记"其他业务成本"科目。若存在原转换日计入其他综合收益的金额，则也需一并转入其他业务成本，借记"其他综合收益"科目，贷记"其他业务成本"科目。

【例 8-13】茶山股份有限公司为一家房地产开发企业。2×23 年 3 月 10 日，该企业与乙企业签订了租赁协议，将其开发的一栋写字楼出租给乙企业使用，租赁期开始日为 2×23 年 4 月 15 日。2×23 年 4 月 15 日，该写字楼的账面余额为 45 000 万元，公允价值为 47 000 万元。2×23 年 12 月 31 日，该项投资性房地产的公允价值为 48 000 万元。2×24 年 6 月租赁期届满，企业收回该项投资性房地产，并以 50 000 万元出售（不含 9% 增值税），款项收讫。该公司采用公允价值模式计量，不考虑相关税费。

该企业的账务处理如下：

(1) 2×23年4月15日，存货转换为投资性房地产：

借：投资性房地产——写字楼（成本）　　　　　　　　　　　　　　　470 000 000
　　贷：开发产品　　　　　　　　　　　　　　　　　　　　　　　　　450 000 000
　　　　其他综合收益　　　　　　　　　　　　　　　　　　　　　　　 20 000 000

(2) 2×23年12月31日，公允价值变动：

借：投资性房地产——写字楼（公允价值变动）　　　　　　　　　　　　 10 000 000
　　贷：公允价值变动损益　　　　　　　　　　　　　　　　　　　　　 10 000 000

(3) 2×24年6月，出售投资性房地产：

借：银行存款　　　　　　　　　　　　　　　　　　　　　　　　　　　545 000 000
　　贷：其他业务收入　　　　　　　　　　　　　　　　　　　　　　　500 000 000
　　　　应交税费——应交增值税（销项税额）　　　　　　　　　　　　　 45 000 000
借：其他业务成本　　　　　　　　　　　　　　　　　　　　　　　　　480 000 000
　　贷：投资性房地产——写字楼（成本）　　　　　　　　　　　　　　 470 000 000
　　　　投资性房地产——公允价值变动　　　　　　　　　　　　　　　　10 000 000
借：公允价值变动损益　　　　　　　　　　　　　　　　　　　　　　　 10 000 000
　　其他综合收益　　　　　　　　　　　　　　　　　　　　　　　　　 20 000 000
　　贷：其他业务成本　　　　　　　　　　　　　　　　　　　　　　　 30 000 000

三、投资性房地产报废或毁损

报废投资性房地产或者发生投资性房地产毁损，应当将处置收入扣除其账面价值和相关税费后的金额计入当期损益。

【本章小结】

本章主要介绍投资性房地产的概念、特征，区分固定资产和投资性房地产，正确地确认投资性房地产，尤其是固定资产转换为投资性房地产在转换日的处理。投资性房地产的后续计量需要区分两种计量模式，即成本模式和公允价值模式。成本模式需要计提折旧，而公允价值模式则需要计算公允价值变动损益。最后阐述了投资性房地产的处置的会计处理。

第九章 非货币性资产交换

【知识结构图】

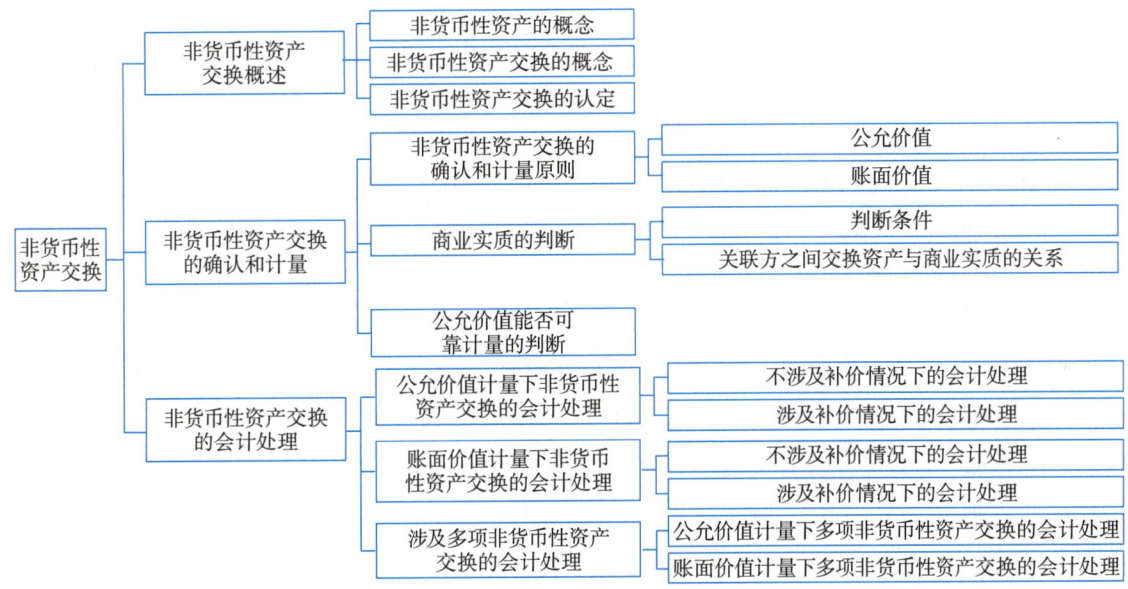

第一节 非货币性资产交换概述

一、非货币性资产的概念

资产按其流动性一般分为流动资产和非流动资产。事实上，资产也可分为货币性资产和非货币性资产，其主要分类依据是资产未来是否可为企业带来固定或可确定的经济利益。具体而言，货币性资产是指企业持有的货币资金和将以固定或可确定的金额收取的资产，包括现金、银行存款、应收账款和应收票据以及准备持有至到期的债券投资等。非货币性资产是指货币性资产以外的资产，包括存货（如原材料、库存商品、委托加工物资等）、长期股权投资、投资性房地产、固定资产、在建工程、无形资产、不准备持有至到期的债券投资等,该类资产在将来为企业带来的经济利益不固定或不可确定。例如,由于市场环境的不断变化,企业的库存商品的销售价格也会有所增减,故库存商品未来为企业带来的经济利益是不固定或不可确定的,因此,库存商品是非货币性资产。

二、非货币性资产交换的概念

非货币性资产交换,顾名思义是交易双方将所持有的非货币性资产进行交换。这是一种非经常性的特殊交易行为,实务中常见的非货币性资产交换主要是存货、固定资产、无形资产和长期股权投资等非货币性资产之间的交换。该交换是一种互惠互利或者说双赢的交易行为,并且一般不涉及货币性资产,或只涉及少量货币性资产。本章介绍的非货币性资产交换,仅包括企业之间主要以非货币性资产形式进行的互惠转让,即企业取得一项非货币性资产,必须以付出自己拥有的非货币性资产作为代价。比如,A企业在生产经营过程中可能需要B企业拥有的某项设备,而B企业恰好需要A企业生产的产品作为原材料,双方则可协商通过互相交换上述设备和原材料达成交易,最终使得两家企业既满足了各自生产经营的需要,也在一定程度上减少了货币性资产的流出。这一交易就是一种非货币性资产交换行为。

应注意的是,企业与所有者或所有者以外方面的非货币性资产非互惠转让,或在企业合并、债务重组和发行股票取得的非货币性资产,均不属于本章所讲的非货币性资产交换的范围。根据《企业会计准则第7号——非货币性资产交换》规定,非货币性资产交换是指交易双方主要以存货、固定资产、无形资产、长期股权投资等非货币性资产进行的互惠交换,该交换不涉及或只涉及少量(<25%)货币性资产(即补价)。

三、非货币性资产交换的认定

由非货币性资产交换的概念可知,非货币性资产交换的交易对象主要是非货币性资产,交易中一般不涉及或只涉及少量(<25%)货币性资产(即补价)。换言之,若补价占整个资产交换金额的比例小于25%,则认定所涉及的补价为"少量",该交换为非货币性资产交换;若该比例大于或等于25%,则视为货币性资产交换,适用《企业会计准则第14号——收入》等相关准则的规定。在非货币性资产的公允价值均能可靠计量的情况下,对支付补价的企业而言,其整个资产交换的金额等于换入资产公允价值(或换出资产公允价值与支付的货币性资产之和);对收到补价的企业而言,其整个资产交换的金额等于换出资产公允价值(或换入资产公允价值与收到的货币性资产之和)。综上所述,对于公允价值能够可靠计量的非货币性资产,非货币性资产交换的认定条件可用下列公式表示:

$$\frac{支付的货币性资产}{换入资产公允价值(或换出资产公允价值+支付的货币性资产)} < 25\%$$

或者:

$$\frac{收到的货币性资产}{换出资产公允价值(或换入资产公允价值+收到的货币性资产)} < 25\%$$

第二节 非货币性资产交换的确认和计量

一、非货币性资产交换的确认和计量原则

非货币性资产交换，即将企业本身所持有的非货币性资产换出，同时换入新的资产。换出资产的成本以企业自身的账面记录为基础，而换入资产的成本有两种计量基础：公允价值与账面价值。

（一）公允价值

当非货币性资产交换同时满足以下两个条件时，应当以公允价值和应支付的相关税费作为换入资产的成本，公允价值与换出资产账面金额的差额计入当期损益：

（1）该项交换具有商业实质。

（2）换入资产或换出资产的公允价值能够可靠地计量。

需要注意的是，条件（2）要求换入资产或者换出资产的公允价值能够可靠地计量即可，无须换入资产和换出资产的公允价值都能可靠计量。在满足条件（1）且换入资产和换出资产公允价值均能够可靠计量的情况下，换入资产的成本应当以换出资产公允价值作为基础确定。一般来说，取得资产的成本应当按照所放弃资产的对价来确定，在非货币性资产交换中，换出资产的价值就是放弃的对价，如果其公允价值能够可靠确定，应当优先考虑以换出资产的公允价值作为计算换入资产成本的基础；除非有确凿证据表明换入资产的公允价值更加可靠，则以换入资产公允价值为基础确定换入资产的成本。在满足条件（1）且换出资产能够可靠计量、换入资产不能可靠计量的情况下，换入资产的成本应当以换出资产公允价值作为基础确定。在满足条件（1）且换入资产能够可靠计量、换出资产不能可靠计量的情况下，换入资产的成本应当以换入资产公允价值作为基础确定。收到或支付的补价作为确定换入资产成本的调整因素。

在以公允价值计量的情况下，无论是否涉及补价，只要换出资产的公允价值与其账面价值不相同，就通常会涉及损益的确认，因为非货币性资产交换损益通常是由换出资产公允价值与换出资产账面价值的差额通过非货币性资产交换予以实现的。综上所述，非货币性资产交换在公允价值计量模式下，换入资产成本与交换损益最普遍的计算公式如下所示：

（1）支付补价方：

换入资产成本 = 换出资产公允价值 + 支付的补价 + 应支付的相关税费

计入当期损益的金额 = 换出资产公允价值 − 换出资产账面价值

（2）收到补价方：

换入资产成本 = 换出资产公允价值 − 收取的补价 + 应支付的相关税费

计入当期损益的金额 = 换出资产公允价值 − 换出资产账面价值

（二）账面价值

非货币性资产交换有下列情形之一时，应当以换出资产的账面金额和应支付的相关税费作为换入资产的成本，不确认换出资产的当期损益：

（1）该项交换不具有商业实质。

（2）换入资产和换出资产的公允价值都无法可靠计量。

由此观之，当非货币性资产交换不能同时满足公允价值计量模式下的两个条件时，就按照账面价值作为确定换入资产成本的基础。在账面价值计量模式下，无论是否涉及补价，非货币性资产交换均不确认损益。收到或支付的补价作为确定换入资产成本的调整因素。因此，在确定换入资产成本的计量基础和交换所产生损益的确认原则时，需要判断该项交换是否具有商业实质，以及换入资产或换出资产的公允价值能否可靠地计量。

综上所述，非货币性资产交换在账面价值计量模式下，换入资产成本最普遍的计算公式如下所示：

（1）支付补价方：

换入资产成本＝换出资产账面价值＋支付的补价＋应支付的相关税费

（2）收到补价方：

换入资产成本＝换出资产账面价值－收取的补价＋应支付的相关税费

二、商业实质的判断

（一）判断条件

当非货币性资产交换满足下列条件之一时，表明该项非货币性资产交换具有商业实质：

（1）换入资产的未来现金流量在风险、时间和金额方面与换出资产显著不同。

（2）换入资产与换出资产的预计未来现金流量现值不同，且其差额与换入资产和换出资产的公允价值相比是重大的。

条件（1）通常包括但不限于以下几种情况：

1）换入资产的未来现金流量在时间和金额方面相同，风险不同。例如，A企业与B企业交换各自持有的一幢经营出租的公寓楼，两项投资性房地产的租期和每期收取租金的金额均相同，交换前A企业将公寓楼租给一家财务及信用良好的企业用作职工宿舍，B企业租给散户，收取租金的风险相对较大。因此，两者现金流量流入的风险或不确定性存在明显差异，则两幢公寓楼的未来现金流量显著不同，表明该非货币性资产交换具有商业实质。

2）换入资产的未来现金流量在风险和金额方面相同，时间不同。例如，A企业以一批存货与B企业拥有的一项设备进行非货币性资产交换，两项资产给企业带来未来现金流量的可能性相同，总金额也相同，但存货的流动性强，能在短期内带来经济利益的流入，设备作为固定资产需要在较长时间内为企业带来现金流量。因此，两项资产产生现金流量的时间相差较大，即两者未来现金流量显著不同，表明该非货币性资产交换具有商业实质。

3）换入资产的未来现金流量在风险和时间方面相同，金额不同。例如，A企业以一项商标权与B企业持有的一项新的专利技术权进行非货币性资产交换，两项无形资产给企业带来未来现金流量的可能性相同，预计使用寿命相同，各期未折现现金流量总额相同，但专利技术是新开发的，预计开始阶段产生的未来现金流量明显少于后期，而商标权每年产生的现金流量相对均衡。因此，两项无形资产产生的各期未折现现金流量金额分布差异明显，两者的未来现金流量显著不同，表明该非货币性资产交换具有商业实质。

企业如果难以根据条件（1）判断某项非货币性资产交换是否具有商业实质，则应当考虑条件

（2）。资产的预计未来现金流量现值，应当按照资产在持续使用过程和最终处置时预计产生的税后未来现金流量，根据企业自身而不是市场参与者对资产特定风险的评价，选择恰当的折现率对预计未来现金流量折现后的金额加以确定。从市场参与者的角度分析，换入资产与换出资产的预计未来现金流量在风险、时间和金额方面可能相同或相似，但考虑到换入资产的性质和换入企业经营活动的特征等因素，换入资产与换入企业其他现有资产相结合后能比换出资产产生更大的作用，即换入资产的预计未来现金流量现值与换出资产相比显著不同，表明该两项资产的交换具有商业实质。例如，A 企业以一项专利权换入 B 企业拥有的一项长期股权投资，假定从市场参与者角度看，该项专利权与该项长期股权投资的公允价值相同，两项资产未来现金流量的风险、时间和金额也相同，但 A 企业换入该项长期股权投资后，使 A 企业与被投资方的投资关系由重大影响变为控制，同时，B 企业换入专利权后能够解决生产中的技术难题，因此，两家企业换入资产的预计未来现金流量现值与换出资产相比均有显著不同，表明该非货币性资产交换具有商业实质。

（二）关联方之间交换资产与商业实质的关系

在确定非货币性资产交换是否具有商业实质时，企业应当关注交易各方之间是否存在关联方关系。关联方关系的存在可能导致发生的非货币性资产交换不具有商业实质。

三、公允价值能否可靠计量的判断

属于以下三种情形之一的，换入资产或换出资产的公允价值视为能够可靠计量：
（1）换入资产或换出资产存在活跃市场，以市场价格为基础确定公允价值。
（2）换入资产或换出资产不存在活跃市场，但同类或类似资产存在活跃市场，以同类或类似资产市场价格为基础确定公允价值。
（3）换入资产或换出资产不存在同类或类似资产可比市场交易，采用估值技术确定公允价值。采用估值技术确定公允价值时，要求采用该估值技术确定的公允价值估计数的变动区间很小，或者在公允价值估计数变动区间内，各种用于确定公允价值估计数的概率能够合理确定。由此观之，资产存在活跃市场，是资产公允价值能够可靠计量的明显证据，但不是唯一要求。

第三节 非货币性资产交换的会计处理

一、公允价值计量下非货币性资产交换的会计处理

已知非货币性资产交换在公允价值计量模式下，应当以换出资产的公允价值和应支付的相关税费之和作为换入资产的成本，除非有确凿证据表明换入资产的公允价值更加可靠的，则以换入资产公允价值为基础确定换入资产的成本。如果交换涉及补价，那么在确定换入资产成本时还需加上支付的补价（或者减去收到的补价）。另外，无论是否涉及补价，在公允价值计量模式下，只要换出资产的公允价值与其账面价值不相同，就会涉及损益的确认。通常非货币性资产的交换损益等于换出资产公允价值与换出资产账面价值的差额。具体而言，非货币性资产交换的会计处理，因换出资产的类别不同而有所区别：

（1）换出资产为存货的，应当视同存货销售处理，按照公允价值确认销售收入，同时结转销售成本，销售收入与销售成本之间的差额即换出资产公允价值与换出资产账面价值的差额，在利润表中作为营业利润的构成部分予以列示。

（2）换出资产为固定资产、无形资产的，应当视同固定资产、无形资产处置处理，换出资产公允价值与换出资产账面价值的差额计入营业外收入或营业外支出。

（3）换出资产为长期股权投资的，应当视同长期股权投资处置处理，换出资产公允价值与换出资产账面价值的差额计入投资收益。

非货币性资产交换涉及相关税费的，如换出存货视同销售计算的增值税销项税额、换入资产作为存货应当确认的增值税进项税额等，按照相关税收规定计算确定。

（一）不涉及补价情况下的会计处理

[例9-1] 2×25年2月1日，茶山股份有限公司以拥有的生产设备交换甲公司生产的一批商品，茶山股份有限公司将换入的资产作为原材料用于生产。生产设备的账面原价为1 200 000元，在交换日的累计折旧为520 000元，未计提资产减值准备，公允价值（即计税价格）为1 100 000元。此外，茶山股份有限公司以银行存款支付清理费2 000元。甲公司换出的商品的账面价值为1 000 000元，未计提存货跌价准备，在交换日的市场价格（即计税价格）为1 100 000元。两家公司均为增值税一般纳税人，适用的增值税税率为13%。假设甲公司和茶山股份有限公司在整个交易过程中没有发生除增值税以外的其他税费，甲公司和茶山股份有限公司均开具了增值税专用发票。

分析：整个资产交换过程没有涉及收付货币性资产，因此，该项交换属于非货币性资产交换。茶山股份有限公司以固定资产换入生产所需的原材料，甲公司以存货换入生产所需的设备，两项资产交换后对换入企业的特定价值显著不同，两项资产的交换具有商业实质；同时，两项资产的公允价值都能够可靠地计量，符合公允价值计量的两个条件。因此，两家公司均应以换出资产的公允价值为基础确定换入资产的成本，并确认产生的交换损益。

茶山股份有限公司的账务处理如下：

换出设备的增值税销项税额 = 1 100 000 × 13% = 143 000（元）

换入原材料的增值税进项税额 = 1 100 000 × 13% = 143 000（元）

借：固定资产清理	680 000
累计折旧	520 000
贷：固定资产——设备	1 200 000
借：固定资产清理	2 000
贷：银行存款	2 000
借：原材料	1 100 000
应交税费——应交增值税（进项税额）	143 000
贷：固定资产清理	1 100 000
应交税费——应交增值税（销项税额）	143 000
借：固定资产清理	418 000
贷：资产处置损益——处置非流动资产利得	418 000

其中，资产处置损益的金额为换出设备的公允价值1 100 000元与其账面价值680 000

（1 200 000 - 520 000）元并扣除清理费用2 000元后的余额，即418 000元。

甲公司的账务处理如下：

换出存货的增值税销项税额 = 1 100 000 × 13% = 143 000（元）

换入设备的增值税进项税额 = 1 100 000 × 13% = 143 000（元）

借：固定资产——设备	1 100 000
应交税费——应交增值税（进项税额）	143 000
贷：主营业务收入	1 100 000
应交税费——应交增值税（销项税额）	143 000
借：主营业务成本	1 000 000
贷：库存商品	1 000 000

（二）涉及补价情况下的会计处理

在涉及补价的情况下，对于支付补价方而言，作为补价的货币性资产构成换入资产所放弃对价的一部分，对于收到补价方而言，作为补价的货币性资产构成换入资产的一部分。

[例9-2] 茶山股份有限公司经协商以其拥有的一幢自用写字楼与乙公司持有的对联营企业丙公司长期股权投资交换。在交换日，该幢写字楼的账面原价为6 000 000元，已提折旧1 200 000元，未计提减值准备，在交换日的不含税公允价值为6 100 000元。乙公司持有的对丙公司长期股权投资账面价值为4 500 000元，未计提减值准备，在交换日的不含税公允价值为6 000 000元，乙公司支付649 000元给茶山股份有限公司。乙公司换入写字楼后用于经营出租目的，并拟采用成本计量模式。茶山股份有限公司换入对丙公司投资仍然作为长期股权投资，并采用权益法核算。茶山股份有限公司因转让写字楼向乙公司开具的增值税专用发票上注明的销售额为6 100 000元，销项税额为549 000元。假定除增值税外，该项交易过程中不涉及其他相关税费。

本例中，该项资产交换涉及收付货币性资产，即茶山股份有限公司收到的710 000元，其中包括由于换出和换入资产公允价值不同而收到的补价100 000元，以及换出资产销项税额与换入资产进项税额（本例中为0）的差额549 000元。对茶山股份有限公司而言，收到的补价100 000元÷换出资产的公允价值6 100 000元（或换入长期股权投资公允价值6 000 000元 + 收到的补价100 000元）= 1.64% < 25%，属于非货币性资产交换。

对乙公司而言，支付的补价100 000元÷换入资产的公允价值6 100 000元（或换出长期股权投资公允价值6 000 000元 + 支付的补价100 000元）= 1.64% < 25%，属于非货币性资产交换。

本例属于以固定资产交换长期股权投资。由于两项资产的交换具有商业实质，且长期股权投资和固定资产的公允价值均能够可靠地计量，因此，两家公司均应当以公允价值为基础确定换入资产的成本，并确认产生的损益。

茶山股份有限公司的账务处理如下：

借：固定资产清理	4 800 000
累计折旧	1 200 000
贷：固定资产——办公楼	6 000 000
借：长期股权投资——丙公司	6 000 000
银行存款	649 000

贷：固定资产清理	6 100 000
应交税费——应交增值税（销项税额）	549 000

注意，此处的账务处理只反映长期股权投资的初始计量，不考虑权益法核算调整，下同。

借：固定资产清理	1 300 000
贷：资产处置损益——处置非流动资产利得	1 300 000

乙公司的账务处理如下：

借：投资性房地产	6 100 000
应交税费——应交增值税（进项税额）	549 000
贷：长期股权投资——丙公司	4 500 000
银行存款	649 000
投资收益	1 500 000

二、账面价值计量下非货币性资产交换的会计处理

非货币性资产交换不具有商业实质，或者虽然具有商业实质但换入资产和换出资产的公允价值均不能可靠计量的，应当以换出资产的账面价值和应支付的相关税费作为换入资产的成本，无论是否支付补价，均不确认损益。

（一）不涉及补价情况下的会计处理

[例9-3] 茶山股份有限公司以其持有的长期股权投资交换甲公司拥有的商标权。在交换日，长期股权投资账面余额为5 000 000元，已计提长期股权投资减值准备1 400 000元，该长期股权投资在市场上没有公开报价，公允价值也不能可靠计量。甲公司商标权的账面原价为4 200 000元，累计已摊销金额为600 000元，其公允价值也不能可靠计量，甲公司没有为该项商标权计提减值准备。甲公司对换入的长期股权投资采用权益法核算。甲公司因转让商标权向温州茶山股份有限公司开具的增值税专用发票上注明的销售额为3 600 000元，销项税额为216 000元。假设除增值税以外，整个交易过程中没有发生其他相关税费。

本例中，该项资产交换没有涉及收付货币性资产，因此属于非货币性资产交换。本例由于换出资产和换入资产的公允价值都无法可靠计量，因此，两家公司换入资产的成本均应当以换出资产的账面价值为基础确定，且均不确认损益。

茶山股份有限公司的账务处理如下：

借：无形资产——商标权	3 384 000
应交税费——应交增值税（进项税额）	216 000
长期股权投资减值准备	1 400 000
贷：长期股权投资	5 000 000

甲公司的账务处理如下：

借：长期股权投资	3 816 000
累计摊销	600 000
贷：无形资产——专利权	4 200 000
应交税费——应交增值税（销项税额）	216 000

(二)涉及补价情况下的会计处理

发生补价的,支付补价方和收到补价方应当分情况处理:

(1)支付补价方:应当以换出资产的账面价值,加上支付的补价和应支付的相关税费,作为换入资产的成本;不确认损益。其计算公式为:

换入资产成本 = 换出资产账面价值 + 支付的补价 + 应支付的相关税费

(2)收到补价方:应当以换出资产的账面价值,减去收到的补价,加上应支付的相关税费,作为换入资产的成本;不确认损益。其计算公式为:

换入资产成本 = 换出资产账面价值 − 收到的补价 + 应支付的相关税费

[例9-4] 茶山股份有限公司拥有一个距离生产基地较远的仓库,该仓库账面原价3 500 000元,已计提折旧2 350 000元;乙公司拥有一项联营企业长期股权投资,账面价值1 050 000元,两项资产均未计提减值准备。由于仓库离市区较远,公允价值不能可靠计量;乙公司拥有的长期股权投资在活跃市场中没有报价,其公允价值也不能可靠计量。

双方商定,乙公司以两项资产账面价值的差额为基础,支付茶山股份有限公司100 000元补价。茶山股份有限公司因转让仓库向乙公司开具的增值税专用发票上注明的销售额为1 150 000元,销项税额为115 000元。假定除增值税外,交易中没有涉及其他相关税费。

本例中,该项资产交换涉及收付货币性资产,即补价100 000元。对茶山股份有限公司而言,收到的补价100 000元÷换出资产账面价值1 150 000元=8.7% < 25%,因此,该项交换属于非货币性资产交换,乙公司的情况也类似。由于两项资产的公允价值均不能可靠计量,因此,两家公司换入资产的成本均应当以换出资产的账面价值为基础确定,且不确认损益。

茶山股份有限公司的账务处理如下:

借:固定资产清理	1 150 000
累计折旧	2 350 000
贷:固定资产——仓库	3 500 000
借:长期股权投资	1 165 000
银行存款	100 000
贷:固定资产清理	1 150 000
应交税费——应交增值税(销项税额)	115 000

乙公司的账务处理如下:

借:固定资产——仓库	1 035 000
应交税费——应交增值税(进项税额)	115 000
贷:长期股权投资	1 050 000
银行存款	100 000

三、涉及多项非货币性资产交换的会计处理

前述例题中的非货币性资产交换主要涉及两项非货币性资产之间的交换,其实,非货币性资产交换有时也会涉及多项资产。例如,企业以一项非货币性资产同时换入另一家企业的多项非货币性资产,或同时以多项非货币性资产换入另一家企业的一项非货币性资产,或以多项非货币性资产同

时换入多项非货币性资产,在此过程中,还可能涉及补价。涉及多项非货币性资产交换的会计处理思路与单项非货币性资产交换类似,应当首先确定换入资产成本的计量基础和损益确认原则,其次计算换入资产的总成本,再次按一定比例将换入资产的总成本进行分配,以确定各项换入资产的成本,最后写出相关的会计分录。

(一) 公允价值计量下多项非货币性资产交换的会计处理

非货币性资产交换具有商业实质,且换入资产或换出资产的公允价值能够可靠计量的,应当仿照单项非货币性资产交换的计量原则,确认换入资产总成本,然后按照换入各项资产的公允价值占换入资产公允价值总额的比例,对换入资产的成本总额进行分配,确定各项换入资产的成本。需要注意的是,在换出资产公允价值能够可靠计量,但换入资产的公允价值不能可靠计量的情况下,应当按照各项换入资产的原账面价值占换入资产原账面价值总额的比例,对换入资产的成本总额进行分配,确定各项换入资产的成本。

[例9-5] 为适应业务发展的需要,经与甲公司协商,茶山股份有限公司决定以生产经营过程中使用的机器设备和一台新购入精密仪器换入甲公司生产经营过程中使用的10辆货运车、5台专用设备和15辆客运汽车。

茶山股份有限公司持有的机器设备账面原价为4 050 000元,在交换日的累计折旧为1 350 000元,不含税公允价值为2 800 000元;精密仪器的账面原值为4 500 000元,不含税公允价值为5 250 000元。

甲公司货运车的账面原价为2 250 000元,在交换日的累计折旧为750 000元,不含税公允价值为2 250 000元;专用设备的账面原价为3 000 000元,在交换日的累计折旧为1 350 000元,不含税公允价值为2 500 000元;客运汽车的账面原价为4 500 000元,在交换日的累计折旧为1 200 000元,不含税公允价值为3 600 000元。

甲公司另外收取茶山股份有限公司以银行存款支付的339 000元,其中包括由于换出和换入资产公允价值不同而支付的补价300 000元,以及换出资产销项税额与换入资产进项税额的差额39 000元。

假定两家公司都没有为换出资产计提减值准备;茶山股份有限公司换入甲公司的货运车、专用设备、客运汽车均作为固定资产使用和管理;甲公司将换入的机器设备和精密仪器作为固定资产使用和管理。两家公司均为增值税一般纳税人,适用的增值税税率均为13%。

本例中,交换涉及收付货币性资产,应当计算茶山股份有限公司支付的货币性资产占换出资产公允价值与支付的货币性资产之和的比例,即300 000÷(2 800 000+5 250 000+300 000)=3.59%<25%。因此可认定这一涉及多项资产的交换行为属于非货币性资产交换。对于茶山股份有限公司而言,为了拓展运输业务,需要客运汽车、专用设备、货运汽车等,甲公司为了满足生产,需要机器设备和精密仪器等,换入资产对换入企业均能发挥更大的作用,因此,该项涉及多项资产的非货币性资产交换具有商业实质;同时,各单项换入资产和换出资产的公允价值均能可靠计量,因此,两家公司均应当以公允价值为基础确定换入资产的总成本,并确认产生的相关损益。同时,按照各单项换入资产的公允价值占换入资产公允价值总额的比例,确定各单项换入资产的成本。

茶山股份有限公司的账务处理如下:

(1) 计算换入资产、换出资产的相关增值税。

换出设备的增值税销项税额=2 800 000×13%=364 000（元）

换出精密仪器的增值税销项税额=5 250 000×13%=682 500（元）

换入货运车、专用设备和客运汽车的增值税进项税额=（2 250 000+2 500 000+3 600 000）×13%=1 085 500（元）

（2）计算换入资产、换出资产的公允价值总额。

换出资产的公允价值总额=2 800 000+5 250 000=8 050 000（元）

换入资产的公允价值总额=2 250 000+2 500 000+3 600 000=8 350 000（元）

（3）计算换入资产总成本。

换入资产总成本=换出资产公允价值+支付的补价+应支付的相关税费=8 050 000+300 000+0=8 350 000（元）

（4）计算确定换入各项资产的成本。

货运车的成本=8 350 000×（2 250 000÷8 350 000×100%）=2 250 000（元）

专用设备的成本=8 350 000×（2 500 000÷8 350 000×100%）=2 500 000（元）

客运汽车的成本=8 350 000×（3 600 000÷8 350 000×100%）=3 600 000（元）

（5）会计分录。

借：固定资产清理	7 200 000	
累计折旧	1 350 000	
贷：固定资产——机器设备		4 050 000
——精密仪器		4 500 000
借：固定资产——货运车	2 250 000	
——专用设备	2 500 000	
——客运汽车	3 600 000	
应交税费——应交增值税（进项税额）	1 085 500	
贷：固定资产清理		8 050 000
应交税费——应交增值税（销项税额）		1 046 500
银行存款		339 000
借：固定资产清理	850 000	
贷：资产处置损益——处置非流动资产利得		850 000

甲公司的账务处理如下：

（1）计算换入资产、换出资产的相关增值税。

换入设备的增值税进项税额=2 800 000×13%=364 000（元）

换入精密仪器的增值税进项税额=5 250 000×13%=840 000（元）

换出货运车、专用设备和客运汽车的增值税销项税额=（2 250 000+2 500 000+3 600 000）×13%=1 085 500（元）

（2）计算换入资产、换出资产的公允价值总额。

换出资产的公允价值总额=2 250 000+2 500 000+3 600 000=8 350 000（元）

换入资产的公允价值总额=2 800 000+5 250 000=8 050 000（元）

(3) 计算换入资产总成本。

换入资产总成本 = 换出资产公允价值 – 收取的补价 + 应支付的相关税费 = 8 350 000 – 300 000 + 0 = 8 050 000（元）

(4) 计算确定换入各项资产的成本。

机器设备的成本 = 8 050 000 ×（2 800 000 ÷ 8 050 000 × 100%）= 2 800 000（元）

精密仪器的成本 = 8 050 000 ×（5 250 000 ÷ 8 050 000 × 100%）= 5 250 000（元）

(5) 会计分录。

借：固定资产清理	6 450 000
累计折旧	3 300 000
贷：固定资产——货运车	2 250 000
——专用设备	3 000 000
——客运汽车	4 500 000
借：固定资产——机器设备	2 800 000
——精密仪器	5 250 000
应交税费——应交增值税（进项税额）	1 046 500
银行存款	339 000
贷：固定资产清理	8 350 000
应交税费——应交增值税（销项税额）	1 085 500
借：固定资产清理	1 900 000
贷：资产处置损益——处置非流动资产利得	1 900 000

（二）账面价值计量下多项非货币性资产交换的会计处理

非货币性资产交换不具有商业实质，或者虽具有商业实质但换入资产和换出资产的公允价值均不能可靠计量时，应当按照换入各项资产的原账面价值占换入资产原账面价值总额的比例，对换入资产的总成本进行分配，确定各项换入资产的成本。

[例9-6] 2×25年5月，茶山股份有限公司因经营战略发生变化，决定将其厂房和专利技术与乙公司的一项在建工程和一项长期股权投资（采用权益法核算）进行交换。茶山股份有限公司换出生产厂房的账面原价为2 000 000元，已计提折旧1 250 000元；专利技术账面原价为750 000元，已摊销金额为375 000元。乙公司的在建工程截止到交换日的成本为875 000元；长期股权投资的成本为250 000元。

茶山股份有限公司的厂房公允价值难以取得，专利技术市场上并不多见，公允价值也不能可靠计量。乙公司的在建工程因完工程度难以合理估计，其公允价值不能可靠计量；乙公司的长期股权投资由于被投资方不是上市公司，因此公允价值也不能可靠计量。假定两家公司均未对上述资产计提减值准备。根据《关于全面推开营业税改征增值税试点的通知》（财税〔2016〕36号），转让专利技术免征增值税。茶山股份有限公司因转让厂房向乙公司开具的增值税专用发票上注明的销售额为750 000元，销项税额为67 500元；乙公司因转让在建工程向茶山股份有限公司开具的增值税专用发票上注明的销售额为875 000元，销项税额为78 750元（销售不动产适用的增值税税率为9%）。假设当月取得增值税专用发票当月认证通过。

分析：交换不涉及收付货币性资产，属于非货币性资产交换。由于换入资产、换出资产的公允价值均不能可靠计量，两家公司均应当以换出资产账面价值总额作为换入资产的总成本，各项换入资产的成本则应当按各项换入资产的账面价值占换入资产账面价值总额的比例分配后确定。

茶山股份有限公司的账务处理如下：

(1) 计算换入资产、换出资产账面价值总额。

换入资产账面价值总额 = 875 000 + 250 000 = 1 125 000（元）

换出资产账面价值总额 =（2 000 000 − 1 250 000）+（750 000 − 375 000）= 1 125 000（元）

(2) 计算换入资产总成本。

换入资产总成本 = 1 125 000 + 67 500 − 78 750 = 1 113 750（元）

(3) 计算确定各项换入资产成本。

在建工程成本 = 1 113 750 ×（875 000 ÷ 1 125 000 × 100%）= 866 250（元）

长期股权投资成本 = 1 113 750 ×（250 000 ÷ 1 125 000 × 100%）= 247 500（元）

(4) 换入在建工程可抵扣进项税额等于 78 750 元。

(5) 会计分录。

借：固定资产清理	750 000
累计折旧	1 250 000
贷：固定资产——厂房	2 000 000
借：在建工程	866 250
应交税费——应交增值税（进项税额）	78 750
长期股权投资	247 500
累计摊销	375 000
贷：固定资产清理	750 000
应交税费——应交增值税（销项税额）	67 500
无形资产——专利技术	750 000

乙公司的账务处理如下：

(1) 计算换入资产、换出资产的账面价值总额。

换入资产的账面价值总额 =（2 000 000 − 1 250 000）+（750 000 − 375 000）= 1 125 000（元）

换出资产的账面价值总额 = 875 000 + 250 000 = 1 125 000（元）

(2) 计算换入资产总成本。

换入资产总成本 = 1 125 000 + 78 750 − 67 500 = 1 136 250（元）

(3) 计算确定各项换入资产成本。

厂房成本 = 1 136 250 ×（750 000 ÷ 1 125 000 × 100%）= 757 500（元）

专利技术成本 = 1 136 250 ×（375 000 ÷ 1 125 000 × 100%）= 378 750（元）

(4) 换入厂房可抵扣进项税额等于 67 500 元。

(5) 会计分录。

借：固定资产清理	875 000

贷：在建工程	875 000
借：固定资产——厂房	757 500
应交税费——应交增值税（进项税额）	67 500
无形资产——专利技术	378 750
贷：固定资产清理	875 000
应交税费——应交增值税（销项税额）	78 750
长期股权投资	250 000

【本章小结】

本章主要介绍了非货币性资产交换的概念、非货币性资产交换采用公允价值模式需满足的条件、确定换入资产成本的基础、涉及多项非货币性资产交换的会计处理。非货币性资产交换是指交易双方主要以存货、固定资产、无形资产、长期股权投资等非货币性资产进行的互惠交换，该交换不涉及或只涉及少量（<25%）货币性资产（即补价）。当非货币性资产交换具有商业实质，且换入资产或换出资产的公允价值能够可靠计量时，应当优先以换出资产公允价值和应支付的相关税费作为换入资产的成本，换出资产的公允价值与账面价值的差额计入当期损益。若有确凿证据表明换入资产的公允价值更加可靠，则可以换入资产公允价值为基础确定换入资产的成本。在非货币性资产交换不具有商业实质，或换入资产和换出资产的公允价值都无法可靠计量的情况下，应当以账面价值作为确定换入资产成本的基础，且不确认损益。收到或支付的补价应作为确定换入资产成本的调整因素。涉及多项非货币性资产交换时，在确定换入资产的总成本后，需按一定比例将换入资产的总成本进行分配，以确定各项换入资产的成本。

第十章

负债

【知识结构图】

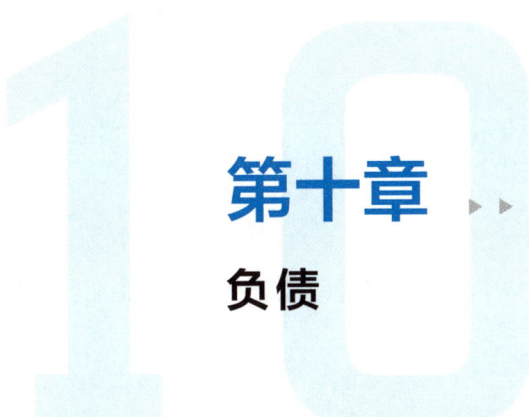

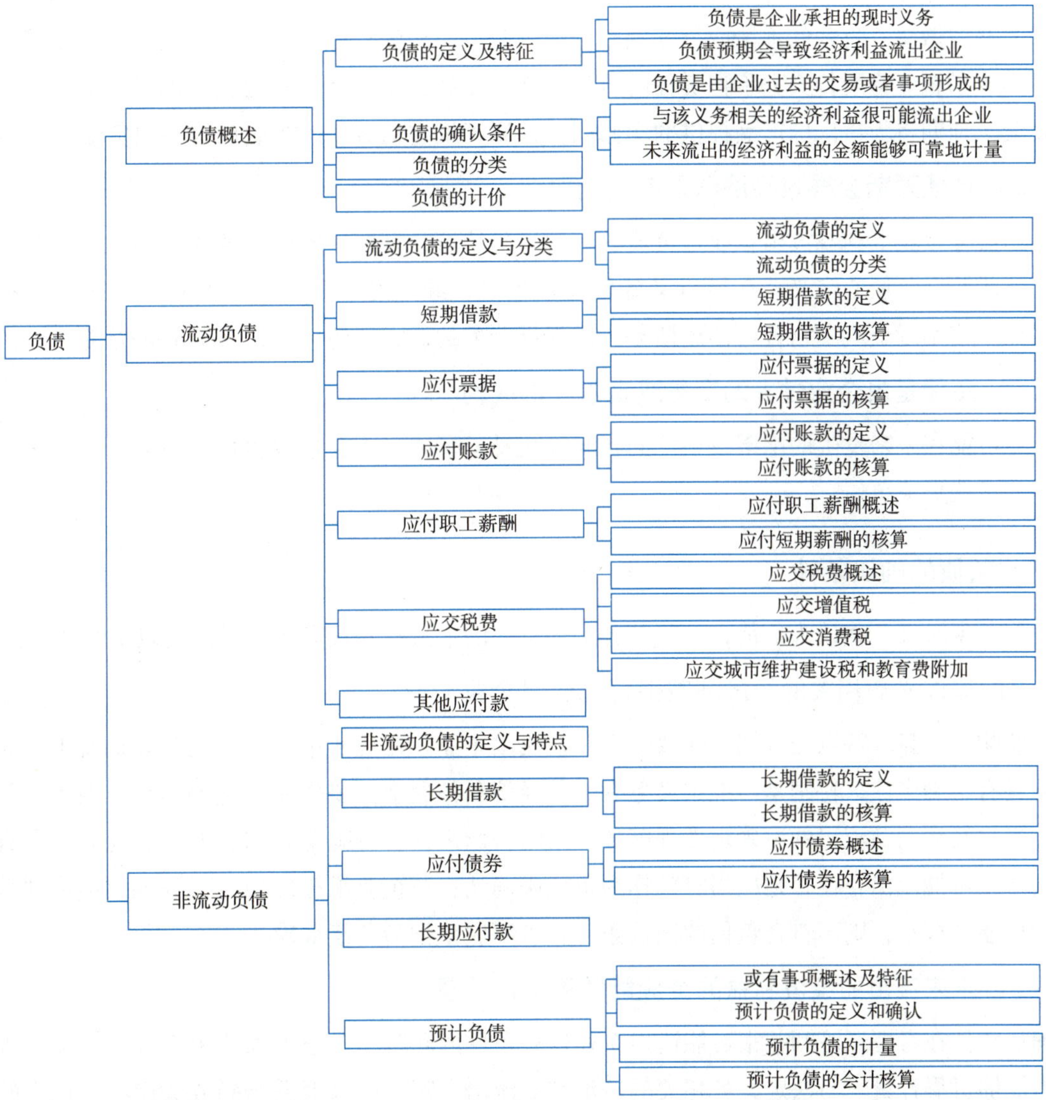

负债
负债概述
负债的定义及特征
负债是企业承担的现时义务
负债预期会导致经济利益流出企业
负债是由企业过去的交易或者事项形成的
负债的确认条件
与该义务相关的经济利益很可能流出企业
未来流出的经济利益的金额能够可靠地计量
负债的分类
负债的计价
流动负债
流动负债的定义与分类
流动负债的定义
流动负债的分类
短期借款
短期借款的定义
短期借款的核算
应付票据
应付票据的定义
应付票据的核算
应付账款
应付账款的定义
应付账款的核算
应付职工薪酬
应付职工薪酬概述
应付短期薪酬的核算
应交税费
应交税费概述
应交增值税
应交消费税
应交城市维护建设税和教育费附加
其他应付款
非流动负债
非流动负债的定义与特点
长期借款
长期借款的定义
长期借款的核算
应付债券
应付债券概述
应付债券的核算
长期应付款
预计负债
或有事项概述及特征
预计负债的定义和确认
预计负债的计量
预计负债的会计核算

第一节 负债概述

一、负债的定义及特征

负债是指过去的交易或事项形成的现时义务,履行该义务预期会导致经济利益流出企业。根据定义,负债具有三大特征。

(一) 负债是企业承担的现时义务

现时义务是指企业在现行条件下已经承担的义务。未来可能发生的交易或事项形成的义务,不是现时义务,不能确认为负债。此处的义务可以是法定义务,也可以是推定义务。所谓法定义务,是指具有约束力的合同或法律、法规规定的义务,通常在法律意义上需要强制执行。比如,企业向银行借入款项形成的借款、向供应商赊购材料形成的应付账款、按照国家税法的规定需要缴纳的相关税费等,这些都属于企业应承担的法定义务,均要依法予以偿还。所谓推定义务,是指根据企业多年来的习惯做法、公开的承诺或公开宣布的经营政策而导致企业将承担的责任,这些责任使得有关方面形成了企业将履行义务承担责任的合理预期。比如,企业多年来对销售的产品实行售后保修服务政策,预期将为售出的产品提供的保修服务即属于推定义务,应当确认为一项负债。

(二) 负债预期会导致经济利益流出企业

预期会导致经济利益流出企业是负债的一项本质特点,只有在履行义务时会导致经济利益流出企业的,才符合负债的定义。在履行义务偿还债务时,导致经济利益流出企业的形式是多种多样的,比如,使用现金或实物资产偿还债务、以提供劳务的形式偿还债务、将负债转为资本等。

(三) 负债是由企业过去的交易或者事项形成的

企业可能在未来发生的承诺或签订的合同等交易或事项,不会形成负债。只有企业过去的交易或事项才可能形成负债。

二、负债的确认条件

将一项现时义务确认为负债,需要符合上述负债的定义,并且需要同时满足以下两个条件:

(一) 与该义务相关的经济利益很可能流出企业

负债的一个显著特点是预期会导致经济利益流出企业。在现实中,履行义务导致流出企业的经济利益具有不确定性,特别是与推定义务有关的经济利益通常需要依靠大量的估计。因此,负债的确认应当与经济利益流出的不确定性程度的判断结合起来,若有确凿证据表明,与现时义务有关的经济利益很可能流出企业,则应当将其作为负债来确认;若企业承担的现时义务导致经济利益流出企业的可能性极小,则不符合负债的确认条件,也不应该作为负债来确认。

(二) 未来流出的经济利益的金额能够可靠地计量

确认负债在考虑经济利益很可能流出企业这一条件的同时,对于未来流出企业的经济利益的金额应当能够可靠计量。与法定义务相关的经济利益流出金额,可以根据合同或法律法规规定的金额予以确定，考虑到经济利益流出的金额一般在未来期间，有时未来期间较长，所以有关金额的计量需要考虑资金时间价值等因素的影响。与推定义务相关的经济利益流出金额，应当根据履行相关义务所需支出的最佳估计数进行估计，并综合考虑有关资金时间价值、风险等因素的影响。

三、负债的分类

负债按其流动性分为流动负债和非流动负债。流动负债的偿付期间较短，一般不超过一年或一年以上的一个营业周期。非流动负债的偿付期间较长，一般超过一年或一年以上的一个营业周期。流动负债包括短期借款、应付票据、应付账款、应付职工薪酬、应交税费、应付股利、应付利息、其他应付款和预收账款等，非流动负债包括长期借款、应付债券、长期应付款等。

四、负债的计价

为了正确反映企业的财务状况，必须采用适当的方法对负债进行计价。漏记或者多记负债项目，或者负债的计价不正确，都会歪曲企业的财务状况。从实际工作来看，负债的计价至少有两种可供选择的标准：一是未来应予偿付的金额，即到期值；二是未来偿付金额的贴现值，即现值。从理论上来说，所有负债的计价都应当采用第二种标准，也即按现值计价。但是，根据重要性原则，对负债的计价往往是根据不同的情况采取不同的标准。因为流动负债的偿还期较短，现值与到期值十分接近，因此在会计实务中，流动负债通常按到期值计价。

第二节　流动负债

一、流动负债的定义与分类

（一）流动负债的定义

流动负债是企业在一年或超过一年的一个营业周期内，需要用流动资产或增加其他负债来偿还的债务。包括短期借款、应付票据、应付账款、应付职工薪酬、应交税费、应付股利、应付利息、其他应付款和预收账款等。

（二）流动负债的分类

流动负债按不同的分类标准可以分成不同的类别。

1. 按偿付手段分类

按偿付手段分类，流动负债可以分为货币性流动负债和非货币性流动负债。所谓货币性流动负债，是指需要用货币资金来偿还的流动负债，如短期借款、应付票据、应付账款、应付职工薪酬、应付股利、应交税费和其他应付款。而非货币性流动负债，是指不需要用货币资金来偿还的流动负债，如预收账款。

2. 按偿付金额是否确定分类

按偿付金额是否确定分类，流动负债分为金额可以确定的流动负债和金额需要估计的流动负债。

所谓金额可以确定的流动负债,是指有确切的债权人、偿付日期、偿付金额的流动负债,如短期借款、应付票据、已经取得结算凭证的应付账款、预收账款、应付职工薪酬、应付股利、应付利息、应交税费和其他应付款。所谓金额需要估计的流动负债,是指没有确切的债权人和偿付日期,或虽然有确切的债权人和偿付日期,但偿付金额需要估计的流动负债,如没有取得结算凭证的应付账款。

3. 按形成方式分类

按形成方式分类,流动负债分为融资活动形成的流动负债和营业活动形成的流动负债。所谓融资活动形成的流动负债,是指企业从银行或其他金融机构筹集资金形成的流动负债,如短期借款、应付利息、应付股利。所谓营业活动形成的流动负债,是指企业在正常的生产经营活动中形成的流动负债,可以分为外部业务结算形成的流动负债和内部往来业务形成的流动负债。外部业务结算形成的流动负债有应付票据、应付账款、预收账款、应交税费、其他应付款中应付外单位的款项。内部往来业务形成的流动负债有应付职工薪酬、其他应付款中应付企业内部单位或职工个人的款项。

二、短期借款

(一) 短期借款的定义

短期借款是指企业从银行或者其他金融机构借入的偿还期在一年以内(含一年)的各种款项。企业借入短期借款的目的是满足临时性支出的需要。

(二) 短期借款的核算

1. 短期借款的取得

当企业由于临时性支出需要而向银行或其他金融机构借入偿还期在一年以内(含一年)的款项时,应当设置"短期借款"账户核算该笔借款,借记"银行存款"科目,贷记"短期借款"科目。

【例10-1】2×25年7月1日,茶山股份有限公司向建设银行借入一笔金额为60 000元的款项,该笔借款期限为6个月,年利率为5%,每季度末结息一次。

茶山股份有限公司对该笔借入款项的账务处理如下:

借:银行存款　　　　　　　　　　　　　　　　　　　　　　　　60 000
　　贷:短期借款　　　　　　　　　　　　　　　　　　　　　　　　60 000

2. 短期借款的利息费用

企业取得短期借款而发生的利息费用,一般应当作为财务费用计入当期损益。银行或其他金融机构一般按季度在每季度末的月份结算该季度的借款利息,而每季度的前两个月并不支付利息。按照权责发生制的要求,企业当月应负担的利息费用,即便没有在当月支付,也应在当月作为财务费用计入当月的损益,因此要在月末计算当月利息费用的金额,进行预提,借记"财务费用"科目,贷记"应付利息"科目。在实际支付利息的月份,应根据已经预提的金额,借记"应付利息"科目,贷记"银行存款"科目。当月计算的利息费用刚好在当月支付的,如季度末的那个月份,则可直接借记"财务费用"科目,贷记"银行存款"科目。

【例10-2】承【例10-1】,茶山股份有限公司于2×25年7月1日借入6个月的款项之后,应于用款期间的每个月计算当月利息金额,并于季度末向建设银行支付当季三个月的利息。

茶山股份有限公司对该笔借款的利息费用账务处理如下：

(1) 2×25年7月31日。

当月利息金额=60 000×5%÷12=250（元）

借：财务费用 250
　　贷：应付利息 250

(2) 2×25年8月31日。

借：财务费用 250
　　贷：应付利息 250

(3) 2×25年9月30日。

本月末即本季末，需要支付7月、8月、9月三个月的利息，共计750（250×3）元。

借：财务费用 250
　　应付利息 500
　　贷：银行存款 750

(4) 2×25年第四季度的账务处理与第三季度相同，此处省略。

3. 短期借款的到期偿还

当借入的短期借款到期时，企业需按合同的规定偿还本金，借记"短期借款"科目，贷记"银行存款"科目。同时，应当结清尚未支付的利息，借记"财务费用""应付利息"科目，贷记"银行存款"科目。

【例10-3】 承【例10-1】和【例10-2】2×25年12月31日，茶山股份有限公司于2×25年7月1日借入6个月的款项60 000元到期，公司于当日向建设银行偿还了该笔本金，并结清了10—12月的利息750元。

茶山股份有限公司偿还本金的账务处理如下：

借：短期借款 60 000
　　贷：银行存款 60 000

因企业偿还本金的同时会与银行结清剩余利息，此时可将偿还本金和结算剩余利息的分录合并，即将上述分录与【例10-2】中12月结算利息的分录合并编制如下：

借：短期借款 60 000
　　财务费用 250
　　应付利息 500
　　贷：银行存款 60 750

三、应付票据

（一）应付票据的定义

应付票据是指企业购入货物、材料或获得劳务供给时，为了延期付款而向货物、材料供应方或劳务提供者开出并承兑商业汇票而形成的票据款。商业汇票根据承兑人不同分为银行承兑汇票和商业承兑汇票。在我国，商业汇票的最长期限一般不超过6个月，因此，企业开出并承兑商业汇票形成的应付票据属于流动负债。

（二）应付票据的核算

1. 签付商业汇票

当企业采购货物、材料或获得劳务供给而开出并承兑商业汇票时，应根据票面金额借记"材料采购""应交税费——应交增值税（进项税额）"等科目，贷记"应付票据"科目。

2. 商业汇票到期

当商业汇票到期，企业应当根据票面金额向债权人支付款项。此时，由于企业自身对资金的调度和使用情况不一定能满足支付的要求，也即当企业资金充裕时，能即刻支付款项，当企业资金仍然短缺时，不能即刻支付款项。这就是所谓的有能力支付票据款和无能力支付票据款的两种情况。

当商业汇票到期，企业资金充裕，有能力支付票据款时，应当马上支付，借记"应付票据"科目，贷记"银行存款"科目。

当商业汇票到期，企业资金短缺，无能力支付票据款时，则应视不同情况处理。若使用的是商业承兑汇票结算的，因承兑人是企业（付款人）本身，银行会将商业承兑汇票退给收款人，由收款人和企业双方自行协商解决。此时，票据到期已经导致票据失效，企业应将应付票据转为应付账款处理，按照票面金额借记"应付票据"科目，贷记"应付账款"科目。若使用的是银行承兑汇票结算的，因承兑人是企业（付款人）的开户银行，此时，该银行会代替企业（付款人）支付款项，并将该款项转为企业的逾期贷款。企业应按照票面金额借记"应付票据"科目，贷记"短期借款"科目。

【例10-4】茶山股份有限公司于2×25年5月10日向温瑞公司采购一批原材料，温瑞公司开出增值税专用发票上注明的材料价款为100 000元，增值税税额为16 000元，材料已于同日运抵企业并验收入库。茶山股份有限公司使用商业汇票结算，当日开出并承兑一张面值为116 000元的商业承兑汇票，期限为3个月。若8月10日到期时，茶山股份有限公司全额支付了票据款，茶山股份有限公司的相关账务处理如下：

（1）2×25年5月10日。

借：原材料　　　　　　　　　　　　　　　　　　　　　　　　100 000
　　应交税费——应交增值税（进项税额）　　　　　　　　　　 16 000
　　贷：应付票据　　　　　　　　　　　　　　　　　　　　　　116 000

（2）2×25年8月10日。

借：应付票据　　　　　　　　　　　　　　　　　　　　　　　116 000
　　贷：银行存款　　　　　　　　　　　　　　　　　　　　　　116 000

（3）若2×25年8月10日商业承兑汇票到期时，茶山股份有限公司仍无力支付票据款，则账务处理如下：

借：应付票据　　　　　　　　　　　　　　　　　　　　　　　116 000
　　贷：应付账款　　　　　　　　　　　　　　　　　　　　　　116 000

（4）若茶山股份有限公司当初开出并承兑的商业汇票是银行承兑汇票，2×25年8月10日该银行承兑汇票到期时，茶山股份有限公司无力支付票据款，则账务处理如下：

借：应付票据 116 000
　　贷：短期借款 116 000

四、应付账款

(一) 应付账款的定义

应付账款是指企业在正常的生产经营过程中因购进货物或接受劳务应在一年内偿付的债务。例如，某企业与供应商协商确定以赊购方式购入一批货物，当该购入业务发生时，某企业就承担了付款义务，这种付款义务就是应付账款。

(二) 应付账款的核算

1. 应付账款的形成

根据应付账款的定义，当企业在正常的生产经营过程中因购进货物或接受劳务而承担了应在一年内偿付的债务就形成应付账款。此时，应根据购入业务确定的购进货物或接受劳务的金额和相关税费，借记"原材料""应交税费——应交增值税（进项税额）"等科目，贷记"应付账款"等科目。

2. 应付账款的偿还

一般情况下，企业偿还应付账款应是全额偿还，即欠多少还多少。但很多债权人考虑到自身资金的快速周转，为了早日回笼货币资金，会向债务人提供信用条件，也就是向债务人提供现金折扣。若债务人在现金折扣规定的可享受折扣的期限内偿还应付账款，则可享受一定的免付金额，该免付金额可视为债务人由于提前还款而得到的好处，应该作为财务费用的冲抵项记入"财务费用"科目的贷方。因此，债务人在没有享受任何现金折扣的情况下全额偿还应付账款时，应借记"应付账款"科目，贷记"银行存款"科目。债务人在享受现金折扣的情况下偿还应付账款时，应借记"应付账款"科目，将享受的现金折扣金额记入"财务费用"的贷方，将偿还的金额记入"银行存款"的贷方。

【例 10-5】2×25 年 5 月 10 日，茶山股份有限公司向丽岙公司购入一批原材料，取得的增值税专用发票上注明的材料价款为 300 000 元，增值税税额为 48 000 元。材料尚在运输途中，茶山股份有限公司与丽岙公司约定该笔款项将在 3 个月内支付。2×25 年 6 月 8 日，茶山股份有限公司以转账的方式向丽岙公司全额支付了款项。

茶山股份有限公司购入原材料的账务处理如下：

(1) 2×25 年 5 月 10 日。

借：在途物资 300 000
　　应交税费——应交增值税（进项税额） 48 000
　　贷：应付账款——丽岙公司 348 000

(2) 2×25 年 6 月 8 日。

借：应付账款——丽岙公司 348 000
　　贷：银行存款 348 000

【例 10-6】承【例 10-5】，假设 2×25 年 5 月 10 日，茶山股份有限公司向丽岙公司赊购原材料时，丽岙公司提供的现金折扣条件是"1/20，n/30"。则茶山股份有限公司于2×25年5月20日还款与于2×25年6月8日还款的账务处理分别是：

（1）若茶山股份有限公司2×25年5月20日还款。

因为5月20日未超过20天还款期，茶山股份有限公司可享受1%的现金折扣，现金折扣金额计算如下：300 000×1% = 3 000（元），故最终还款金额为345 000（348 000 − 3 000）元。

借：应付账款　　　　　　　　　　　　　　　　　　　　　　　　　348 000
　　贷：银行存款　　　　　　　　　　　　　　　　　　　　　　　　345 000
　　　　财务费用　　　　　　　　　　　　　　　　　　　　　　　　　3 000

（2）若茶山股份有限公司2×25年6月8日还款。

因为6月8日已经超出20天还款期，茶山股份有限公司无法享受现金折扣金额，应该全额还款。

借：应付账款　　　　　　　　　　　　　　　　　　　　　　　　　348 000
　　贷：银行存款　　　　　　　　　　　　　　　　　　　　　　　　348 000

五、应付职工薪酬

（一）应付职工薪酬概述

应付职工薪酬是指职工为企业提供服务之后，企业应当根据相关法律法规的规定支付给职工的各种形式的报酬及补偿。这里所谓的职工包括三个部分：一是与企业签订劳动合同的所有人员，包括全职、兼职和临时职工；二是虽未与企业签订劳动合同但由企业正式任命的人员；三是未与企业签订劳动合同或未由企业正式任命，但是向企业提供的服务与职工向企业提供的服务类似的人员，包括通过企业与劳务中介公司签订用工合同而向企业提供服务的人员。这里所谓的职工薪酬包括短期薪酬、离职后福利、辞退福利、其他长期职工福利。此外，职工薪酬还包括企业提供给职工配偶、子女、受赡养人、已故员工遗属和其他受益人的福利。

为了反映企业职工薪酬的发放和提取情况，应该设置"应付职工薪酬"科目进行核算，该科目要按照职工薪酬的类别设置明细科目。

（二）应付短期薪酬的核算

短期薪酬是指企业在职工提供相关服务的年度报告期间结束后12个月内需要全部予以支付的职工薪酬，因解除与职工的劳动关系给予的补偿除外。短期薪酬具体包括：职工工资、奖金、津贴和补贴，职工福利费，医疗保险费、工伤保险费和生育保险费等社会保险费，住房公积金，工会经费和职工教育经费，短期带薪缺勤，利润分享计划，非货币性福利以及其他短期薪酬。

1. 应付工资

职工工资、奖金、津贴和补贴，是指按照国家有关规定构成职工工资总额的计时工资、计件工资，各种因职工超额劳动的报酬和增收节支而支付的奖金，为补偿职工特殊贡献或额外劳动而支付的津贴，支付给职工的交通补贴、通信补贴等各种补贴。

工资核算分为工资结算和工资分配两个环节，工资结算又由工资计算和工资发放两部分构成。通常情况下，企业会根据上月的职工出勤和产量记录计算发放当月工资，往往还会为职工代扣一些款项，如代扣社会保险费、个人所得税等，应付职工的工资总额扣减代扣款之后就是实际付给职工的现金金额。为反映企业结算职工工资的情况，应在"应付职工薪酬"科目下设置"工资"作为明细科目。

目前，在全社会信息技术普及的情况下，绝大多数企业采取转账方式发放职工工资，极少数微小企业仍然采取现金方式发放，况且这部分极少数微小企业也已经青睐于使用网银这种便利的方式发放职工工资，因此，本书不介绍现金方式发放工资，只介绍采取转账方式发放工资。每月，当企业计算出职工工资总额和应代扣款项后，即可结算出实际发放金额。此时，企业便可通过银行转账的方式向职工个人工资卡账户发放工资，根据实际发放的金额，借记"应付职工薪酬——工资"科目，贷记"银行存款"科目。同时，企业应将结算的代扣款项分门别类地进行账务处理，根据代扣的社会保险费和住房公积金，借记"应付职工薪酬——工资"科目，贷记"其他应付款"科目；根据代扣的个人所得税，借记"应付职工薪酬——工资"科目，贷记"应交税费——应交个人所得税"科目。当实际代交社会保险费和住房公积金以及个人所得税时，借记"其他应付款""应交税费——应交个人所得税"科目，贷记"银行存款"科目。

工资核算的另一个环节是工资分配，就是企业于月末把工资总额按用途进行分配，也就是按用途将工资分配记入有关账户。通常情况下，将生产工人的工资记入"生产成本"科目，将车间管理人员的工资记入"制造费用"科目，将销售人员的工资记入"销售费用"科目，将在建工程人员的工资记入"在建工程"科目，将无形资产研发人员的工资记入"研发支出"科目，将企业管理人员的工资记入"管理费用"科目。实际账务处理时，应根据实际金额的分配结果分别借记上述科目，根据工资总额贷记"应付职工薪酬——工资"科目。

【例10-7】茶山股份有限公司2×25年5月的工资结算表如表10-1所示。

表10-1 茶山股份有限公司工资结算表

2×25年5月 单位：元

项目	应发金额	代扣款项			实发金额
		社会保险费	个人所得税	合计	
生产工人	900 000	99 000	40 000	139 000	761 000
车间管理人员	80 000	8 800	4 500	13 300	66 700
销售机构人员	50 000	5 500	2 300	7 800	42 200
在建工程人员	65 000	7 150	2 700	9 850	55 150
无形资产研发人员	45 000	4 950	2 000	6 950	38 050
企业管理人员	220 000	24 200	10 500	34 700	185 300
合计	1 360 000	149 600	62 000	211 600	1 148 400

2×25年5月，茶山股份有限公司根据表10-1的账务处理如下：

(1) 通过银行转账的方式实际发放工资金额为1 148 400元。

借：应付职工薪酬——工资　　　　　　　　　　　　　　　1 148 400
　　贷：银行存款　　　　　　　　　　　　　　　　　　　　　　　1 148 400

(2) 结转代扣款项金额共计211 600元。

借：应付职工薪酬——工资　　　　　　　　　　　　　　　211 600

贷：其他应付款——应付社会保险费	149 600
应交税费——应交个人所得税	62 000

(3) 向社保中心缴纳职工个人承担的社会保险费共计 149 600 元。

借：其他应付款——应付社会保险费	149 600
贷：银行存款	149 600

(4) 向税务机关缴纳职工的个人所得税共计 62 000 元。

借：应交税费——应交个人所得税	62 000
贷：银行存款	62 000

(5) 根据表 10-1 中的项目分类，对工资总额进行分配。

借：生产成本	900 000
制造费用	80 000
销售费用	50 000
在建工程	65 000
研发支出	45 000
管理费用	220 000
贷：应付职工薪酬——工资	1 360 000

2. 应付福利费

职工福利费是指职工因公负伤赴外地就医路费、职工生活困难补助、未实行医疗统筹企业的职工医疗费用，以及按规定发生的其他职工福利支出。为了反映职工福利的使用和分配情况，应在"应付职工薪酬"科目下设置"职工福利"作为明细科目。当企业根据有关规定和实际情况支付职工福利费时，应借记"应付职工薪酬——职工福利"科目，贷记"银行存款"等有关科目。月末，企业应当对本月支付的职工福利费按用途进行分配，其分配方法与工资总额的分配方法相同，即借记"生产成本""制造费用""销售费用""在建工程""研发支出""管理费用"等科目，贷记"应付职工薪酬——职工福利"科目。

【例 10-8】 2×25 年 5 月，茶山股份有限公司以库存现金的形式向车间管理人员和在建工程人员分别支付福利费 4 000 元和 3 500 元。

茶山股份有限公司支付和分配职工福利费的账务处理如下：

(1) 向车间管理人员和在建工程人员支付职工福利费。

借：应付职工薪酬——职工福利	7 500
贷：库存现金	7 500

(2) 分配 5 月职工福利费。

借：制造费用	4 000
在建工程	3 500
贷：应付职工薪酬——职工福利	7 500

3. 应付社会保险费和住房公积金

社会保险费是指企业按照国家规定的基准和比例计算，并向社会保障经办机构缴纳的医疗保险费、工伤保险费和生育保险费等。住房公积金是指企业按照国家规定的基准和比例计算，并向住房公积金管理机构缴存的用于购买商品房的长期储金。根据国家法律法规的规定，社会保险费和住房公积金由企业和职工个人共同承担，其中职工个人承担的部分一般情况下均由企业从职工工资总额中代扣代缴，这部分的账务处理已经在上文论述，此处不再赘述。这里介绍的社会保险费和住房公积金指的是由企业承担的部分，为了反映该部分社会保险费和住房公积金的计提和缴纳情况，应在"应付职工薪酬"科目下分别设置"社会保险费"和"住房公积金"作为明细科目。

每月，企业应当根据国家法律法规的规定和企业的实际情况，按照一定的基数和比例计算确定应由企业承担的社会保险费和住房公积金金额，并根据不同的用途进行分配，借记"生产成本""制造费用""销售费用""在建工程""研发支出""管理费用"等科目，贷记"应付职工薪酬——社会保险费""应付职工薪酬——住房公积金"科目。当企业缴纳计提的社会保险费和住房公积金时，应借记"应付职工薪酬——社会保险费""应付职工薪酬——住房公积金"科目，贷记"银行存款"科目。

【例10-9】2×25年5月，茶山股份有限公司应承担生产工人社会保险费270 000元、住房公积金90 000元，应承担车间管理人员社会保险费24 000元、住房公积金8 000元，应承担销售机构人员社会保险费15 000元、住房公积金5 000元，应承担在建工程人员社会保险费19 500元、住房公积金6 500元，应承担无形资产研发人员社会保险费13 500元、住房公积金4 500元，应承担企业管理人员社会保险费66 000元、住房公积金22 000元。

茶山股份有限公司对应承担的社会保险费和住房公积金的账务处理如下：

(1) 计提2×25年5月应承担的社会保险费和住房公积金。

借：生产成本	360 000
制造费用	32 000
销售费用	20 000
在建工程	26 000
研发支出	18 000
管理费用	88 000
贷：应付职工薪酬——社会保险费	408 000
——住房公积金	136 000

(2) 向社保中心和住房公积金管理中心分别缴纳社会保险费和住房公积金。

借：应付职工薪酬——社会保险费	408 000
——住房公积金	136 000
贷：银行存款	544 000

4. 应付工会经费和职工教育经费

工会经费和职工教育经费是指为改善职工文化生活、为职工学习先进技术和提高文化水平与业务素质，用于开展工会活动和职工教育及职业技能培训等的相关支出。为了反映工会经费和职工教育经费的提取和使用情况，应当在"应付职工薪酬"科目下分别设置"工会经费"和"职工教育经费"作为明细科目。

企业根据国家相关法规的规定，以职工工资的一定比例计提工会经费时，应按照职工工资的用途进行分配,借记"生产成本""制造费用""销售费用""在建工程""研发支出""管理费用"等科目,贷记"应付职工薪酬——工会经费"科目。工会经费的使用一般有两种形式:一是企业将计提的工会经费直接划拨给工会,由工会独立核算,此时,应根据划拨的金额借记"应付职工薪酬——工会经费"科目,贷记"银行存款"科目;二是由企业代管使用工会经费,当企业支付工会经费时,借记"应付职工薪酬——工会经费"科目,贷记"银行存款"等有关科目。

企业的职工教育经费按规定据实列支,即根据职工教育培训的实际需要先支付,再按照职工工作性质进行分配。当发生职工教育经费支出时,应借记"应付职工薪酬——职工教育经费"科目,贷记"银行存款"等科目。分配职工教育经费时,再按照职工工作性质进行分配,借记"生产成本""制造费用""销售费用""在建工程""研发支出""管理费用"等科目,贷记"应付职工薪酬——职工教育经费"科目。

【例10-10】2×25年5月,茶山股份有限公司根据职工工资总额的2%提取工会经费共计27 200元,其中,按生产工人工资提取18 000元,按车间管理人员工资提取1 600元,按销售机构人员工资提取1 000元,按在建工程人员工资提取1 300元,按无形资产研发人员工资提取900元,按企业管理人员工资提取4 400元。茶山股份有限公司的工会实行独立核算,每月提取的工会经费全额划拨给工会使用。

茶山股份有限公司提取和划拨工会经费的账务处理如下:

(1) 根据职工工资的2%提取工会经费。

借:生产成本 18 000
　　制造费用 1 600
　　销售费用 1 000
　　在建工程 1 300
　　研发支出 900
　　管理费用 4 400
　　贷:应付职工薪酬——工会经费 27 200

(2) 将提取的工会经费全额划拨给工会。

借:应付职工薪酬——工会经费 27 200
　　贷:银行存款 27 200

【例10-11】2×25年5月,茶山股份有限公司用银行存款共计支付职工教育经费24 000元,其中,为培训销售机构人员支出教育经费10 000元,为培训生产工人支出教育经费14 000元。

茶山股份有限公司支付和分配职工教育经费的账务处理如下:

(1) 为培训销售机构人员和生产工人支付教育经费。

借:应付职工薪酬——职工教育经费 24 000
　　贷:银行存款 24 000

(2) 分配职工教育经费。

借:销售费用 10 000
　　生产成本 14 000
　　贷:应付职工薪酬——职工教育经费 24 000

5. 应付短期带薪缺勤

短期带薪缺勤是指企业支付工资或提供补偿的职工缺勤,包括年假、病假、短期伤残、婚假、产假、丧假、探亲假等。根据带薪缺勤的性质及职工享有的权利,可将带薪缺勤分为累积带薪缺勤和非累积带薪缺勤。属于长期带薪缺勤的,企业应当将其作为其他长期职工福利处理。

累积带薪缺勤指的是带薪权利可以结转下期的带薪缺勤,本期尚未用完的带薪缺勤权利可以在未来期间使用。为了反映累积带薪缺勤的提取和使用情况,应当在"应付职工薪酬"科目下设置"累积带薪缺勤"作为明细科目。企业应当在职工提供了服务从而增加了其未来享有的带薪缺勤权利时,确认与累积带薪缺勤相关的职工薪酬,并以累积未行使权利而增加的预期支付金额计量,计入当期成本费用,借记"生产成本""制造费用""销售费用""在建工程""研发支出""管理费用"等科目,贷记"应付职工薪酬——累积带薪缺勤"科目。在未来期间,当职工享受前期带薪缺勤时,由于该期间缺勤而未提供服务,应当冲减该期间的成本费用,借记"应付职工薪酬——累积带薪缺勤"科目,贷记"生产成本""制造费用""销售费用""在建工程""研发支出""管理费用"等科目。

非累积带薪缺勤指的是带薪权利不能结转下期的带薪缺勤,本期尚未用完的带薪缺勤权利将予以取消,并且职工离开企业时也无权获得现金支付。目前,我国企业职工在婚假、产假、丧假、探亲假、病假期间的工资通常属于非累积带薪缺勤。企业应当在职工实际发生该类缺勤时,确认与非累积带薪缺勤相关的职工薪酬。一般情况下,与非累积带薪缺勤相关的职工薪酬已经包含在企业每期向职工发放的工资等薪酬中,故不必额外作相应的账务处理。

【例10-12】2×24年,茶山股份有限公司的一名高级管理人员按相关法规及公司制度规定可享受10天带薪休假,但该名管理人员工作任务繁重无法脱身,当年并未带薪休假,该公司规定可以将未享受的带薪休假推迟到2×25年执行。该名高级管理人员的日工资标准为800元。

茶山股份有限公司2×24年和2×25年分别对该累积带薪缺勤事项的账务处理如下:

(1) 2×24年确认累积带薪缺勤。

借:管理费用 8 000
　　贷:应付职工薪酬——累积带薪缺勤 8 000

(2) 2×25年该名高级管理人员享受了带薪休假。

借:应付职工薪酬——累积带薪缺勤 8 000
　　贷:管理费用 8 000

6. 应付利润分享计划

利润分享计划是指因职工提供服务而与职工达成的基于利润或其他经营成果提供薪酬的协议。为了反映利润分享计划的提取和支付情况,应当在"应付职工薪酬"科目下设置"利润分享计划"作为明细科目。当企业根据事先确定的利润分享计划方案计算利润分享计划薪酬时,按照职工工作的性质,分别计入相关成本费用,借记"生产成本""制造费用""销售费用""在建工程""研发支出""管理费用"等科目,贷记"应付职工薪酬——利润分享计划"科目。企业在实际发放利润分享计划薪酬时,根据实际发放金额,借记"应付职工薪酬——利润分享计划"科目,贷记"银行存款"科目。

【例10-13】茶山股份有限公司于2×25年年初制定与实施了一项利润分享计划，以对公司高级管理人员进行激励。该计划规定，公司全年的净利润指标为1 500万元，如果在公司高级管理人员的努力下完成的净利润超过1 500万元，公司高级管理人员将可分享超过1 500万元净利润部分的20%作为额外报酬。假定至2×25年12月31日，茶山股份有限公司全年实际完成净利润1 800万元。假定不考虑高级管理人员离职等因素。

茶山股份有限公司对2×25年利润分享计划薪酬的账务处理如下：

高级管理人员可分享的利润金额 =（1 800 - 1 500）×20% = 60（万元）

借：管理费用　　　　　　　　　　　　　　　　　　　　　　　　　　　　　600 000
　　贷：应付职工薪酬——利润分享计划　　　　　　　　　　　　　　　　　600 000

7. 应付非货币性福利

非货币性福利是指企业以自产产品或外购商品发放给职工作为福利、将自己拥有的资产或租赁的资产无偿提供给职工使用、为职工无偿提供医疗保健服务，或者向职工提供企业支付了一定补贴的商品或服务等。为了反映企业非货币性福利的发放和分配情况，应当在"应付职工薪酬"科目下设置"非货币性福利"作为明细科目。

这里介绍三种形式的非货币性福利的账务处理：一是企业将其自产产品作为非货币性福利发放给职工；二是企业无偿向职工提供住房等资产使用；三是企业租赁住房等资产无偿提供给职工使用。企业将自产产品作为非货币性福利发放给职工的，一般作为正常商品销售处理，根据该产品的公允价值确定非货币性福利的金额，借记"应付职工薪酬——非货币性福利"科目，贷记"主营业务收入""应交税费——应交增值税（销项税额）"科目；同时结转产品的销售成本，借记"主营业务成本"科目，贷记"库存商品"科目。企业无偿向职工提供住房等资产使用的，应根据该住房资产每期应计提的折旧金额确定非货币性福利的金额，借记"应付职工薪酬——非货币性福利"科目，贷记"累计折旧"等科目。企业租赁住房等资产无偿提供给职工使用的，应根据每期应付租金确定非货币性福利的金额，借记"应付职工薪酬——非货币性福利"科目，贷记"银行存款"等科目。在上述三种非货币性福利发放的基础上，均应当对非货币性福利按职工工作性质进行分配，借记"生产成本""制造费用""销售费用""在建工程""研发支出""管理费用"等科目，贷记"应付职工薪酬——非货币性福利"科目。

【例10-14】2×25年5月，茶山股份有限公司将自产产品一批发放给职工作为福利，该批产品成本为50 000元，市场销售价格为90 000元，适用的增值税税率为16%。其中，60%发放给生产工人，30%发放给销售机构人员，10%发放给车间管理人员。

茶山股份有限公司发放和分配非货币性福利的账务处理如下：

（1）将自产产品发放给职工作为福利。

作为正常产品销售所负担的销项税额 = 90 000 × 16% = 14 400（元）

借：应付职工薪酬——非货币性福利　　　　　　　　　　　　　　　　　　104 400
　　贷：主营业务收入　　　　　　　　　　　　　　　　　　　　　　　　　90 000
　　　　应交税费——应交增值税（销项税额）　　　　　　　　　　　　　　14 400
借：主营业务成本　　　　　　　　　　　　　　　　　　　　　　　　　　　50 000
　　贷：库存商品　　　　　　　　　　　　　　　　　　　　　　　　　　　50 000

（2）按照职工工作性质分配非货币性福利。

计入生产成本的非货币性福利金额 = 104 400 × 60% = 62 640（元）

计入销售费用的非货币性福利金额 = 104 400 × 30% = 31 320（元）

计入制造费用的非货币性福利金额 = 104 400 × 10% = 10 440（元）

借：生产成本 62 640
　　销售费用 31 320
　　制造费用 10 440
　　贷：应付职工薪酬——非货币性福利 104 400

【例10-15】2×25年5月1日开始，茶山股份有限公司将一幢自有公寓楼无偿提供给管理人员使用，该公寓楼于2×24年建成投入使用，其建造成本为12 360 000元，预计净残值为360 000元，预计使用年限为25年，采用年限平均法计提折旧。

茶山股份有限公司提供自有公寓楼给职工无偿使用的账务处理如下：

（1）2×25年5月31日计算该幢公寓楼当月折旧金额：(12 360 000 - 360 000) ÷ 25 ÷ 12 = 40 000（元）。

借：应付职工薪酬——非货币性福利 40 000
　　贷：累计折旧 40 000

（2）当月分配已经发放的非货币性福利。

借：管理费用 40 000
　　贷：应付职工薪酬——非货币性福利 40 000

【例10-16】2×25年5月1日，茶山股份有限公司向外单位经营租入一幢宿舍楼提供给在建工程人员无偿使用，该幢写字楼的月租金为25 000元，租期3年，公司已于当日预付了半年租金150 000元。

茶山股份有限公司租入宿舍楼供职工无偿使用的账务处理如下：

(1) 2×25年5月1日预付半年租金。

借：预付账款 150 000
　　贷：银行存款 150 000

（2）2×25年5月31日确认当月租金。

借：应付职工薪酬——非货币性福利 25 000
　　贷：预付账款 25 000

（3）2×25年5月31日分配已经发放的非货币性福利。

借：在建工程 25 000
　　贷：应付职工薪酬——非货币性福利 25 000

六、应交税费

拓展阅读8

（一）应交税费概述

应交税费是指企业在生产经营过程中，按照《中华人民共和国税法》（以下简称

《税法》）和相关法律法规的规定应向国家缴纳的各种税费。按《税法》规定，我国企业应缴纳的税费主要包括增值税、消费税、城市维护建设税、教育费附加、所得税、资源税、土地增值税、房产税、车船税、矿产资源补偿费等。《税法》规定的这些税费，在企业产生纳税义务而尚未缴纳之时就是企业的一项现时义务，应当作为流动负债记录下来。本章主要介绍增值税、消费税、城市维护建设税和教育费附加的会计核算，其他税种的会计核算将在相关章节和其他课程中介绍。

（二）应交增值税

1. 增值税的定义及纳税义务人

增值税是对在我国境内销售货物、无形资产、不动产，提供加工修理修配劳务、服务，以及进口货物的单位和个人征收的流转税。纳税义务人分为一般纳税人和小规模纳税人，划分标准为年应税销售额是否超过国家税务总局规定的标准，超过标准的为一般纳税人，未超过标准的为小规模纳税人。

2. 一般纳税人应交增值税的会计核算

根据《税法》的规定，一般纳税人增值税税率分为13%、9%、6%、0%四种，这四种税率分别对应不同的业务类型。适用13%税率的业务有销售货物、提供加工修理修配劳务以及进口货物；适用9%税率的业务有销售交通运输、邮政、基础电信、建筑、不动产租赁服务，销售不动产，转让土地使用权；适用6%税率的业务有销售增值电信服务、金融服务、现代服务（租赁服务除外）、生活服务；适用0%税率的业务有出口货物以及跨境销售国务院规定范围内的服务、无形资产。

一般纳税人增值税应纳税额的计算方法采用抵扣法，其计算公式为：

当期应纳增值税税额 = 当期销项税额 - 当期进项税额

（1）当期进项税额的核算。

增值税进项税额是指一般纳税人购进货物或接受应税劳务支付的价款中所包含的增值税税额。企业购进货物或接受应税劳务所支付的进项税额能否在销项税额中抵扣，应根据具体情况来确定。

一般来说，凡是符合以下四种情形之一的，即可判断该笔进项税额可从当期销项税额中抵扣：一是从销售方取得的增值税专用发票上注明的增值税额；二是从海关取得的海关进口增值税专用缴款书上注明的增值税额；三是购进农产品，除取得增值税专用发票或海关进口增值税专用缴款书外，按照农产品收购发票或者销售发票上注明的农产品买价和9%的税率计算的增值税额；四是自境外单位或个人购进劳务、服务、无形资产或境内不动产，从税务机关或扣缴义务人取得的代扣代缴税款的完税凭证上注明的增值税额。为了正确核算上述四种情形的增值税额，企业应当在"应交税费"科目下设置"应交增值税"明细科目及"进项税额"专栏。从而将可抵扣的进项税额，记入"应交税费——应交增值税（进项税额）"科目的借方，表明可以从当期销项税额中抵扣。

【例 10-17】茶山股份有限公司 2×25 年 6 月 5 日向丽岙公司购入原材料一批，丽岙公司开出的增值税专用发票注明价款为 200 000 元，增值税税额为 26 000 元。另外，茶山股份有限公司自行承担材料运输费，取得物流增值税专用发票一张，发票注明运输费 5 000 元，增值税税额为 450 元。上述款项尚未支付，材料已经验收入库。

茶山股份有限公司采购材料的账务处理如下：

借：原材料　　　　　　　　　　　　　　　　　　　　　　　　　　　205 000

| 应交税费——应交增值税（进项税额） | 26 450 |
| 贷：应付账款 | 231 450 |

【例10-18】茶山股份有限公司2×25年6月8日购入一台不需要安装的机器设备，取得的增值税专用发票上注明的设备价款为1 000 000元，增值税税额为130 000元，款项已经转账支付。

茶山股份有限公司购入设备的账务处理如下：

借：固定资产	1 000 000
应交税费——应交增值税（进项税额）	130 000
贷：银行存款	1 130 000

【例10-19】茶山股份有限公司2×25年6月10日向农户购入一批免税农产品作为原材料入库，取得的农产品收购发票上注明的价款为60 000元，款项已经用银行存款支付。

茶山股份有限公司采购免税农产品的账务处理如下：

借：原材料	54 600
应交税费——应交增值税（进项税额）	5 400
贷：银行存款	60 000

若存在以下四种情形，则表明进项税额不得从当期销项税额中抵扣：一是用于简易计税方法计税项目、免征增值税项目、集体福利或者个人消费的购进货物、加工修理修配劳务、服务、无形资产和不动产；二是非正常损失对应的进项税额，是指因管理不善造成货物被盗、丢失、霉烂变质，以及因违反法律法规造成货物或者不动产被依法没收、销毁、拆除的情形；三是购进的贷款服务、餐饮服务、居民日常服务和娱乐服务；四是纳税人应取得但未取得的增值税扣税凭证或者取得的增值税扣税凭证不符合法律、行政法规或者国家税务总局有关规定的，其进项税额不得从销项税额中抵扣。为了正确核算上述四种情形的增值税额，企业应当在"应交税费"科目下设置"应交增值税"明细科目及"进项税额转出"专栏。从而将已经发生的不可抵扣的进项税额予以转出，记入"应交税费——应交增值税（进项税额转出）"科目的贷方，表明不得从当期销项税额中抵扣。

【例10-20】茶山股份有限公司2×25年6月11日将一批原购入作为原材料的农产品发放给职工作为集体福利，该批原材料的不含税买价为22 750元，取得时的增值税进项税额为2 250元。

茶山股份有限公司将原材料作为福利发放的账务处理如下：

借：应付职工薪酬——非货币性福利	25 000
贷：原材料	22 750
应交税费——应交增值税（进项税额转出）	2 250

【例10-21】茶山股份有限公司2×25年6月由于管理不善，导致一批产成品丢失，该批产成品的实际成本为80 000元，耗用的购进货物及应税劳务所负担的进项税额为10 200元。

茶山股份有限公司产成品毁损的账务处理如下：

借：待处理财产损溢	90 200
贷：库存商品	80 000
应交税费——应交增值税（进项税额转出）	10 200

（2）当期销项税额的核算。

增值税销项税额是指一般纳税人销售货物或提供应税劳务收取的价款中所包含的增值税税额。

销项税额的计算涉及两种情形：一是企业若采用不含税的定价方法，则销项税额可根据不含增值税的销售额直接乘以相应的增值税税率得到；二是企业若采用含税的定价方法，即合并定价法，销项税额则应根据下列公式计算：

$$不含增值税的销售额 = \frac{含增值税的销售额}{1 + 增值税税率}$$

$$销项税额 = 不含增值税的销售额 \times 增值税税率$$

此处计征增值税销项税额的销售额，指的是企业销售货物或提供应税劳务向购买方收取的除了销项税额、代扣代缴的消费税以及代垫运杂费以外的全部价款和价外费用。价外费用主要有手续费、包装费、违约金（延期付款利息）和自营运杂费等。

为了正确反映企业增值税销项税额的情况，企业应当在"应交税费"科目下设置"应交增值税"明细科目及"销项税额"专栏。当企业销售货物或提供应税劳务后，应按照全部价款，借记"银行存款"等科目，根据不含增值税的价款，贷记"主营业务收入"等科目，根据增值税销项税额，贷记"应交税费——应交增值税（销项税额）"科目。

【例 10-22】茶山股份有限公司 2×25 年 6 月销售 A 产品 500 件，不含税售价为 5 000 元/件，适用的增值税税率为 13%。上述不含税售价 2 500 000 元和销项税额 325 000 元均已收到存入银行。该批 500 件 A 产品的总成本为 1 500 000 元。

茶山股份有限公司销售 A 产品的账务处理如下：

借：银行存款　　　　　　　　　　　　　　　　　　　　　　　　　　　2 825 000
　　贷：主营业务收入　　　　　　　　　　　　　　　　　　　　　　　　2 500 000
　　　　应交税费——应交增值税（销项税额）　　　　　　　　　　　　　　325 000
借：主营业务成本　　　　　　　　　　　　　　　　　　　　　　　　　1 500 000
　　贷：库存商品　　　　　　　　　　　　　　　　　　　　　　　　　　1 500 000

企业还会发生一些视同销售的行为，即这些行为虽然没有取得销售收入，但《税法》规定这些行为等同于销售，应当缴纳增值税。视同销售行为主要有以下三个方面：一是单位和个体工商户将自产或者委托加工的货物用于集体福利或者个人消费；二是单位和个体工商户无偿转让货物；三是单位和个人无偿转让无形资产、不动产或者金融商品。发生上述视同销售行为，均应确认收入和结转成本。

(3) 当期缴纳和期末结转增值税的核算。

为了正确反映企业每期实际缴纳增值税、多交增值税、未交增值税等情况，应当在"应交税费"下设置"应交增值税""未交增值税"明细科目，并在"应交增值税"明细科目下设置"已交税金""转出未交增值税""转出多交增值税"专栏。

当企业按期向主管税务机关依法缴纳增值税时，依据实际缴纳的增值税金额，借记"应交税费——应交增值税（已交税金）"科目，贷记"银行存款"科目。当企业向主管税务机关补交以前期间增值税时，依据实际补缴的增值税金额，借记"应交税费——未交增值税"科目，贷记"银行存款"科目。

每期期末，企业应当将应交或多交的增值税金额结转记入"应交税费——未交增值税"科目。一般有两种情形：一是根据企业本期应交而未交的增值税金额，借记"应交税费——应交增值

(转出未交增值税)"科目,贷记"应交税费——未交增值税"科目;二是根据企业本期多交的增值税金额,借记"应交税费——未交增值税"科目,贷记"应交税费——应交增值税(转出多交增值税)"科目。由此可见,在会计期末,当"应交税费——未交增值税"的余额在借方,表示企业本期多交的增值税,余额在贷方,则表示企业本期应交而未交的增值税。

【例10-23】承【例10-17】至【例10-22】茶山股份有限公司2×25年6月末计算本月应交增值税金额。

茶山股份有限公司计算应交增值税及账务处理如下:

可以抵扣的进项税额 = 26 450 + 130 000 + 5 400 - 2 250 - 10 200 = 149 400(元)

销项税额等于325 000元。

本月应交增值税额 = 325 000 - 149 400 = 175 600(元)

借:应交税费——应交增值税(转出未交增值税)　　　　　　　　175 600
　　贷:应交税费——未交增值税　　　　　　　　　　　　　　　　　175 600

3. 小规模纳税人应交增值税的会计核算

小规模纳税人指的是年应税销售额未超过国家税务总局和财政部制定的标准,并且会计核算不健全的增值税纳税人。目前,小规模纳税人适用简易计税方法对增值税进行计征,增值税征收率为3%。小规模纳税人在购买商品时,其支付的增值税税额均不计入进项税额,不得由销项税额抵扣,应计入相关成本费用。销售商品时,按照销售额和增值税征收率计算增值税额,不得抵扣进项税额。小规模纳税人适用简易计税方法的销售额不包括其应纳税额,纳税人采用销售额和应纳税额合并定价方法时,可按照相应公式还原为不含税销售额计算,该还原公式为:

$$\text{不含增值税的销售额} = \frac{\text{含增值税的销售额}}{1 + \text{增值税征收率}}$$

小规模纳税人的应征增值税额同样不计入销售收入。在销售货物或提供应税劳务时,应按全部价款借记"银行存款"等科目,按不含增值税销售额贷记"主营业务收入"等科目,按应征增值税额贷记"应交税费——应交增值税"科目。

【例10-24】三垟公司为小规模纳税人,2×25年6月24日购入原材料一批,取得的增值税专用发票注明的价款为15 000元,增值税税额为1 950元。上述款项已经转账支付,材料已经验收入库。

三垟公司购入材料的账务处理如下:

借:原材料　　　　　　　　　　　　　　　　　　　　　　　　　　16 950
　　贷:银行存款　　　　　　　　　　　　　　　　　　　　　　　　16 950

【例10-25】三垟公司为小规模纳税人,适用的增值税征收率为3%,2×25年6月28日销售产品一批,全部价款为26 780元,该笔款项已经收存银行。所售产品的成本为14 000元。

三垟公司销售产品的账务处理如下:

不含增值税的销售额 = 26 780 ÷ (1 + 3%) = 26 000(元)

应交增值税额 = 26 000 × 3% = 780(元)

借:银行存款　　　　　　　　　　　　　　　　　　　　　　　　　26 780
　　贷:主营业务收入　　　　　　　　　　　　　　　　　　　　　　26 000

应交税费——应交增值税	780
借：主营业务成本	14 000
贷：库存商品	14 000

（三）应交消费税

1. 消费税概述

消费税是以特定消费品和消费行为为征税对象，按流转额征收的商品税。在我国境内生产、委托加工和进口消费税暂行条例规定的消费品的单位和个人，以及国务院确定的销售《中华人民共和国消费税暂行条例》规定的消费品的其他单位和个人，为消费税的纳税义务人。

根据《中华人民共和国消费税暂行条例》规定，目前消费税税目包括烟、酒及酒精、化妆品、贵重首饰及珠宝玉石、鞭炮焰火、成品油、小汽车、摩托车、高尔夫球及球具、高档手表、游艇、木制一次性筷子、实木地板、电池、涂料15种商品，其中一些税目还进一步划分了若干子目。消费税的应纳税额计算方法分为从价计征、从量计征、从价从量复合计征三种。在从价计征的方法下，消费税应纳税额等于应税消费品的销售额与适用税率的乘积。在从量计征的方法下，消费税应纳税额等于应税消费品的销售数量与单位税额的乘积。在从价从量复合计征的方法下，消费税应纳税额等于应税销售额与适用税率的乘积加上应税销售数量与单位税额的乘积，目前只有白酒和卷烟采用这种复合计征的方法。

为了反映企业消费税的计征和缴纳情况，应当在"应交税费"科目下设置"应交消费税"作为明细科目。

2. 消费税的核算

（1）销售应税消费品的核算。

由于消费税属于价内税，企业销售应税消费品取得的收入就含有应交消费税，在核算消费税时，应当设置使用费用类科目——"税金及附加"。企业在销售应税消费品时，应根据计征的消费税金额借记"税金及附加"科目，贷记"应交税费——应交消费税"科目。

企业将自产的应税消费品用于本企业生产非应税消费品、在建工程、管理部门、非生产机构、集体福利、个人消费，或用于对外投资、分配给股东或投资者或无偿赠送给他人，均视同销售应税消费品，均应计征消费税。

【例10-26】茶山股份有限公司2×25年7月5日销售应税消费品一批，不含增值税的销售额为120 000元，增值税税额为15 600元，适用的消费税税率为10%。上述款项共计135 600元已经收存银行，该批应税消费品的实际成本为90 000元。

茶山股份有限公司销售应税消费品的账务处理如下：

（1）确认销售收入及结转成本。

借：银行存款	135 600
贷：主营业务收入	120 000
应交税费——应交增值税（销项税额）	15 600
借：主营业务成本	90 000
贷：库存商品	90 000

(2) 计提销售应税消费品的消费税。

应交消费税 = 120 000 × 10% = 12 000（元）

借：税金及附加 12 000
　　贷：应交税费——应交消费税 12 000

【例 10-27】茶山股份有限公司 2×25 年 7 月 10 日，将自产的一批应税消费品交付管理部门使用，该批应税消费品的实际成本为 8 000 元，市场销售价格为 12 000 元，适用的消费税税率为 10%。

茶山股份有限公司将自产的应税消费品交付管理部门使用的账务处理如下：

应交消费税 = 12 000 × 10% = 1 200（元）

借：管理费用 9 200
　　贷：库存商品 8 000
　　　　应交税费——应交消费税 1 200

【例 10-28】茶山股份有限公司 2×25 年 7 月 18 日，将自产的一批应税消费品对外捐赠，该批应税消费品的实际成本为 30 000 元，市场销售价格为 45 000 元。适用的增值税税率为 13%，消费税税率为 20%。

茶山股份有限公司将自产的应税消费品对外捐赠的账务处理如下：

增值税销项税额 = 45 000 × 13% = 5 850（元）

应交消费税 = 45 000 × 20% = 9 000（元）

借：营业外支出 50 850
　　贷：主营业务收入 45 000
　　　　应交税费——应交增值税（销项税额） 5 850

借：主营业务成本 30 000
　　贷：库存商品 30 000

借：税金及附加 9 000
　　贷：应交税费——应交消费税 9 000

(2) 委托加工应税消费品的核算。

企业委托外单位加工应税消费品，依据《税法》规定，除了受托方为个人的之外，应在受托方向委托方交货时由受托方代扣代缴消费税。当委托企业收回加工的应税消费品时，应视两种不同情况进行账务处理：其一，当委托企业收回加工完成的应税消费品，不再继续加工，而直接对外出售时，则将由受托企业代扣的消费税金额计入收回的应税消费品成本，借记"委托加工物资"等科目，贷记"银行存款"等科目。其二，当委托企业收回加工完成的应税消费品，用于连续生产应税消费品时，则可以抵扣由受托企业代扣的消费税金额，借记"应交税费——应交消费税"科目，贷记"银行存款"等科目。

【例 10-29】茶山股份有限公司 2×25 年 7 月委托外单位加工一批应税消费品，发出原材料实际成本为 50 000 元，用银行存款支付加工费 25 000 元，增值税税额为 3 250 元，另外，由受托单位代扣消费税 7 500 元。加工完毕后收回，作为原材料入库，用于继续生产应税消费品。

茶山股份有限公司委托外单位加工应税消费品的账务处理如下：

(1) 发出原材料。

借：委托加工物资　　　　　　　　　　　　　　　　　　　　　50 000
　　贷：原材料　　　　　　　　　　　　　　　　　　　　　　　　　50 000

(2) 支付加工费和相关税金。

借：委托加工物资　　　　　　　　　　　　　　　　　　　　　25 000
　　应交税费——应交增值税（进项税额）　　　　　　　　　　 3 250
　　　　　　　——应交消费税　　　　　　　　　　　　　　　　 7 500
　　贷：银行存款　　　　　　　　　　　　　　　　　　　　　　　35 750

(3) 加工完毕收回入库。

借：原材料　　　　　　　　　　　　　　　　　　　　　　　　75 000
　　贷：委托加工物资　　　　　　　　　　　　　　　　　　　　　75 000

假设茶山股份有限公司收回上述加工完毕的应税消费品作为完工产品入库，以备直接出售，则账务处理如下：

(1) 发出原材料。

借：委托加工物资　　　　　　　　　　　　　　　　　　　　　50 000
　　贷：原材料　　　　　　　　　　　　　　　　　　　　　　　　　50 000

(2) 支付加工费和相关税金。

借：委托加工物资　　　　　　　　　　　　　　　　　　　　　32 500
　　应交税费——应交增值税（进项税额）　　　　　　　　　　 3 250
　　贷：银行存款　　　　　　　　　　　　　　　　　　　　　　　35 750

(3) 加工完毕收回入库。

借：原材料　　　　　　　　　　　　　　　　　　　　　　　　82 500
　　贷：委托加工物资　　　　　　　　　　　　　　　　　　　　　82 500

(3) 缴纳消费税的核算。

根据《税法》的规定，企业按期缴纳消费税时，按照缴纳的实际金额借记"应交税费——应交消费税"科目，贷记"银行存款"科目。

（四）应交城市维护建设税和教育费附加

城市维护建设税和教育费附加都是附加的税费，按《税法》规定，城市维护建设税和教育费附加分别按照当期应交增值税与应交消费税金额之和的7%和3%计征。为了反映城市维护建设税和教育费附加的计提和缴纳情况，应当在"应交税费"科目下设置"应交城市维护建设税"和"应交教育费附加"作为明细科目。这两种税费均属于价内税，因此，应设置使用"税金及附加"科目进行核算。当企业每期计算城市维护建设税和教育费附加的金额时，应借记"税金及附加"科目，贷记"应交税费——应交城市维护建设税""应交税费——应交教育费附加"科目。实际缴纳两种税费时，按照实际缴纳的金额，借记"应交税费——应交城市维护建设税""应交税费——应交教育费附加"科目，贷记"银行存款"科目。

七、其他应付款

其他应付款是指企业除应付票据、应付账款、预收账款、应付职工薪酬、应付利息、应付股利、应交税费、长期应付款等以外的其他各项应付、暂收的款项，如出租、出借包装物的押金，应付租入包装物的租金，存入的保证金，采用售后回购方式融资，代扣代缴的职工社会保险费和住房公积金等。

当企业发生其他各种应付、暂收款项时，借记"管理费用"等科目，贷记"其他应付款"科目；支付其他各种应付、暂收款项时，借记"其他应付款"科目，贷记"银行存款"等科目。

当企业采用售后回购方式融入资金时，应当按照实际收到的金额，借记"银行存款"科目，贷记"其他应付款""应交税费"等科目；约定的回购价格与原销售价格之间的差额，应在售后回购期间按期计提利息费用，借记"财务费用"科目，贷记"其他应付款"科目；按合同约定回购该商品时，应当按照实际支付的金额，借记"其他应付款""应交税费"科目，贷记"银行存款"科目。

第三节 非流动负债

一、非流动负债的定义与特点

非流动负债是除流动负债以外的负债，通常是指偿还期限在一年以上（不含一年）的债务。常见的非流动负债有长期借款、应付债券、长期应付款等。较流动负债而言，非流动负债具有偿还期限长、金额大的特点，因此，两者的会计处理也不尽相同。

二、长期借款

（一）长期借款的定义

长期借款指的是企业从银行或其他金融机构借入的期限在一年以上（不含一年）的借款。为了反映长期借款的取得、偿还、利息确认等情况，应当设置"长期借款"科目，并且在该科目下设置"本金"和"利息调整"作为明细科目，分别用以核算长期借款的本金和因实际利率与合同利率差异造成的利息调整金额。

（二）长期借款的核算

企业向银行或其他金融机构借入各种长期借款时，按实际收到的金额，借记"银行存款"科目，按确定的本金，贷记"长期借款——本金"科目，按两者的差额，借记"长期借款——利息调整"科目。

企业应于资产负债表日确认持有的长期借款的利息，按长期借款的摊余成本和实际利率计算确定的利息费用，借记"在建工程""制造费用""财务费用"等科目，按长期借款的本金和合同利率计算确定的应付而未付的利息，贷记"应付利息"科目（分期付息的长期借款）或"长期借款——应计利息"科目（到期一次还本付息的长期借款），按两者的差额，贷记"长期借款——利息调整"科目。

长期借款到期时,企业按照偿还的长期借款的本金,借记"长期借款——本金"科目,按转销的利息调整金额,贷记"长期借款——利息调整"科目,按偿还的到期一次还本付息长期借款的应付未付利息,借记"长期借款——应计利息"科目,按实际归还的款项金额,贷记"银行存款"科目,按借贷方的差额,借记"在建工程""制造费用""财务费用"等科目。

【例10-30】茶山股份有限公司于2×24年1月1日向建设银行借入一笔2 000 000元的专门借款,用于建造一栋厂房,该笔借款的期限为2年,年利率为7%(合同利率与实际利率相同),每年末付息一次,到期偿还本金。茶山股份有限公司于2×24年年初,以银行存款支付工程款1 200 000元,2×25年年初,又以银行存款支付工程款800 000元。该厂房于2×25年9月30日达到预定可使用状态。假定不考虑闲置专门借款资金存款的利息收入或投资收益问题。

茶山股份有限公司借入长期专门借款建造厂房的相关账务处理如下:

(1) 2×24年1月1日取得长期借款。

借:银行存款	2 000 000
贷:长期借款——建设银行(本金)	2 000 000

(2) 2×24年年初支付工程款。

借:在建工程	1 200 000
贷:银行存款	1 200 000

(3) 2×24年12月31日确认并支付利息费用。

借款利息=2 000 000×7%=140 000(元)

借:在建工程	140 000
贷:应付利息	140 000
借:应付利息	140 000
贷:银行存款	140 000

(4) 2×25年年初支付工程款。

借:在建工程	800 000
贷:银行存款	800 000

(5) 2×25年9月30日厂房达到预定可使用状态。

1—9月借款利息=2 000 000×7%÷12×9=105 000(元)

借:在建工程	105 000
贷:应付利息	105 000
借:固定资产	2 245 000
贷:在建工程	2 245 000

(6) 2×25年12月31日确认并支付利息费用。

10—12月借款利息=2 000 000×7%÷12×3=35 000(元)

借:财务费用	35 000
贷:应付利息	35 000
借:应付利息	35 000

贷：银行存款　　　　　　　　　　　　　　　　　　　　　　　　　　35 000

（7）2×26年1月1日借款到期偿还本金。

借：长期借款——建设银行（本金）　　　　　　　　　　　　　　2 000 000
　　贷：银行存款　　　　　　　　　　　　　　　　　　　　　　　　2 000 000

三、应付债券

（一）应付债券概述

应付债券是指企业由发行债券而形成的偿还期在一年以上的非流动负债。债券指的是依照法定程序发行的、约定在一定期限内偿还本金支付利息的有价证券。债券一般包括以下六方面要素：一是企业名称，即发行债券的企业，也就是表明谁是债务人；二是债券面值，发行数量与单位面值的乘积即为企业本次发债的融资规模，也就是将来债券到期时，债务人所要归还的本金；三是票面利率，即合同利率，按照该约定利率和本金计算应支付给债权人的利息；四是还本期限和还本方式，应付债券的还本期限为一年以上，还本方式有多种形式，比如到期一次还本；五是利息的支付方式，典型的利息支付方式有分期付息和到期一次付息；六是债券发行日期，该日期和期限是计算到期日的基础。

为了反映企业发行债券的本金、利息调整等情况，应当设置"应付债券"科目，以及在该科目下设置"面值""利息调整"和"应计利息"作为明细科目。

（二）应付债券的核算

1. 应付债券的发行

（1）应付债券发行的价格问题。

企业发行债券是为了募集长期债务资金，作为负债的应付债券到期时必须偿还本金，即债券票面约定的面值。从理论上讲，债券到期需要偿还的本金（面值）应该就是债券发行时的价格。但在实务中，往往表现出本金（面值）与发行价格之间的差异，呈现出一个金额比另一个金额大的情形。因此，综合来讲，债券的发行价格与面值之间的关系会出现三种情况：一是债券发行价格等于面值；二是债券发行价格大于面值；三是债券发行价格小于面值。导致上述三种情况的原因在于债券的票面利率与发行时的市场利率（实际利率）之间的异同。当票面利率大于市场利率时，债务人会按票面利率多支付利息，这会导致溢价发行，即发行价格大于面值，两者之间的差额是债权人由于日后多获得利息而给予债务人的利息返还；当票面利率小于市场利率时，债务人会按票面利率少支付利息，这会导致折价发行，即发行价格小于面值，两者之间的差额是债务人于日后少支付利息而给予债权人的利息补偿；当票面利率等于市场利率时，债务人按票面利率支付的利息与按市场利率计算的利息相等，这会导致平价发行，即发行价格等于面值，两者之间不存在差额。

当企业利用发行债券的形式募集资金时，需要首先确定债券的发行价格。债券的发行价格是债券发行企业在发行债券时，向债券投资者收取的全部现金及现金等价物。由于设计债券的时点与发行债券的时点不同，很可能出现设计的债券票面利率与发行债券时的市场实际利率之间产生差异，也就很可能导致债券溢价或折价发行。因此，不能简单地认为面值即为发行价格，倘若面值刚好等于发行价格,那也只能说明票面利率与市场利率相等。由此可见,发行价格的确定必须利用一定的科学方法,这种方法就是折现法,即利用实际利率作为折现率将债券存续期间流出的现金流量折现作为发行价格。实务中,债券存续期间流出的现金流量包括归还的本金和支付的利息两部分,所以,只要将已知的本金和可利用本金与票面利率计算得到的利息折现求和便可得到结果。通常情况下,债券的本金于债券到期时一次性偿还,因此,本金的现值可视为复利现值;债券的利息若是分期支付的,则利息的现值可视为年金现值;债券的利息若是到期一次支付的,则利息的现值也可视为复利现值。

(2) 应付债券发行的核算。

当企业发行债券时,按照发行价格,借记"银行存款"科目,按债券的面值,贷记"应付债券——面值"科目,按借贷方差额,借记或贷记"应付债券——利息调整"科目。

【例10-31】2×25年1月1日,茶山股份有限公司经有关部门批准发行5年期分期付息、到期一次还本的公司债券50 000 000元,债券票面利率为6%,债券利息于每年末12月31日支付,债券发行时的市场利率为5%。假定借入款项用于公司的经营周转。

2×25年1月1日茶山股份有限公司债券发行的账务处理如下:

债券发行价格 = 50 000 000 × (P/F, 5%, 5) + 50 000 000 × 6% × (P/A, 5%, 5) = 50 000 000 × 0.7835 + 50 000 000 × 6% × 4.3295 = 39 175 000 + 12 988 500 = 52 163 500 (元)

借:银行存款 52 163 500
　　贷:应付债券——面值 50 000 000
　　　　　　——利息调整 2 163 500

2. 应付债券利息调整的摊销

(1) 应付债券利息调整的摊销原理。

应付债券的利息调整应该在债券的存续期间利用实际利率法进行摊销。所谓实际利率法,指的是按照应付债券的实际利率(发行时的市场利率)计算其摊余成本和各期实际利息费用的方法。应付债券的实际利息费用是按照摊余成本和实际利率计算确定的。应付债券的摊余成本可用公式表示为:应付债券的摊余成本 = 发行价格 - 发行费用 - 偿还的本金 ± 利息调整借(贷)差的累计摊销额 + 到期一次付息债券累计计提的利息。

(2) 应付债券利息调整摊销的核算。

对于发行的分期付息债券,在资产负债表日,按应付债券的摊余成本和实际利率计算确定的实际利息费用,借记"在建工程""制造费用""财务费用"等科目,按应付债券票面利率计算确定的应付未付利息,贷记"应付利息"科目,按两者之间的差额,借记或贷记"应付债券——利息调整"科目。对于发行的到期一次付息债券,在资产负债表日,按应付债券的摊余成本和实际利率计算确定的实际利息费用,借记"在建工程""制造费用""财务费用"等科目,按应付债券票面利率计算确定的应付未付利息,贷记"应付债券——应计利息"科目,按两者之间的差额,借记或贷记"应付债券——利息调整"科目。

【例10-32】承【例10-31】,茶山股份有限公司从发行债券至债券到期的5年期间,采用实际利率法和摊余成本计算确定的利息费用如表10-2所示。

表 10-2 利息费用计算表　　　　　　　　　　　　　　　　　　　　　　　　　　　单位：元

日期	应付利息①	实际利息费用②＝期初④×5%	利息调整摊销额③＝①－②	账面价值④＝期初④－③
2×25年1月1日	—	—	—	52 163 500
2×25年12月31日	3 000 000	2 608 175	391 825	51 771 675
2×26年12月31日	3 000 000	2 588 583.75	411 416.25	51 360 258.75
2×27年12月31日	3 000 000	2 568 012.94	431 987.06	50 928 271.69
2×28年12月31日	3 000 000	2 546 413.58	453 586.42	50 474 685.27
2×29年12月31日	3 000 000	2 525 314.73*	474 685.27	50 000 000

注：*表示含尾数调整。

茶山股份有限公司从发行债券至债券到期的5年期间，关于利息费用的账务处理如下：

(1) 2×25年12月31日。

借：财务费用　　　　　　　　　　　　　　　　　　　　　　　　　2 608 175
　　应付债券——利息调整　　　　　　　　　　　　　　　　　　　　391 825
　　贷：应付利息　　　　　　　　　　　　　　　　　　　　　　　　　　　3 000 000
借：应付利息　　　　　　　　　　　　　　　　　　　　　　　　　3 000 000
　　贷：银行存款　　　　　　　　　　　　　　　　　　　　　　　　　　　3 000 000

(2) 2×26年12月31日。

借：财务费用　　　　　　　　　　　　　　　　　　　　　　　　　2 588 583.75
　　应付债券——利息调整　　　　　　　　　　　　　　　　　　　　411 416.25
　　贷：应付利息　　　　　　　　　　　　　　　　　　　　　　　　　　　3 000 000
借：应付利息　　　　　　　　　　　　　　　　　　　　　　　　　3 000 000
　　贷：银行存款　　　　　　　　　　　　　　　　　　　　　　　　　　　3 000 000

(3) 2×27年12月31日。

借：财务费用　　　　　　　　　　　　　　　　　　　　　　　　　2 568 012.94
　　应付债券——利息调整　　　　　　　　　　　　　　　　　　　　431 987.06
　　贷：应付利息　　　　　　　　　　　　　　　　　　　　　　　　　　　3 000 000
借：应付利息　　　　　　　　　　　　　　　　　　　　　　　　　3 000 000
　　贷：银行存款　　　　　　　　　　　　　　　　　　　　　　　　　　　3 000 000

(4) 2×28年12月31日。

借：财务费用　　　　　　　　　　　　　　　　　　　　　　　　　2 546 413.58
　　应付债券——利息调整　　　　　　　　　　　　　　　　　　　　453 586.42
　　贷：应付利息　　　　　　　　　　　　　　　　　　　　　　　　　　　3 000 000
借：应付利息　　　　　　　　　　　　　　　　　　　　　　　　　3 000 000
　　贷：银行存款　　　　　　　　　　　　　　　　　　　　　　　　　　　3 000 000

(5) 2×29年12月31日。

借：财务费用　　　　　　　　　　　　　　　　　　　　　　　　　2 525 314.73
　　应付债券——利息调整　　　　　　　　　　　　　　　　　　　　474 685.27

贷：应付利息	3 000 000
借：应付利息	3 000 000
贷：银行存款	3 000 000

3. 应付债券的偿还

对于发行的分期付息到期还本债券，应当在分期付息时，借记"应付利息"科目，贷记"银行存款"科目；应在最后一次付息及偿还本金时，借记"应付债券——面值""在建工程""制造费用""财务费用"等科目，贷记"银行存款"科目，按其差额，借记或贷记"应付债券——利息调整"科目。对于发行的到期一次还本付息债券，应在到期支付本金和利息时，借记"应付债券——面值""应付债券——应计利息"科目，贷记"银行存款"科目。

【例10-33】承【例10-31】和【例10-32】，2×30年1月1日债券到期偿还本金时，茶山股份有限公司的账务处理如下：

借：应付债券——面值	50 000 000
贷：银行存款	50 000 000

四、长期应付款

长期应付款是指企业因融资或特殊交易形成的、偿还期限超过一年的非流动负债，主要包括融资租赁款、分期付款购入资产款、补偿贸易设备款等。其核心特征在于具有融资性质，即企业通过延期支付获取资源使用权或所有权，本质上相当于以分期付款方式进行的融资活动。

在会计处理上，长期应付款的初始确认需遵循现值计量原则。例如，融资租赁业务中，租赁开始日需按租赁资产公允价值与最低租赁付款额现值两者孰低值确认固定资产入账成本，差额计入未确认融资费用；分期付款购入资产时，则按购买价款的现值确认资产成本，差额同样作为未确认融资费用分期摊销。后续计量需采用实际利率法，将未确认融资费用按实际利率法逐期摊销至财务费用或资产成本，以反映负债的真实经济成本。

另外，长期应付款的偿还通常伴随利息费用或租金支付，其会计处理需区分本金与利息部分。例如，融资租赁的租金包含本金偿还和利息费用，需通过长期应付款科目与未确认融资费用科目的联动调整实现准确核算。在报表披露方面，企业需在财务报表中披露长期应付款的总额、利率、偿还期限等信息，以全面反映其财务状况和融资结构。

五、预计负债

（一）或有事项概述及特征

或有事项指的是过去的交易或事项形成的，其结果需由某些未来事项的发生或不发生才能决定的不确定事项。典型的或有事项有未决诉讼或未决仲裁、产品质量保证（含产品安全保证）、亏损合同、债务担保、重组义务、承诺、环境污染整治、票据贴现和背书转让等。

或有事项具有三大特征。

1. 或有事项是由过去的交易或事项形成的

或有事项作为一种不确定事项，是由企业过去的交易或事项形成的。由企业过去的交易或事项形成是指或有事项的现存状况是过去交易或者事项引起的客观存在。例如未决诉讼，这是由企业过去的交易行为或经济事项引起的被其他单位起诉或者起诉其他单位的一种现存状况。企业未来可能发生的自然灾害、经营亏损、交通事故等事项，均不属于或有事项，因为它们不是过去的交易或事项形成的。

2. 或有事项的结果具有不确定性

或有事项的结果具有不确定性是指或有事项的结果是否发生具有不确定性或者或有事项的结果预计将会发生，但是发生的具体时间或金额具有不确定性。例如，存在债务担保的情况下，提供担保的一方是否会在债务到期时承担和履行连带责任，取决于被担保的一方能否按期偿还债务，其结果在达成债务担保协议时具有不确定性。再如，企业因为污染环境的事实而被起诉，这种情况很可能导致企业败诉，但是，在诉讼过程中，企业因最终败诉将支付多少罚款及何时支付都具有不确定性。

3. 或有事项的结果需由未来事项决定

由未来事项决定指的是或有事项的结果只能由未来不确定事项的发生或不发生才能决定。或有事项发生时将会对企业产生有利影响还是不利影响，虽然已知是有利影响或不利影响，但影响有多大，在或有事项未发生时是难以确定的。这种不确定性的消失，只能由未来不确定事项的发生或不发生才能证实。例如，企业为其他单位提供债务担保，该担保事项最终是否会要求企业履行偿还债务的连带责任，取决于被担保方的未来经营状况和偿债能力。如果被担保方经营状况和财务情况良好且有较好的信用，则担保方将无须履行连带责任。如果被担保方到期无力偿还债务，则担保方需要履行偿还债务的连带责任。

企业的或有事项可能导致或有资产或或有负债；当或有负债满足特定条件时，应确认为预计负债。上述的预计负债是要满足负债的定义、特征及确认条件的。

（二）预计负债的定义和确认

预计负债是基于某些或有事项引发的义务而确认的负债。根据《企业会计准则第13号——或有事项》的规定，与或有事项有关的义务在同时符合以下三个条件时，才能确认为预计负债：

1. 该义务是企业承担的现时义务

负债的定义决定了预计负债承担的义务必须是现时义务，该义务说明企业只能履行，没有其他的现实选择，因为现时义务是企业当前情况下已经承担的义务。一般情况下，过去的事项是否导致现时义务是比较明确的，但也存在一些极少数情况，特定事项是否已经发生或这些事项是否已经产生了一项现时义务可能难以判断，这时企业需要考虑包括资产负债表日后所有可以获得的证据、专家的意见等，以此判断资产负债表日是否存在现时义务。

2. 履行该义务很可能导致经济利益流出企业

负债的定义决定了履行预计负债的现时义务很可能导致经济利益流出企业，然而，现实情况是与各种或有事项相关的现时义务导致经济利益流出企业具有不确定性，不同的或有事项相关的现时义务导致经济利益流出企业的可能性差异显著。所以，要确认或有事项导致的预计负债，就有必要结合或有事项相关的经济利益流出企业的可能性来判断。一般情况下，如果履行与或有事项相关的现时义务导致经济利益流出企业的可能性超过50%，即可认为履行该义务很可能导致经济利益流出企业。

3. 该义务的金额能够可靠地计量

要将或有事项相关的现时义务确认为预计负债，就必须要求与或有事项相关的现时义务的金额能够可靠地计量。基于或有事项本身所具有的不确定性，其相关的现时义务的金额也具有不确定性，因此确定该现时义务的金额需要进行估计。

如果与或有事项相关的义务不能同时满足上述三个条件，则不能确认为一项预计负债，只能作为或有负债。或有负债不需要在表内反映，企业可根据具体情况决定是否进行表外披露。因为预计负债已经确认为一项负债，要在资产负债表内反映，其金额的计量至关重要。

（三）预计负债的计量

预计负债应当按照履行相关现时义务所需支付的最佳估计数进行初始计量。此外，企业偿还预计负债的支出可能从第三方或其他方获得补偿。所以，预计负债的计量主要涉及两方面问题：一是确定最佳估计数；二是对预期可获得补偿的处理。

1. 确定最佳估计数

根据企业会计准则的规定，预计负债应当按照履行相关现时义务所需支出的最佳估计数进行初始计量。最佳估计数的确定应视两种不同的情况分别进行处理：

第一种情况是所需支出存在一个连续范围，且该范围内各种结果发生的可能性相同，那么，最佳估计数应当按照该范围内的中间值确定，也就是用最大值与最小值的算数平均数确定。

【例10-34】2×25年12月5日，茶山股份有限公司因违反合同约定被白象公司起诉。2×25年12月31日，人民法院尚未作出判决。茶山股份有限公司聘请的律师估计，最终的法律判决很可能对公司不利，并预计将要支付的赔偿金额为500 000～900 000元的某一金额，且该区间内每个金额的可能性都大致相同。

茶山股份有限公司应在2×25年12月31日的资产负债表中确认一项预计负债，其金额为：（500 000 + 900 000）÷2 = 700 000（元）。

第二种情况是所需支出不存在一个连续范围，或者虽然存在一个连续范围，但是该范围内各种结果发生的可能性不同。这时，最佳估计数应按照以下两种不同的情形分别确定：

（1）若该或有事项涉及单个项目，则最佳估计数按照最可能发生的金额确定。这里的涉及单个项目是指或有事项涉及的项目只有一个，比如一项未决仲裁、一项未决诉讼、一项债务担保等。

【例10-35】2×25年11月15日，茶山股份有限公司涉及一项诉讼案件。2×25年12月31日，人民法院尚未对案件进行宣判。茶山股份有限公司聘请的法律顾问认为，公司在本案中，胜诉的可能性为30%，败诉的可能性为70%；如果败诉，将要负担赔偿金额600 000元。

茶山股份有限公司应在2×25年12月31日的资产负债表中确认一项预计负债，其金额为600 000元。

（2）若该或有事项涉及多个项目，则最佳估计数按照各种可能结果及相关概率加权计算确定。这里的涉及多个项目是指或有事项涉及的项目有两个或两个以上，比如产品质量保证，该或有事项可能出现很多顾客要求企业提供产品保修，即企业要对很多顾客履行保修义务。

【例10-36】茶山股份有限公司2×25年12月销售某产品10 000件，获得销售收入10 000 000元。根据公司产品质量保证条款，这种产品出售后的一年内，若发生正常的产品质量问题，公司将负责免费维修。根据以往年度维修记录，如果发生较大的质量问题，维修费是销售收入的2.5%；如果发生较小的质量问题，维修费是销售收入的0.5%。根据公司权威质量部门的估计，当月销售的产品中，90%不会发生质量问题，8%可能发生较小质量问题，2%可能发生较大质量问题。

茶山股份有限公司应在2×25年12月31日确认一项预计负债，其金额为：10 000 000 × (8% ×0.5% +2% ×2.5%) = 10 000 000 × 0.09% = 9 000（元）。

2. 对预期可获得补偿的处理

如果企业偿还预计负债所需支出的全部或者部分预期由第三方或其他方补偿，则该补偿金额只有在基本确定（概率大于95%）能够收到时，才能作为资产予以确认，且确认的补偿金额不得超过预计负债的账面价值。预期可获得补偿的情况通常有：在一些索赔诉讼中，企业可对索赔人或者第三方另外提出索赔的要求；发生某些交通事故的情况下，企业一般可以从保险公司获得合理的赔偿；在债务担保业务中，企业履行了偿还债务的连带责任，同时，可向被担保企业提出追偿要求。

3. 预计负债计量需考虑的其他因素

当企业确定预计负债最佳估计数时，应当综合考虑与或有事项相关的风险和不确定性，以及与或有事项相关的货币时间价值和未来事项等因素的影响。

（1）风险和不确定性。

风险是对交易或事项结果的变化可能性的一种描述。风险伴随交易或事项的始终，其变动可能会增加负债计量的金额。企业在考虑风险的同时，就要求保持应有的谨慎，不可高估资产和收益，不可低估负债和费用。企业在综合考虑与或有事项相关的风险和不确定性时，要避免对风险和不确定性的重复调整，从而在低估和高估预计负债金额之间寻找平衡点。

（2）货币时间价值。

一般情况下，预计负债的确认时点与偿还时点距离较近，货币时间价值的影响不重大，根据重要性原则，预计负债的金额就以未来应支付的金额代替。某些情况下，预计负债的确认时点与偿还时点之间也会出现较大的时间跨度，货币时间价值的影响就比较重大，在确认预计负债的金额时应当使用现值计量，也就是将未来现金流出进行折现后确认最佳估计数。

（3）未来事项。

预期未来事项的发生可能会对预计负债的计量较为重要，企业就应当考虑相关未来事项对履行或有事项相关现时义务所需支出金额的影响。即对于这些相关未来事项，如果有足够的客观证据证明它们将发生，则应当在预计负债的计量过程中予以充分考虑。

4. 对预计负债账面价值的复核

企业应当在资产负债表日对预计负债的账面价值进行复核。若有确凿证据表明该预计负债的账面价值不能真实反映当前的最佳估计数，就应当按照当前最佳估计数对账面价值进行调整。

(四) 预计负债的会计核算

1. 未决诉讼

诉讼指的是当事人不能通过协商来解决争议,因而在人民法院起诉、应诉,请求人民法院通过审判程序解决纠纷的活动。未决诉讼指的是人民法院尚未作出最终裁决的诉讼。在人民法院尚未作出裁决时,于被告而言,可能会形成一项或有负债或预计负债;于原告而言,则可能会形成一项或有资产。

【例 10-37】 2×25 年 12 月 2 日,茶山股份有限公司因违约被南瓯公司起诉,被要求赔偿 1 500 000 元,截至 2×25 年 12 月 31 日,人民法院尚未作出判决。茶山股份有限公司的法律顾问分析认为,公司胜诉的可能性只有 10%,而败诉的可能性为 90%,最大可能赔偿金额为 13 500 000 元。

茶山股份有限公司对未决诉讼的账务处理如下:

借:营业外支出　　　　　　　　　　　　　　　　　　　　　　　13 500 000
　　贷:预计负债——未决诉讼　　　　　　　　　　　　　　　　　　　　　13 500 000

2. 产品质量保证

产品质量保证指的是企业在将产品销售给客户后,对客户提供服务的一种承诺。在向客户销售产品之后的保证期限内,如果产品在正常使用过程中出现质量或与之相关的其他属于承诺范围内的问题,企业就负有更换产品、免费或只收取成本价进行修理等责任。按照权责发生制的要求,也为了如实反映企业的财务状况和经营成果,应当于期末根据可能发生的产品质量保证费用,确认为预计负债,借记"销售费用"科目,贷记"预计负债——产品质量保证"科目。

此外,还需注意以下三个方面:一是如果发现产品质量保证费用的实际发生额与预计金额相差较大,应及时调整预计比例;二是如果企业针对特定批次产品确认预计负债,则在保证期限结束时,按照"预计负债——产品质量保证"余额,借记"预计负债——产品质量保证"科目,贷记"销售费用"科目;三是企业对于已经确认预计负债的产品不再生产的,则应在相应的产品质量保证期限届满时,按照"预计负债——产品质量保证"余额,借记"预计负债——产品质量保证"科目,贷记"销售费用"科目。

【例 10-38】 茶山股份有限公司 2×25 年 1 月销售某产品 15 000 件,获得销售收入为 12 000 000 元。公司承诺在该产品出售后的 2 年内,对正常的质量问题提供免费保修。公司质量部门根据以往的维修记录,分析认为当月销售的某产品约有 6% 的返修率,且预计每件产品的维修费用为销售收入的 3%。

茶山股份有限公司对产品质量保证的账务处理如下:

预计负债金额 = 12 000 000 × 6% × 3% = 21 600(元)

借:销售费用　　　　　　　　　　　　　　　　　　　　　　　　21 600
　　贷:预计负债——产品质量保证　　　　　　　　　　　　　　　　　　21 600

3. 亏损合同

企业在经营过程中,会与其他单位签订各种合同,比如商品购销合同、劳务合同、租赁合同等。在履行这些合同义务过程中,可能会发生成本超过预期经济利益的情形,出现这种情形的合同被称为亏损合同。亏损合同产生的义务若满足预计负债确认条件的,应当确认为一项预计负债。该项预计负债的金额计量应当反映退出该合同的最低净成本,也就是履行该合同的成本与不再履行该合同而发生的赔偿两者之中的较低者。

【例10-39】茶山股份有限公司2×25年11月25日与慈湖公司签订不可撤销合同,约定在2×26年1月15日以每件800元的价格向慈湖公司销售某产品1 200件,如果不能按时交货,将对茶山股份有限公司处以总价款25%的违约金。签订该购销合同时,该产品尚未生产,在茶山股份有限公司准备生产该产品时,原材料价格突然上涨,预计生产该产品的单位成本为850元,将超过合同约定的销售单价。假定不考虑相关税费。

茶山股份有限公司对亏损合同的账务处理如下:

履行合同发生的损失金额 = 1 200 × (850 - 800) = 60 000(元)

不履行合同支付的违约金 = 800 × 1 200 × 25% = 240 000(元)

应确认的预计负债金额为60 000元。

借:营业外支出——亏损合同损失 60 000
　　贷:预计负债——亏损合同损失 60 000

待该产品完工后,将上述已经确认的预计负债冲减产品成本。

借:预计负债——亏损合同损失 60 000
　　贷:库存商品 60 000

4. 弃置费用

根据国家法律法规和国际公约的有关规定,企业在环境保护和生态恢复等方面承担的义务所确定的支出就是弃置费用,比如核电站的核设施、油气行业的钻井设施的弃置支出。弃置费用是特定行业(核电、油气等行业)在取得相关固定资产时,依据有关法律法规的规定所应承担的现时义务,且该现时义务的金额较大,所以企业应当在取得相关固定资产时将弃置费用确认为一项预计负债。由于弃置费用的支出发生在固定资产到期报废时,其货币时间价值较大,根据重要性原则,企业应当以弃置费用的现值进行初始计量,同时将其作为固定资产价值的一部分增加固定资产的入账价值。在固定资产的使用寿命期间,企业应按照弃置费用的现值确认的预计负债的摊余成本和实际利率计算的利息确认为财务费用。

【例10-40】茶山股份有限公司经政府有关部门批准建造一座核电站。2×25年1月1日,核电站建造完成,达到预定可使用状态,并于当天投入使用。建造核电站的总成本为220 000 000元,预计使用年限为25年,预计试用期满时将要发生弃置费用10 000 000元。假定实际利率为6%。

茶山股份有限公司对固定资产弃置费用的账务处理如下:

(1) 2×25年1月1日。

固定资产弃置费用的现值 = 10 000 000 × (P/F, 6%, 25) = 10 000 000 × 0.233 0 = 2 330 000(元)

借:固定资产 222 330 000
　　贷:在建工程 220 000 000
　　　　预计负债——固定资产弃置义务 2 330 000

(2) 2×25年12月31日。

2×25年应负担的利息 = 2 330 000 × 6% = 139 800(元)

借：财务费用　　　　　　　　　　　　　　　　　　　　　139 800
　　贷：预计负债——固定资产弃置义务　　　　　　　　　　　　　139 800

（3）2×26年12月31日。

2×26年应负担的利息 =（2 330 000 + 139 800）×6% = 148 188（元）

借：财务费用　　　　　　　　　　　　　　　　　　　　　148 188
　　贷：预计负债——固定资产弃置义务　　　　　　　　　　　　　148 188

（4）2×27年至2×50年，每年年末均应计算当年应负担的利息金额并进行账务处理（略）。截至2×50年年末，"预计负债——固定资产弃置义务"科目的贷方余额应为10 000 000元。

在报废固定资产，支付10 000 000元弃置费用时的账务处理如下：

借：预计负债——固定资产弃置义务　　　　　　　　　　　10 000 000
　　贷：银行存款　　　　　　　　　　　　　　　　　　　　　10 000 000

【本章小结】

本章学习了各项负债的确认和计量。负债按照偿还期限长短，分为流动负债和非流动负债。其中，流动负债包括短期借款、应付票据、应付账款、应付职工薪酬、应交税费、预收账款和其他应付款，这些流动负债内容多样，是企业日常经营过程中最为普遍的，在学习过程中要细心研究，应从各项流动负债的前因后果、来龙去脉上熟练掌握会计核算流程。非流动负债包括长期借款、应付债券、长期应付款，以及预计负债，这些债务资金普遍存在于大中型企业，且较流动负债而言，非流动负债的特点是时间长、金额大，因而会计核算上较为复杂，在学习过程中要做较为系统的思考，争取全面把握会计核算过程。

第十一章 借款费用

【知识结构图】

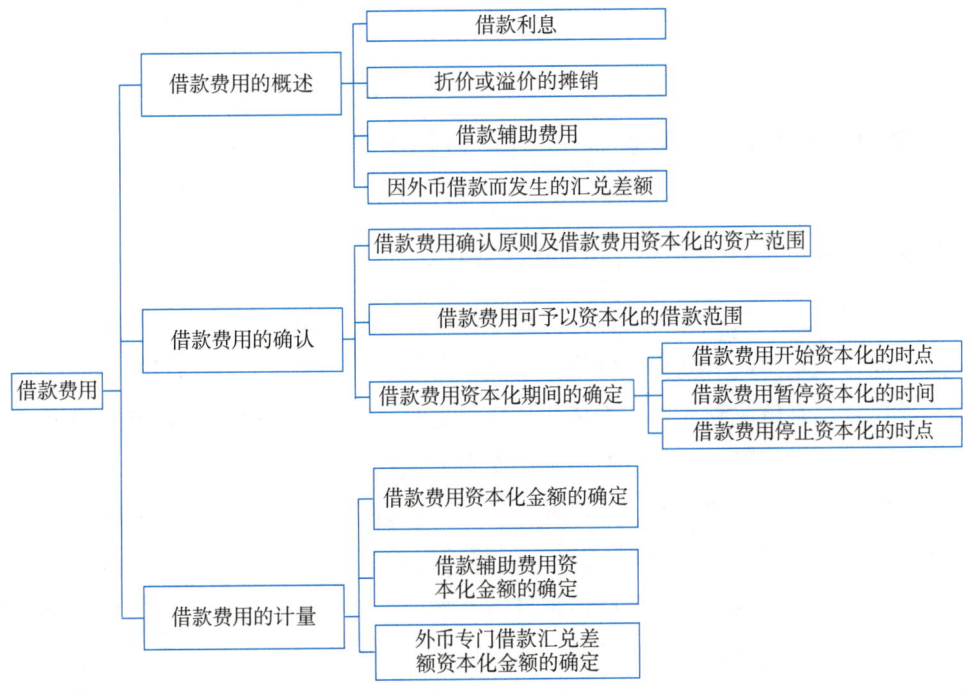

第一节 借款费用的概述

借款费用是指企业因借款而发生的利息及其他相关成本，具体包括借款利息、折价或溢价的摊销、借款辅助费用和因外币借款而发生的汇兑差额等。企业融资租入固定资产的业务中，所确认的融资费用亦属于借款费用的范畴。

（一）借款利息

企业的借款利息包括向银行或其他金融机构等借入款项而发生的利息、发行公司债券或企业债券发生的利息，也包括为构建或生产符合资本化条件的资产而发生的带息债务所承担的利息。

（二）折价或溢价的摊销

企业以发行债券的方式进行融资时，由于债券票面利率与实际利率之间的差异，使得债券发行价格与票面金额不同，发行价格或高于票面金额或低于票面金额，出现溢价发行或折价发行的情形。可见，这种对溢价或折价的摊销就是对债券票面利息的调整，因此，属于借款费用范畴。

（三）借款辅助费用

企业因借款而发生的辅助费用包括手续费、佣金等，这些辅助费用是伴随着借款的发生而出现的，因此，属于借款所要付出的代价，也就成了借款费用的组成部分。

（四）因外币借款而发生的汇兑差额

当企业借入外币借款时，会由于市场汇率的波动导致账面汇率与市场汇率之间的差异，进而对外币借款的本金和利息的记账本位币金额产生影响，这种影响金额就是外币借款发生的汇兑差额。

第二节　借款费用的确认

一、借款费用确认原则及借款费用资本化的资产范围

在财务会计理论上，对借款费用的确认途径有两种：一是将每期发生的借款费用资本化，计入相关资产的成本；二是将每期发生的借款费用费用化，计入当期损益。由此可见，需要制定科学且切实可行的借款费用确认原则来解决到底是资本化还是费用化的问题。根据企业会计准则的规定和财务实际工作的要求，科学且切实可行的借款费用确认原则是：企业发生的借款费用可直接归属于符合资本化条件的资产购建或者生产的，应当予以资本化，计入相关资产成本；其他借款费用应当在发生时根据其发生额确认为费用，计入当期损益。

根据上述借款费用确认原则的规定，若要将借款费用资本化，则必须将该笔借款用在符合资本化条件的资产购建或生产上。由此可得出一个结论，即借款费用资本化的资产就是符合资本化条件的资产。所谓符合资本化条件的资产，是指需要经过相当长时间（大于等于1年）的购建或者生产活动才能达到预定可使用或者可销售状态的固定资产、投资性房地产和存货等资产。建造合同成本、无形资产的开发支出等在符合条件的情况下，也可以认定为符合资本化条件的资产。但是，如果是人为或者故意等非正常原因导致资产的购建或者生产的时间相当长，则该资产不属于符合资本化条件的资产。还有购入即可使用的资产，或者购入后需要安装但所需安装时间较短的资产，或者需要建造或生产但建造或生产时间较短的资产，均不属于符合资本化条件的资产。

二、借款费用可予以资本化的借款范围

企业借款包括专门借款和一般借款两类。所谓专门借款，指的是为购建或生产符合资本化条件

的资产而专门借入的款项，这种借款用途明确。一般借款指的是除专门借款以外的借款，这种借款在借入时，通常没有特别指定用于符合资本化条件的资产的购建或生产。借款费用可予以资本化的借款范围，既包括专门借款，也包括一般借款。对于一般借款而言，只有在购建或生产符合资本化条件的资产占用了一般借款时，才应当将与一般借款占用部分相关的借款费用资本化。

三、借款费用资本化期间的确定

借款费用资本化期间是指从借款费用开始资本化时点到停止资本化时点的期间，其中不包括借款费用暂停资本化的期间。有关的借款费用只有发生在上述资本化期间内，才能资本化，因此确定借款费用资本化期间显得尤为重要。

（一）借款费用开始资本化的时点

借款费用开始资本化必须同时满足三个条件，即资产支出已经发生、借款费用已经发生、为使资产达到预定可使用或可销售状态所必要的购建或生产活动已经开始。

资产支出已经发生，指的是购建或者生产符合资本化条件的资产的支出已经发生。资产支出包括支付现金、转移非现金资产和承担带息债务形式所发生的支出。借款费用已经发生，指的是企业已经发生因购建或者生产符合资本化条件的资产而专门借入款项的借款费用，或者占用了一般借款的借款费用。为使资产达到预定可使用或者可销售状态所必要的购建或者生产活动已经开始，指的是符合资本化条件的资产的实体建造或生产工作已经开始，如主体设备的安装、厂房的实际开工建造等。它不包括仅仅持有资产但没有发生为改变资产形态而进行的实质上的建造或者生产活动。

（二）借款费用暂停资本化的时间

在购建或者生产符合资本化条件的资产过程中，如果发生非正常中断且中断时间连续超过3个月，企业应当暂停借款费用资本化。发生非正常中断和中断时间连续超过3个月，是借款费用暂停资本化的两个必备要素。

第一个要素，发生非正常中断，指的是由于企业管理决策上的原因或者其他不可预见的原因等所导致的中断。比如，企业因与施工方发生工程质量上的纠纷，或者工程、生产用料没有及时供应，或者资金周转发生困难，或者施工、生产发生安全事故，或者发生与资产购建、生产有关的劳动纠纷等原因，导致资产购建或者生产活动发生中断，均属于非正常中断。要将非正常中断与正常中断区别开来，这是判断借款费用是否暂停资本化的关键。一般情况下，正常中断仅限于购建或者生产符合资本化条件的资产达到预定可使用或者可销售状态所必要的程序，或者事先可预见的不可抗力因素导致的中断。比如，某些工程建造到一定阶段必须暂停下来进行质量或者安全检查，检查通过后才可继续下一阶段的建造工作，这类中断是在施工前可以预见的，而且是工程建造必须经过的程序，属于正常中断。某些地区的工程在建造过程中，由于可预见的不可抗力因素（如台风、雨季、冰冻等）导致施工出现停顿，也属于正常中断。

第二个要素，非正常中断时间连续超过3个月。首先是中断时间不能少于3个月，否则不满足重要性原则；其次超过3个月的中断时间必须是连续的，不能是断断续续的。

（三）借款费用停止资本化的时点

购建或者生产符合资本化条件的资产达到预定可使用或者可销售状态时，借款费用应当停止资本化。企业在确定借款费用停止资本化的时点时需要运用职业判断，应当遵循实质重于形式的原则，针对具体情况，依据经济实质判断所购建或者生产的符合资本化条件的资产达到预定可使用或者可销售状态的时点，具体应从以下三个方面进行判断：

（1）符合资本化条件的资产的实体建造（包括安装）或者生产活动已经全部完成或者实质上已经完成。

（2）所购建或者生产的符合资本化条件的资产与设计要求、合同规定或者生产要求相符或者基本相符，即使有极个别与设计、合同或者生产要求不相符的地方，也不影响其正常使用或者销售。

（3）继续发生在所购建或者生产的符合资本化条件的资产上的支出金额很少或者几乎不再发生。

购建或者生产符合资本化条件的资产需要试生产或者试运行的，在试生产结果表明资产能够正常生产出合格产品，或者试运行结果表明资产能够正常运转或者营业时，应当认为该资产已经达到预定可使用或者可销售状态。

如果所购建或者生产的符合资本化条件的资产的各部分分别完工，且每部分在其他部分继续建造或者生产过程中可供使用或者可对外销售，且为使该部分资产达到预定可使用或者可销售状态所必要的购建或者生产活动实质上已经完成，应当停止与该部分资产相关的借款费用的资本化。如果所购建或者生产的符合资本化条件的资产的各部分分别完工，但必须等到整体完工后才可使用或者对外销售，应当在该资产整体完工时停止借款费用的资本化。

第三节　借款费用的计量

一、借款费用资本化金额的确定

在借款费用资本化期间，每一会计期间的利息（包括折价或溢价的摊销，下同）的资本化金额，应当按照以下原则确定：

（1）为购建或者生产符合资本化条件的资产而借入专门借款的，应当以专门借款当期实际发生的利息费用减去将尚未动用的借款资金存入银行取得的利息收入或进行暂时性投资取得的投资收益后的金额，确定专门借款应予以资本化的利息金额。

（2）为购建或者生产符合资本化条件的资产而占用了一般借款的，企业应当根据累计资产支出超过专门借款部分的资产支出加权平均数乘以所占用一般借款的资本化率，计算确定一般借款应予以资本化的利息金额。资本化率应当根据一般借款加权平均利率计算确定。即企业占用一般借款购建或者生产符合资本化条件的资产时，一般借款的借款费用的资本化金额的确定应当与资产支出挂钩。有关计算公式如下：

$$\frac{\text{一般借款利息费用}}{\text{资本化金额}} = \frac{\text{累计资产支出超过专门借款部分}}{\text{的资产支出加权平均数}} \times \frac{\text{所占用一般借款}}{\text{的资本化率}}$$

$$\frac{\text{所占用一般借款}}{\text{的资本化率}} = \frac{\text{所占用一般借款}}{\text{加权平均利率}} = \frac{\text{所占用一般借款当期}}{\text{实际发生的利息之和}} \div \frac{\text{所占用一般借款}}{\text{本金加权平均数}}$$

（3）每一会计期间的利息资本化金额不应当超过当期相关借款实际发生的利息金额。

【例 11-1】 茶山股份有限公司委托罗山建筑公司于 2×23 年 1 月 1 日开始动工兴建一座厂房，工期预计为 1 年零 8 个月，该工程采用出包方式，分别于 2×23 年 1 月 1 日、2×23 年 7 月 1 日、2×24 年 1 月 1 日和 2×24 年 7 月 1 日向工程承包方罗山建筑公司支付工程进度款。

茶山股份有限公司为建造该厂房于 2×23 年 1 月 1 日借入专门借款 25 000 000 元，借款期限为 2 年，年利率为 5%，于每年年末支付利息。公司将暂未动用的专门借款全部用于固定收益债券短期投资，月收益率为 0.5%。

该厂房在建造过程中，使用了两笔一般借款。分别为：①2×22 年 1 月 1 日向银行借入的 4 年期借款 15 000 000 元，年利率为 6%，于每年 12 月 31 日支付利息；②2×22 年 10 月 1 日向银行借入的 5 年期借款 20 000 000 元，年利率为 7%，于每年 12 月 31 日支付利息。

该厂房于 2×24 年 8 月 31 日完工，达到预定可使用状态。

茶山股份有限公司出包建造厂房支付工程进度款情况如表 11-1 所示。

表 11-1 出包建造厂房支付工程进度款情况   单位：元

资产支出时间	每期资产支出金额	累计资产支出金额	闲置借款资金用于短期投资的金额
2×23 年 1 月 1 日	10 000 000	10 000 000	15 000 000
2×23 年 7 月 1 日	10 000 000	20 000 000	5 000 000
2×24 年 1 月 1 日	12 000 000	32 000 000	—
2×24 年 7 月 1 日	10 000 000	42 000 000	—
合计	42 000 000	—	

茶山股份有限公司借款费用资本化的账务处理如下：

(1) 2×23 年 12 月 31 日。

2×23 年专门借款的利息资本化金额 = 25 000 000 × 5% - 15 000 000 × 0.5% × 6 - 5 000 000 × 0.5% × 6 = 1 250 000 - 450 000 - 150 000 = 650 000（元）

2×23 年实际应付的借款利息总额 = 25 000 000 × 5% + 15 000 000 × 6% + 20 000 000 × 7% = 3 550 000（元）

借：在建工程　　　　　　　　　　　　　　　　　650 000
　　财务费用　　　　　　　　　　　　　　　　2 300 000
　　应收利息（或银行存款）　　　　　　　　　　600 000
　　贷：应付利息　　　　　　　　　　　　　　3 550 000

(2) 2×24 年 8 月 31 日。

2×24 年专门借款的利息资本化金额 = 25 000 000 × 5% ×（8÷12）= 833 333.33（元）

一般借款利息资本化率 =（15 000 000 × 6% + 20 000 000 × 7%）÷（15 000 000 + 20 000 000）× 100% = 2 300 000 ÷ 35 000 000 × 100% = 6.57%

2×24 年占用一般借款的资产支出加权平均数 = 7 000 000 ×（8÷12）+ 10 000 000 ×（2÷12）= 4 666 666.67 + 1 666 666.67 = 6 333 333.34（元）

2×24 年应予资本化的一般借款利息金额 = 6 333 333.34 × 6.57% = 416 100（元）

2×24 年利息资本化金额 = 833 333.33 + 416 100 = 1 249 433.33（元）

2×24年1—8月实际应付的借款利息总额 = (25 000 000 × 5% + 15 000 000 × 6% + 20 000 000 × 7%) × (8 ÷ 12) = 2 366 666.67（元）

借：在建工程　　　　　　　　　　　　　　　1 249 433.33
　　财务费用　　　　　　　　　　　　　　　1 117 233.34
　　贷：应付利息　　　　　　　　　　　　　　　　2 366 666.67

二、借款辅助费用资本化金额的确定

借款辅助费用是企业为了获得借款而发生的必要费用，包括借款手续费（如发行债券手续费）、佣金等。它是企业借款费用的重要组成部分。对于处理借款辅助费用的资本化问题，应当遵循以下原则：对于企业发生的专门借款辅助费用，在所购建或者生产的符合资本化条件的资产达到预定可使用或者可销售状态之前发生的，应当在发生时根据其发生额予以资本化；在所购建或者生产的符合资本化条件的资产达到预定可使用或者可销售状态之后发生的，应当在发生时根据其发生额确认为费用，计入当期损益。

三、外币专门借款汇兑差额资本化金额的确定

在借款费用资本化期间，外币专门借款本金及其利息的汇兑差额应当予以资本化，计入符合资本化条件的资产的成本；除外币专门借款之外的其他外币借款本金及其利息所产生的汇兑差额，不应资本化，应当计入当期损益。

【本章小结】

本章学习了借款费用资本化的问题。借款费用包括借款利息、折价或溢价的摊销、借款辅助费用和因外币借款而发生的汇兑差额。本章主要围绕借款利息资本化问题展开，阐述了借款费用资本化的资产范围、借款费用可予以资本化的借款范围、借款费用资本化期间的确定以及借款费用资本化的计量方法。当我们系统掌握借款费用资本化的确认和计量方法后，就可以对借款费用的处理作出科学的选择以及科学的会计核算。

第十二章
债务重组

【知识结构图】

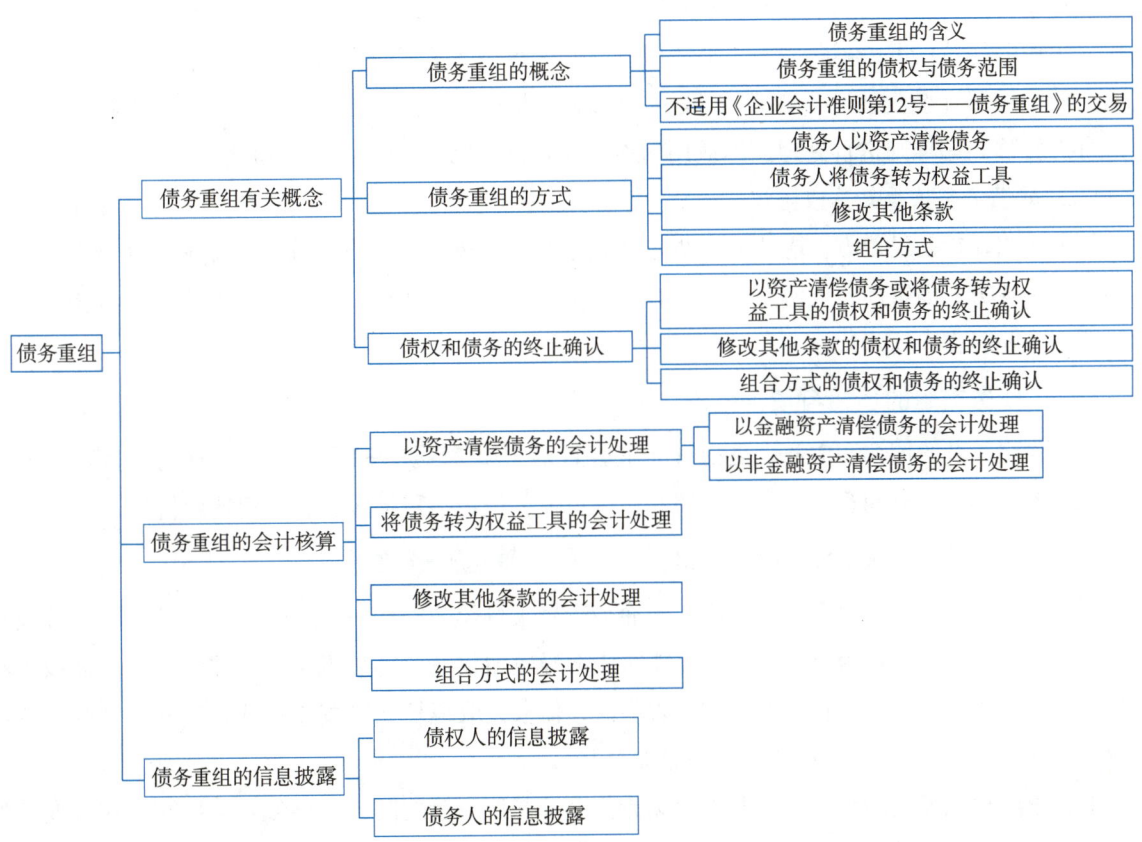

第一节　债务重组有关概念

一、债务重组的概念

（一）债务重组的含义

《企业会计准则第 12 号——债务重组》规定，债务重组是指在不改变交易对手方的情况下，经债权人和债务人协定或法院裁定，就清偿债务的时间、金额或方式等重新达成协议的交易。

债务重组对债权人而言称为"债权重组"，为便于表述，统称为"债务重组"。对于债务重组应从以下两方面加以理解：

（1）债务重组不改变交易对手方。

债务重组是在不改变交易对手方的情况下进行的交易。在实务中，经常出现有第三方参与相关债权债务交易的情形，比如第三方以不同于原合同条款方式代债务人向债权人偿债，又如第三方从债权人手中购得债权后，再向债务人索偿债权等，这些交易是不同交易对手方之间的债权债务相互抵销，应当按照《企业会计准则第 22 号——金融工具确认与计量》和《企业会计准则第 23 号——金融资产转移》等准则进行处理，不适用《企业会计准则第 12 号——债务重组》。

（2）就债务条款重新达成协议。

债务重组无论是经双方自愿达成的协定，还是经法院裁定，只要债权人和债务人就清偿债务的时间、金额或方式等重新达成协议，就符合债务重组定义，不强调债权人是否发生了财务困难，也不论债权人是否作出让步。

（二）债务重组的债权与债务范围

债务重组涉及的债权和债务，是指《企业会计准则第 22 号——金融工具确认与计量》规范的债权和债务，不包括合同资产、合同负债和预计负债，但包括租赁应收款和租赁应付款。

（三）不适用《企业会计准则第 12 号——债务重组》的交易

通过债务重组形成企业合并的，适用《企业会计准则第 20 号——企业合并》。债务人以股权投资清偿债务或者将债务转为权益工具，可能对应会导致债权人取得被投资单位或债务人控制权，在债权人的个别财务报表层面和合并财务报表层面，债权人取得长期股权投资或资产和负债的确认与计量，适用《企业会计准则第 20 号——企业合并》。

债务重组构成权益性交易（权益性交易是指企业与所有者之间的、导致企业所有者权益变动的交易）的，债权人和债务人不确认债务重组相关损益，而是遵循权益性交易的有关规定，将该交易的相关利得或损失直接计入资本公积。

债务重组构成权益性交易的情形包括：

（1）债权人直接或间接对债务人持股，或者债务人直接或间接对债权人持股，且持股方以股东身份进行债务重组。

（2）债权人与债务人在债务重组前后均受同一方或相同的多方最终控制，且该债务重组的交易实质是债权人或债务人进行了权益性分配或接受了权益性投入。

例如，甲公司是 A 公司股东，为了弥补 A 公司临时性经营现金流短缺，甲公司向 A 公司提供一笔期限为 6 个月的 1 000 万元无息借款，借款期届满时，A 公司能够按期足额偿还借款，但甲公司豁免了 A 公司部分还款义务，仅要求 A 公司偿还借款本金 200 万元。此项交易中，如果甲公司不是 A 公司股东，在 A 公司具有足够偿债能力的情况下通常不会免除其部分债务。因此，甲公司和 A 公司应当将该交易作为权益性交易，不确认债务重组相关损益。

债务重组中不属于权益性交易的部分，仍然需要确认债务重组相关损益。

例如，假设前例中债务人 A 公司发生财务困难，不能按期足额还款，全体债权人协商同意豁免 50% 借款本金，但甲公司在此基础上比其他债权人多豁免 A 公司 300 万元借款本金。在这项交易中，甲公司正常豁免 A 公司 500 万元（1 000×50%）本金的交易属于债务重组，应确认债务重组损益；而比其他债权人多豁免的 300 万元本金的交易应作为权益性交易，不确认债务重组损益，应计入资本公积。

企业在判断债务重组是否构成权益性交易时，应遵循实质重于形式原则，如果债权人不具有股东身份，但实质上以股东身份进行债务重组，债权人和债务人应当认为该债务重组构成权益性交易。

二、债务重组的方式

债务重组的方式主要包括债务人以资产清偿债务、将债务转为权益工具、修改其他条款以及上述一种以上方式的组合。

（一）债务人以资产清偿债务

债务人以资产清偿债务，是指债务人转让其资产给债权人以清偿债务的债务重组方式。债务人用于清偿债务的资产通常是已在资产负债表中确认的资产；在某些情况下，债务人也可能以未予确认的资产（例如债务人以未确认的内部产生的品牌）清偿债务；在少数情况下，债务人还可能以处置组清偿债务。

（二）债务人将债务转为权益工具

债务人将债务转为权益工具，实务中常称"债转股"，这里的权益工具，是指能证明拥有某个企业在扣除所有负债后的资产中剩余权益的合同。会计处理上体现为"股本""实收资本""资本公积"等。

将债务转为权益工具时，如果债务重组协议同时附加了诸如约定债务人在未来某个时点有义务以某一金额回购股权，或债权人持有的股份享有强制分红，或以一项同时包含金融负债成分和权益工具成分的复合金融工具替换原债权债务等条款，这类交易不属于债务人将债务转为权益工具。

（三）修改其他条款

修改债权和债务的其他条款，是指债务人不以资产清偿债务，也不将债务转为权益工具，而是改变债权和债务的其他条款（如调整债务本金、改变债务利息、变更还款期限等）的债务重组方式。经修改其他条款的债权和债务分别形成重组债权和重组债务。

（四）组合方式

组合方式是采用债务人以资产清偿债务、债务人将债务转为权益工具、修改其他条款三种方式中一种以上方式的组合来清偿债务的债务重组方式。

三、债权和债务的终止确认

债务重组涉及的债权和债务，只有在符合《企业会计准则第 22 号——金融工具确认与计量》和《企业会计准则第 23 号——金融资产转移》的有关金融资产和金融负债终止确认条件时，才能终止确认。债权人在收取债权现金流量的合同权利终止时终止确认债权，债务人在债务的现时义务解除时终止确认债务。

债权人对于终止确认的债权应当结转已计提的减值准备中对应该债权终止确认部分的金额。对于终止确认的分类为以公允价值计量且其变动计入其他综合收益的债权，应将其之前计入其他综合收益的累计利得或损失予以转出，借记或贷记"投资收益"科目。

（一）以资产清偿债务或将债务转为权益工具的债权和债务的终止确认

对于债权人，由于在拥有或控制相关资产时，通常其收取债权现金流量的合同权利也同时终止，一般可以终止确认该债权。

（二）修改其他条款的债权和债务的终止确认

对于债权人，通常情况下，应当整体考虑是否对全部债权的合同条款作出了实质性修改。如果作出实质性修改，或者债权人与债务人之间签订协议，以获取实质上不同的新金融资产方式替换债权，应当终止确认原债权，并按照修改后的条款或新协议确认新金融资产。

对于债务人，如果对债务或部分债务的合同条款作出"实质性修改"形成重组债务，或者债权人与债务人之间签订协议，以承担"实质上不同"的重组债务方式替换债务，债务人应当终止确认原债务，同时按照修改后的条款确认一项新金融负债。其中，如果重组债务未来现金流量（包括支付和收取的某些费用）现值与原债务的剩余期间现金流量现值之间的差异超过 10%，则意味着新的合同条款进行了"实质性修改"或者重组债务是"实质上不同"的，有关现值的计算均采用原债务的实际利率。

（三）组合方式的债权和债务的终止确认

对于债权人，通常情况下应当整体考虑是否终止确认全部债权。由于组合方式涉及多种债务重组方式，一般可以认为对全部债权的合同条款作出了实质性修改，从而终止确认全部债权，并按照修改后的条款确认新金融资产。

对于债务人，组合中以资产清偿债务或者将债务转为权益工具方式进行的债务重组，如果债务人清偿该部分债务的现时义务已经解除，应当终止确认该部分债务；组合中以修改其他条款方式进行的债务重组，需根据具体情况，判断对应的部分债务是否满足终止确认条件。

第二节　债务重组的会计核算

一、以资产清偿债务的会计处理

（一）以金融资产清偿债务的会计处理

（1）对于债权人，因受让包括现金在内的单项或多项金融资产，应当按照《企业会计准则第

22号——金融工具确认与计量》的规定，以其当日的公允价值进行初始计量。借记"库存现金""银行存款""交易性金融资产""债权投资""其他债权投资""其他权益工具投资""坏账准备"等科目，贷记"应收账款"等科目，金融资产确认金额与债权终止确认日账面价值之间的差额，借记或贷记"投资收益"科目；受让的金融资产涉及的增值税税额按相关规定进行会计处理。

（2）对于债务人，以单项或多项金融资产清偿债务。借记"应付账款""长期借款"等科目，偿债的金融资产已计提减值准备的，借记"债权投资减值准备""坏账准备"等科目，贷记"库存现金""银行存款""应收账款""交易性金融资产""债权投资""其他债权投资""其他权益工具投资"等科目，所清偿债务账面价值与偿债金融资产账面价值的差额，借记或贷记"投资收益"科目；转让的金融资产涉及的增值税税额按相关规定进行会计处理。

债务人对于以分类为以公允价值计量且其变动计入其他综合收益的债务工具投资清偿债务的，应将其之前计入其他综合收益的累计利得或损失予以转出，借记或贷记"投资收益"科目；对于以指定为以公允价值计量且其变动计入其他综合收益的非交易性权益工具投资清偿债务的，应将其之前计入其他综合收益的累计利得或损失予以转出，借记或贷记"盈余公积"和"利润分配——未分配利润"科目。

【例12-1】甲公司结欠乙公司账款339 000元到期尚未清偿，2×21年1月10日双方进行债务重组。债务重组合同规定，甲公司向乙公司支付200 000元抵偿其所欠账款，剩余债务豁免。2×21年1月15日，甲公司向乙公司支付账款200 000元。

（1）债权人乙公司的会计处理。

①债权重组损益=200 000-339 000=-139 000（元）。

②终止确认重组债权的会计分录为：

借：银行存款	200 000	
投资收益	139 000	
贷：应收账款——甲公司		339 000

（2）债务人甲公司的会计处理。

①债务重组损益=339 000-200 000=139 000（元）。

②终止确认重组债务的会计分录为：

借：应付账款——乙公司	339 000	
贷：银行存款		200 000
投资收益		139 000

【例12-2】甲公司结欠丙公司账款900 000元未能按期偿还，2×21年3月28日与丙公司进行债务重组。债务重组合同规定，甲公司以账面价值710 000元（其中，成本600 000元，利息调整10 000元，公允价值变动100 000元）的其他债权投资（该债务工具为非上市债券）偿还该笔账款，当日完成交割手续，当日该金融资产的公允价值为740 000元，丙公司对该笔应收账款已计提坏账准备18 000元，对取得的债务工具作为交易性金融资产管理。

（1）债权人丙公司的会计处理。

①债权重组损益=740 000-（900 000-18 000）=-142 000（元）。

②终止确认重组债权的会计分录为：

借：交易性金融资产——成本	740 000	
坏账准备	18 000	
投资收益	142 000	
贷：应收账款——甲公司		900 000

（2）债务人甲公司的会计处理。

①债务重组损益=900 000－710 000＝190 000（元）。

②终止确认重组债务的会计分录为：

借：应付账款——丙公司	900 000	
贷：其他债权投资——成本		600 000
——利息调整		10 000
——公允价值变动		100 000
投资收益		190 000

同时，结转该其他债权投资之前记入"其他综合收益"科目的公允价值上升金额100 000元，会计分录为：

借：其他综合收益	100 000	
贷：投资收益		100 000

【例12－3】甲公司结欠丁公司账款800 000元未能按期偿还，2×21年4月1日与丁公司签订债务重组合同。债务重组合同规定，甲公司以账面价值为600 000元［其中，成本720 000元，公允价值变动120 000元（贷方）］的一项其他权益工具投资（该权益工具为非上市股票）偿还该笔账款，当日完成交割手续，当日该金融资产的公允价值为650 000元，甲公司按10%计提法定盈余公积，未提取任意盈余公积。丁公司对该笔应收账款已计提坏账准备15 000元，对取得的权益工具作为交易性金融资产管理。

（1）债权人丁公司的会计处理。

①债权重组损益=650 000－（800 000－15 000）＝－135 000（元）。

②终止确认重组债权的会计分录为：

借：交易性金融资产——成本	650 000	
坏账准备	15 000	
投资收益	135 000	
贷：应收账款——甲公司		800 000

（2）债务人甲公司的会计处理。

①债务重组损益=800 000－（720 000－120 000）＝200 000（元）。

②终止确认重组债务的会计分录为：

借：应付账款——丁公司	800 000	
其他权益工具投资——公允价值变动	120 000	
贷：其他权益工具投资——成本		720 000
投资收益		200 000

同时，结转该其他权益工具投资之前记入"其他综合收益"科目的公允价值下降金额

120 000 元，会计分录为：

借：盈余公积　　　　　　　　　　　　　　　　　　　　　　　　　　12 000
　　利润分配——未分配利润　　　　　　　　　　　　　　　　　　　108 000
　　贷：其他综合收益　　　　　　　　　　　　　　　　　　　　　　　　120 000

（二）以非金融资产清偿债务的会计处理

（1）对于债权人，受让的非金融资产应当按照下列原则以成本进行初始计量：

①存货的成本，包括放弃债权的公允价值，以及使该资产达到当前位置和状态所发生的可直接归属于该资产的税金、运输费、装卸费、保险费等其他成本；②对联营企业或合营企业投资的成本，包括放弃债权的公允价值，以及可直接归属于该资产的税金等其他成本；③投资性房地产的成本，包括放弃债权的公允价值，以及可直接归属于该资产的税金等其他成本；④固定资产的成本，包括放弃债权的公允价值，以及使该资产达到预定可使用状态前所发生的可直接归属于该资产的税金、运输费、装卸费、安装费、专业人员服务费以及预计的弃置费用等其他成本；⑤生物资产的成本，包括放弃债权的公允价值，以及可直接归属于该资产的税金、运输费、保险费等其他成本；⑥无形资产的成本，包括放弃债权的公允价值，以及可直接归属于使该资产达到预定用途所发生的税金等其他成本。借记"原材料""库存商品""长期股权投资""投资性房地产""固定资产""生物资产""无形资产""坏账准备"等科目，贷记"应收账款"等科目，放弃债权的公允价值与账面价值之间的差额，借记或贷记"投资收益"科目。

如果债权人受让包括金融资产、非金融资产在内的多项资产，应当按照下列顺序确认和计量各项资产：

首先，按照《企业会计准则第 22 号——金融工具确认与计量》的规定，对受让的金融资产以其当日的公允价值进行初始计量。借记"库存现金""银行存款""交易性金融资产""债权投资""其他债权投资""其他权益工具投资"等科目。

其次，按照受让的金融资产以外的各项资产在债务重组合同生效日的公允价值比例，对放弃债权在合同生效日的公允价值扣除受让金融资产当日公允价值后的净额进行分配，并以此为基础分别确定各项资产的成本。借记"原材料""库存商品""长期股权投资""投资性房地产""固定资产""生物资产""无形资产""坏账准备"等科目，贷记"应收账款"等科目，放弃债权的公允价值与账面价值之间的差额，借记或贷记"投资收益"科目。受让的金融资产和非金融资产涉及的增值税税额按相关规定进行会计处理。

（2）对于债务人，以单项或多项非金融资产清偿债务，或者以包括金融资产和非金融资产在内的多项资产清偿债务的，不需要区分资产处置损益和债务重组损益，也不需要区分不同资产的处置损益。借记"应付账款""长期借款"等科目，偿债的资产已计提减值准备的，借记"存货跌价准备""债权投资减值准备"等科目，贷记"原材料""库存商品""长期股权投资""投资性房地产""固定资产清理""生物资产""无形资产"等科目，所清偿债务账面价值与偿债各项资产账面价值的差额，借记或贷记"其他收益"科目。转让的金融资产和非金融资产涉及的增值税税额按相关规定进行会计处理。

【例 12-4】甲公司结欠戊公司账款 5 600 000 元到期未能按期清偿。2×21 年 6 月 13 日，双方签订债务重组协议。协议规定，甲公司以一批自产产品偿还该笔账款，该批产品实际成本为

4 000 000 元，计税价格为 5 000 000 元，适用增值税税率为 13%。2×21 年 6 月 18 日，戊公司收到甲公司交付的产品验收入库作为原材料管理。当日，戊公司应收账款的公允价值为 5 500 000 元，已计提坏账准备 90 000 元。假设不考虑相关税费。

(1) 债权人戊公司的会计处理。

①受让原材料允许抵扣的增值税进项税额 = 5 000 000 × 13% = 650 000（元）。

②受让原材料入账价值（成本）= 5 500 000 − 650 000 = 4 850 000（元）。

③债权重组损益 = 5 500 000 − 5 600 000 − 90 000 = − 10 000（元）。

④终止确认重组债权的会计分录为：

借：原材料	4 850 000
应交税费——应交增值税（进项税额）	650 000
坏账准备	90 000
投资收益	10 000
贷：应收账款——甲公司	5 600 000

(2) 债务人甲公司的会计处理。

①转让自产产品的增值税销项税额 = 5 000 000 × 13% = 650 000（元）。

②债务重组损益 = 5 600 000 − 650 000 − 4 000 000 = 950 000（元）。

③终止确认重组债务的会计分录为：

借：应付账款——戊公司	5 600 000
贷：库存商品	4 000 000
应交税费——应交增值税（销项税额）	650 000
其他收益——债务重组收益	950 000

【例 12 − 5】甲公司前欠己公司一笔账款 980 000 元逾期尚未偿还，双方对该笔账款均采用摊余成本计量，己公司对甲公司该笔账款已计提坏账准备 70 000 元。2×21 年 8 月 18 日，双方签订的债务重组协议规定，甲公司以一项非专利技术偿还己公司该笔账款，8 月 20 日，双方办妥非专利技术转让手续，己公司以银行存款支付该非专利技术评估费用 40 000 元。甲公司该项非专利技术账面余额 1 000 000 元，已计提累计摊销 100 000 元，已计提减值准备 20 000 元，计税价格为 900 000 元，适用增值税税率为 6%。重组日己公司该项应收账款公允价值为 870 000 元，受让的非专利技术作为无形资产管理。

(1) 债权人己公司的会计处理。

①受让无形资产允许抵扣的增值税进项税额 = 900 000 × 6% = 54 000（元）。

②受让无形资产入账价值（成本）= 870 000 + 40 000 − 54 000 = 856 000（元）。

③债权重组损益 = 870 000 −（980 000 − 70 000）= − 40 000（元）。

④终止确认重组债权的会计分录为：

借：无形资产	856 000
应交税费——应交增值税（进项税额）	54 000
坏账准备	70 000
投资收益	40 000

贷：应收账款——甲公司　　　　　　　　　　　　　　　　　　　　　　　980 000
　　　　银行存款　　　　　　　　　　　　　　　　　　　　　　　　　　　　 40 000

（2）债务人甲公司的会计处理。

①转让无形资产的增值税销项税额 = 900 000 × 6% = 54 000（元）。

②债务重组损益 = 980 000 -（1 000 000 - 100 000 - 20 000）- 54 000 = 46 000（元）。

③终止确认重组债务的会计分录为：

借：应付账款——已公司　　　　　　　　　　　　　　　　　　　　　　　　980 000
　　累计摊销　　　　　　　　　　　　　　　　　　　　　　　　　　　　　 100 000
　　无形资产减值准备　　　　　　　　　　　　　　　　　　　　　　　　　　20 000
　　贷：无形资产　　　　　　　　　　　　　　　　　　　　　　　　　　 1 000 000
　　　　应交税费——应交增值税（销项税额）　　　　　　　　　　　　　　　54 000
　　　　其他收益——债务重组收益　　　　　　　　　　　　　　　　　　　　46 000

【例12-6】甲公司结欠庚公司2 400 000元账款未能按期偿还，2×21年10月5日与庚公司签订债务重组协议。协议规定，甲公司以一台原始价值3 200 000元、已提累计折旧1 500 000元、公允价值1 800 000元（与计税价格一致）的生产设备和一项原值500 000元、已计提累计摊销240 000元、公允价值200 000元（与计税价格一致）的非专利技术偿还庚公司账款。甲公司以银行存款支付生产设备清理费用20 000元，2×21年10月10日双方办妥资产变更手续。庚公司对该笔应收账款已计提坏账准备50 000元，重组日庚公司该笔应收账款的公允价值为2 320 000元。生产设备适用增值税税率为13%，专利技术适用增值税税率为6%，假设不考虑其他税费。

（1）债权人庚公司的会计处理。

①受让资产允许抵扣的增值税进项税额 = 1 800 000 × 13% + 200 000 × 6% = 246 000（元）。

②受让资产入账价值（成本）= 2 320 000 - 246 000 = 2 074 000（元）。

其中，受让固定资产入账价值（成本）= 2 074 000 × 1 800 000 ÷（1 800 000 + 200 000）= 1 866 600（元）。

受让无形资产入账价值（成本）= 2 074 000 × 200 000 ÷（1 800 000 + 200 000）= 207 400（元）。

③债权重组损益 = 2 320 000 - 2 400 000 - 50 000 = -30 000（元）。

④终止确认重组债权的会计分录为：

借：固定资产　　　　　　　　　　　　　　　　　　　　　　　　　　　 1 866 600
　　无形资产　　　　　　　　　　　　　　　　　　　　　　　　　　　　 207 400
　　应交税费——应交增值税（进项税额）　　　　　　　　　　　　　　　 246 000
　　坏账准备　　　　　　　　　　　　　　　　　　　　　　　　　　　　　50 000
　　投资收益　　　　　　　　　　　　　　　　　　　　　　　　　　　　　30 000
　　贷：应收账款——甲公司　　　　　　　　　　　　　　　　　　　　 2 400 000

（2）债务人甲公司的会计处理。

①转让资产的增值税销项税额 = 1 800 000 × 13% + 200 000 × 6% = 246 000（元）。

②债务重组损益 = 2 400 000 - 3 200 000 - 1 500 000 - 20 000 - 500 000 - 240 000 - 246 000 = 174 000（元）。

③终止确认重组债务的会计分录为：

a. 注销固定资产账面价值：

借：固定资产清理	1 700 000
累计折旧	1 500 000
贷：固定资产	3 200 000

b. 支付清理费用：

借：固定资产清理	20 000
贷：银行存款	20 000

c. 终止确认重组债务：

借：应付账款——庚公司	2 400 000
累计摊销	240 000
贷：应交税费——应交增值税（销项税额）	246 000
固定资产清理	1 720 000
无形资产	500 000
其他收益——债务重组收益	174 000

二、将债务转为权益工具的会计处理

（1）对于债权人，应当在受让的权益工具符合资产定义和确认条件时予以确认。其会计处理与债权人受让金融资产和非金融资产的会计处理相同。

（2）对于债务人，应当按照权益工具的公允价值计量（权益工具的公允价值不能可靠计量的，应当按照所清偿债务的公允价值计量）。借记"应付账款""长期借款"等科目，按权益工具的面值（或确认的注册资本份额），贷记"股本"或"实收资本"科目，按权益工具公允价值与股本或实收资本确认金额的差额，借记或贷记"资本公积——股本（资本）溢价"科目，所清偿债务账面价值与权益工具确认金额之间的差额，借记或贷记"投资收益"科目；涉及的增值税税额按相关规定进行会计处理。

债务人因发行权益工具而支出的相关税费等，应当依次借记"资本公积——股本溢价""盈余公积"和"利润分配——未分配利润"科目。

【例12-7】2×21年9月3日，甲公司从辛公司购买一批材料，价税款共计2 000 000元。2×21年11月25日，甲公司因无法支付货款与辛公司协商进行债务重组。双方议定辛公司将该债权转为对甲公司的股权投资。2×21年11月30日，辛公司完成对甲公司的增资手续。债务转为权益工具后甲公司总股本为3 000 000元，辛公司持有的抵债股权占甲公司总股本的20%，对甲公司具有重大影响，甲公司股权公允价值不能可靠计量。辛公司对该应收账款已计提坏账准备200 000元。债务重组日应收账款公允价值为1 750 000元，假定不考虑其他相关税费。

（1）债权人辛公司的会计处理。

①长期股权投资入账价值（成本）= 1 750 000（元）。

②债权重组损益=1 750 000 - (2 000 000 - 200 000) = -50 000（元）。

③终止确认重组债权的会计分录为：

借：长期股权投资——投资成本　　　　　　　　　　　　　　　　1 750 000

　　坏账准备　　　　　　　　　　　　　　　　　　　　　　　　　200 000

　　投资收益　　　　　　　　　　　　　　　　　　　　　　　　　 50 000

　　贷：应收账款——甲公司　　　　　　　　　　　　　　　　　　　　　2 000 000

（2）债务人甲公司的会计处理。

①权益工具价值=所清偿债务公允价值=1 750 000（元）。

其中，股本=3 000 000×20%=600 000（元），股本溢价=1 750 000 - 600 000 = 1 150 000（元）。

②债务重组损益=2 000 000 - 1 750 000 = 250 000（元）。

③终止确认重组债务的会计分录为：

借：应付账款——辛公司　　　　　　　　　　　　　　　　　　　2 000 000

　　贷：股本　　　　　　　　　　　　　　　　　　　　　　　　　　　600 000

　　　　资本公积——股本溢价　　　　　　　　　　　　　　　　　　1 150 000

　　　　投资收益　　　　　　　　　　　　　　　　　　　　　　　　　250 000

三、修改其他条款的会计处理

（1）对于债权人，如果修改其他条款导致全部债权终止确认，债权人应当按照修改后的条款以公允价值初始计量重组债权。借记"应收账款""坏账准备"等科目，贷记"应收账款"等科目，重组债权的确认金额与债权终止确认日账面价值之间的差额，借记或贷记"投资收益"科目；涉及的增值税税额按相关规定进行会计处理。

如果修改其他条款未导致债权终止确认，债权人应当根据其分类，继续以摊余成本、以公允价值计量且其变动计入其他综合收益，或者以公允价值计量且其变动计入当期损益进行后续计量。对于以摊余成本计量的债权，债权人应当根据重新议定合同的现金流量变化情况，重新计算该重组债权的账面余额，并将相关利得或损失，借记或贷记"投资收益"科目。重新计算该重组债权的账面余额，应当根据将重新议定或修改的合同现金流量按债权原实际利率折现的现值确定。对于修改或重新议定合同所产生的成本或费用，债权人应当调整修改后的重组债权的账面价值，并在修改后重组债权的剩余期限内摊销。

（2）对于债务人，如果修改其他条款导致债务终止确认，债务人应当按照公允价值计量重组债务。借记"应付账款""长期借款"等科目，贷记"应付账款""长期借款"等科目，终止确认的债务账面价值与重组债务确认金额的差额，借记或贷记"投资收益"科目；涉及增值税税额按相关规定进行会计处理。

如果修改其他条款未导致债务终止确认，或者仅导致部分债务终止确认，对于未终止确认的部分债务，债务人应当根据其分类，继续以摊余成本、以公允价值计量且其变动计入当期损益或者其他适当方法进行后续计量。对于以摊余成本计量的债务，债务人应当根据重新议定合同的现金流量变化情况，重新计算该重组债务的账面价值，并将相关利得或损失，借记或贷记"投资收益"科目。重新计算的该重组债务的账面价值，应当根据将重新议定或修改的合同现金流量按债务原实际利率折现的现值确定。对于修改或重新议定合同所产生的成本或费用，债务人应当调整修改后的重组债务的账面价值，并在修改后重组债务的剩余期限内摊销。

【例12-8】 甲公司2×21年12月1日就其结欠的应付账款1 200 000元与申公司协商达成债务重组协议。协议规定，申公司豁免甲公司所欠账款200 000元，剩余账款1 000 000元，按年化利率4%计收利息，账款利息自2×21年12月1日起算，还款期限自债务重组日起延长24个月，每年12月31日支付当年利息，到期还本。假设原实际年利率为10%。

(1) 债权人申公司的会计处理。

债权人申公司与债务人甲公司进行的债务重组，同时涉及豁免账款本金、计收利息和延长还款期限等修改其他条款方式，可以认为债权人对全部债权的合同条款作出了实质性修改，债权人在取得债权现金流量的合同权利终止时应当终止确认全部债权。

①重组债权账面余额 = 1 000 000 × 4% × (P/A, 10%, 2) + 1 000 000 × (P/F, 10%, 2) = 69 421 + 826 446 = 895 867 (元)。

②债权重组损益 = 895 867 - 1 200 000 = -304 133 (元)。

③终止确认重组债权的会计分录为：

借：应收账款——债务重组（甲公司） 895 867
　　投资收益 304 133
　　贷：应收账款——甲公司 1 200 000

(2) 债务人甲公司的会计处理。

①债务重组后现金流量现值 = 1 000 000 × 4% × (P/A, 10%, 2) + 1 000 000 × (P/F, 10%, 2) = 69 421 + 826 446 = 895 867 (元)。

②现金流量现值比率 = (1 000 000 - 895 867) ÷ 1 000 000 = 10.41% > 10%，属于实质性修改，应当终止确认全部债务。

③重组债务账面价值，即债务重组后现金流量现值895 867元。

④债务重组损益 = 1 200 000 - 895 867 = 304 133 (元)。

⑤终止确认重组债务的会计分录为：

借：应付账款——申公司 1 200 000
　　贷：应付账款——债务重组（申公司） 895 867
　　　　投资收益 304 133

四、组合方式的会计处理

(1) 对于债权人，采用组合方式进行债务重组的，一般可以认为对全部债权的合同条款作出了实质性修改，债权人应当按照修改后的条款，以公允价值初始计量重组债权和受让的新金融资产，按照受让的金融资产以外的各项资产在债务重组合同生效日的公允价值比例，对放弃债权在合同生效日的公允价值扣除重组债权和受让金融资产当日公允价值后的净额进行分配，并以此为基础分别确定各项资产的成本。放弃债权的公允价值与账面价值之间的差额，借记或贷记"投资收益"科目；涉及的增值税税额按相关规定进行会计处理。

(2) 对于债务人，采用组合方式进行债务重组的，对于权益工具，债务人应当在初始确认时按照权益工具的公允价值计量，权益工具的公允价值不能可靠计量的，应当按照所清偿债务的公允价值计量。对于修改其他条款形成的重组债务，债务人应当参照上文"修改其他条款"部分，确认和计量重组债务。所清偿债务的账面价值与转让资产的账面价值以及权益工具和重组债务的确认金额之和的差额，借记或贷记"其他收益——债务重组收益"或"投资收益"（仅涉及金融工具时）科目。

【例12-9】甲公司结欠酉公司账款5 200 000元逾期未付，2×21年12月20日与酉公司进行债务重组。重组合同规定，甲公司以自产产品5件和自身普通股股票500 000股偿还剩余债务。甲公司每件产品实际成本为200 000元，每件产品计税价格为400 000元（与公允价值一致），适用增值税税率13%；甲公司每股普通股面值为1元，每股普通股公允价值为6元，当日办妥股权过户手续。酉公司对甲公司所欠账款已计提坏账准备180 000元，债务重组日其应收账款公允价值为4 660 000元。收到的甲公司产品作为固定资产管理，假设不考虑其他税费。

(1) 债权人酉公司的会计处理。

① 受让固定资产允许抵扣的增值税进项税额 = 5 × 400 000 × 13% = 260 000（元）。

② 受让资产入账价值（成本） = 4 660 000 - 260 000 = 4 400 000（元）。

其中，权益工具入账价值（成本） = 4 400 000 × 3 000 000 ÷ （500 000 × 6 + 5 × 400 000） = 2 640 000（元）。

固定资产入账价值（成本） = 4 400 000 × 2 000 000 ÷ （500 000 × 6 + 5 × 400 000） = 1 760 000（元）。

③ 重组债权损益 = 4 660 000 - （5 200 000 - 180 000） = -360 000（元）。

④ 终止确认重组债权的会计分录为：

借：长期股权投资　　　　　　　　　　　　　　　　　　　　　　　2 640 000
　　固定资产　　　　　　　　　　　　　　　　　　　　　　　　　1 760 000
　　应交税费——应交增值税（进项税额）　　　　　　　　　　　　　260 000
　　坏账准备　　　　　　　　　　　　　　　　　　　　　　　　　　180 000
　　投资收益　　　　　　　　　　　　　　　　　　　　　　　　　　360 000
　　贷：应收账款——甲公司　　　　　　　　　　　　　　　　　　5 200 000

(2) 债务人甲公司的会计处理。

① 转让库存商品的增值税销项税额 = 5 × 400 000 × 13% = 260 000（元）。

② 股本入账价值 = 500 000 × 1 = 500 000（元）。

③ 资本溢价入账价值 = 500 000 × 6 - 500 000 = 2 500 000（元）。

④ 重组债务损益 = 5 200 000 - 1 000 000 - 3 000 000 - 260 000 = 940 000（元）。

⑤ 终止确认重组债务的会计分录为：

借：应付账款——酉公司　　　　　　　　　　　　　　　　　　　5 200 000
　　贷：库存商品　　　　　　　　　　　　　　　　　　　　　　1 000 000
　　　　应交税费——应交增值税（销项税额）　　　　　　　　　　260 000
　　　　股本　　　　　　　　　　　　　　　　　　　　　　　　　500 000

| 资本公积——股本溢价 | 2 500 000 |
| 其他收益——债务重组收益 | 940 000 |

第三节 债务重组的信息披露

债务重组中涉及的债权、重组债权、债务、重组债务和其他金融工具的披露应当按《企业会计准则第37号——金融工具列报》的规定处理。此外，债权人和债务人还应当在附注中披露与债务重组有关的额外信息。

一、债权人的信息披露

债权人应当在附注中披露与债务重组有关的下列信息：
（1）根据债务重组方式，分组披露债权账面价值和债务重组相关损益。
（2）债务重组导致的对联营企业或合营企业的权益性投资增加额，以及该投资占联营企业或合营企业股份总额的比例。

二、债务人的信息披露

债务人应当在附注中披露与债务重组有关的下列信息：
（1）根据债务重组方式，分组披露债务账面价值和债务重组相关损益。
（2）债务重组导致的股本等所有者权益的增加额。

【本章小结】

本章主要介绍了债务重组的概念、方式以及不同方式下的会计核算方法。债务重组方式分别为以资产清偿债务、将债务转为资本、修改其他债务条件和以上三种方式的组合。以资产清偿债务，是指债务人转让其资产给债权人以清偿债务的债务重组方式，通常包括使用现金和非现金资产清偿。将债务转为资本，是指债务人将债务转为资本，同时债权人将债权转为股权的债务重组方式。修改其他债务条件，是指修改不包括上述两种方式在内的其他债务条件进行债务重组的方式，应分别不附或有条件和附有或有条件两种情况进行会计处理。以上三种方式的组合，是指采用以上三种方式共同清偿债务的债务重组方式。

第十三章 所有者权益

【知识结构图】

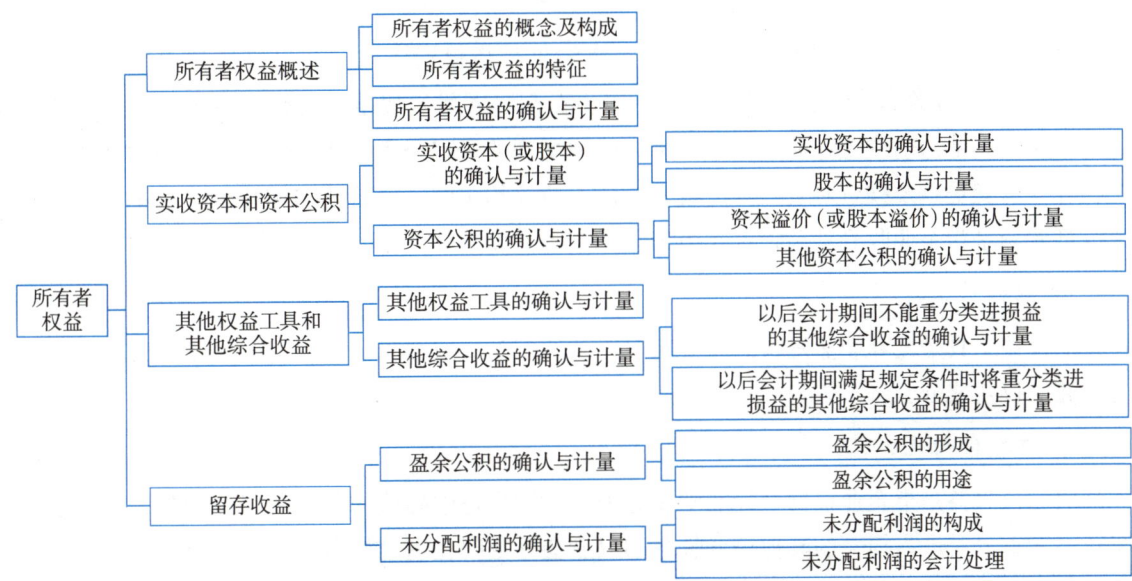

第一节 所有者权益概述

一、所有者权益的概念及构成

所有者权益又称股东权益,是企业资产扣除负债后的剩余权益,即由所有者享有的对企业资产的剩余索取权。所有者权益既可反映所有者投入资本的保值增值情况,又体现了保护债权人权益的理念。企业所有者权益由实收资本(或股本)、资本公积(含股本溢价或资本溢价、其他资本公积)、其他权益工具、其他综合收益、盈余公积和未分配利润构成。

1. 实收资本（或股本）

实收资本是指投资者按照企业章程或合同、协议的约定实际投入企业的资本，按照投资主体可以分为国家资本、法人资本、个人资本和外商资本。

我国目前实行的是注册资本制度。注册资本是企业设立时向市场监管部门登记注册的资本总额，投资者按合同或协议足额缴纳资本后，企业的实收资本应该等于其注册资本。投资者的投入资本，既包括注册资本（或股本），也包括投资者投入资本超过注册资本（或股本）部分的金额，即资本溢价或股本溢价。注册资本是企业的法定资本，是企业承担民事责任的财力保证。

在不同类型的企业中，实收资本的表现形式有所不同。在股份有限公司，实收资本表现为实际发行股票的面值，也称为股本；在其他企业，实收资本表现为投资者在其注册资本范围内的实际出资额，也称为实收资本。

2. 资本公积

资本公积是企业收到的投资者超出其在注册资本（或股本）中所占份额的投入资本，以及直接计入所有者权益的利得和损失。资本公积包括资本溢价（或股本溢价）和其他资本公积等。

资本公积是通过企业非营业利润所增加的净资产，包括资本溢价、接受捐赠、法定财产重估增值以及资本汇率折算差额所得的各种资产。资本溢价是指投资人缴付的出资额超出其在注册资本（或股本）中所占份额部分的投入资本，包括股份有限公司发行股票的溢价净收入等；接受捐赠是指企业因接受其他部门或个人的现金或实物捐赠而增加的资本公积；法定财产重估增值是指企业因分立、合并、变更以及投资时资产评估或者合同、协议约定的资产价值与原账面净值的差额；资本汇率折算差额是指企业收到外币投资时由于汇率变动而发生的汇兑差额。

3. 其他权益工具

其他权益工具是核算企业发行的除普通股以外的归类为权益工具的各种金融工具，以及可转换公司债券的权益成分。

4. 其他综合收益

其他综合收益是指企业根据会计准则规定未在当期损益中确认的各项利得或损失，包括以后会计期间不能重分类进入损益的其他综合收益和以后会计期间在满足规定条件时将重分类进入损益的其他综合收益两个项目。

5. 盈余公积

盈余公积是指企业从税后利润中提取的各种积累资金，包括按照有关规定提取的法定盈余公积和企业自行提取的任意盈余公积。盈余公积主要用于弥补企业亏损或者按照有关规定转增资本以及用于扩大企业生产经营等。

6. 未分配利润

未分配利润是指企业留待以后年度进行分配的净利润。其数量等于期初未分配利润与本期税后利润之和，减去本期提取的各种盈余公积和红利分配后的余额。

二、所有者权益的特征

所有者权益与债权人权益比较（见表13-1），一般具有以下四个基本特征：

（1）所有者权益在企业经营期内可供企业长期、持续使用，企业不必向投资人返还投入资本金；而负债则需按期返还给债权人，成为企业的固定负担。

（2）所有者凭其对企业投入的资本，享有税后分配利润的权利。所有者权益是企业分配税后净利润的主要依据；而债权人除按规定取得利息和本金外，无权参与企业的税后利润分配。

（3）所有者有权行使企业的经营管理权，或者授权管理人员行使经营管理权；但债权人并没有经营管理权。

（4）所有者对企业的债务和亏损负有无限或有限责任；而债权人对企业的其他债务和经营亏损不承担责任。

表 13 – 1　所有者权益与负债的区别

区别	所有者权益	负债
权益性质不同	对净资产的要求权	对全部资产的要求权
权利内容不同	有参与收益分配和经营管理等权利	按期收回本金及利息
归还期限不同	不存在偿还日期	有明确的偿还日期
风险大小不同	风险较大（投资者）	风险较小（债权人）

三、所有者权益的确认与计量

所有者权益是一个涵盖了所有企业组织形式的净资产的广义概念。具体到特定种类的企业组织形态，所有者权益会表现出不同的概念。在独资企业称为业主权益、在合伙企业称为合伙人权益、在股份有限公司称为股东权益、在有限责任公司则称为所有者权益。

所有者权益是企业的净资产，反映企业所有者拥有的财富数额。企业收入增加时，会导致资产的增加，相应地会增加所有者权益；企业费用发生时，会导致负债增加，相应地会减少所有者权益。因此，所有者权益的确认与计量主要依赖于资产、负债、收入、费用等会计要素的确认与计量，尤其是依赖于资产、负债的确认与计量。

第二节　实收资本和资本公积

一、实收资本（或股本）的确认与计量

实收资本（或股本）是投资者投入企业的、可供企业长期周转使用、在企业正常经营存续期间无须偿还的法定资本的价值。

（一）实收资本的确认与计量

实收资本是非股份制企业（股份制企业以外的企业，包括合伙企业、独资企业、国有企业、有限责任公司等）的注册资本，企业应设置"实收资本"科目核算注册资本的增减变化情况。

1. 实收资本形成与增资的会计核算

非股份制企业实收资本的形成和增资主要有以下几种途径：

（1）投资者投入的实收资本。在非股份制企业中，投资者投入的资本是多样化的，可能是现

金,也可能是实物资产、无形资产等。企业收到投资者投入现金的,应在实际收到现金(或存入银行账户)时,借记"银行存款"科目;收到投资者投入实物资产的,应在办理实物资产产权转移手续时,借记"原材料""库存商品""固定资产"等科目;收到投资者投入无形资产的,应按合同、协议或公司章程规定在移交有关凭证时,借记"无形资产"科目;一般纳税人取得的资产涉及允许抵扣的增值税进项税额的,借记"应交税费——应交增值税(进项税额)""应交税费——待扣进项税额"等科目,按确认的注册资本份额,贷记"实收资本"科目,按差额,贷记"资本公积——资本溢价"科目。如果收到的实物资产按计划成本计价时,还应结转其实际成本与计划成本的差额,借记(或贷记)"材料(或产品)成本差异"科目。

【例13-1】2×23年2月1日,甲、乙、丙三位投资者,每人出资1 000 000元共同设立A有限责任公司,公司注册资本总额为3 000 000元,款项存入银行账户。会计分录如下:

借:银行存款　　　　　　　　　　　　　　　　　　　　　　　　3 000 000
　　贷:实收资本——甲　　　　　　　　　　　　　　　　　　　1 000 000
　　　　　　　——乙　　　　　　　　　　　　　　　　　　　　1 000 000
　　　　　　　——丙　　　　　　　　　　　　　　　　　　　　1 000 000

【例13-2】续【例13-1】,A公司经营2年后,注册资本增加为4 000 000元。此时投资者丁投入资产(现金)1 800 000元,占得A公司注册资本的1/4。A公司收到投资者丁投入的资本时应作的会计处理如下:

借:银行存款　　　　　　　　　　　　　　　　　　　　　　　　1 800 000
　　贷:实收资本——丁　　　　　　　　　　　　　　　　　　　1 000 000
　　　　资本公积——资本溢价　　　　　　　　　　　　　　　　　800 000

(2)公积金转增资本。资本公积转增实收资本时,借记"资本公积——资本溢价"科目,贷记"实收资本"科目;盈余公积转增实收资本时,借记"盈余公积"科目,贷记"实收资本"科目。应当注意的是,以法定盈余公积转增资本后,该项法定盈余公积的留存数不得低于注册资本的25%。

【例13-3】A有限责任公司决定将"资本公积——资本溢价"200 000元、盈余公积300 000元转增资本。会计分录如下:

借:资本公积——资本溢价　　　　　　　　　　　　　　　　　　200 000
　　盈余公积　　　　　　　　　　　　　　　　　　　　　　　　300 000
　　贷:实收资本　　　　　　　　　　　　　　　　　　　　　　500 000

(3)债务重组导致的资本增加。企业将重组债务转为资本时,应按重组债务的账面余额,借记"应付账款"等科目,按债权人放弃债权而享有本企业资本的份额,贷记"实收资本"科目,按转换股份的公允价值与实收资本的差额,贷记(或借记)"资本公积——资本溢价"科目,按重组债务的账面余额与转换股份公允价值的差额,贷记"营业外收入"科目。

2. 实收资本减少的会计核算

造成企业实收资本减少的原因主要有两方面:一是企业经营方向或市场需求发生了重大变化,从而导致资本过剩;二是企业发生重大亏损,在短期内补亏无望而需要减少资本。

(1)资本过剩而导致的减资,一般要向投资者发还股款。非股份制企业按法定程序报经批准减少实收资本时，借记"实收资本"科目，贷记"银行存款"等科目。

【例 13-4】A 有限责任公司按法定程序报经批准减少注册资本 1 500 000 元，已办理相关的减资手续。

  借：实收资本   1 500 000
    贷：银行存款   1 500 000

（2）企业发生重大亏损而导致的减资。按照国家规定，企业经营过程中如发生亏损，应当先使用任意盈余公积和法定盈余公积补亏；盈余公积仍不能弥补的亏损，可以使用资本公积弥补。应当注意的是，企业在弥补亏损前，不得给股东发放股利；同时，企业尚有未弥补亏损且没有进行减资的情况下，即使后续年度有盈利，也不能分配利润，而必须先弥补亏损。

公积金弥补亏损的会计处理程序为：借记"盈余公积""资本公积——资本溢价""资本公积——其他资本公积"等科目，贷记"利润分配——未分配利润"科目。

关于实收资本补亏问题。根据新公司法规定，如果公司依照规定弥补亏损后仍有亏损，可以通过选择减少注册资本来进一步弥补亏损。用实收资本弥补亏损时，借记"实收资本"科目，贷记"利润分配——未分配利润"科目。

完成减资后，减资公司需要在工商管理部门进行变更登记。

（二）股本的确认与计量

股份制企业应设置"股本"科目核算股本的增减变化情况。

从理论上讲，股份制企业发行股票有三种方式：一是面值发行，即公司发行股票所取得的收入等于股本总额；二是溢价发行，即公司发行股票所取得的收入大于股本总额；三是折价发行，即公司发行股票所取得的收入小于股本总额。我国规定，股份有限公司可以按面值或者溢价发行股票筹集资金，但目前不允许折价发行股票筹集资金。

1. 股本形成的会计核算

股份制企业的股本形成主要有以下几种途径：

（1）发行股票形成的股本。企业发行股票，应按实际收到的款项，借记"银行存款"科目，按每股股票面额和发行股数计算的股票面值总额，贷记"股本"科目；溢价发行时按实际收到的款项与股本总额的差额再扣除发行手续费、佣金等发行费用后的金额，贷记"资本公积——股本溢价"科目。

【例 13-5】茶山股份有限公司 2×23 年 6 月 1 日以每股 5.8 元的发行价格发行 200 万股面值为 1 元普通股股票，款项已收到并存入银行。不考虑发行费用，会计分录如下：

  借：银行存款   11 600 000
    贷：股本   2 000 000
      资本公积——股本溢价   9 600 000

（2）公积金转增股本。资本公积转增股本时，借记"资本公积——股本溢价"科目，贷记"股本"科目；盈余公积转增股本时，借记"盈余公积"科目，贷记"股本"科目。

（3）债务重组形成的股本。企业将重组债务转为股本时，应按重组债务的账面余额，借记"应付账款"等科目，按债权人放弃债权而享有本企业股本的份额，贷记"股本"科目，按转换股份的公允价值与股本的差额,贷记(或借记)"资本公积——股本溢价"科目,按重组债务的账面价值与转换股份公允价值的差额,贷记"营业外收入"科目。

(4)可转换债券行权时形成的股本。可转换公司债券持有人行使转换权利时,按可转换公司债券的余额,借记"应付债券——可转换公司债券"科目,按其权益成分的金额,贷记"其他权益工具"科目,按转换的股票面值总额,贷记"股本"科目,按可转换公司债券的公允价值与股本的差额,贷记"资本公积——股本溢价"科目。

(5)以权益结算的股份支付行权时形成的股本。以权益结算的股份支付换取职工或其他方提供服务的,应在行权日,按实际行权权益工具的账面价值,借记"资本公积——其他资本公积"科目,按行权取得的股票面值总额,贷记"股本"科目,按其差额,贷记"资本公积——股本溢价"科目。

(6)派发股票股利形成的股本。股份有限公司应在股东大会批准分配股票股利并办理增资手续后,借记"利润分配"科目,贷记"股本"科目。

2. 股本减少的会计核算

股份有限公司按法定程序报经批准减少股本,需要回购发行的股票。回购股票时,按实际支付的金额,借记"库存股"科目,贷记"银行存款"科目;注销库存股时,按股票面值总额,借记"股本"科目,按库存股账面余额,贷记"库存股"科目,按注销的库存股账面余额与面值总额的差额,借记"资本公积——股本溢价"科目,股本溢价不足的,应依次冲减盈余公积和未分配利润,即依次借记"盈余公积""利润分配——未分配利润"科目。

【例13-6】茶山股份有限公司经股东大会批准,于2×23年6月30日,以每股5元的价格回购本公司在外流通的普通股股票5 000 000股并注销,每股面值为1元。"资本公积——股本溢价"为9 000 000元,"盈余公积"为11 000 000元。假设不考虑其他因素,会计分录如下:

借:库存股		25 000 000
贷:银行存款		25 000 000
借:股本		5 000 000
资本公积——股本溢价		9 000 000
盈余公积		11 000 000
贷:库存股		25 000 000

二、资本公积的确认与计量

资本公积是指企业收到的投资者超出其在企业注册资本(或股本)中所占份额的投入资本以及直接计入所有者权益的利得和损失。企业应设置"资本公积"科目核算资本公积的增减变化和结存情况,并设置"资本溢价(或股本溢价)""其他资本公积"科目进行明细核算。

(一)资本溢价(或股本溢价)的确认与计量

1. 资本溢价(或股本溢价)的形成

资本溢价(或股本溢价)主要是由企业收到的投资者超出其在企业注册资本(或股本)中所占份额的投入资本,以及债务重组、可转换公司债券行权、以权益结算的股份支付行权等事项所形成。

【例13-7】2×23年10月,A有限责任公司吸收丁投资者加入,协议约定丁投资者以一项生产设备作为出资,该生产设备的公允价值为 1 200 000 元(与计税价格一致),适用增值税税率为 13%。增资后公司的注册资本总额为 4 000 000 元,丁投资者的注册资本占 25%。会计分录如下:

  借:固定资产   1 200 000
    应交税费——应交增值税(进项税额)   156 000
    贷:实收资本——丁   1 000 000
      资本公积——资本溢价   356 000

【例 13-8】茶山股份有限公司 2×23 年 9 月 1 日增发 10 000 000 股普通股股票,每股面值为 1 元,每股发行价格为 4 元,不考虑发行费用。会计分录如下:

  借:银行存款   40 000 000
    贷:股本   10 000 000
      资本公积——股本溢价   30 000 000

2. 资本溢价(或股本溢价)的减少

资本溢价(或股本溢价)的减少主要用于转增实收资本(或股本),有关资本溢价(或股本溢价)转增实收资本(或股本)的会计处理不再赘述。

(二)其他资本公积的确认与计量

1. 其他资本公积的形成

其他资本公积是指除资本溢价(或股本溢价)以外所形成的资本公积。主要包括:

(1)采用权益法核算的长期股权投资,企业按持股比例分享或承担被投资单位除净损益、其他综合收益以外的其他权益变动的份额。企业按持股比例确认应分享或应承担被投资单位除净损益、其他综合收益以外的其他权益变动份额时,借记或贷记"长期股权投资——其他权益变动"科目,贷记或借记"资本公积——其他资本公积"科目。

【例 13-9】茶山股份有限公司 2×23 年 1 月 1 日以银行存款 4 000 000 元购入 B 公司 40% 表决权股份,能够对 B 公司生产经营决策施加重大影响,采用权益法核算长期股权投资。2×23 年 12 月 31 日,B 公司"资本公积——其他资本公积"增加 1 000 000 元。会计分录如下:

  借:长期股权投资——其他权益变动   400 000
    贷:资本公积——其他资本公积   400 000

(2)以权益结算的股份支付换取职工或其他方提供服务所确认的权益工具的公允价值。以权益结算的股份支付换取职工或其他方提供服务的,企业在等待期内的每个资产负债日,应按所确定权益工具的公允价值,借记"管理费用"等科目,贷记"资本公积——其他资本公积"科目。

【例 13-10】茶山股份有限公司 2×23 年 1 月 1 日签订股权激励协议,对 200 名中层管理人员实施股票期权激励计划。中层管理人员服务 3 年期届满,每人可按每股 3 元价格购买企业股票 1 000 股,授予日每股股票的公允价值为 15 元。2×23 年 12 月 31 日,估计 3 年期间中层管理人员离职人数为 20 人。相关业务的会计处理如下:

2×23 年度确认的服务费用 =(200-20)×1 000×15×1/3 = 900 000(元)

  借:管理费用   900 000
    贷:资本公积——其他资本公积   900 000

2. 其他资本公积的减少

(1) 处置采用权益法核算的长期股权投资时,将原已确认的其他资本公积转为投资收益,不能转为损益的项目除外。处置采用权益法核算的长期股权投资时,应借记(或贷记)"资本公积——其他资本公积"科目,贷记(或借记)"投资收益"科目。

【例 13-11】承[例 13-9],假设 2×23 年 1 月 10 日,茶山股份有限公司将持有的 B 公司股票全部出售,取得价款净额为 5 000 000 元。会计处理如下:

借:银行存款　　　　　　　　　　　　　　　　　　　　　　　　5 000 000
　　贷:长期股权投资——成本　　　　　　　　　　　　　　　　　　4 000 000
　　　　　　　　　　——其他权益变动　　　　　　　　　　　　　　　400 000
　　　　投资收益　　　　　　　　　　　　　　　　　　　　　　　　　600 000

同时:

借:资本公积——其他资本公积　　　　　　　　　　　　　　　　　　400 000
　　贷:投资收益　　　　　　　　　　　　　　　　　　　　　　　　　400 000

(2) 以权益结算的股份支付行权时,将原已确认的其他资本公积转入"股本"和"资本公积——股本溢价"科目。在行权日,应按实际行权的权益工具所确定的价值,借记"资本公积——其他资本公积"科目,按确认的股本金额,贷记"股本"科目,按其差额,贷记"资本公积——股本溢价"科目。

第三节　其他权益工具和其他综合收益

一、其他权益工具的确认与计量

其他权益工具是指企业发行的除普通股以外,按照金融负债和权益工具区分原则分类为权益工具的其他权益工具。企业应设置"其他权益工具"科目,核算企业发行的除普通股以外的归类为权益工具的各种金融工具。企业发行的金融工具应当按照金融工具准则进行初始确认和计量;其后,于每个资产负债表日计提利息或分派股利,按照相关具体企业会计准则进行处理。

其他权益工具应按发行金融工具的种类等进行明细核算。

1. 发行的金融工具归类为权益工具时的账务处理

企业发行的金融工具归类为权益工具的,应按实际收到的金额借记"银行存款"等科目,贷记"其他权益工具——优先股、永续债"等科目。

借:银行存款(实际收到的金额)
　　贷:其他权益工具——优先股、永续债等

分类为权益工具的金融工具,在存续期间分配股利(含分类为权益工具的金融工具所产生的利息),作为利润分配处理。发行企业应根据批准后的股利分配方案,借记"利润分配——应付优先股股利、应付永续债利息"等科目,贷记"应付股利——优先股股利、永续债利息"等科目。

【例 13-12】茶山股份有限公司 2×23 年 1 月 1 日发行归属于权益工具的可转换优先股 360 000

股，实际取得发行价款为 5 040 000 元。2×23 年 6 月 30 日，按照每 2 股优先股转换 1 股普通股的转换条件全部转化为普通股 180 000 股，普通股每股面值为 1 元。相关业务的会计分录如下：

(1) 2×23 年 1 月 1 日发行时。

借：银行存款　　　　　　　　　　　　　　　　　　　　　5 040 000
　　贷：其他权益工具——优先股　　　　　　　　　　　　　　　　5 040 000

(2) 2×23 年 6 月 30 日转化为普通股时。

借：其他权益工具——优先股　　　　　　　　　　　　　　　5 040 000
　　贷：股本　　　　　　　　　　　　　　　　　　　　　　　　　180 000
　　　　资本公积——股本溢价　　　　　　　　　　　　　　　　4 860 000

2. 发行的金融工具归类为债务工具并以摊余成本计量时的账务处理

企业发行的金融工具归类为债务工具并以摊余成本计量的，应按实际收到的金额借记"银行存款"等科目，按债务工具的面值，贷记"应付债券——优先股、永续债"等科目，按其差额，借记或贷记"应付债券——优先股、永续债（利息调整）"等科目。

借：银行存款（实际收到的金额）
　　贷：应付债券——优先股、永续债等（面值）

在该金融工具存续期间，计提利息并对账面利息进行调整时，按照金融工具确认和计量准则中有关金融负债后续计量的规则进行会计处理。

【例 13-13】茶山股份有限公司 2×23 年 1 月 1 日发行可转换债券面值 2 000 万元，实际取得发行价款为 2 000 万元；2×23 年 6 月 30 日转换为普通股 200 万股，普通股每股面值为 1 元，转换日应付债券的公允价值为 1 950 万元，其他权益工具的公允价价值为 50 万元。相关业务的会计分录如下：

(1) 2×23 年 1 月 1 日发行时。

借：银行存款　　　　　　　　　　　　　　　　　　　　　20 000 000
　　贷：应付债券　　　　　　　　　　　　　　　　　　　　　　20 000 000

(2) 2×23 年 6 月 30 日转换为普通股时。

借：应付债券　　　　　　　　　　　　　　　　　　　　　20 000 000
　　贷：股本　　　　　　　　　　　　　　　　　　　　　　　　2 000 000
　　　　资本公积——股本溢价　　　　　　　　　　　　　　　17 500 000
　　　　其他权益工具　　　　　　　　　　　　　　　　　　　　500 000

二、其他综合收益的确认与计量

其他综合收益是指企业根据其他会计准则规定未在当期损益中确认的各项利得或损失，包括以后会计期间不能重分类进损益的其他综合收益和以后会计期间满足规定条件时将重分类进损益的其他综合收益两类。企业的其他综合收益，通过"其他综合收益"科目核算。

（一）以后会计期间不能重分类进损益的其他综合收益的确认与计量

以后会计期间不能重分类进损益的其他综合收益项目，主要包括重新计量设定受益计划净负债或净资产导致的变动,以及投资企业按持股比例计算确认的按照权益法核算因被投资单位重新计量设定受益计划净负债或净资产导致的权益变动。

(二) 以后会计期间满足规定条件时将重分类进损益的其他综合收益的确认与计量

以后会计期间满足规定条件时将重分类进损益的其他综合收益项目,主要包括:

(1) 符合金融工具准则规定,分类为以公允价值计量且其变动计入其他综合收益的金融资产的公允价值变动额。

(2) 按照金融工具准则规定,对金融资产重分类按规定可以将原计入其他综合收益的利得或损失转入当期损益的部分。

(3) 采用权益法核算的长期股权投资,企业按持股比例分享或承担被投资单位的其他综合收益的份额。企业按持股比例分享或承担被投资单位的其他综合收益的份额时,借记或贷记"长期股权投资"科目,贷记或借记"其他综合收益"科目。待该项股权处置时,将原计入其他综合收益的金额转入当期损益,借记或贷记"其他综合收益"科目,贷记或借记"投资收益"科目。

(4) 存货房地产或自用房地产转换为采用公允价值模式计量的投资性房地产时,该项房地产转换日的公允价值大于账面价值的差额。在转换日,按自用房地产或存货房地产的公允价值大于账面价值的差额,借记"投资性房地产"科目,贷记"其他综合收益"科目。待该项投资性房地产处置时,将原计入其他综合收益的金额转入当期损益,借记"其他综合收益"科目,贷记"其他业务成本"科目。

(5) 现金流量套期工具产生的利得或损失中属于有效套期的部分。

(6) 外币报表折算差额。

第四节 留存收益

留存收益是指企业历年剩余的净收益累积形成的资本,是企业内部形成的积累。留存收益由盈余公积和未分配利润构成。

一、盈余公积的确认与计量

(一) 盈余公积的形成

盈余公积是指企业按照规定从净利润中提取的各种积累资金。包括法定盈余公积和任意盈余公积。

(1) 法定盈余公积。法定盈余公积是指企业按照法律规定的比例从实现的净利润中提取的积累资金。《中华人民共和国公司法》规定,公司制企业应当按照当年实现的净利润(不包括年初未分配利润)的10%比例提取法定盈余公积。公司法定盈余公积累计额达到注册资本的50%以上时,可以不再提取法定盈余公积。

(2) 任意盈余公积。任意盈余公积是指企业经股东大会或类似机构批准从净利润中提取的积累资金,其提取比例由企业自行确定。

企业的盈余公积通过"盈余公积"科目核算，盈余公积分别按"法定盈余公积"和"任意盈余公积"科目进行明细核算。

企业提取盈余公积时，借记"利润分配——提取法定（或任意）盈余公积"科目，贷记"盈余公积"科目。

（二）盈余公积的用途

企业盈余公积的用途主要体现在以下几个方面：

1. 弥补亏损

企业发生亏损，应由企业自行弥补。企业弥补亏损主要有三条渠道：一是用以后年度的税前利润弥补。企业发生亏损时，可以连续在以后的5个纳税年度内弥补。二是用以后年度的税后利润弥补。企业发生的亏损经过5年期间未弥补足额的，尚未弥补的亏损应以所得税后利润弥补。三是以盈余公积弥补亏损。企业以盈余公积弥补亏损时，应由公司董事会提议，并经股东大会批准。

2. 转增资本（或股本）

企业将盈余公积转增资本（或股本）时，必须经过股东大会决议批准。

3. 扩大企业生产经营

盈余公积是企业生产经营资金的来源之一，与企业其他来源的资金一同用于企业的生产经营。

4. 派发股利

企业以盈余公积派发股利必须满足"盈余公积弥补亏损后仍有结余、分配的股利率不能过高、分配股利后法定盈余公积金不得低于注册资本的一定比例"等相关条件。

企业用盈余公积弥补亏损、转增资本（或股本）、派发股票股利、分配现金股利（或利润）时，借记"盈余公积"科目，贷记"利润分配——盈余公积补亏""实收资本（或股本）""应付股利（或应付利润）"等科目。

【例13-14】茶山股份有限公司经股东大会决议，以法定盈余公积弥补以前年度（超5年）经营亏损1 000 000元。相关业务的会计分录如下：

借：盈余公积——法定盈余公积　　　　　　　　　　　　　　　　　1 000 000
　　贷：利润分配——盈余公积补亏　　　　　　　　　　　　　　　　　1 000 000

期末，结转盈余公积补亏数额。

借：利润分配——盈余公积补亏　　　　　　　　　　　　　　　　　　1 000 000
　　贷：利润分配——未分配利润　　　　　　　　　　　　　　　　　　1 000 000

【例13-15】茶山股份有限公司经股东大会决议，以任意盈余公积发放现金股利1 000 000元、派发股票股利5 000 000股，每股面值1元。相关业务的会计分录为：

借：盈余公积——任意盈余公积　　　　　　　　　　　　　　　　　　6 000 000
　　贷：股本　　　　　　　　　　　　　　　　　　　　　　　　　　　5 000 000
　　　　应付股利　　　　　　　　　　　　　　　　　　　　　　　　　1 000 000

二、未分配利润的确认与计量

（一）未分配利润的构成

未分配利润是指企业留待以后年度进行分配的结存净利润。未分配利润等于期初未分配利润，加上本期实现的净利润，减去提取的各种盈余公积和分出利润后的余额。

（二）未分配利润的会计处理

企业的未分配利润通过"利润分配"科目核算。"利润分配"科目分别按"提取法定盈余公积""提取任意盈余公积""应付现金股利或利润""转作股本的股利""盈余公积补亏"和"未分配利润"等科目进行明细核算。

企业期末结转当期实现的净利润时，借记"本年利润"科目，贷记"利润分配——未分配利润"科目，若发生亏损则作相反会计分录；结转当期各项利润分配额时，借记"利润分配——未分配利润"科目，贷记"利润分配"各明细科目；结转盈余公积补亏数额时，借记"利润分配——盈余公积补亏"科目，贷记"利润分配——未分配利润"科目。

【本章小结】

本章主要介绍了所有者权益的概念、来源及其构成。所有者权益由实收资本（或股本）、资本公积、其他权益工具、其他综合收益和留存收益构成。投资者投入资本除形成实收资本（或股本）外，还有可能形成资本溢价（或股本溢价）；资本公积包括资本溢价（或股本溢价）和其他资本公积；其他权益工具是指企业发行的除普通股以外，按照金融负债和权益工具区分原则分类为权益工具的其他权益工具；其他综合收益主要包括直接计入所有者权益的利得和损失；留存收益是盈余公积和未分配利润的统称，是企业历年实现的净利润留存于企业的部分。

第十四章

收入、费用和利润

【知识结构图】

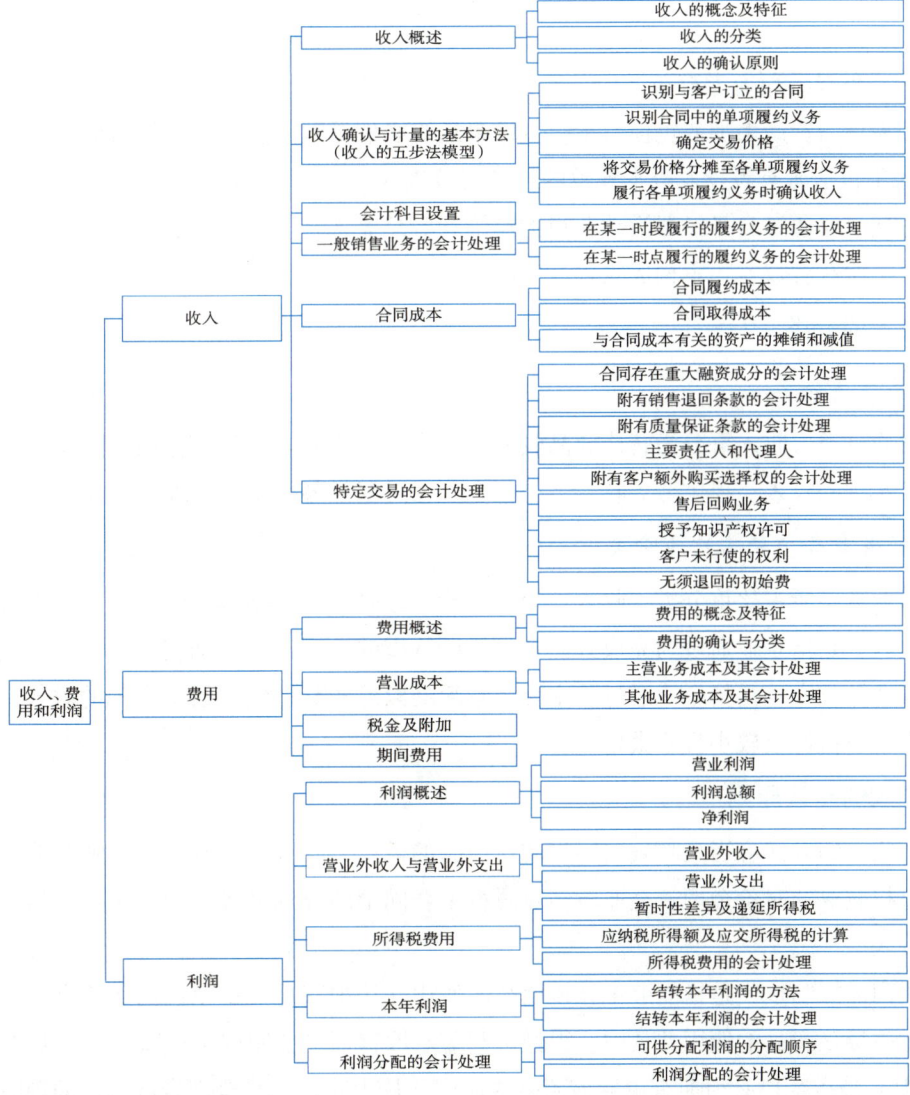

第一节 收入

一、收入概述

（一）收入的概念及特征

《企业会计准则第 14 号——收入》规定："收入，是指企业在日常活动中形成的、会导致所有者权益增加的、与所有者投入资本无关的经济利益的总流入。"

收入具有如下特征：

（1）收入是企业日常活动形成的经济利益流入。

日常活动是指企业为完成其经营目标所从事的经常性活动以及与之相关的其他活动。前者是企业的主要经营活动，后者是企业主要经营活动的补充和延续，由此产生的经济利益总流入构成收入。此外，企业存在的一些与日常活动无关的活动所产生的经济利益总流入，属于利得范畴，不构成收入。

（2）收入必然导致所有者权益增加。

收入通常表现为资产增加或负债减少，其结果最终必然导致所有者权益的增加。

（3）收入不包括所有者投入资本导致的经济利益流入。

收入只包括企业通过自身经营活动获得的经济利益总流入，而企业所有者投入资本导致的经济利益流入，属于所有者权益，不构成收入。

（二）收入的分类

1. 按交易性质分类

按交易性质分类，收入可分为转让商品收入和提供劳务收入。转让商品收入，是指企业通过销售产品或商品实现的收入。提供劳务收入，是指企业通过提供各种服务实现的收入。

2. 按在经营业务中所占比重分类

按在经营业务中所占比重分类，收入可分为主营业务收入和其他业务收入。主营业务收入，亦称基本业务收入，是指企业通过为完成其经营目标所从事的主要经营活动实现的收入。其他业务收入，亦称附营业务收入，是指企业通过除主要经营活动以外的其他经营活动实现的收入，该收入在企业营业收入中所占比重较小且不太稳定。

（三）收入的确认原则

企业确认收入的方式应当反映其向客户转让商品的模式，收入的金额应当反映企业因转让这些商品而预期有权收取的对价金额。企业应当在履行了合同中的履约义务，即在客户取得相关商品控制权时确认收入。

取得相关商品控制权，是指能够主导该商品的使用并从中获得几乎全部的经济利益，包括有能力阻止其他方主导该商品的使用并从中获得经济利益。取得商品控制权包括以下三个要素：

（1）能力。是指客户必须拥有主导该商品的使用并从中获得几乎全部经济利益的现时权利。

(2) 主导该商品的使用。是指客户有权使用该商品，或者有权允许或阻止其他方使用该商品。

(3) 能够获得几乎全部的经济利益。是指客户能够获得该商品几乎全部的潜在现金流量，既包括现金流入的增加，也包括现金流出的减少。

本章所称客户，是指与企业订立合同以向企业购买其日常活动产出的商品并支付对价的一方。如果合同对方与企业订立合同的目的是共同参与一项活动（如合作开发一项资产），合同对方和企业一起分担或分享该活动产生的风险或收益，而不是获取企业日常活动产出的商品，则该合同对方不是企业的客户。

企业收入的会计处理以企业与客户之间的单个合同为基础，但是为便于实务操作，当企业能够合理预计，将收入的会计处理应用于具有类似特征的合同（或履约义务）组合或应用于该组合中的每一个合同（或履约义务），不会对企业的财务报表产生显著不同的影响时，企业可以在合同组合层面对收入进行会计处理。

二、收入确认与计量的基本方法（收入的五步法模型）

企业收入的确认与计量应当采用五步法模型：第一步，识别与客户订立的合同；第二步，识别合同中的单项履约义务；第三步，确定交易价格；第四步，将交易价格分摊至各单项履约义务；第五步，履行各单项履约义务时确认收入。

其中，识别与客户订立的合同、识别合同中的单项履约义务、履行各单项履约义务时确认收入，主要与收入的确认有关；确定交易价格、将交易价格分摊至各单项履约义务，主要与收入的计量有关。

（一）识别与客户订立的合同

1. 合同

合同是指双方或多方之间订立有法律约束力的权利义务的协议。包括书面形式、口头形式以及其他形式。如移动公司与张力同学签订了一份"买手机送话费"的合同。

企业与客户之间的合同同时满足下列条件时，企业才能在客户取得相关商品控制权时确认收入：

(1) 合同各方已批准该合同并承诺将履行各自义务。

(2) 该合同明确了合同各方与所转让商品或提供劳务（以下简称"转让商品"）相关的权利和义务。

(3) 该合同有明确的与所转让商品相关的支付条款。

(4) 该合同具有商业实质，即履行该合同将改变企业未来现金流量的风险、时间分布或金额。

(5) 企业因向客户转让商品而有权取得的对价很可能收回。

在合同开始日（通常是指合同生效日）满足收入确认条件的合同，企业在后续期间无须对其进行重新评估，除非有迹象表明相关事实和情况发生了重大变化。

对于不符合收入确认条件的合同已收取的对价，企业只有在不再负有向客户转让商品的剩余义务，且已向客户收取的对价无须退回时，才能将其确认为收入，否则，应当将其作为负债进行会计处理。

2. 合同合并

企业与同一客户（或该客户的关联方）同时订立或在相近时间内先后订立的两份或多份合同，在满足下列条件之一时，应当合并为一份合同进行会计处理：

（1）该两份或多份合同基于同一商业目的而订立并构成一揽子交易。

（2）该两份或多份合同中的一份合同的对价金额取决于其他合同的定价或履行情况。

（3）该两份或多份合同中所承诺的商品（或每份合同中所承诺的部分商品），构成单项履约义务。

3. 合同变更

合同变更是指经合同各方批准对原合同范围或价格作出的变更。企业应当区分下列三种情形进行会计处理：

（1）合同变更增加了可明确区分的商品及合同价款，且新增合同价款反映了新增商品单独售价的，应当将该合同变更部分作为一份单独的合同进行会计处理。

（2）合同变更不属于上述情形（1），且在合同变更日已转让的商品与未转让的商品之间可明确区分的，应当视为原合同终止，同时，将原合同未履约部分与合同变更部分合并为新合同进行会计处理。新合同的交易价格由原合同交易价格中尚未确认收入的部分和合同变更中客户已承诺的对价金额两部分构成。

（3）合同变更部分作为原合同的组成部分进行会计处理的情形。合同变更不属于上述情形（1），且在合同变更日已转让的商品与未转让的商品之间不可明确区分的，应当将该合同变更部分作为原合同的组成部分进行会计处理，由此产生对已确认收入的影响，应当在合同变更日重新计算履约进度，并调整当期收入和相应成本。

（二）识别合同中的单项履约义务

履约义务是指合同中企业向客户转让可明确区分商品的承诺。合同开始日，企业应当对合同进行评估，识别该合同所包含的各单项履约义务。如上例"买手机送话费"的合同中，移动公司向张力同学交付市价为 3 600 元的手机一部，同时赠送 24 个月的通话服务，该服务每月 100 元。

企业应当将下列向客户转让商品的承诺作为各单项履约义务：

（1）企业向客户转让可明确区分商品（或商品组合）的承诺。

可明确区分商品，是指企业向客户承诺的商品同时满足下列条件：①客户能够从该商品本身或者从该商品与其他易于获得的资源一起使用中受益，即该商品能够明确区分；②企业向客户转让该商品的承诺与合同中其他承诺可单独区分，即转让该商品的承诺在合同中是可以明确区分的。

（2）企业向客户转让一系列实质相同且转让模式相同的、可明确区分商品的承诺。

转让模式相同，是指每一项可明确区分商品均满足在某一时段内履行履约义务的条件，且采用相同方法确定其履约进度。即使这些商品本身可以明确区分，企业应当将实质相同且转让模式相同的一系列商品作为单项履约义务。

(三)确定交易价格

交易价格是指企业因向客户转让商品而预期有权收取的对价金额。如上例"买手机送话费"中,移动公司与张力同学签订的买手机送话费合同总价款5 000元。企业代第三方收取的款项以及企业预期将退还给客户的款项,应当作为负债进行会计处理,不计入交易价格。合同标价并不一定代表交易价格,企业应当根据合同条款,并结合以往的习惯做法等确定交易价格。企业在确定交易价格时,应当考虑以下因素的影响:

1. 合同是否存在可变对价

企业与客户在合同中约定的对价金额可能会因折扣、价格折让、返利、退款、奖励积分、激励措施、业绩奖金、索赔以及或有事项等情况而发生变化。此外,企业有权收取的对价金额,将根据一项或多项或有事项的发生有所不同的情况,也属于可变对价的情形。如企业售出商品但允许客户退货时,企业有权收取的对价金额将取决于客户是否退货,因此该合同的交易价格是可变的。

(1)可变对价最佳估计数的确定。

企业应当按照期望值或最可能发生金额确定可变对价的最佳估计数,期望值是按照各种可能发生的对价金额及相关概率计算确定的金额。当企业拥有大量具有类似特征的合同,并据此估计合同可能产生多个结果时,按照期望值估计可变对价金额通常是恰当的。

(2)计入交易价格的可变对价金额的限制。

企业按照期望值或最可能发生金额确定可变对价之后,计入交易价格的可变对价金额还应满足限制条件,即包含可变对价的交易价格,应当不超过在相关不确定性消除时累计已确认收入极可能不会发生重大转回的金额。其中,"极可能"是指发生的可能性远高于"很可能"(50% < 可能性≤95%)的下限,但不要求达到"基本确定"(95% < 基本确定 <100%)。

每一资产负债表日,企业应当重新估计应计入交易价格的可变对价金额,包括重新评估将估计的可变对价计入交易价格是否受到限制,以如实反映报告期末存在的情况以及报告期内发生的情况变化。

2. 合同是否存在重大融资成分

合同中存在重大融资成分的,企业应当按照假定客户在取得商品控制权时即以现金支付的应付金额确定交易价格,该交易价格与合同对价之间的差额,应当在合同期间内采用实际利率法摊销。

合同开始日,企业预计客户取得商品控制权与客户支付价款间隔不超过一年,可以不考虑合同中存在的重大融资成分。

3. 合同是否存在客户支付非现金对价

非现金对价包括客户以实物资产、无形资产、股权、劳务服务等方式支付的对价。客户支付非现金对价的,企业应当按照非现金对价在合同开始日的公允价值确定交易价格。非现金对价的公允价值不能合理估计的,企业应当参照其承诺向客户转让商品的单独售价间接确定交易价格。

4. 合同是否存在应付客户对价

企业存在应付客户对价的,应当将该应付对价冲减交易价格,并且在确认相关收入与支付(或承诺支付)客户对价二者孰晚的时点冲减当期收入,但应付客户对价是为了向客户取得其他可明确区分商品的除外。

(四)将交易价格分摊至各单项履约义务

合同中包含两项或多项履约义务的,企业应当在合同开始日,按照各单项履约义务所承诺商品的单独售价的相对比例,将交易价格分摊至各单项履约义务,并按照分摊至各单项履约义务的交易价格计量收入。

1. 确定单独售价

单独售价是指企业向客户单独销售商品的价格,应作为确定商品单独售价的最佳证据。依上例移动公司与张力同学签订的"买手机送话费"合同中:

手机分摊交易价格 = 5 000 × [3 600 ÷ (3 600 + 2 400)] = 3 000(元)

话费分摊交易价格 = 5 000 × [2 400 ÷ (3 600 + 2 400)] = 2 000(元)

单独售价无法直接观察的,企业应当综合考虑其能够合理取得的全部相关信息,采用下列方法合理估计单独售价:

(1)市场调整法。是指企业根据某商品或类似商品的市场售价,考虑本企业的成本和毛利等进行适当调整后,确定其单独售价的方法。

(2)成本加成法。是指企业根据某商品的预计成本加上其合理毛利后的价格,确定其单独售价的方法。

(3)余值法。是指企业根据合同交易价格减去合同中其他商品可观察的单独售价后的余值,确定某商品单独售价的方法。企业在商品近期售价波动幅度巨大,或者因未定价且未曾单独销售而使售价无法可靠确定时,可采用余值法估计其单独售价。

2. 分摊合同折扣

合同折扣是指合同中各单项履约义务所承诺商品的单独售价之和高于合同交易价格的金额。合同折扣的分摊,应区分以下三种情况:

(1)通常情况下,企业应当在各单项履约义务之间按比例分摊合同折扣。

(2)有确凿证据表明合同折扣仅与合同中一项或多项(非全部)履约义务相关的,企业应当将该合同折扣分摊至相关一项或多项履约义务。

(3)合同折扣仅与合同中一项或多项(非全部)履约义务相关,且企业采用余值法估计单独售价的,应当首先在该一项或多项(非全部)履约义务之间分摊合同折扣,然后采用余值法估计单独售价。

3. 分摊可变对价

对于可变对价及可变对价的后续变动额,企业应当按照与分摊合同折扣相同的方法,将其分摊至与之相关的一项或多项履约义务,或者分摊至构成单项履约义务的一系列可明确区分商品中的一项或多项商品。

对于已履行的履约义务，其分摊的可变对价后续变动额应当调整变动当期的收入。

4. 分摊合同变更之后发生的可变对价后续变动

合同变更之后发生可变对价后续变动的，应区分下列三种情况进行会计处理：

（1）合同变更属于将合同变更部分作为一份单独的合同进行会计处理的情况下，企业应当判断可变对价后续变动与哪一项合同相关，并按照分摊可变对价的要求进行会计处理。

（2）合同变更属于将原合同视为终止并将原合同未履约部分与合同变更部分合并为新合同进行会计处理的情况下，如果可变对价后续变动与合同变更前已承诺可变对价相关，企业应当首先将该可变对价后续变动额以原合同开始日确定的基础进行分摊，其次将分摊至合同变更日尚未履行履约义务的该可变对价后续变动额以新合同开始日确定的基础进行二次分摊。

（3）合同变更之后发生除上述情形（1）、（2）以外的可变对价后续变动的，企业应当将该可变对价后续变动额分摊至合同变更日尚未履行的履约义务。

（五）履行各单项履约义务时确认收入

企业应当根据实际情况，首先判断履约义务是否满足在某一时段内履行的条件，如不满足，则该履约义务属于在某一时点履行的履约义务。

对于在某一时段内履行的履约义务，企业应当选取恰当的方法来确定履约进度，根据履约进度确认收入；对于在某一时点履行的履约义务，企业应当综合分析控制权转移的迹象，判断其转移时点，在商品控制权转移时确认收入。

在上例移动公司与张力同学签订的"买手机送话费"合同中：

（1）移动公司出售手机为某一时点履行的义务，即交付手机的当月确认手机销售收入3 000元。

（2）移动公司赠送张力同学的话费服务业务为某一时段履行的义务，即在24个月内分期确认通话服务收入，每月确认收入 $2\,000 \div 24 = 83.33$（元）。

三、会计科目设置

企业为了核算与客户之间的合同产生的收入及相关的成本费用，一般需要设置"主营业务收入""其他业务收入""主营业务成本""其他业务成本""合同取得成本""合同履约成本""合同资产""合同负债"等科目。其中：

"主营业务收入"科目核算企业确认的销售商品、提供服务等主营业务的收入。该科目贷方登记企业主营业务活动实现的收入，借方登记期末转入"本年利润"科目的主营业务收入，结转后该科目应无余额。该科目可按主营业务的种类进行明细核算。

"其他业务收入"科目核算企业确认的除主营业务活动以外的其他经营活动实现的收入，包括出租固定资产、出租无形资产、出租包装物和商品、销售材料等实现的收入。该科目贷方登记企业其他业务活动实现的收入，借方登记期末转入"本年利润"科目的其他业务收入，结转后该科目应无余额。该科目可按其他业务的种类进行明细核算。

"主营业务成本"科目核算企业确认销售商品、提供服务等主营业务收入时应结转的成本。该科目借方登记企业应结转的主营业务成本，贷方登记期末转入"本年利润"科目的主营业务成本，结转后该科目应无余额。该科目可按主营业务的种类进行明细核算。

"其他业务成本"科目核算企业确认的除主营业务活动以外的其他经营活动所形成的成本，包括销售材料的成本、出租固定资产的折旧额、出租无形资产的摊销额、出租包装物的成本或摊销额等。该科目借方登记企业应结转的其他业务成本，贷方登记期末转入"本年利润"科目的其他业务成本，结转后该科目应无余额。该科目可按其他业务的种类进行明细核算。

"合同取得成本"科目核算企业取得合同发生的、预计能够收回的增量成本。该科目借方登记发生的合同取得成本，贷方登记摊销的合同取得成本，期末借方余额，反映企业尚未结转的合同取得成本。该科目可按合同进行明细核算。

"合同履约成本"科目核算企业为履行当前或预期取得的合同所发生的、不属于其他企业会计准则规范范围且按照收入准则应当确认为一项资产的成本。该科目借方登记发生的合同履约成本，贷方登记摊销的合同履约成本，期末借方余额，反映企业尚未结转的合同履约成本。该科目可按合同分别设置"服务成本""工程施工"等明细科目进行明细核算。

"合同资产"科目核算企业已向客户转让商品而有权收取对价的权利，且该权利取决于时间流逝之外的其他因素（如履行合同中的其他履约义务）。该科目借方登记因已转让商品而有权收取的对价金额，贷方登记取得无条件收款权的金额，期末借方余额，反映企业已向客户转让商品而有权收取的对价金额。该科目按合同进行明细核算。

"合同负债"科目核算企业已收或应收客户对价而应向客户转让商品的义务。该科目贷方登记企业在向客户转让商品之前，已经收到或已经取得无条件收取合同对价权利的金额，借方登记企业向客户转让商品时冲销的金额，期末贷方余额，反映企业在向客户转让商品之前，已经收到的合同对价或已经取得的无条件收取合同对价权利的金额。该科目按合同进行明细核算。

此外，企业发生减值的，还应当设置"合同履约成本减值准备""合同取得成本减值准备""合同资产减值准备"等科目进行核算。

四、一般销售业务的会计处理

（一）在某一时段履行的履约义务的会计处理

1. 收入确认条件

满足下列条件之一的，属于在某一时段内履行的履约义务，相关收入应当在该履约义务履行期间确认：

（1）客户在企业履约的同时即取得并消耗企业履约所带来的经济利益。

例如，企业承诺将客户的一批货物从 A 市运送到 B 市，假定该批货物在途经 C 市时，由另外一家运输公司接替企业继续提供该运输服务，由于 A 市到 C 市之间的运输服务是无须重新执行的，因此，表明客户在企业履约的同时即取得并消耗了企业履约所带来的经济利益，所以，企业提供的运输服务属于在某一时段内履行的履约义务。

（2）客户能够控制企业履约过程中在建的商品。

例如，企业与客户签订合同，在客户拥有的土地上按照客户的设计要求为其建造厂房。在建造过程中客户有权修改厂房设计，并与企业重新协商设计变更后的合同价款。客户每月月末按当月工程进度向企业支付工程款。如果客户终止合同，已完成建造部分的厂房归客户所有。该厂房位于客户的土地上，客户终止合同时，已建造的厂房归客户所有。这些均表明客户在该厂房建造的过程中就能够控制该在建的厂房。因此，企业提供的该建造服务属于在某一时段内履行的履约义务，企业应当在提供该服务期间确认收入。

（3）企业履约过程中所产出的商品具有不可替代用途，且该企业在整个合同期间有权就累计至今已完成的履约部分收取款项。

需要说明的是，在判断商品是否具有不可替代用途时，企业既应当考虑合同限制，也应当考虑实际可行性限制，但无须考虑合同被终止的可能性。有权就累计至今已完成的履约部分收取款项，是指在由于客户或其他方原因终止合同的情况下，企业有权就累计至今已完成的履约部分收取能够补偿其已发生成本和合理利润的款项，并且该权利具有法律约束力。合同终止必须是由于客户或其他方（即企业未按照合同承诺履约之外的其他原因）而非企业自身的原因所致，在整个合同期间内的任意一个时点，企业均应当拥有此项权利。

2. 收入确认方法

（1）对于在某一时段内履行的履约义务，企业应当在该段时间内按照履约进度确认收入，履约进度不能合理确定的除外。

（2）企业应当考虑商品的性质，采用产出法或投入法确定恰当的履约进度，并且在确定履约进度时，应当扣除那些控制权尚未转移给客户的商品和服务。

①产出法。产出法是根据已转移给客户的商品对于客户的价值确定履约进度，包括按照实际测量的完工进度、评估已实现的结果、已达到的里程碑、时间进度、已完工或交付的产品等确定履约进度的方法。

$$履约进度 = \frac{已完成或已交付的产品（或已提供的服务）数量}{应交付的产品（或应提供的服务）总量}$$

②投入法。投入法是根据企业履行履约义务的投入确定履约进度，通常可采用投入的材料数量、花费的人工工时或机器工时、发生的成本和时间进度等投入指标确定履约进度。当企业从事的工作或发生的投入是在整个履约期间内平均发生时，企业也可以按照直线法确认收入。

拓展阅读16

资产负债表日，企业应当确认的收入和成本如下：

本期确认的收入 = 合同总收入 × 本期末止履约进度 - 以前期间已确认的收入

本期确认的成本 = 劳务总成本 × 本期末止履约进度 - 以前期间已确认的成本

当履约进度不能合理确定时，企业已经发生的成本预计能够得到补偿的，应当按照已经发生的成本金额确认收入，直到履约进度能够合理确定为止。

【例14-1】2×23年1月10日，茶山股份有限公司接受甬江公司委托，为其研发一项技术，工期为12个月，合同含增值税的总价为904 000元，该劳务适用增值税税率为13%。合同款项分两期等额结算，2×23年1月5日，甬江公司汇入首期合同款452 000元；截至2×23年12月31日，实际发生研发费用为360 000元（假设均为薪酬费用，下同），预计完成全部任务尚需研发费用240 000元，2×24年2月10日，技术开发按期完成，实际发生研发费用为230 000元，合同剩余款项已收存银行结算账户。茶山股份有限公司采用投入法确定履约进度，收入确认时纳税义务发生。

（1）2×23年相关会计分录如下。

① 1月5日，收取款项。

借：银行存款　　　　　　　　　　　　　　　　　　　　　　452 000
　　贷：合同负债　　　　　　　　　　　　　　　　　　　　　　400 000
　　　　应交税费——待转销项税额　　　　　　　　　　　　　　52 000

② 发生合同履约成本。

借：合同履约成本　　　　　　　　　　　　　　　　　　　　　360 000
　　贷：应付职工薪酬　　　　　　　　　　　　　　　　　　　　360 000

③ 12月31日，确认合同履约进度、收入和成本。

合同履约进度 = 360 000 ÷（360 000 + 240 000）× 100% = 60%

合同收入 = 904 000 ÷（1 + 13%）× 60% − 0 = 480 000（元）

合同成本 =（360 000 + 240 000）× 60% − 0 = 360 000（元）

借：合同负债　　　　　　　　　　　　　　　　　　　　　　　480 000
　　应交税费——待转销项税额　　　　　　　　　　　　　　　　62 400
　　贷：主营业务收入　　　　　　　　　　　　　　　　　　　　480 000
　　　　应交税费——应交增值税（销项税额）　　　　　　　　　62 400

借：主营业务成本　　　　　　　　　　　　　　　　　　　　　360 000
　　贷：合同履约成本　　　　　　　　　　　　　　　　　　　　360 000

（2）2×24年相关会计分录如下。

① 发生合同履约成本。

借：合同履约成本　　　　　　　　　　　　　　　　　　　　　230 000
　　贷：应付职工薪酬　　　　　　　　　　　　　　　　　　　　230 000

② 收取款项。

借：银行存款　　　　　　　　　　　　　　　　　　　　　　　452 000
　　贷：合同负债　　　　　　　　　　　　　　　　　　　　　　400 000
　　　　应交税费——待转销项税额　　　　　　　　　　　　　　52 000

③ 确认合同履约进度、收入和成本。

合同履约进度 =（360 000 + 230 000）÷ 590 000 × 100% = 100%

合同收入 = 904 000 ÷（1 + 13%）× 100% − 480 000 = 320 000（元）

合同成本 = 590 000 × 100% − 360 000 = 230 000（元）

借：合同负债　　　　　　　　　　　　　　　　　　　　　　　320 000
　　应交税费——待转销项税额　　　　　　　　　　　　　　　　41 600
　　贷：主营业务收入　　　　　　　　　　　　　　　　　　　　320 000
　　　　应交税费——应交增值税（销项税额）　　　　　　　　　41 600

借：主营业务成本　　　　　　　　　　　　　　　　　　　　　230 000
　　贷：合同履约成本　　　　　　　　　　　　　　　　　　　　230 000

（二）在某一时点履行的履约义务的会计处理

对于在某一时点履行的履约义务，企业应当在客户取得相关商品控制权时确认收入。在判断客

户是否已取得商品控制权时,企业应当考虑下列迹象:

第一,企业就该商品享有现时收款权利,即客户就该商品负有现时付款义务。如果企业就该商品享有现时的收款权利,则可能表明客户已经有能力主导该商品的使用并从中获得几乎全部的经济利益。

第二,企业已将该商品的法定所有权转移给客户,即客户已拥有该商品的法定所有权。客户如果取得了商品的法定所有权,则可能表明其已经有能力主导该商品的使用并从中获得几乎全部的经济利益,或者能够阻止其他企业获得这些经济利益。如果企业仅仅是为了确保到期收回货款而保留商品的法定所有权,那么企业所保留的这项权利通常不会成为客户取得对该商品控制权的障碍。

第三,企业已将该商品实物转移给客户,即客户已经占有该商品实物。客户如果已经占有该商品,则可能表明其有能力主导该商品的使用并从中获得其几乎全部的经济利益,或者使其他企业无法获得这些经济利益。

1. 销售时商品控制权即刻转移的会计处理

【例14-2】2×23年1月10日,茶山股份有限公司向瓯海公司销售一批商品,增值税专用发票注明的销售价格为1 500 000元,增值税税额为195 000元,款项已通过银行转入账户,该批商品实际总成本为1 000 000元。相关会计分录如下:

(1) 确认收入。

借:银行存款 1 695 000
　　贷:主营业务收入 1 500 000
　　　　应交税费——应交增值税(销项税额) 195 000

(2) 结转成本。

借:主营业务成本 1 000 000
　　贷:库存商品 1 000 000

【例14-3】2×23年1月15日,茶山股份有限公司将一批不需用原材料销售给鹿城公司,增值税专用发票注明的销售价格为100 000元,增值税税额为16 000元。同日收到乙公司签发并承兑的面值为116 000元的商业汇票一张,承兑期为90天,该批原材料实际总成本为80 000元。相关会计分录如下:

(1) 确认收入。

借:应收票据 116 000
　　贷:其他业务收入 100 000
　　　　应交税费——应交增值税(销项税额) 16 000

(2) 结转成本。

借:其他业务成本 80 000
　　贷:原材料 80 000

2. 销售时商品控制权并未完全转移的会计处理

如果一份合同转让多项商品且每项商品分别构成单项履约义务,在全部商品未交付给客户前,商品的控制权并未转移给客户。在这种情况下,对于分摊至各单项履约义务的交易价格和相关的增值税税额,在"合同资产"科目核算。

【例14-4】 2×23年1月20日,茶山股份有限公司与龙湾公司签订合同,向其销售A、B两种商品。合同含增值税总价为116 000元,A、B两种商品适用增值税税率均为16%,A商品不含增值税单独售价为6 000元,B商品不含增值税单独售价为24 000元,合同约定,A商品于合同开始日交付,B商品于3月20日交付,两种商品全部交付完毕后才有权向龙湾公司收取合同对价金额。

(1) 确定各商品分摊的合同价格。

①A商品分摊的不含增值税合同价格 = 116 000 ÷ (1 + 16%) × [6 000 ÷ (6 000 + 24 000)] = 20 000 (元)。

②B商品分摊的不含增值税合同价格 = 116 000 ÷ (1 + 16%) × [24 000 ÷ (6 000 + 24 000)] = 80 000 (元)。

(2) 相关会计分录如下。

①2×23年1月20日,交付A商品。

借:合同资产　　　　　　　　　　　　　　　　　　　　　　　　　23 200
　　贷:主营业务收入　　　　　　　　　　　　　　　　　　　　　　20 000
　　　　应交税费——应交增值税(销项税额)　　　　　　　　　　　　3 200

②2×23年3月20日,交付B商品。

借:应收账款　　　　　　　　　　　　　　　　　　　　　　　　　116 000
　　贷:合同资产　　　　　　　　　　　　　　　　　　　　　　　　23 200
　　　　主营业务收入　　　　　　　　　　　　　　　　　　　　　　80 000
　　　　应交税费——应交增值税(销项税额)　　　　　　　　　　　　12 800

3. 销售商品涉及商业折扣、现金折扣、销售折让、销售退回的会计处理

(1) 商业折扣的会计处理。

商业折扣是指企业为促进商品销售而在商品标价上给予客户的价格折扣。在存在商业折扣的条件下,商品标价扣除商业折扣后的金额作为交易价格,即发票价格。

【例14-5】 2×23年1月25日,茶山股份有限公司销售七都公司C商品2 000件,商品标价为100元/件,经双方协商后决定给予10%的商业折扣,款项存入银行结算户,该批商品实际总成本为100 000元,该商品适用增值税税率为13%。

①发票价格 = 2 000 × 100 × (1 - 10%) = 180 000 (元)

②销项税额 = 180 000 × 13% = 23 400 (元)

借:银行存款　　　　　　　　　　　　　　　　　　　　　　　　　203 400
　　贷:主营业务收入　　　　　　　　　　　　　　　　　　　　　　180 000
　　　　应交税费——应交增值税(销项税额)　　　　　　　　　　　　23 400

借:主营业务成本　　　　　　　　　　　　　　　　　　　　　　　100 000
　　贷:库存商品　　　　　　　　　　　　　　　　　　　　　　　　100 000

(2) 现金折扣的会计处理。

现金折扣是指企业为鼓励客户在规定的折扣期限内付款而给予客户的价格扣除。

对于附有现金折扣条件的销售,交易价格实际属于可变对价,企业的会计处理面临总价法和净价法两种选择。

①总价法。如果企业判断客户在折扣期限内不是极可能取得现金折扣,即在相关不确定性消除时最终确定的交易价格极可能为发票价格,应当采用总价法。

【例14-6】2×23年2月1日,茶山股份有限公司向华联公司赊销一批D商品,销售价格为100 000元,增值税税额为13 000元,现金折扣条件(不包括增值税税额)为2/10,1/20,n/30。

(1) 2月1日,赊销商品。

借:应收账款——华联公司　　　　　　　　　　　　　　　　　　　　　113 000
　　贷:主营业务收入　　　　　　　　　　　　　　　　　　　　　　　　100 000
　　　　应交税费——应交增值税(销项税额)　　　　　　　　　　　　　 13 000

(2) 如果华联公司10天内付款。

借:银行存款　　　　　　　　　　　　　　　　　　　　　　　　　　　111 000
　　主营业务收入　　　　　　　　　　　　　　　　　　　　　　　　　　2 000
　　贷:应收账款——华联公司　　　　　　　　　　　　　　　　　　　　113 000

(3) 如果华联公司20天内付款。

借:银行存款　　　　　　　　　　　　　　　　　　　　　　　　　　　112 000
　　主营业务收入　　　　　　　　　　　　　　　　　　　　　　　　　　1 000
　　贷:应收账款——华联公司　　　　　　　　　　　　　　　　　　　　113 000

(4) 如果华联公司超过20天付款。

借:银行存款　　　　　　　　　　　　　　　　　　　　　　　　　　　113 000
　　贷:应收账款——华联公司　　　　　　　　　　　　　　　　　　　　113 000

②净价法。如果企业判断客户在折扣期限内极可能取得现金折扣,即在相关不确定性消除时最终确定的交易价格极可能为发票价格扣除现金折扣后的净额,应当采用净价法。

【例14-6】采用净价法会计处理如下:

(1) 2月1日,赊销商品。

借:应收账款——华联公司　　　　　　　　　　　　　　　　　　　　　111 000
　　贷:主营业务收入　　　　　　　　　　　　　　　　　　　　　　　　 98 000
　　　　应交税费——应交增值税(销项税额)　　　　　　　　　　　　　 13 000

(2) 如果华联公司10天内付款。

借:银行存款　　　　　　　　　　　　　　　　　　　　　　　　　　　111 000
　　贷:应收账款——华联公司　　　　　　　　　　　　　　　　　　　　111 000

(3) 如果华联公司20天内付款。

借:银行存款　　　　　　　　　　　　　　　　　　　　　　　　　　　112 000
　　贷:应收账款——华联公司　　　　　　　　　　　　　　　　　　　　111 000
　　　　主营业务收入　　　　　　　　　　　　　　　　　　　　　　　　 1 000

(4) 如果华联公司超过20天付款。

借:银行存款　　　　　　　　　　　　　　　　　　　　　　　　　　　113 000
　　贷:应收账款——华联公司　　　　　　　　　　　　　　　　　　　　111 000
　　　　主营业务收入　　　　　　　　　　　　　　　　　　　　　　　　 2 000

（3）销售折让的会计处理。

销售折让是指企业因售出商品的质量不合格等原因而在销售价格上给予客户的减让。

对于销售折让，企业应区分以下三种情况进行会计处理：

①销售折让发生在收入未确认之前的，只需按销售折让后的净额确认收入即可，不需要单独对销售折让进行会计处理。

②销售折让发生在收入确认之后的，通常冲减发生销售折让当期的收入和增值税税额。

【例14-7】2×23年2月15日，茶山股份有限公司销售的商品因外观存在瑕疵，购货方要求给予价格折让，经双方协商茶山股份有限公司给予客户含增值税总价1 740 000元10%的折让，折让价税款以银行存款支付。会计分录如下：

借：主营业务收入　　　　　　　　　　　　　　　　　　　　　　　150 000
　　应交税费——应交增值税（销项税额）　　　　　　　　　　　　 19 500
　　贷：银行存款　　　　　　　　　　　　　　　　　　　　　　　 169 500

③销售折让属于资产负债表日后事项的，应按照《企业会计准则第29号——资产负债表日后事项》的相关规定进行处理。

（4）销售退回的会计处理。

销售退回是指企业售出的商品由于质量、品种不符合要求等原因而发生的退货。

对于销售退回，企业应区分以下三种情况进行会计处理：

①销售退回发生在收入未确认之前的，结转已退回商品的实际成本即可。

②销售退回发生在收入确认之后的，通常冲减销售退回当期的收入、成本和增值税税额，该销售退回已发生现金折扣的，应同时调整相关的财务费用。

【例14-8】2×23年2月25日，因商品不符合合同要求，茶山股份有限公司上月销售的一批商品被退回，开具的红字增值税专用发票注明价款2 000 000元，增值税税额为260 000元，该批商品按实际成本1 200 000元已验收入库。会计分录如下：

借：主营业务收入　　　　　　　　　　　　　　　　　　　　　　2 000 000
　　应交税费——应交增值税（销项税额）　　　　　　　　　　　　260 000
　　贷：应收账款　　　　　　　　　　　　　　　　　　　　　　 2 260 000
借：库存商品　　　　　　　　　　　　　　　　　　　　　　　　1 200 000
　　贷：主营业务成本　　　　　　　　　　　　　　　　　　　　 1 200 000

③销售退回属于资产负债表日后事项的，应当按照《企业会计准则第29号——资产负债表日后事项》的相关规定进行处理。

4. 销售材料等存货的会计处理

企业在日常活动中还可能发生对外销售不需用的原材料、随同商品对外销售单独计价的包装物等业务，其收入确认和计量原则比照商品销售，实现的收入作为其他业务收入处理，结转的相关成本作为其他业务成本处理。

【例14-9】2×23年5月1日，甬江公司销售一批原材料，开出的增值税专用发票上注明的售价为10 000元，增值税税额为1 300元，款项已由银行收妥。该批原材料的实际成本为9 000元。甬江公司应做如下账务处理：

(1) 5月1日销售商品开出增值税专用发票时。

借：银行存款　　　　　　　　　　　　　　　　　　　　　　　　　11 300
　　贷：其他业务收入　　　　　　　　　　　　　　　　　　　　　　10 000
　　　　应交税费——应交增值税（销项税额）　　　　　　　　　　　 1 300

(2) 结转已销原材料的实际成本。

借：其他业务成本　　　　　　　　　　　　　　　　　　　　　　　　 9 000
　　贷：原材料　　　　　　　　　　　　　　　　　　　　　　　　　 9 000

五、合同成本

（一）合同履约成本

1. 合同履约成本的确认条件

企业为履行合同会发生各种成本，如果这些成本不属于存货、固定资产、无形资产等资产的取得成本，且同时满足下列三个条件，应当作为合同履约成本确认为一项资产：

(1) 该成本与一份当前或预期取得的合同直接相关。

与合同直接相关的成本包括直接人工（如支付给直接为客户提供所承诺服务的人员的工资、奖金等）、直接材料（如为履行合同耗用的原材料、辅助材料等）、制造费用或类似费用（如与组织和管理生产、施工、服务等活动发生的费用等）、明确由客户承担的成本以及仅因该合同而发生的其他成本（如支付给分包商的成本、机械使用费、设计和技术援助费用、施工现场二次搬运费、生产工具和用具使用费、检验试验费、工程定位复测费、工程点交费用、场地清理费等）。

(2) 该成本增加了企业未来用于履行履约义务的资源。

(3) 该成本预期能够收回。

2. 不构成合同履约成本的情形

下列支出不属于合同履约成本，企业应当在下列支出发生时，将其计入当期损益：

(1) 管理费用，除非这些费用明确由客户承担。

(2) 非正常消耗的直接材料、直接人工和制造费用（或类似费用），这些支出为履行合同发生，但未反映在合同价格中。

(3) 与履约义务中已履行部分相关的支出，即该支出与企业过去的履约活动相关。

(4) 无法在尚未履行的与已履行的履约义务之间区分的相关支出。

【例14-10】茶山股份有限公司经营一家酒店，该酒店是茶山股份有限公司的自有资产。2×23年6月茶山股份有限公司计提与酒店经营直接相关的酒店、客房以及客房内的设备家具等折旧120 000元、酒店土地使用权摊销费用65 000元。经计算，当月确认房费、餐饮等服务含税收入424 000元（税率6%），全部存入银行。

本例中，茶山股份有限公司经营酒店主要是通过提供客房服务赚取收入，而客房服务的提供直接依赖于酒店物业（包含土地）以及家具等相关资产，这些资产折旧和摊销属于茶山股份有限公司为履行与客户的合同而发生的合同履约成本。已确认的合同履约成本在收入确认时予以摊销，计入营业成本。茶山股份有限公司应编制如下会计分录：

① 确认资产的折旧费、摊销费：

借：合同履约成本　　　　　　　　　　　　　　　　　　　　　185 000
　　贷：累计折旧　　　　　　　　　　　　　　　　　　　　　　120 000
　　　　累计摊销　　　　　　　　　　　　　　　　　　　　　　 65 000

② 6 月确认酒店服务收入并摊销合同履约成本：

借：银行存款　　　　　　　　　　　　　　　　　　　　　　　424 000
　　贷：主营业务收入　　　　　　　　　　　　　　　　　　　　400 000
　　　　应交税费——应交增值税（销项税额）　　　　　　　　　 24 000
借：主营业务成本　　　　　　　　　　　　　　　　　　　　　185 000
　　贷：合同履约成本　　　　　　　　　　　　　　　　　　　　185 000

（二）合同取得成本

企业为取得合同发生的增量成本预期能够收回的，应当作为合同取得成本确认为一项资产。如果该资产摊销期限不超过一年，可以在发生时计入当期损益。

增量成本是指企业不取得合同就不会发生的成本。

企业为取得合同发生的、除预期能够收回的增量成本之外的其他支出，应当在发生时计入当期损益，但是明确由客户承担的除外。

【例 14-11】 2×23 年 6 月 8 日，茶山股份有限公司通过竞标赢得一个服务期为 5 年的客户，该客户每年年末支付含税咨询费 1 908 000 元（税率 6%）。为取得与该客户的合同，茶山股份有限公司聘请外部律师进行尽职调查支付相关费用 15 000 元，为投标而发生的差旅费 10 000 元，支付销售人员佣金 60 000 元。茶山股份有限公司预期这些支出未来均能够收回。此外，茶山股份有限公司根据其年度销售目标、整体盈利情况及个人业绩等，向销售部门经理支付年度奖金 10 000 元。

在本例中，茶山股份有限公司因签订客户合同而向销售人员支付的佣金属于取得合同发生的增量成本，应当将其作为合同取得成本确认为一项资产；茶山股份有限公司聘请外部律师进行尽职调查发生的支出、为投标发生的差旅费以及向销售部门经理支付的年度奖金（不能直接归属于可识别的合同）不属于增量成本，应当于发生时直接计入当期损益。茶山股份有限公司应编制如下会计分录：

(1) 支付相关费用。

借：合同取得成本　　　　　　　　　　　　　　　　　　　　　 50 000
　　管理费用　　　　　　　　　　　　　　　　　　　　　　　　 25 000
　　销售费用　　　　　　　　　　　　　　　　　　　　　　　　 10 000
　　贷：银行存款　　　　　　　　　　　　　　　　　　　　　　 85 000

(2) 每月确认服务收入，摊销销售佣金。

服务收入 = 1 908 000 ÷ (1 + 6%) ÷ 12 = 150 000（元）
销售佣金摊销额 = 60 000 ÷ 5 ÷ 12 = 1 000（元）

借：应收账款　　　　　　　　　　　　　　　　　　　　　　　159 000
　　销售费用　　　　　　　　　　　　　　　　　　　　　　　　　1 000
　　贷：合同取得成本　　　　　　　　　　　　　　　　　　　　　1 000
　　　　主营业务收入　　　　　　　　　　　　　　　　　　　　150 000

应交税费——应交增值税（销项税额）　　　　　　　　　　　　　　9 000

（三）与合同成本有关的资产的摊销和减值

1. 与合同成本有关的资产的摊销

与合同成本有关的资产，是指按合同履约成本确认的资产和按合同取得成本确认的资产。

企业与合同成本有关的资产，应当采用与该资产相关的商品收入确认相同的基础（即按照履约进度或履约时点）进行摊销，计入当期损益。

2. 与合同成本有关的资产的减值

与合同成本有关的资产的减值，是指其账面价值高于下列两项的差额的，超出部分应当计提减值准备，并确认为资产减值损失：

（1）企业因转让与该资产相关的商品预期能够取得的剩余对价。

（2）为转让该相关商品估计将要发生的成本。

以前期间减值的因素之后发生变化，使得上述两项的差额高于该资产账面价值的，应当转回原已计提的资产减值准备，并计入当期损益，但转回后的资产账面价值不应超过假定不计提减值准备情况下该资产在转回日的账面价值。

在确定与合同成本有关的资产减值损失时，企业应当首先对与合同有关的存货、固定资产、无形资产等资产确定减值损失；其次按照上述与合同成本有关的资产减值要求确定与合同成本相关的资产减值损失。

六、特定交易的会计处理

（一）合同存在重大融资成分的会计处理

合同开始日，预计客户取得商品控制权与客户支付价款间隔时间超过一年的，即合同中存在重大融资成分，企业应当按照假定客户在取得商品控制权时即以现金支付的应付金额确定交易价格，合同对价与交易价格之间的差额，应当在合同期间采用实际利率法摊销，计入财务费用。

【例14-12】2×23年1月1日，茶山股份有限公司向鸿运公司销售一批E商品，不含增值税的交易价格为1 500 000元，增值税税额为195 000元，增值税在产品交易达成时一次性以银行存款结清，交易价格分3年于每年12月31日等额收取；该批产品实际总成本为900 000元。假设签订合同时市场利率为5%，该批商品的现销价格按各期等额收取的交易价格现值计量，未实现融资收益采用实际利率法进行摊销。

经计算，交易价格的现值为1 361 600 [500 000 × (P/A, 5%, 3)] 元，未实现融资收益为138 400 (1 500 000 - 1 361 600) 元，每期摊销的融资收益如表14-1所示。

表14-1　融资收益摊销表　　　　　　　　　　　　　　单位：元

日期	分期应收款	确认的融资收益	减少的本金	应收本金余额
①	②	③=期初⑤×5%	④=②-③	期末⑤=期初⑤-④
2×23年1月1日				1 361 600
2×23年12月31日	500 000	68 080	431 920	929 680
2×24年12月31日	500 000	46 484	453 516	476 164

续表

日期	分期应收款	确认的融资收益	减少的本金	应收本金余额
2×25年12月31日	500 000	23 836*	476 164	0
合计	1 500 000	138 400	1 361 600	

注：* 表示尾数调整：23 836 = 500 000 − 476 164。

相关会计分录如下：

(1) 2×23年1月1日。

借：长期应收款　　　　　　　　　　　　　　　　　　　　　　1 500 000
　　银行存款　　　　　　　　　　　　　　　　　　　　　　　　195 000
　　贷：主营业务收入　　　　　　　　　　　　　　　　　　　　1 361 600
　　　　应交税费——应交增值税（销项税额）　　　　　　　　　　195 000
　　　　未实现融资收益　　　　　　　　　　　　　　　　　　　138 400

借：主营业务成本　　　　　　　　　　　　　　　　　　　　　　900 000
　　贷：库存商品　　　　　　　　　　　　　　　　　　　　　　900 000

(2) 2×23年12月31日，收取款项，确认融资收益。

借：银行存款　　　　　　　　　　　　　　　　　　　　　　　　500 000
　　贷：长期应收款　　　　　　　　　　　　　　　　　　　　　500 000

借：未实现融资收益　　　　　　　　　　　　　　　　　　　　　68 080
　　贷：财务费用　　　　　　　　　　　　　　　　　　　　　　68 080

其他年份会计分录从略。

(二) 附有销售退回条款的会计处理

附有销售退回条款的商品销售，是指购货方依照有关合同有权退货的销售方式。对于附有销售退回条款的商品销售，企业向客户收取的对价实际上是可变的。

因此，企业应当在客户取得相关商品控制权时，按照向客户转让时预期有权收取的对价金额（即在不确定性消除时极可能不会发生重大转回的金额）确认收入，按照预期因销售退回将退还的金额确认负债；同时，按照预期将退回商品转让时的账面价值，扣除收回该商品预计发生的成本（包括退回商品的价值减损）后的余额，确认一项资产，按照所转让商品转让时的账面价值，扣除上述资产成本的净额结转成本。

每一资产负债表日，企业应当重新估计未来销售退回情况，如有变化，应当作为会计估计变更进行会计处理。

【例14−13】2×23年11月1日，茶山股份有限公司向江河公司销售5 000件F商品，单位销售价格为500元，单位成本为400元，开出的增值税专用发票上注明的销售价格为250万元，增值税税额为32.5万元。F商品已经发出，但款项尚未收到。根据协议约定，江河公司应于2×23年12月31日之前支付货款，在2×24年3月31日之前有权退还F商品。

2×23年11月1日，茶山股份有限公司根据过去的经验，估计该批F商品的退货率约为20%。在2×23年12月31日，茶山股份有限公司对退货率进行了重新评估，认为只有10%的F商品会被退回。茶山股份有限公司为增值税一般纳税人，F商品发出时纳税义务已经发生。2×24年3月31日发生销售退回,退货量为400件,款项已支付,实际发生退回时取得税务机关开具的红字增值税专用发票。假定F商品发出时控制权转移给茶山股份有限公司,不考虑其他相关因素。相关会计分录如下:

(1) 2×23年11月1日发出F商品时。

借:应收账款 2 825 000
　　贷:主营业务收入 (5 000×80%×500) 2 000 000
　　　　应交税费——应交增值税(销项税额) 325 000
　　　　预计负债——应付退货款 (5 000×20%×500) 500 000
借:主营业务成本 (5 000×80%×400) 1 600 000
　　应收退货成本 (5 000×20%×400) 400 000
　　贷:库存商品 2 000 000

(2) 2×23年12月31日前收到货款时。

借:银行存款 2 825 000
　　贷:应收账款 2 825 000

(3) 2×23年12月31日,茶山股份有限公司对退货率进行了重新评估(估计退货数量为500件),多预计的退货件数=5 000×20%-500=500(件)。

借:预计负债——应付退货款 (5 000×10%×500) 250 000
　　贷:主营业务收入 250 000
借:主营业务成本 200 000
　　贷:应收退货成本 (500×400) 200 000

(4) 2×24年3月31日发生销售退回,实际退货量为400件,退货款项已经支付。

借:应交税费——应交增值税(销项税额) 26 000
　　预计负债——应付退货款 250 000
　　贷:主营业务收入 (100×500) 50 000
　　　　银行存款 226 000
借:主营业务成本 (100×400) 40 000
　　库存商品 (400×400) 160 000
　　贷:应收退货成本 200 000

承【例14-13】如果实际退货数量为800件,相关账务处理如下:

借:应交税费——应交增值税(销项税额) 52 000
　　预计负债——应付退货款 250 000
　　主营业务收入 150 000
　　贷:银行存款 452 000
借:库存商品 320 000
　　贷:应收退货成本 200 000
　　　　主营业务成本 120 000

(三)附有质量保证条款的会计处理

对于附有质量保证条款的销售,企业应当评估该质量保证是否在向客户保证所销售商品符合既定标准之外提供了一项单独的服务。企业提供额外服务的,应当作为单项履约义务,在履行了合同中的履约义务,即在客户取得相关商品控制权时确认收入;未提供额外服务的,该质量保证责任应当按照《企业会计准则第 13 号——或有事项》规定进行会计处理。

在评估质量保证是否在向客户保证所销售商品符合既定标准之外提供了一项单独的服务时,企业应当考虑该质量保证是否为法定要求、质量保证期限以及企业承诺履行任务的性质等因素。客户能够选择单独购买质量保证的,该质量保证构成单项履约义务。

其中,法定要求通常是为了保护客户避免其购买瑕疵或缺陷商品的风险,而并非为客户提供一项单独的质量保证服务。

需要说明的是,质量保证期限越长,越有可能是单项履约义务。如果企业必须履行某些特定的任务以保证所转让的商品符合既定标准(例如企业负责运输被客户退回的瑕疵商品),这些特定的任务可能不构成单项履约义务。

【例 14-14】2×23 年 5 月 1 日,茶山股份有限公司与黄山公司签订合同,向其销售一套生产设备,合同售价 480 000 元,增值税税额为 62 400 元。黄山公司收到设备验收无误后,支付全部合同价税款。茶山股份有限公司承诺对生产设备在质量保证期间的质量问题负责免费维修,并且为黄山公司提供为期三天的设备操作培训。假设生产设备单独售价为 470 000 元,设备操作培训费单独售价 30 000 元。

茶山股份有限公司提供的产品质量保证服务,是为了向客户保证所销售的商品符合既定标准,不构成单项履约义务;为客户提供的设备操作培训服务,属于在向客户保证所销售的商品符合既定标准之外提供的额外服务,并且该服务与所销售的设备可明确区分,应作为单项履约义务。因此,该合同存在销售设备和提供设备操作培训服务两项履约义务。相关会计分录如下:

(1)销售设备时。

生产设备的交易价格 = 470 000 ÷(470 000 + 30 000)× 480 000 = 451 200(元)

设备操作培训交际价格 = 30 000 ÷(470 000 + 30 000)× 480 000 = 28 800(元)

借:银行存款 542 400
　　贷:主营业务收入 451 200
　　　　合同负债 28 800
　　　　应交税费——应交增值税(销项税额) 62 400

(2)提供设备操作培训服务时。

借:合同负债 28 800
　　贷:主营业务收入 28 800

(四)主要责任人和代理人

企业应当根据其在向客户转让商品前是否拥有对该商品的控制权,来判断其从事交易时的身份是主要责任人还是代理人。企业在向客户转让商品前能够控制该商品的,该企业为主要责任人,应当按照已收或应收对价总额确认收入;否则,转让商品前不能够控制该商品,企业为代理人,应当按照预期有权收取的佣金或手续费的金额确认收入,该金额应当按照已收或应收对价总额扣除应支付给其他相关方的价款后的净额,或者按照既定的佣金金额或比例等确定,即按净额法确认收入。

在委托代销安排下,企业应当评估受托方在企业向其转让商品时是否已获得对该商品的控制权，受托方获得对商品控制权的，企业应当按销售商品进行会计处理；如果没有，企业不应在此时确认收入，已发出商品通过"发出商品"科目核算，通常应当在受托方售出商品时确认销售商品收入，结转成本；受托方应当在商品销售后，按合同或协议约定的方法计算确定的手续费确认收入。

【例14-15】2×23年5月10日，茶山股份有限公司委托丙公司代销10台设备，每台设备的成本为70万元。双方签订的代销合同约定，丙公司应按每台100万元对外销售，茶山股份有限公司按不含增值税的销售价格的10%向丙公司支付手续费。除非这些设备在丙公司存放期间由于丙公司的责任发生毁损或丢失，否则在这些设备对外销售之前，丙公司没有义务向茶山股份有限公司支付货款。丙公司不承担包销责任，没有售出的设备需退回给茶山股份有限公司，同时，茶山股份有限公司也有权要求收回这些设备或将其销售给其他的客户。截至2×23年5月31日，丙公司对外实际销售4台设备，开出的增值税专用发票上注明的销售价格为400万元，增值税税额为52万元，款项已经收到。丙公司于2×23年5月底向茶山股份有限公司开具代销清单并支付货款，茶山股份有限公司收到丙公司开具的代销清单时，向丙公司开具一张相同金额的增值税专用发票。假定茶山股份有限公司发出该批设备时纳税义务尚未发生，手续费适用的增值税税率为6%。

假定不考虑其他因素，茶山股份有限公司将该批设备发送至丙公司后，丙公司虽然已占有该批设备，但仅是接受茶山股份有限公司的委托销售该批设备，并根据实际销售的数量赚取一定比例的手续费。茶山股份有限公司有权要求收回该批设备或将其销售给其他的客户，丙公司并不能主导这些商品的销售，这些设备对外销售与否、是否获利以及获利多少等不由丙公司控制，丙公司没有取得这些设备的控制权。因此，茶山股份有限公司将该批设备发送至丙公司时，不应确认收入，而应当在丙公司将该批设备销售给最终客户时确认收入。

(1) 2×23年5月10日，茶山股份有限公司按合同约定发出商品时。

借：发出商品　　　　　　　　　　　　　　　　　　　　　　　　7 000 000
　　贷：库存商品　　　　　　　　　　　　　　　　　　　　　　　　7 000 000

(2) 2×23年5月31日，茶山股份有限公司收到代销清单时。

借：应收账款——丙公司　　　　　　　　　　　　　　　　　　　4 520 000
　　贷：主营业务收入　　　　　　　　　　　　　　　　　　　　　　4 000 000
　　　　应交税费——应交增值税（销项税额）　　　　　　　　　　　　520 000
借：主营业务成本　　　　　　　　　　　　　　　　　　　　　　2 800 000
　　贷：发出商品　　　　　　　　　　　　　　　　　　　　　　　　2 800 000
借：销售费用　　　　　　　　　　　　　　　　　　　　　　　　　400 000
　　应交税费——应交增值税（进项税额）　　　　　　　　　　　　　　24 000
　　贷：应收账款——丙公司　　　　　　　　　　　　　　　　　　　　424 000

(3) 收到丙公司支付的货款时。

借：银行存款　　　　　　　　　　　　　　　　　　　　　　　　4 096 000
　　贷：应收账款——丙公司　　　　　　　　　　　　　　　　　　4 096 000

丙公司的会计处理：

(1) 2×23年5月10日，丙公司收到代销商品时。

借：受托代销商品——茶山股份有限公司　　　　　　　　　　　　10 000 000

贷:受托代销商品款——茶山股份有限公司　　　　　　　　　　　　　　10 000 000

(2) 2×23年5月31日,丙公司对外销售时。

借:银行存款　　　　　　　　　　　　　　　　　　　　　　　　　　4 520 000
　　贷:受托代销商品——茶山股份有限公司　　　　　　　　　　　　　　4 000 000
　　　　应交税费——应交增值税(销项税额)　　　　　　　　　　　　　520 000

(3) 2×23年5月31日,丙公司收到增值税专用发票。

借:受托代销商品款——茶山股份有限公司　　　　　　　　　　　　　　4 000 000
　　应交税费——应交增值税(进项税额)　　　　　　　　　　　　　　　520 000
　　贷:应付账款——茶山股份有限公司　　　　　　　　　　　　　　　　4 520 000

(4) 丙公司向茶山股份有限公司支付货款并计算代销手续费。

借:应付账款——茶山股份有限公司　　　　　　　　　　　　　　　　　4 520 000
　　贷:银行存款　　　　　　　　　　　　　　　　　　　　　　　　　4 096 000
　　　　其他业务收入——代销手续费　　　　　　　　　　　　　　　　　400 000
　　　　应交税费——应交增值税(销项税额)　　　　　　　　　　　　　24 000

(五) 附有客户额外购买选择权的会计处理

对于附有客户额外购买选择权的销售,企业应当评估该选择权是否向客户提供了一项重大权利。企业向客户提供重大权利,应当作为单项履约义务,将交易价格分摊至各履约义务,在客户未来行使购买选择权取得相关商品控制权时,或者该选择权失效时,确认相应的收入。

额外购买选择权的情况包括销售激励、客户奖励积分、未来购买商品的折扣券以及合同续约选择权等。如果客户只有在订立了一项合同的前提下才取得了额外购买选择权,并且客户行使该选择权购买额外商品时,能够享受到超过该地区或该市场中其他同类客户所能够享有的折扣,则通常认为该选择权向客户提供了一项重大权利。客户虽然有额外购买商品选择权,但客户行使该选择权购买商品时的价格反映了这些商品单独售价的,不应被视为企业向该客户提供了一项重大权利。

企业在向客户转让商品之前,如果客户已经支付了合同对价或企业已经取得了无条件收取合同对价的权利,则企业应当在客户实际支付款项与到期应支付款项孰早时点,将该已收或应收的款项列示为合同负债。

【例14-16】 2×23年1月1日,茶山股份有限公司开始推行一项奖励积分计划,客户在本公司每消费10元可获得1个积分,每个积分从次月开始在购物时可以抵减1元。截至2×23年12月31日,客户共消费100 000元(假设不考虑增值税因素),可获得10 000个积分,根据历史经验,估计该积分的兑换率为90%,截至2×23年12月31日,客户共兑换了4 500个积分,公司对积分兑换率进行重新估计,预计客户兑换的积分为9 500个积分。

该项奖励积分计划属于为客户提供了一项重大权利,应当作为一项单独的履约义务。

(1) 计算商品和积分应分摊的交易价格。

分摊至商品的交易价格 = 100 000 × [100 000 ÷ (100 000 + 9 000)] = 91 743(元)
分摊至积分的交易价格 = 100 000 × [9 000 ÷ (100 000 + 9 000)] = 8 257(元)

会计分录如下:

借:银行存款	100 000	
贷:主营业务收入		91 743
合同负债		8 257

(2) 2×23年12月31日,确认积分实现的收入。

积分实现的收入 = 8 257×4 500÷9 500 = 3 911(元)

会计分录如下:

借:合同负债	3 911	
贷:主营业务收入		3 911

剩余未兑换的积分,即合同负债 = 8 257 - 3 911 = 4 346(元)。

企业在向客户转让商品之前,如果客户已经支付了合同对价或企业已经取得了无条件收取合同对价的权利,则企业应当在客户实际支付款项与到期应支付款项孰早时点,将该已收或应收的款项列示为合同负债。合同负债是指企业已收或应收客户对价而应向客户转让商品的义务。合同资产和合同负债应当在资产负债表中单独列示,不同合同下的合同资产和合同负债不能互相抵销。

(六)售后回购业务

售后回购是指企业销售商品的同时承诺或有权选择日后再将该商品(包括相同或几乎相同的商品,或以该商品作为组成部分的商品)购回的销售方式。

对于售后回购交易,企业应当区分下列两种情形进行会计处理:

(1)企业因存在与客户的远期安排而负有回购义务或企业享有回购权利的,表明客户在销售时点并未取得相关商品控制权,企业应当作为租赁交易或融资交易进行相应的会计处理。其中,回购价格低于原售价的,应当视为租赁交易,按照《企业会计准则第21号——租赁》的相关规定进行会计处理;回购价格不低于原售价的,应当视为融资交易,在收到客户款项时确认金融负债,并将该款项和回购价格的差额在回购期间内确认为利息费用等。企业到期未行使回购权利的,应当在该回购权利到期时终止确认金融负债,同时确认收入。

(2)企业负有应客户要求回购商品义务的,应当在合同开始日评估客户是否具有行使该要求权的重大经济动因。客户具有行使该要求权重大经济动因的,企业应当将售后回购作为租赁交易或融资交易,按照上述情形(1)进行会计处理;客户不具有行使该要求权重大经济动因的,企业应当将其作为附有销售退回条款的销售交易处理。

【例14-17】2×23年6月1日,茶山股份有限公司与华联公司签订协议,向华联公司销售一批产品,产品实际总成本为400 000元,开具增值税专用发票注明的销售价格为500 000元,增值税税额为65 000元。协议规定,茶山股份有限公司在当年11月1日将所售商品按价格540 000元购回,增值税税额为70 200元。商品已发出,商品销售和回购款项均通过银行存款结算。会计分录如下:

(1) 2×23年6月1日,收到款项。

借:银行存款	565 000	
贷:其他应付款——华联公司		500 000
应交税费——应交增值税(销项税额)		65 000

(2)按月每月融资费用 = (540 000 - 500 000)÷5 = 8 000(元)。

借：财务费用　　　　　　　　　　　　　　　　　　　　　　　8 000
　　　贷：其他应付款——华联公司　　　　　　　　　　　　　　　 8 000

（3）2×23年11月1日，购回商品。

借：其他应付款——华联公司　　　　　　　　　　　　　　540 000
　　应交税费——应交增值税（进项税额）　　　　　　　　 70 200
　　　贷：银行存款　　　　　　　　　　　　　　　　　　　　　610 200

（七）授予知识产权许可

企业向客户授予的知识产权，常见的包括软件和技术、影视和音乐等的版权、特许经营权以及专利权、商标权和其他版权等。

企业向客户授予知识产权许可的，应当按照"识别合同中的单项履约义务"的要求，评估该知识产权许可是否构成单项履约义务，构成单项履约义务的，应当进一步确定其是在某一时段内履行还是在某一时点履行。

企业向客户授予知识产权许可，同时满足下列条件时，应当作为在某一时段内履行的履约义务确认相关收入：

（1）合同要求或客户能够合理预期企业将从事对该项知识产权有重大影响的活动（市场推广、继续开发等后续活动）。

（2）该活动对客户将产生有利或不利影响。

属于在判断"某一时段内履行的履约义务"时满足的第一个条件，即"客户在企业履约（从事重大影响的活动）的同时即取得或消耗企业履约所带来的经济利益（有利或不利影响）"。

（3）该活动不会导致向客户转让某项商品。

不能同时满足上述条件的，应当作为在某一时点履行的履约义务确认相关收入。

（八）客户未行使的权利

企业向客户预收销售商品款项的，应当首先将该款项确认为负债，待履行了相关履约义务时再转为收入。当企业预收款项无须退回，且客户可能会放弃其全部或部分合同权利时，企业预期将有权获得与客户所放弃的合同权利相关的金额的，应当按照客户行使合同权利的模式按比例将上述金额确认为收入；否则，企业只有在客户要求其履行剩余履约义务的可能性极低时，才能将相关负债余额转为收入。

【例14-18】2×23年，茶山股份有限公司向客户销售了5 000张储值卡，每张卡的面值为200元，总额为1 000 000元。客户可在茶山股份有限公司经营的任何一家门店使用该储值卡进行消费。根据历史经验，茶山股份有限公司预期客户购买的储值卡中将有大约相当于储值卡面值金额5%（即50 000元）的部分不会被消费。截至2×23年12月31日，客户使用该储值卡消费的金额为400 000元。茶山股份有限公司为增值税一般纳税人，适用税率13%，在客户使用该储值卡消费时发生增值税纳税义务。

本例中，茶山股份有限公司预期将有权获得与客户未行使的合同权利相关的金额为50 000元，该金额应当按照客户行使合同权利的模式按比例确认为收入。

茶山股份有限公司在2×23年销售的储值卡应当确认的收入金额=（400 000+50 000×400 000÷

950 000）÷（1＋13%）＝372 612.95（元）

茶山股份有限公司的会计处理为：

（1）销售储值卡。

借：银行存款　　　　　　　　　　　　　　　　　　　　　　　　　1 000 000
　　贷：合同负债　　　　　　　　　　　　　　　　　　　　　　　　　884 955.75
　　　　应交税费——待转销项税额　　　　　　　　　　　　　　　　　115 044.25

（2）根据储值卡的消费金额确认收入时。

待转销项税额确认为销项税额＝400 000÷（1＋13%）×13%＝46 017.70

借：合同负债　　　　　　　　　　　　　　　　　　　　　　　　　372 612.95
　　应交税费——待转销项税额　　　　　　　　　　　　　　　　　　46 017.70
　　贷：主营业务收入　　　　　　　　　　　　　　　　　　　　　　372 612.95
　　　　应交税费——应交增值税（销项税额）　　　　　　　　　　　46 017.70

提示：增值税销项税额应按实际含税消费金额计算，而并非根据会计准则计算的销售收入。

（九）无须退回的初始费

企业在合同开始（或接近合同开始）时向客户收取的无须退回的初始费（如俱乐部的入会费等），应当分析该初始费是否与向客户转让已承诺的商品相关：如果相关，且该商品构成单项履约义务，应按分摊至该商品的交易价格确认为收入，不构成单项履约义务的，企业应当在包含该商品的单项履约义务履行时，按照分摊至该单项履约义务的交易价格确认收入；否则，该初始费应当作为未来将转让商品的预收款，在未来转让该商品时确认为收入。

第二节　费用

一、费用概述

（一）费用的概念及特征

《企业会计准则——基本准则》规定：费用是指企业在日常活动中发生的、会导致所有者权益减少的、与向所有者分配利润无关的经济利益的总流出。费用具有如下特征：

（1）费用是企业在日常活动中形成的。

费用必须是企业在日常活动中形成的，费用定义中涉及的日常活动的界定与收入定义中涉及的日常活动的界定一致，将费用界定为日常活动形成的，是为了区分费用与损失，企业非日常活动所形成的经济利益的流出，应确认为损失，而不能确认为费用。

（2）费用必然导致所有者权益的减少。

费用的发生必然会导致经济利益的流出，从而导致资产的减少或者负债的增加，其结果最终会导致资产的减少。

（3）费用是与向所有者分配利润无关的经济利益的总流出。

企业向所有者分配利润也会导致经济利益的流出，而该经济利益的流出属于投资者投资回报的分配,是所有者权益的直接抵减项目,不应确认为费用。

(二) 费用的确认与分类

1. 费用的确认

费用的确认除了应当符合定义外,还须同时满足下列条件:

(1) 与费用相关的经济利益应当很可能流出企业;

(2) 经济利益的流出额能够可靠计量。

2. 费用的分类

企业在费用发生时,应将费用按照经济性质(或经济内容)划分为生产经营费用和非生产经营费用。生产经营费用是指与企业日常生产经营活动相关的费用,如生产产品发生的原材料费用、人工费用等;非生产经营费用是指生产经营费用以外的各项费用,如构建固定资产所发生的费用、购买无形资产所发生的费用等。对于生产经营费用,企业还应按照经济用途划分为生产费用和期间费用。生产费用是指企业在一定时期内生产产品所发生的各种耗费,生产费用按其计入产品成本的项目不同,分为直接材料、直接人工、其他直接支出和制造费用等;期间费用是指本期发生的、不应计入产品成本而应计入当期损益的各项费用,包括销售费用、管理费用和财务费用。

二、营业成本

营业成本是指企业所销售商品或者提供劳务的成本。营业成本应当与所销售商品或者所提供劳务而取得的收入进行配比。营业成本又分为主营业务成本和其他业务成本,它们是与主营业务收入和其他业务收入相对应的一组概念。

(一) 主营业务成本及其会计处理

主营业务成本是指企业销售商品、提供劳务等经常性活动所发生的成本。企业一般在确认主营业务收入时,或在月末,将已销售商品、已提供劳务的成本转入主营业务成本。借记"主营业务成本"科目,贷记"库存商品""合同履约成本"等科目。期末,将主营业务成本的余额转入"本年利润"科目,结转后该科目无余额。

【例14-19】2×23年1月20日,茶山股份有限公司向乙公司销售一批产品,开出的增值税专用发票上注明价款为200 000元,增值税税额为26 000元;茶山股份有限公司已收到乙公司支付的款项226 000元,并将提货单送交乙公司;该批产品成本为190 000元。茶山股份有限公司应编制如下会计分录:

(1) 销售实现时。

借:银行存款　　　　　　　　　　　　　　　　　　　　　　　　　　　226 000
　　贷:主营业务收入　　　　　　　　　　　　　　　　　　　　　　　　200 000
　　　　应交税费——应交增值税(销项税额)　　　　　　　　　　　　　 26 000
借:主营业务成本　　　　　　　　　　　　　　　　　　　　　　　　　　190 000
　　贷:库存商品　　　　　　　　　　　　　　　　　　　　　　　　　　190 000

(2) 期末,将主营业务成本结转至本年利润时。

借:本年利润　　　　　　　　　　　　　　　　　　　　　　　　　　　　190 000

贷：主营业务成本　　　　　　　　　　　　　　　　　　　　　　　　　　　190 000

（二）其他业务成本及其会计处理

其他业务成本是指企业确认的除主营业务活动以外的其他日常经营活动所发生的支出。其他业务成本包括销售材料的成本、出租固定资产的折旧额、出租无形资产的摊销额、出租包装物的成本或摊销额等。采用成本模式计量投资性房地产的，其投资性房地产计提的折旧额或摊销额，也构成其他业务成本。借记"其他业务成本"科目，贷记"原材料""周转材料""累计折旧""累计摊销""应付职工薪酬""银行存款"等科目。期末，将其他业务成本的余额转入"本年利润"科目，结转后该科目无余额。

【例 14-20】 2×23 年 6 月 2 日，茶山股份有限公司销售一批原材料，开具的增值税专用发票上注明的售价为 10 000 元，增值税税额为 1 300 元，款项已由银行收妥。该批原材料的实际成本为 7 000 元。茶山股份有限公司的账务处理如下：

（1）销售实现时。

借：银行存款　　　　　　　　　　　　　　　　　　　　　　　　　　　　11 300
　　贷：其他业务收入　　　　　　　　　　　　　　　　　　　　　　　　10 000
　　　　应交税费——应交增值税（销项税额）　　　　　　　　　　　　　 1 300
借：其他业务成本　　　　　　　　　　　　　　　　　　　　　　　　　　 7 000
　　贷：原材料　　　　　　　　　　　　　　　　　　　　　　　　　　　 7 000

（2）期末，将其他业务成本结转至本年利润时。

借：本年利润　　　　　　　　　　　　　　　　　　　　　　　　　　　　 7 000
　　贷：其他业务成本　　　　　　　　　　　　　　　　　　　　　　　　 7 000

三、税金及附加

税金及附加是指企业经营活动应负担的相关税费，包括消费税、城市维护建设税、教育费附加、资源税、房产税、城镇土地使用税、车船税、印花税、环境保护税等。

企业应当设置"税金及附加"科目，按规定计算确定的与经营活动相关的税费时，应借记"税金及附加"科目，贷记"应交税费"科目。期末，将"税金及附加"科目余额转入"本年利润"科目，结转后该科目无余额。企业缴纳的印花税，不会发生应付未付税款情况，不需要预计应纳税金额，同时也不存在与税务机关结算或者清算的问题，因此不通过"应交税费"科目核算，在购买印花税票时，直接借记"税金及附加"科目，贷记"银行存款"科目。

【例 14-21】 2×23 年 6 月，茶山股份有限公司当月应交房产税 450 000 元、消费税 150 000 元、教育费附加 42 000 元、印花税 1 800 元。该公司应作如下会计处理：

（1）计算确认应交纳的税金及附加。

借：税金及附加　　　　　　　　　　　　　　　　　　　　　　　　　　643 800
　　贷：应交税费——应交房产税　　　　　　　　　　　　　　　　　　450 000
　　　　　　　　——应交消费税　　　　　　　　　　　　　　　　　　150 000
　　　　　　　　——应交教育费附加　　　　　　　　　　　　　　　　 42 000
　　　　银行存款　　　　　　　　　　　　　　　　　　　　　　　　　 1 800

(2) 实际交纳税金及附加时。

借:应交税费——应交房产税　　　　　　　　　　　　　　　450 000
　　　　　　——应交消费税　　　　　　　　　　　　　　　150 000
　　　　　　——应交教育费附加　　　　　　　　　　　　　 42 000
　　贷:银行存款　　　　　　　　　　　　　　　　　　　　 642 000

四、期间费用

期间费用是企业当期发生的费用中的重要组成部分,是指本期发生的、不能直接或间接归入某种产品成本的、直接计入损益的各项费用,包括销售费用、管理费用和财务费用。

1. 销售费用

销售费用是指企业在销售商品和材料、提供劳务的过程中发生的各种费用,包括保险费、包装费、展览费和广告费、商品维修费、长期待摊费用的摊销、预计产品质量保证损失、运输费、装卸费等以及为销售本企业商品而专设的销售机构(含销售网点、售后服务网点等)的职工薪酬、业务费、折旧费、固定资产修理费等。

企业的销售费用在"销售费用"科目核算,并按费用项目设置明细账进行明细核算。企业发生销售费用,借记"销售费用"科目,贷记"银行存款"等科目,期末结转销售费用,借记"本年利润"科目,贷记"销售费用"科目,结转后"销售费用"科目应无余额。

【例14-22】茶山股份有限公司2×23年12月发生的销售费用如下:以银行存款支付产品广告费50 000元;以库存现金支付的销售产品的运输费用800元;分配专设销售机构的职工薪酬22 400元。月末结转将当月发生的销售费用。相关会计分录如下:

(1) 支付广告费。

借:销售费用——广告费　　　　　　　　　　　　　　　　 50 000
　　贷:银行存款　　　　　　　　　　　　　　　　　　　　 50 000

(2) 支付运输费。

借:销售费用——运输费　　　　　　　　　　　　　　　　 　　800
　　贷:库存现金　　　　　　　　　　　　　　　　　　　　 　　800

(3) 分配职工薪酬。

借:销售费用——工资及福利费　　　　　　　　　　　　　 22 400
　　贷:应付职工薪酬　　　　　　　　　　　　　　　　　　 22 400

(4) 结转销售费用。

借:本年利润　　　　　　　　　　　　　　　　　　　　　 73 200
　　贷:销售费用　　　　　　　　　　　　　　　　　　　　 73 200

2. 管理费用

管理费用是指企业为组织和管理企业生产经营所发生的费用,包括企业在筹建期间发生的开办费、董事会和行政管理部门在企业的经营管理中发生的或者应由企业统一负担的公司经费(包括行政管理部门职工薪酬、物料消耗、低值易耗品摊销、办公费和差旅费、经营租赁费、折旧费等)、工会经费、董事会费（包括董事会成员津贴、会议费和差旅费等）、聘请中介机构费、咨询费（含顾问费）、诉讼费、业务招待费、技术转让费、矿产资源补偿费、研究费用、排污费、企业生产车间和行政管理部门发生的固定资产修理费用以及企业合并发生的直接相关费用等。

企业的管理费用在"管理费用"科目核算，并按费用项目设置明细账进行明细核算。企业发生管理费用，借记"管理费用"科目，贷记"银行存款"等科目，期末结转管理费用，借记"本年利润"科目，贷记"管理费用"科目，结转后"管理费用"科目应无余额。

【例14-23】茶山股份有限公司2×23年12月发生的管理费用如下：以银行存款支付产品业务招待费42 000元；计提管理部门固定资产折旧费12 000元；分配管理人员薪酬44 800元；以银行存款支付生产设备维修费2 200元。月末结转当月发生的管理费用。有关会计分录如下：

（1）支付业务招待费。

借：管理费用——业务招待费　　　　　　　　　　　　　　　　　　42 000
　　贷：银行存款　　　　　　　　　　　　　　　　　　　　　　　　42 000

（2）计提折旧费。

借：管理费用——折旧费　　　　　　　　　　　　　　　　　　　　12 000
　　贷：累计折旧　　　　　　　　　　　　　　　　　　　　　　　　12 000

（3）分配管理人员薪酬。

借：管理费用——工资及福利费　　　　　　　　　　　　　　　　　44 800
　　贷：应付职工薪酬　　　　　　　　　　　　　　　　　　　　　　44 800

（4）支付生产设备维修费。

借：管理费用——维修费　　　　　　　　　　　　　　　　　　　　2 200
　　贷：银行存款　　　　　　　　　　　　　　　　　　　　　　　　2 200

（5）结转管理费用。

借：本年利润　　　　　　　　　　　　　　　　　　　　　　　　　101 000
　　贷：管理费用　　　　　　　　　　　　　　　　　　　　　　　　101 000

3. 财务费用

财务费用是指企业为筹集生产经营所需资金等而发生的费用，包括利息支出（减利息收入）、汇兑损益以及相关的手续费、企业发生的现金折扣或收到的现金折扣、未确认融资费用摊销、未实现融资收益摊销等。

企业的财务费用在"财务费用"科目核算，并按费用项目设置明细账进行明细核算。企业发生财务费用，借记"财务费用"科目，贷记"银行存款"等科目，期末结转财务费用，借记"本年利润"科目，贷记"财务费用"科目，结转后"财务费用"科目应无余额。

【例14-24】茶山股份有限公司2×23年12月发生的财务费用如下：以银行存款支付银行借款利息80 000元；取得银行存款利息收入25 000元。月末结转当月发生的财务费用。有关会计分录如下：

（1）支付银行借款利息。

借：财务费用——利息支出　　　　　　　　　　　　　　　　　　　80 000
　　贷：银行存款　　　　　　　　　　　　　　　　　　　　　　　　80 000

（2）取得银行存款利息收入。

| 借：银行存款 | 25 000 |
| | |

贷：财务费用——利息收入　　　　　　　　　　　　　　　　　　25 000

（3）结转财务费用。

借：本年利润　　　　　　　　　　　　　　　　　　　　　　　　55 000
　　贷：财务费用　　　　　　　　　　　　　　　　　　　　　　55 000

第三节　利润

一、利润概述

利润包括收入减去费用后的净额、直接计入当期利润的利得和损失等。其中，利得是指由企业非日常活动所形成的、会导致所有者权益发生增加的、与所有者投入资本无关的经济利益流入。损失是指由企业非日常活动所形成的、会导致所有者权益发生减少的、与向所有者分配利润无关的经济利益流出。在利润表中，利润分为营业利润、利润总额和净利润三个层次。

（一）营业利润

营业利润＝营业收入－营业成本－税金及附加－销售费用－管理费用－

　　　　　　研发费用－财务费用＋其他收益＋投资收益（或－投资损失）＋净敞口套期收益＋

　　　　　　公允价值变动收益（或－公允价值变动损失）－信用减值损失－资产减值损失＋资产处置收益（或－资产处置损失）

其中，营业收入是指企业经营业务确定的收入总额，包括主营业务收入和其他业务收入。

营业成本是指企业经营业务发生的实际成本总额，包括主营业务成本和其他业务成本。

研发费用是指企业计入管理费用的进行研究与开发过程中发生的费用化支出，以及计入管理费用的自行开发无形资产的摊销。

其他收益主要是指与企业日常活动相关，除冲减相关成本费用以外的政府补助，以及其他应计入其他收益的内容。

投资收益（或损失）是指企业以各种方式对外投资所取得的收益（或发生的损失）。

公允价值变动收益（或损失）是指企业以公允价值计量且其变动计入当期损益的金融资产等公允价值变动形成的应计入当期损益的利得（或损失）。

信用减值损失是指企业计提各项金融资产信用减值准备所确认的信用损失。

资产减值损失是指企业计提各项资产减值准备所形成的损失。

资产处置收益（或损失）反映企业出售划分为持有待售的非流动资产（金融工具、长期股权投资和投资性房地产除外）或处置组时确认的处置利得或损失，以及处置未划分为持有待售的固定资产、在建工程、生产性生物资产及无形资产而产生的处置利得或损失，还包括债务重组中因处置非流动资产产生的利得或损失和非货币性交换中换出非流动性资产产生的利得或损失。

(二) 利润总额

利润总额是指企业一定期间的营业利润加上营业外收入减去营业外支出后的所得税前利润总额,即:

利润总额 = 营业利润 + 营业外收入 - 营业外支出

营业外收入与营业外支出虽然与企业正常的生产经营活动无直接关系,但站在企业主体的角度来看,同样是其经济利益的流入或流出,构成利润总额的一部分,对企业的盈亏状况具有不可忽视的影响。

(三) 净利润

净利润是指企业一定期间的利润总额减去所得税费用后的净额,即:

净利润 = 利润总额 - 所得税费用

其中,所得税费用是指确认的应从当期利润总额中扣除的所得税费用,包括当期所得税和递延所得税费用(或收益)。

二、营业外收入与营业外支出

(一) 营业外收入

1. 营业外收入的核算范围

营业外收入是指企业取得的与生产经营活动没有直接关系的各项利得,主要包括非流动资产报废毁损利得、罚没利得、与企业日常活动无关的政府补助利得、捐赠利得、盘盈利得、确实无法支付而按规定程序经批准后转作营业外收入的应付款项等。

(1) 非流动资产报废毁损利得,指因已丧失使用功能而报废、因自然灾害等发生毁损的非流动资产所产生的清理收益。

(2) 罚没利得,指企业收取的滞纳金、违约金以及其他形式的罚款,在弥补了由于对方违约而产生的经济损失后的净收益。

(3) 政府补助利得,指企业从政府无偿取得与日常活动无关的货币性资产或非货币性资产形成的利得。

(4) 盘盈利得,指企业对现金等资产清查盘点时发生的盘盈,报经批准后计入营业外收入的金额。

(5) 捐赠利得,指企业接受捐赠产生的利得。

2. 营业外收入的会计处理

企业应设置"营业外收入"科目,核算营业外收入的取得及结转情况。该科目的贷方登记企业确认的营业外收入,借方登记期末转入"本年利润"科目的数额,结转后,"营业外收入"科目无余额。"营业外收入"科目可按营业外收入项目进行明细核算。

(1) 企业确认处置非流动资产毁损报废收益时,借记"固定资产清理""银行存款"等科目,贷记"营业外收入"科目。

【例14-25】茶山股份有限公司将固定资产报废清理的净收益9 500元转作营业外收入,应编制如下会计分录：

借：固定资产清理　　　　　　　　　　　　　　　　　　　　　　　　　9 500
　　贷：营业外收入　　　　　　　　　　　　　　　　　　　　　　　　　9 500

（2）企业确认盘盈利得、捐赠利得计入营业外收入时，借记"库存现金""待处理财产损溢"等科目，贷记"营业外收入"科目。

【例14-26】茶山股份有限公司在现金清查中盘盈500元，按管理权限报经批准后转入营业外收入，应编制如下会计分录：

（1）发现盘盈时。

借：库存现金　　　　　　　　　　　　　　　　　　　　　　　　　　　500
　　贷：待处理财产损溢　　　　　　　　　　　　　　　　　　　　　　　500

（2）经批准转入营业外收入时。

借：待处理财产损溢　　　　　　　　　　　　　　　　　　　　　　　　500
　　贷：营业外收入　　　　　　　　　　　　　　　　　　　　　　　　　500

（3）期末，应将"营业外收入"科目余额转入"本年利润"科目，借记"营业外收入"科目，贷记"本年利润"科目。

【例14-27】承【例14-25】和【例14-26】，茶山股份有限公司本期营业外收入总额10 000元，期末结转本年利润，应编制如下会计分录：

借：营业外收入　　　　　　　　　　　　　　　　　　　　　　　　　10 000
　　贷：本年利润　　　　　　　　　　　　　　　　　　　　　　　　　10 000

（二）营业外支出

1. 营业外支出的核算范围

营业外支出是指企业发生的与生产经营活动没有直接关系的各种支出，主要包括非流动资产报废毁损损失、捐赠支出、盘亏损失、非常损失、罚款支出等。

（1）非流动资产报废毁损损失，主要指因已丧失使用功能而报废、因发生自然灾害等而毁损的非流动资产所产生的清理损失。

（2）捐赠支出，是指企业对外进行公益性和非公益性捐赠而付出资产的公允价值。

（3）盘亏损失，是指对于财产清查盘点中盘亏的资产，查明原因并报经批准计入营业外支出的损失。

（4）非常损失，是指企业对于客观因素（如自然灾害等）造成的损失，扣除保险公司赔偿后应计入营业外支出的净损失。

（5）罚款支出，是指企业由于违反合同、违法经营、偷税漏税、拖欠税款等而支付的违约金、罚款、滞纳金等支出。

2. 营业外支出的会计处理

企业应设置"营业外支出"科目，核算营业外支出的发生及结转情况。该科目的借方登记企业确认的营业外支出，贷方登记期末转入"本年利润"科目的数额，结转后，"营业外支出"科目无余额。"营业外支出"科目可按营业外支出项目进行明细核算。

（1）企业确认处置非流动资产报废毁损损失时，借记"营业外支出"科目，贷记"固定资产清理""无形资产"等科目。

【例14-28】2×23年11月1日，茶山股份有限公司的一项非专利技术被其他新技术所替代，公司决定将其做报废处理；该非专利技术原值为800 000元，已摊销300 000元，未计提减值准备，该公司应编制如下会计分录：

借：营业外支出　　　　　　　　　　　　　　　　　　　　　　　　500 000
　　累计摊销　　　　　　　　　　　　　　　　　　　　　　　　　300 000
　　贷：无形资产　　　　　　　　　　　　　　　　　　　　　　　　　　800 000

（2）确认盘亏、罚款支出和捐赠支出计入营业外支出时，借记"营业外支出"科目，贷记"待处理财产损溢""银行存款"等科目。

【例14-29】2×23年11月15日，茶山股份有限公司发生原材料自然灾害损失150 000元，11月20日，经批准全部转作营业外支出。该公司对原材料采用实际成本进行日常核算，该公司应编制如下会计分录：

（1）11月15日，发生原材料自然灾害损失时。

借：待处理财产损溢　　　　　　　　　　　　　　　　　　　　　　150 000
　　贷：原材料　　　　　　　　　　　　　　　　　　　　　　　　　　150 000

（2）11月20日，经批准转作营业外支出时。

借：营业外支出　　　　　　　　　　　　　　　　　　　　　　　　150 000
　　贷：待处理财产损溢　　　　　　　　　　　　　　　　　　　　　　150 000

【例14-30】茶山股份有限公司通过红十字会向灾区捐赠自产产品，产品成本40 000万元，当期该产品的市价为50 000万元，增值税税率为13%。该公司应编制如下会计分录：

借：营业外支出　　　　　　　　　　　　　　　　　　　　　　　　 46 500
　　贷：库存商品　　　　　　　　　　　　　　　　　　　　　　　　　40 000
　　　　应交税费——应交增值税（销项税额）　　　　　　　　　　　　6 500

（3）期末，应将"营业外支出"科目余额转入"本年利润"科目，借记"本年利润"科目，贷记"营业外支出"科目。

【例14-31】承【例14-28】【例14-29】和【例14-30】，茶山股份有限公司本期营业外支出总额696 500元，期末结转本年利润，应编制如下会计分录：

借：本年利润　　　　　　　　　　　　　　　　　　　　　　　　　696 500
　　贷：营业外支出　　　　　　　　　　　　　　　　　　　　　　　　696 500

三、所得税费用

（一）暂时性差异及递延所得税

1. 暂时性差异

暂时性差异是指资产、负债的账面价值与其计税基础不同产生的差异，该差异的存在将影响未来期间的应纳税所得额。其中，资产的计税基础，是指企业收回资产账面价值的过程中，计算应纳税所得额时按照《税法》规定可以自应税经济利益中抵扣的金额，即某一项资产在未来期间计税时可以税前扣除的金额；负债的计税基础，是指负债的账面价值减去未来期间计算应纳税所得额时按照《税法》规定可予抵扣的金额。

按照暂时性差异对未来期间应纳税所得额的不同影响，分为应纳税暂时性差异和可抵扣暂时性差异。

（1）应纳税暂时性差异。资产的账面价值大于其计税基础，或负债的账面价值小于其计税基础，产生应纳税暂时性差异。应纳税暂时性差异在未来期间转回时，会增加转回期间的应纳税所得额和相应的应交所得税，从而导致经济利益流出企业，因而在其发生当期，一般情况下应确认相关的递延所得税负债。

（2）可抵扣暂时性差异。资产的账面价值小于其计税基础，或负债的账面价值大于其计税基础，产生可抵扣暂时性差异。可抵扣暂时性差异在未来期间转回时会减少转回期间的应纳税所得额和相应的应交所得税，因而在其产生当期，符合确认条件时，应确认相关的递延所得税资产。

2. 递延所得税

递延所得税是指按照会计准则规定应予确认的递延所得税资产和递延所得税负债在会计期末应有的金额相对于原已确认金额之间的差额，即递延所得税资产和递延所得税负债的当期发生额，但不包括计入所有者权益的交易或事项的所得税影响。用公式表示为：

递延所得税 = 递延所得税负债的期末余额 - 递延所得税负债的期初余额 - 递延所得税资产的期末余额 - 递延所得税资产的期初余额

（二）应纳税所得额及应交所得税的计算

应交所得税是指企业按照企业所得税法规定计算确定的针对当期发生的交易和事项应交纳给税务部门的所得税金额，即当期应交所得税。应纳税所得额是在企业税前会计利润（即利润总额）的基础上调整确定的，计算公式为：

应纳税所得额 = 税前会计利润 + 纳税调整增加额 - 纳税调整减少额

纳税调整增加额主要包括企业所得税法规定允许扣除项目中，企业已计入当期费用但超过税法规定扣除标准的金额（如超过企业所得税法规定标准的职工福利费、工会经费、职工教育经费、业务招待费、公益性捐赠支出、广告费和业务宣传费等），以及企业已计入当期损失但企业所得税法规定不允许扣除项目的金额（如税收纳金、罚金、罚款等）。

纳税调整减少额主要包括企业所得税法规定允许弥补的亏损和准予免税的项目，如前5年内未弥补亏损、国债利息收入等。

企业当期应交所得税的计算公式为：

应交所得税额 = 应纳税所得额 × 适用税率

【例14-32】茶山股份有限公司2×23年度利润总额（税前会计利润）为19 900 000元，其中包括本年实现的国债利息收入100 000元，适用的所得税税率为25%。茶山股份有限公司全年实发工资、薪金为2 000 000元，职工福利费300 000元，工会经费50 000元，职工教育经费210 000元；经查，茶山股份有限公司当年营业外支出中有120 000元为税收滞纳金。假定茶山股份有限公司全年无其他纳税调整因素。

按照企业所得税法的有关规定，企业购买国债的利息收入免交所得税，即在计算应纳税所得额时可将其扣除。企业发生的合理的工资、薪金支出准予据实扣除；企业发生的职工福利费支出，不超过工资、薪金总额14%的部分准予扣除；企业拨缴的工会经费，不超过工资、薪金总额2%的部分准予扣除；除国务院财政、税务主管部门另有规定外，企业发生的职工教育经费支出，不超过工资、薪金总额8%的部分准予扣除，超过部分准予结转以后纳税年度扣除。

本例中，按企业所得税法规定，企业在计算当期应纳税所得额时，企业购买国债的利息收入100 000元免交所得税，即在计算应纳税所得额时可将其扣除。此外，可以扣除工资、薪金支出2 000 000元，扣除职工福利费支出280 000（2 000 000×14%）元、工会经费支出40 000（2 000 000×2%）元、职工教育经费支出160 000（2 000 000×8%）元。茶山股份有限公司有两种纳税调整因素：一是已计入当期费用但超过企业所得税法规定标准的费用支出；二是已计入当期营业外支出但按企业所得税法规定不允许扣除的税收滞纳金。这两种因素均应调整增加应纳税所得额。茶山股份有限公司当期所得税的计算如下：

纳税调整减少额等于100 000元。

纳税调整增加额 =（300 000 − 280 000）+（50 000 − 40 000）+（210 000 − 160 000）+ 120 000 = 200 000（元）

应纳税所得额 = 税前会计利润 − 纳税调整减少额 + 纳税调整增加额 = 19 900 000 − 100 000 + 200 000 = 20 000 000（元）

当期应交所得税额 = 20 000 000 × 25% = 5 000 000（元）

（三）所得税费用的会计处理

根据企业会计准则的规定，企业计算确定的当期所得税和递延所得税之和，即为应从当期利润总额中扣除的所得税费用。即：

所得税费用 = 当期所得税 + 递延所得税

其中，递延所得税 = 递延所得税负债的期末余额 − 递延所得税负债的期初余额 − 递延所得税资产的期末余额 − 递延所得税资产的期初余额。

企业应设置"所得税费用"科目，反映企业所得税费用的确认及其结转情况。期末，应将"所得税费用"科目的余额转入"本年利润"科目，借记"本年利润"科目，贷记"所得税费用"科目，结转后，"所得税费用"科目应无余额。

【例14−33】承【例14−32】2×23年茶山股份有限公司当期应交所得税税额为5 000 000元；递延所得税负债年初数为400 000元，年末数为500 000元；递延所得税资产年初数为250 000元，年末数为200 000元。假定不考虑其他因素。

茶山股份有限公司所得税费用的计算如下：

（1）根据【例14−32】计算结果，当期应交所得税处理。

借：所得税费用　　　　　　　　　　　　　　　　　　　　　　　　　5 000 000
　　贷：应交税费——应交所得税　　　　　　　　　　　　　　　　　　　5 000 000

（2）递延所得税负债增加 = 递延所得税负债期末余额 − 期初余额 = 500 000 − 400 000 = 100 000（元）。

借：所得税费用　　　　　　　　　　　　　　　　　　　　　　　　　　100 000

　　　　贷：递延所得税负债　　　　　　　　　　　　　　　　　　　　　　　　100 000
　　（3）递延所得税资产增加＝递延所得税资产期末余额－期初余额＝200 000－250 000＝－50 000（元）。
　　　　借：所得税费用　　　　　　　　　　　　　　　　　　　　　　　　　　 50 000
　　　　　　贷：递延所得税资产　　　　　　　　　　　　　　　　　　　　　　　 50 000
　　（4）茶山股份有限公司所得税费用＝当期所得税＋递延所得税费用＝5 000 000＋［（500 000－400 000）－（200 000－250 000）］＝5 000 000＋150 000＝5 150 000（元）。

　　茶山股份有限公司应编制如下会计分录：
　　　　借：所得税费用　　　　　　　　　　　　　　　　　　　　　　　　　　5 150 000
　　　　　　贷：应交税费——应交所得税　　　　　　　　　　　　　　　　　　5 000 000
　　　　　　　　递延所得税负债　　　　　　　　　　　　　　　　　　　　　　　100 000
　　　　　　　　递延所得税资产　　　　　　　　　　　　　　　　　　　　　　　 50 000

四、本年利润

（一）结转本年利润的方法

会计期末，结转本年利润的方法有表结法和账结法两种。

1. 表结法

表结法下，各损益类科目每月月末只需结计出本月发生额和月末累计余额，不结转到"本年利润"科目，只有在年末时才将全年累计余额结转入"本年利润"科目。但每月月末要将损益类科目的本月发生额合计数填入利润表的本月数栏，同时将本月月末累计余额填入利润表的本年累计数栏，通过利润表计算反映各期的利润（或亏损）。表结法下，年中损益类科目无须结转入"本年利润"科目，从而减少了转账环节和工作量，且并不影响利润表的编制及有关损益指标的利用。

2. 账结法

账结法下，每月月末均需编制转账凭证，将在账上结计出的各损益类科目的余额结转入"本年利润"科目。结转后"本年利润"科目的本月余额反映当月实现的利润或发生的亏损，"本年利润"科目的本年余额反映本年累计实现的利润或发生的亏损。账结法在各月均可通过"本年利润"科目提供当月及本年累计的利润（或亏损）额，但增加了转账环节和工作量。

（二）结转本年利润的会计处理

企业应设置"本年利润"科目，核算企业本年度实现的净利润（或发生的净亏损）。会计期末，企业应将"主营业务收入""其他业务收入""其他收益""营业外收入"等科目的余额分别转入"本年利润"科目的贷方，将"主营业务成本""其他业务成本""税金及附加""销售费用""管理费用""财务费用""信用减值损失""资产减值损失""营业外支出""所得税费用"等科目的余额分别转入"本年利润"科目的借方。企业还应将"投资收益""公允价值变动损益""资产处置损益"科目的净收益转入"本年利润"科目的贷方，将"投资收益""公允价值变动损益""资产处置损益"科目的净损失转入"本年利润"科目的借方。结转后，"本年利润"科目如为贷方余额,表示当年实现的净利润;如为借方余额,表示当年发生的净亏损。

年度终了,企业还应将"本年利润"科目的本年累计余额转入"利润分配——未分配利润"科目。如"本年利润"为贷方余额,借记"本年利润"科目,贷记"利润分配——未分配利润"科目;如为借方余额,作相反的会计分录,借记"利润分配——未分配利润"科目,贷记"本年利润"科目。结转后,"本年利润"科目应无余额。

【例 14-34】茶山股份有限公司 2×23 年有关损益类科目的年末余额如表 14-2 所示(该公司采用表结法年末一次结转损益类科目,所得税税率为 25%)。

表 14-2 2×23 年损益类科目年末余额   单位:元

科目名称	借或贷	结账前余额
主营业务收入	贷	90 000 000
其他业务收入	贷	16 000 000
投资收益	贷	8 650 000
公允价值变动损益	贷	5 000 000
营业外收入	贷	5 300 000
主营业务成本	借	56 000 000
其他业务成本	借	36 000 000
税金及附加	借	4 000 000
销售费用	借	2 300 000
管理费用	借	4 000 000
财务费用	借	2 000 000
信用减值损失	借	200 000
资产减值损失	借	300 000
营业外支出	借	250 000

茶山股份有限公司 2×23 年末结转本年利润,应编制如下会计分录:

(1) 2×23 年 12 月 31 日,结转本年损益类科目余额。

①结转各项收入、利得类科目。

借:主营业务收入	90 000 000
其他业务收入	16 000 000
公允价值变动损益	5 000 000
投资收益	8 650 000
营业外收入	5 300 000
贷:本年利润	124 950 000

②结转各项费用、损失类科目。

借:本年利润	105 050 000
贷:主营业务成本	56 000 000
其他业务成本	36 000 000
税金及附加	4 000 000

销售费用	2 300 000
管理费用	4 000 000
财务费用	2 000 000
信用减值损失	200 000
资产减值损失	300 000
营业外支出	250 000

（2）经过上述结转后，"本年利润"科目的贷方发生额合计124 950 000元减去105 050 000元，即为税前会计利润19 900 000元。

（3）假设茶山股份有限公司2×23年不存在纳税调整以及递延所得税因素。

（4）当期应交所得税额＝19 900 000×25％＝4 975 000（元）。

①确认所得税费用。

借：所得税费用　　　　　　　　　　　　　　　　4 975 000
　　贷：应交税费——应交所得税　　　　　　　　　　　　4 975 000

②将所得税费用转入"本年利润"科目。

借：本年利润　　　　　　　　　　　　　　　　　4 975 000
　　贷：所得税费用　　　　　　　　　　　　　　　　　4 975 000

（5）将"本年利润"科目年末余额14 925 000（19 900 000－4 975 000）元转入"利润分配——未分配利润"科目。

借：本年利润　　　　　　　　　　　　　　　　　14 925 000
　　贷：利润分配——未分配利润　　　　　　　　　　　14 925 000

五、利润分配的会计处理

（一）可供分配利润的分配顺序

企业当期实现的净利润，加上年初未分配利润（或减去年初未弥补亏损）后的余额，为可供分配的利润。可供分配的利润，一般按下列顺序分配：

（1）提取法定盈余公积。企业根据有关法律规定，按照净利润的10％提取法定盈余公积。法定盈余公积累计金额超过企业注册资本50％时，可以不再提取。企业提取法定盈余公积，借记"利润分配——提取法定盈余公积"科目，贷记"盈余公积——法定盈余公积"科目。

（2）提取任意盈余公积。企业根据股东大会或类似机构决议提取的盈余公积。企业提取任意盈余公积，借记"利润分配——提取任意盈余公积"科目，贷记"盈余公积——任意盈余公积"科目。

（3）应付现金股利或利润。股份有限公司按照利润分配方案分配给股东的现金股利或非股份制企业分配给投资者的利润。分配现金股利或利润，借记"利润分配——应付现金股利（或利润）"科目，贷记"应付股利（或利润）"科目。

（4）转作股本的股利。股份有限公司按照利润分配方案以分派股票的形式转作股本股利或非股份制企业以利润转增资本。分配股票股利或转增资本，办理增资手续后，借记"利润分配——转作股本的股利"科目,贷记"股本"或"实收资本"科目,如有差额,贷记"资本公积——股本(或资本)溢价"科目。

(二) 利润分配的会计处理

企业应当设置"利润分配"科目,核算利润的分配(或亏损的弥补)情况,以及历年积存的未分配利润(或未弥补亏损)。"利润分配"科目还应当分别"提取法定盈余公积""提取任意盈余公积""应付现金股利或利润""转作股本的股利""盈余公积补亏"和"未分配利润"等科目进行明细核算。

1. 提取盈余公积

企业按有关法律规定提取的法定盈余公积,借记"利润分配——提取法定盈余公积"科目,贷记"盈余公积——法定盈余公积"科目。

按股东大会或类似机构决议提取的任意盈余公积,借记"利润分配——提取任意盈余公积"科目,贷记"盈余公积——任意盈余公积"科目。

2. 发放股利

股利是股份公司在一定时期内以各种方式分派给股东的累计留存利润的一部分,是企业在经营获利之后依据公司章程规定发放给股东的投资报酬。公司股利一般有现金股利、股票股利等形式。对于不同的股利发放形式,其会计处理方法也有所不同。

按股东大会或类似机构决议分配给股东的现金股利,借记"利润分配——应付现金股利或利润"科目,贷记"应付股利"或"应付利润"科目。

按股东大会或类似机构决议分配给股东的股票股利,在办理增资手续后,借记"利润分配——转作股本的股利"科目,贷记"股本"科目,如有差额,贷记"资本公积——股本溢价"科目。

(1) 现金股利。现金股利是最常见的股利发放形式。这里的现金是指库存现金和可动用的银行存款。现金股利的发放宣告构成了公司对股东应履行的偿付义务,在"应付股利"科目中反映,在股利发放完毕后,这项负债才消除。

【例 14-35】茶山股份有限公司某年度经股东大会审议,通过了向全体股东每股派发 0.4 元的现金股利分配方案。茶山股份有限公司总股本为 10 000 万股。宣告派发现金股利时的账务处理如下:

借:利润分配——应付现金股利　　　　　　　　　　　　　　　　　40 000 000
　　贷:应付股利　　　　　　　　　　　　　　　　　　　　　　　　40 000 000

(2) 股票股利。股票股利是公司用增发股票的方式所发放的股利。发放股票股利的优点在于,当公司没有足够现金发放股利时,可通过发放股票股利维持其信誉。当公司决定扩大经营时,也可通过发放股票股利的方式积聚资本。

发放股票股利,实质上是将原来归股东所共有的一部分留存收益,划归到每一个股东名下。这种股利发放方式,既不影响公司的资产和负债,也不影响股东权益的总额,只是所有者权益的结构发生变化。分派股票股利后,在净收益不变的情况下,每股收益会有所下降。

企业宣告分派股票股利时,不进行会计处理,完成增资手续后,应借记"利润分配"科目,贷记"股本"科目。

【例 14-36】茶山股份有限公司经股东大会审议，按普通股股本的10%分派股票股利。该公司普通股面值为50元，共100 000股。办理增资手续后，其账务处理如下：

股票股利面值 =50×100 000×10% =500 000（元）

借：利润分配——转作股本的股利　　　　　　　　　　　　　　500 000
　　贷：股本　　　　　　　　　　　　　　　　　　　　　　　　500 000

3. 弥补亏损

企业发生亏损时，应由企业自行弥补。弥补亏损的渠道主要有三条：①用以后年度的税前利润弥补。现行制度规定，企业发生亏损，可以用以后年度实现的利润进行弥补，但弥补期限不得超过5年。②用以后年度的税后利润弥补。企业发生亏损经过5年期间未弥补足额的，未弥补亏损可用税后利润弥补。③用盈余公积弥补。

企业在当年发生亏损的情况下，应当将本年发生的亏损自"本年利润"科目转入"利润分配——未分配利润"科目，即借记"利润分配——未分配利润"科目，贷记"本年利润"科目。结转后，"利润分配"科目的借方余额为未弥补亏损的数额。同时，还应通过"利润分配"科目核算有关亏损的弥补情况。

企业发生的亏损在由以后年度实现的税前利润弥补的情况下，企业当年实现的利润自"本年利润"科目转入"利润分配——未分配利润"科目的贷方，其贷方发生额与"利润分配——未分配利润"科目的借方余额自然抵补。因此，以当年实现的利润弥补以前年度结转的未弥补亏损时，不需要进行专门的账务处理。

企业发生的亏损在由以后年度实现的税后利润弥补的情况下，其会计处理方法与以税前利润弥补亏损的方法相同，只是两者在计算缴纳所得税时的处理不同。在以税前利润弥补亏损的情况下，其弥补的数额可以抵减当期企业应纳税所得额；而以税后利润弥补的数额，则不能做应纳税所得额的扣除处理。

【例 14-37】茶山股份有限公司2×18年发生亏损70 000元。2×19年，该企业实现利润20 000元。之后四年该企业每年均实现利润10 000元。第六年年末，该企业的未分配利润明细账中仍有借方余额10 000元。假定该企业第六年实现利润20 000元，适用的所得税税率为25%，当年应缴纳的所得税为5 000元。其账务处理如下：

(1) 2×18年年末。

借：利润分配——未分配利润　　　　　　　　　　　　　　　　70 000
　　贷：本年利润　　　　　　　　　　　　　　　　　　　　　　70 000

(2) 2×19年年末。

借：本年利润　　　　　　　　　　　　　　　　　　　　　　　20 000
　　贷：利润分配——未分配利润　　　　　　　　　　　　　　　20 000

(3) 之后四年，每年年末。

借：本年利润　　　　　　　　　　　　　　　　　　　　　　　10 000

贷：利润分配——未分配利润　　　　　　　　　　　　　　　　　　　　　　　　　10 000

至此，企业已累计弥补亏损60 000元，尚有10 000元亏损未弥补。按照《税法》规定，企业亏损经过五年期间未弥补足额的，未弥补亏损应用所得税后利润弥补。因此，自第六年起，这部分未弥补亏损不能再用所得税前利润弥补。

（4）第六年年末。

① 计算并结转应交所得税时：

借：所得税费用　　　　　　　　　　　　　　　　　　　　　　　　　　　　　　5 000
　　贷：应交税费——应交所得税　　　　　　　　　　　　　　　　　　　　　　　5 000
借：本年利润　　　　　　　　　　　　　　　　　　　　　　　　　　　　　　　　5 000
　　贷：所得税费用　　　　　　　　　　　　　　　　　　　　　　　　　　　　　5 000

② 结转本年利润，其中弥补了以前年度未弥补亏损10 000元：

借：本年利润　　　　　　　　　　　　　　　　　　　　　　　　　　　　　　　 15 000
　　贷：利润分配——未分配利润　　　　　　　　　　　　　　　　　　　　　　　15 000

第六年年末，"利润分配——未分配利润"科目有借方余额5 000元。

用盈余公积弥补亏损的处理，在所有者权益章节已作阐述。

【例14-38】茶山股份有限公司2×23年实现的净利润为14 925 000元，假设2×22年发生尚未弥补的经营亏损2 925 000元，股东大会作出如下决议：

（1）按10%比例提取法定盈余公积和按5%比例提取任意盈余公积。

（2）向股东分派现金股利3 500 000元。

（3）分派每股面值1元的股票股利200万股。

相关计算及会计分录如下：

可供分配的利润＝14 925 000－2 925 000＝12 000 000（元）

（1）提取法定盈余公积和任意盈余公积。

借：利润分配——提取法定盈余公积　　　　　　　　　　　　　　　　　　　　1 200 000
　　　　　　——提取任意盈余公积　　　　　　　　　　　　　　　　　　　　　 600 000
　　贷：盈余公积——法定盈余公积　　　　　　　　　　　　　　　　　　　　　1 200 000
　　　　　　　　——任意盈余公积　　　　　　　　　　　　　　　　　　　　　 600 000

（2）向股东分派现金股利。

借：利润分配——应付现金股利　　　　　　　　　　　　　　　　　　　　　　3 500 000
　　贷：应付股利　　　　　　　　　　　　　　　　　　　　　　　　　　　　 3 500 000

（3）分配股票股利，已办妥增资手续时。

借：利润分配——转作股本的股利　　　　　　　　　　　　　　　　　　　　　2 000 000
　　贷：股本　　　　　　　　　　　　　　　　　　　　　　　　　　　　　　 2 000 000

（4）年末结转"本年利润"和"利润分配"明细账。

①结转本年实现的净利润。

借：本年利润　　　　　　　　　　　　　　　　　　　　　　　　　　　　　 14 925 000

　　　　贷：利润分配——未分配利润　　　　　　　　　　　　　　14 925 000
②结转"利润分配"各明细账金额。
借：利润分配——未分配利润　　　　　　　　　　　　　　　　 7 300 000
　　　　贷：利润分配——提取法定盈余公积　　　　　　　　　　 1 200 000
　　　　　　　　　——提取任意盈余公积　　　　　　　　　　　　 600 000
　　　　　　　　　——应付现金股利　　　　　　　　　　　　　 3 500 000
　　　　　　　　　——转作股本的股利　　　　　　　　　　　　 2 000 000

【本章小结】

　　本章主要介绍了收入、费用和利润的概念、内容、确认与计量以及相关会计处理。对于收入，依据新修订的《企业会计准则第14号——收入》阐述了相关的会计处理；对于费用，重点介绍了营业成本及期间费用的会计处理；对于利润，在明确了企业净利润是由利润总额扣除所得税费用的基础上，重点介绍了利润形成及利润分配的会计处理。所得税费用的详细会计处理，将在《高级财务会计》课程中介绍。

第十五章 财务会计报告

【知识结构图】

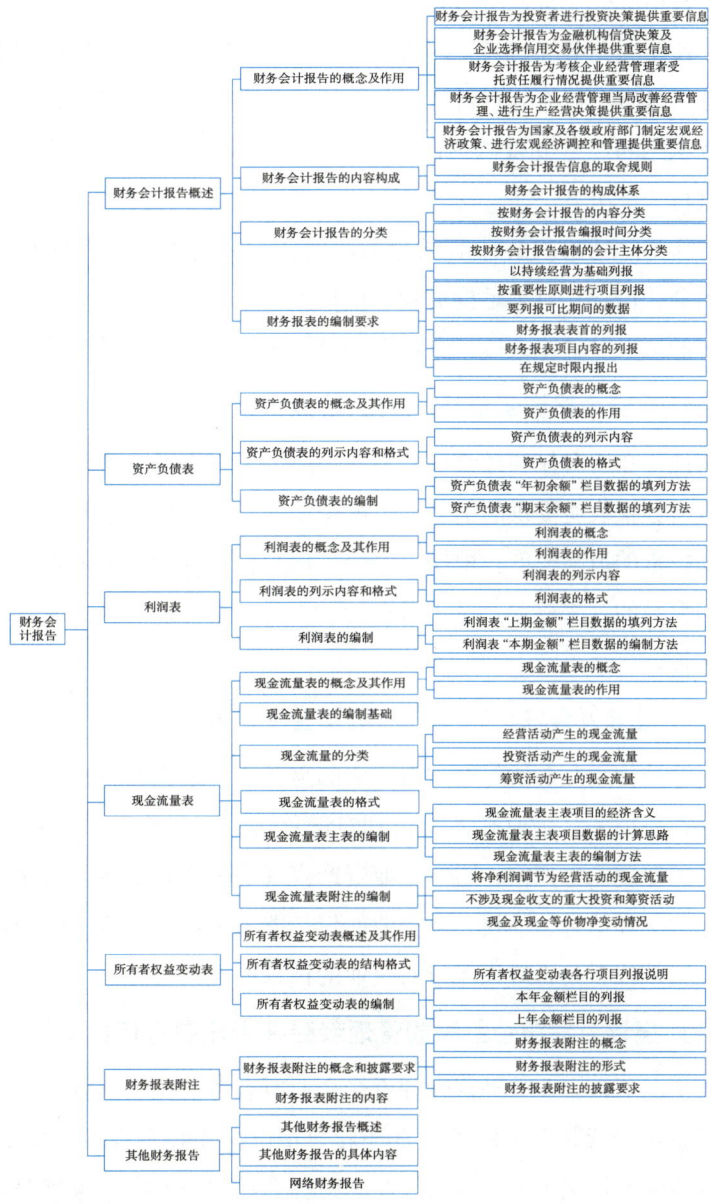

第一节 财务会计报告概述

一、财务会计报告的概念及作用

财务会计报告是指企业对外提供的反映企业某一特定日期的财务状况和某一会计期间的经营成果、现金流量等会计信息的文件。

企业以货币计量的生产经营活动,在其发生时就按会计的要求把企业的经济活动以及由这些经济活动所引起的财务状况变动情况,费用、成本的发生情况,收入、成果的计算和分配情况等在账簿中进行了连续、完整和分类别的记录,但是这些记录是分散的且数量很多,直接通过会计账簿系统地了解企业的经营情况要花费较多的时间与精力。另外,会计账簿中的记录涉及企业参与市场竞争的机密情报,不便于完全对外公开。因此,有必要在日常会计核算的基础上,根据会计信息使用者的需要,定期地对日常会计核算资料进行归集、加工、整理,编制成会计报表结合有关的情况说明,将企业的财务状况和经营成果概括而全面地反映出来,便于会计信息使用者阅读、理解和分析,有利于他们进行经济决策。

财务会计报告作为总括反映会计信息的书面文件,是提供会计信息的重要工具。企业提供及时、准确、完整的会计信息,对满足投资者、债权人、政府、企业内部经营管理者等信息使用者的决策需要具有重要的意义。具体来说,企业财务会计报告的作用主要表现在以下几个方面:

(一) 财务会计报告为投资者进行投资决策提供重要信息

对于投资者来说,在所有权和经营权分离的情况下,投资者不直接参与企业的经营管理,企业的投资者可以通过财务报表所提供的信息,了解企业的经营成果、盈利能力、资金运转情况,分析企业的财务状况和投资的风险程度。根据这些会计信息,投资者做出是否追加投资、转让或收回投资的决策,以保护自身的合法权益。对于潜在的投资者,则可以根据财务会计报告信息做出是否对企业进行投资的决策。

(二) 财务会计报告为金融机构信贷决策及企业选择信用交易伙伴提供重要信息

金融机构及企业的信用交易伙伴通过对企业的财务会计报告的分析,可以了解企业是否有充裕的财力,能否及时偿还债务;企业有无支付利息的能力;如果企业的货币资金不足以支付到期债务,企业其他资产的变现能力如何;影响企业资产变现的因素有哪些以及这些因素的作用方式和作用程度等。根据这些会计信息,债权人对企业的偿债能力和债权投资风险做出判断,从而做出是否向企业提供更多的贷款或者是否应该保持对企业的债权的决策。

(三) 财务会计报告为考核企业经营管理者受托责任履行情况提供重要信息

在两权分离的情况下,企业的经营管理者受企业所有者委托经营管理企业。这样,企业的所有者就要定期地考核企业经营管理者的受托责任履行情况。受托责任履行的好坏是由企业的经营成果、财务状况、现金流量情况来反映的。因此,财务会计报告就成为考核企业经营管理者的受托责任履行情况的重要资料。

（四）财务会计报告为企业经营管理当局改善经营管理、进行生产经营决策提供重要信息

企业经营管理当局通过财务会计报告可以系统地了解企业的生产经营情况，通过对财务会计报告提供的信息进行分析，就能够发现企业生产经营活动中存在的问题，并采取相应措施改善企业经营管理。企业经营管理当局还可以将本企业的财务会计报告与竞争对手的财务会计报告进行对比，认识自己在市场竞争中的优势和弱点，制定出正确的市场竞争策略与经营战略。

（五）财务会计报告为国家及各级政府部门制定宏观经济政策、进行宏观经济调控和管理提供重要信息

国家及各级政府管理部门利用按地区、行业、企业规模汇总的财务会计报告信息，了解和掌握不同地区、不同行业、不同规模的企业的发展状况与经营情况，据此分析国民经济总体运行情况，从中发现国民经济运行中存在的问题，修订完善国家经济发展战略和宏观经济政策，对国民经济进行有效的宏观调控，以保证国民经济长期稳定地、协调地发展；财政税务部门通过财务会计报告所提供的会计信息能够了解企业有关财经纪律和法规的遵守情况、税收的实现和缴纳情况，以便进一步加强财政监督和税务管理；审计部门通过财务会计报告所提供的会计信息能够检查企业各项会计处理是否符合会计制度和会计准则的要求，是否客观、公正地反映了一定期间内企业的财务状况和经营成果，是否贯彻执行了有关法规、政策经济合同等。

二、财务会计报告的内容构成

（一）财务会计报告信息的取舍规则

财务会计系统在日常生产经营过程中记录了大量的信息，是否应该将这些信息全部纳入财务会计报告中？显然不是。

企业对外提供财务会计报告的目的是获得外部利益相关者对企业生存与发展的支持，为了防止企业通过提供虚假财务会计报告来欺骗外部利益相关者，必须对企业财务会计报告应该提供的会计信息进行规制，这就是会计准则。会计准则规定企业必须提供哪些信息、如何生产和报告这些信息。但是，会计准则不能强制企业提供本企业不是最佳来源的信息、本企业无法掌握的信息、严重损害本企业竞争地位的信息，即使这些信息对于信息需求者的决策是非常重要的。也就是说，会计准则在充分注意信息报告限制的前提下，规定了企业对外提供会计信息的最低要求，企业不得将会计准则规定必须提供的信息予以隐瞒，无论这些信息对于企业评价来讲是有利的还是不利的。

同时，会计准则不限制企业借助财务会计报告向信息需求者提供其他信息。这些信息可以是已经存在的现实情况，也可以是企业的未来计划和发展趋势等。但这些信息是企业自愿提供的，其共同特征是有利于信息使用者对企业做出好的评价。

（二）财务会计报告的构成体系

确定列入财务会计报告的信息不能杂乱无章地堆砌在一起，而应该按照其性质进行分类，以便更好地方便使用者阅读和理解。将财务会计报告信息整合起来，就形成了其构成体系。当然，随着社会经济的不断发展，该体系的具体构成内容也在变化。另外，不同国家对于其体系构成的认识也是不同的。

1. 美国财务会计准则委员会的财务会计报告构成体系

美国财务会计准则委员会第 5 号《财务会计概念公告》给出的财务会计报告构成体系如图 15-1 所示。

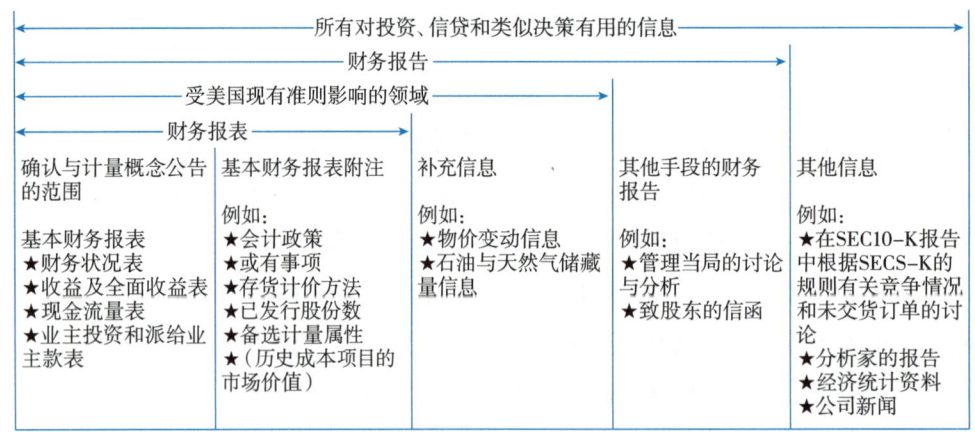

图 15-1　美国财务会计准则委员会关于财务会计报告构成体系图

2. 中国财务会计报告构成体系

按照我国 2014 年发布的《企业会计准则——基本准则》和《企业会计准则第 30 号——财务报表列报》的规定，我国企业财务会计报告包括财务报表和其他应当在财务会计报告中披露的相关信息和资料。财务报表是财务会计报告的主体部分，是对企业财务状况、经营成果和现金流量的结构性表述，至少应当包括资产负债表、利润表、现金流量表、所有者权益（或股东权益）变动表和财务报表附注。我国财务会计报告的构成体系如图 15-2 所示。

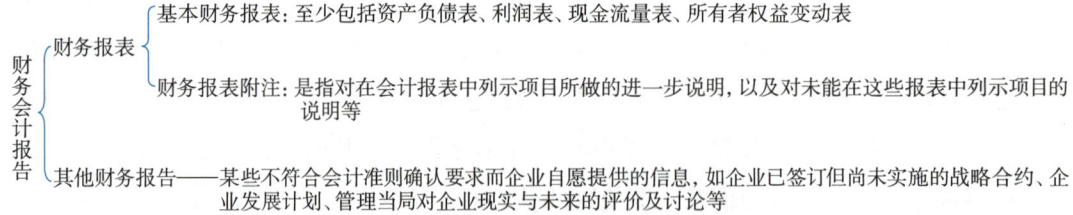

图 15-2　我国企业财务会计报告构成体系图

三、财务会计报告的分类

企业财务会计报告可以按照不同标准进行分类。

（一）按财务会计报告的内容分类

按照财务会计报告的内容，可将财务会计报告分为财务报表和其他财务报告两类。财务报表包括基本财务报表和财务报表附注。基本财务报表按其反映内容的时间特性又分为静态会计报表和动态会计报表。

静态会计报表是指综合反映企业在某一特定日期财务状况的会计报表。静态会计报表的特点是：反映时点数，而非时期数，对截止到某一时点的期末余额进行反映，如资产负债表。资产负债表反映企业在某一会计期末（月末、季末、年末）的资产、负债和所有者权益状况。

动态会计报表是指综合反映企业在一定时期内财务成果或现金流量的情况的会计报表。动态会计报表的特点是：反映的是某段时期的发生额，提供的是时期数，如利润表、现金流量表和所有者权益变动表。利润表反映企业一定会计期间内收入、费用的发生及利润实现情况；现金流量表反映企业一定会计期间内现金流入和流出情况；所有者权益变动表反映所有者权益的各组成部分当期的增减变动情况。

（二）按财务会计报告编报时间分类

按照财务会计报告的编报时间，可将财务会计报告分为中期财务会计报告和年度财务会计报告两类。

1. 中期财务会计报告

中期财务会计报告是在年度中间的某一时期对外提供的财务会计报告。中期财务会计报告涵盖的时间短于一个会计年度，包括月份、季度和半年度财务会计报告，简称月报、季报和半年报。

2. 年度财务会计报告

年度财务会计报告简称年报，又称年终决算报表，在年末编制，它包括规定对外报送的全部财务报表和财务情况说明书，用以全面反映企业的财务状况、经营成果和现金流量等的情况。

（三）按财务会计报告编制的会计主体分类

按照财务会计报告编制的会计主体，可以将财务会计报告分为个别财务会计报告、汇总财务会计报告和合并财务会计报告三类。

1. 个别财务会计报告

个别财务会计报告是指企业编制用以反映企业自身的财务状况、经营成果及现金流量情况的财务会计报告。

2. 汇总财务会计报告

汇总财务会计报告是由企业主管部门或上级机关根据所属单位报送的财务会计报告，连同本单位的财务会计报告简单汇总编制的综合性财务会计报告。汇总财务会计报告通常采用按上下级隶属关系逐级汇总的办法编制，用来反映一个部门或一个地区的经济情况。

3. 合并财务会计报告

合并财务会计报告是以企业集团为会计主体，在母公司与子公司个别财务会计报告的基础上由母公司编制的，反映整个企业集团财务状况、经营成果和现金流量信息的财务会计报告。

综上所述，财务会计报告分类如图 15-3 所示。

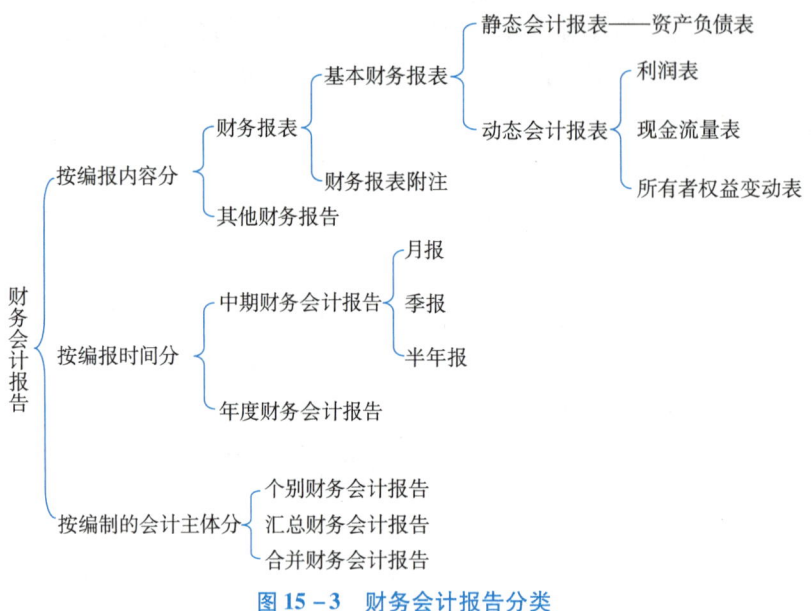

图 15-3　财务会计报告分类

四、财务报表的编制要求

编制财务报表是企业一个会计核算周期的最终环节,是提供会计信息的主要形式。为了保证财务报表质量,充分发挥财务报表作用,必须按照规定的要求编制财务报表。具体而言,企业编制财务报表时,应符合以下基本要求:

(一) 以持续经营为基础列报

企业应当以持续经营为基础,根据实际发生的交易和事项,按照《企业会计准则——基本准则》和其他各项会计准则的规定进行确认和计量,在此基础上编制财务报表。企业不应以附注披露代替确认和计量,不恰当的确认和计量也不能通过充分披露相关会计政策而纠正。若按照各项会计准则规定披露的信息不足以让报表使用者了解特定交易或事项对企业财务状况和经营成果的影响时,企业还应披露其他必要信息。

在编制财务报表的过程中,企业管理层应当利用所有可获得信息来评价企业自报告期末起至少12 个月的持续经营能力。评价时需要考虑宏观政策风险、市场经营风险、企业目前或长期的盈利能力、偿债能力、财务弹性以及企业管理层改变经营政策的意向等因素。评价结果对持续经营能力产生重大怀疑的,企业应当在附注中披露导致对持续经营能力产生重大怀疑的因素以及企业拟采取的改善措施。企业如有近期获利经营的历史且有财务资源支持,通常表明以持续经营为基础编制财务报表是合理的。

企业正式决定或被迫在当期或将在下一个会计期间进行清算或停止营业的,则表明以持续经营为基础编制财务报表不再合理。在这种情况下,企业应当采用其他基础编制财务报表,并在附注中声明财务报表未以持续经营为基础编制的事实、披露未以持续经营为基础编制的原因和财务报表的编制基础。

(二) 按重要性原则进行项目列报

财务报表应该列报的信息很多,对这些信息按照其性质或功能进行汇总归类,形成了财务报表中的具体项目。这些项目在财务报表中要根据其重要性来决定是单独列报还是合并列报。会计准则规定在财务报表中单独列报的项目，应当单独列报。性质或功能不同的项目，应当在财务报表中单独列报，但不具有重要性的项目除外。性质或功能类似的项目，其所属类别具有重要性的，应当按其类别在财务报表中单独列报。某些项目的重要性程度不足以在资产负债表、利润表、现金流量表或所有者权益变动表中单独列示，但对附注却具有重要性，则应当在附注中单独披露。

重要性是指在合理预期下，财务报表某项目的省略或错报会影响使用者据此做出经济决策的，该项目具有重要性。重要性应当根据企业所处的具体环境，从项目的性质和金额两方面予以判断，且对各项目重要性的判断标准一经确定，不得随意变更。判断项目性质的重要性，应当考虑该项目在性质上是否属于企业日常活动、是否显著影响企业的财务状况、经营成果和现金流量等因素；判断项目金额大小的重要性，应当考虑该项目金额占资产总额、负债总额、所有者权益总额、营业收入总额、营业成本总额、净利润、综合收益总额等直接相关项目金额的比重或所属报表单列项目金额的比重。

财务报表中的资产项目和负债项目的金额、收入项目和费用项目的金额、直接计入当期利润的利得项目和损失项目的金额不得相互抵销，但其他会计准则另有规定的除外。一组类似交易形成的利得和损失应当以净额列示，但具有重要性的除外。资产或负债项目按扣除备抵项目后的净额列示，不属于抵销。非日常活动产生的利得和损失，以同一交易形成的收益扣减相关费用后的净额列示更能反映交易实质的，不属于抵销。

（三）要列报可比期间的数据

当期财务报表的列报，至少应当提供所有列报项目上一个可比会计期间的比较数据，以及与理解当期财务报表相关的说明，但其他会计准则另有规定的除外。

财务报表项目的列报应当在各个会计期间保持一致，不得随意变更，但下列情况除外：①会计准则要求改变财务报表项目的列报；②企业经营业务的性质发生重大变化或对企业经营影响较大的交易或事项发生后，变更财务报表项目的列报能够提供更可靠、更相关的会计信息。财务报表的列报项目发生变更的，应当至少对可比期间的数据按照当期的列报要求进行调整，并在附注中披露调整的原因和性质，以及调整的各项目金额。对可比数据进行调整不切实可行的，应当在附注中披露不能调整的原因。所谓不切实可行，是指企业在做出所有合理努力后仍然无法采用某项会计准则规定。

年度财务报表涵盖的期间短于一年的，应当披露年度财务报表的涵盖期间、短于一年的原因以及报表数据不具可比性的事实。

（四）财务报表表首的列报

企业应当在财务报表的显著位置至少披露下列各项：①编报企业的名称；②资产负债表日或财务报表涵盖的会计期间；③人民币金额单位；④财务报表是合并财务报表的，应当予以标明。

（五）财务报表项目内容的列报

企业在编制财务报表时，必须按照会计制度统一规定的报表种类、格式和内容来填写。凡属财务报表上规定应填列的指标，无论是表内项目，还是补充资料及附注，都要填列齐全，不得漏编、漏报或者任意取舍。如果有的项目无数字填列，应在金额栏内用横线划去，表示此项目无数字填报。对报表中某些需要说明的项目，可以在相关项目后用括号注明，或利用附表、附注及其他形式加以说明，以便报表使用者理解和利用。

企业财务报表所列的数字必须是客观、有根据的，如实反映企业经济活动的实际情况，不得带有任何个人偏见和主观色彩，不受外界影响。为了确保财务报表反映真实、准确，提供的信息可靠而有用，在编制财务报表时根据真实的交易、事项以及完整、准确的账簿记录资料，并按照国家统一的会计制度规定的编制基础、编制依据、编制原则和方法进行，不允许使用估计或推算数字代替实际数字，更不允许以各种方式弄虚作假，隐瞒谎报、篡改数字、人为夸大或缩小经营成果。

财务报表各项目的金额数字主要来自日常的账簿记录，但这并不意味着报表上的数字完全是账簿记录的简单转抄。财务报表中有些项目的金额需要将有关账户的期末余额进行分析、计算后才能填列，而且报表项目之间也存在着一定的数量钩稽关系。因此，编制财务报表时，对有关项目的金额，必须采用正确的计算方法来加以确定，从而保证财务报表数字的准确性。

（六）在规定时限内报出

财务报表提供的资料，具有很强的时效性。只有及时编制和及时报送财务报表，才能为使用者提供决策所需的信息资料。所以，财务报表必须按规定的期限和程序，及时编制，及时报送，以便报表使用者及时了解编报单位的财务状况和经营成果。要保证财务报表编报及时，必须加强日常的核算工作，认真做好记账、算账、对账和财产清查，调整账面工作；同时加强会计人员的配合协作，使财务报表编报及时。

第二节 资产负债表

一、资产负债表的概念及其作用

（一）资产负债表的概念

资产负债表是反映企业在某一特定日期（称为资产负债表日，如月末、季末或年末等）的财务状况的报表，又称为财务状况表。它是企业对外提供的基本财务报表之一，每一会计主体都必须按期编制资产负债表。资产负债表是以"资产 = 负债 + 所有者权益"这一会计恒等式为基础设计的。它是根据资产、负债和所有者权益之间的相互关系，按照一定的分类标准和一定的顺序，把企业某一特定日期的资产、负债和所有者权益各项目进行排列，并对日常工作中形成的大量数据进行高度浓缩整理后编制而成的，是反映企业静态财务状况的一种基本报表。

（二）资产负债表的作用

资产负债表反映了企业经营活动的规模及发展潜力，其作用主要表现在以下几个方面：

（1）通过资产负债表列示的资产项目，可以了解企业某一日期所拥有或控制的各种资源的构成及其分布情况，据此可以衡量企业经营规模大小，分析企业资源的配置是否节约、合理，评价企业生产经营能力及抵御风险的能力。

（2）通过资产负债表列示的负债项目，可以反映企业某一日期的负债总额以及结构，可以了解企业负担的长期债务和短期债务数额及偿还时间，表明企业未来需要用多少资产或劳务清偿债务，联系有关的资产项目进行对比分析，可以判定企业的偿债能力和支付能力。

（3）通过资产负债表列示的所有者权益项目，可以表明投资者在企业资产中所占的份额，了解所有者权益的构成情况，将所有者权益与负债进行对比，可以分析企业财务结构的优劣和负债经营的合理程度，分析企业所面临的财务风险。

（4）通过对前后期资产负债表的对比分析，可以了解企业资金结构的变化情况，预测企业的财务弹性和未来的财务发展趋势。

当然，由于各种原因的存在，资产负债表也有一些局限性。例如一些对于企业来说更有价值的资源（如人力资源等）不能体现在资产负债表上，导致资产负债表所反映的企业可控资源被低估；资产负债表上的各项目的金额是采用不同的计量方法得到的，导致资产负债总额缺乏一致的计价基础；在日常会计核算过程中存在很多主观判断与估计（如坏账计提比例、固定资产折旧年限等），导致资产负债表的各项目数据带有主观性。

二、资产负债表的列示内容和格式

（一）资产负债表的列示内容

资产负债表是根据"资产＝负债＋所有者权益"这一会计基本公式编制的，故此应该列示的内容必然包括资产、负债和所有者权益。其中，资产和负债应当分别以流动资产和非流动资产、流动负债和非流动负债列示。企业对资产和负债进行流动性（即资产的变现能力或负债的清偿期限）分类时，应当采用相同的正常营业周期。所谓正常营业周期，是指企业从购买用于加工的资产起至实现现金或现金等价物的期间。

流动资产是指满足下列条件之一的资产：①预计在一个正常营业周期中变现、出售或耗用；②主要为交易目的而持有；③预计在资产负债表日起一年内变现；④自资产负债表日起一年内，交换其他资产或清偿负债的能力不受限制的现金或现金等价物。流动资产以外的资产属于非流动资产。被划分为持有待售的非流动资产应当归类为流动资产。所谓持有待售，是指同时满足下列条件的企业组成部分（包括本段讨论的资产项目和下段讨论的负债项目）：①企业已经就处置该组成部分作出决议；②企业已经与受让方签订了不可撤销的转让协议；③该项转让将在一年内完成。

流动负债是指满足下列条件之一的负债：①预计在一个正常营业周期中清偿；②主要为交易目的而持有；③自资产负债表日起一年内到期应予以清偿；④企业无权自主地将清偿推迟至资产负债表日后一年以上。流动负债以外的负债属于非流动负债。被划分为持有待售的非流动负债应当归类为流动负债。负债在其对手方选择的情况下可通过发行权益进行清偿的条款与负债的流动性划分无关。对于在资产负债表日起一年内到期的负债，企业有意图且有能力自主地将清偿义务展期至资产负债表日后一年以上的，应当归类为非流动负债；不能自主地将清偿义务展期的，即使在资产负债表日后、财务报告批准报出日前签订了重新安排清偿计划协议，该项负债仍应当归类为流动负债。企业在资产负债表日或之前违反了长期借款协议，导致贷款人可随时要求清偿的负债，应当归类为流动负债。贷款人在资产负债表日或之前同意提供在资产负债表日后一年以上的宽限期，在此期限内企业能够改正违约行为，且贷款人不能要求随时清偿的，该项负债应当归类为非流动负债。

正常营业周期通常短于一年。因生产周期较长等导致正常营业周期长于一年的,尽管相关资产往往超过一年才变现、出售或耗用,仍应当划分为流动资产。正常营业周期不能确定的,应当以一年(12个月)作为正常营业周期。企业正常营业周期中的经营性负债项目即使在资产负债表日后超过一年才予清偿,仍应当划分为流动负债。经营性负债项目包括应付账款、应付职工薪酬等,这些项目属于企业正常营业周期中使用的营运资金的一部分。

(二) 资产负债表的格式

资产负债表的格式是指资产负债表中需要列示的各项内容的排列方式。资产负债表的常见格式有账户式和报告式两种。

(1) 账户式资产负债表,也称横式资产负债表,是直接根据"资产=负债+所有者权益"的会计等式,采用左右对称排列的结构列示财务信息,即将资产类项目排列在表的左方,将负债类和所有者权益类项目排列在表的右方,且左方的资产总额与右方的负债和所有者权益总额必须相等。其简化格式如表15-1所示。

表15-1 资产负债表(一)

编制单位:　　　　　　　　　　　____年__月__日　　　　　　　　　　　编号:　　货币单位:

资产	负债和所有者权益
流动资产: …… 非流动资产: ……	流动负债: …… 非流动负债: …… 所有者权益: ……
资产总计	负债和所有者权益总计

(2) 报告式资产负债表,也称垂直式资产负债表,是将资产、负债和所有者权益项目采用垂直分列的形式排列于表格的上下两段,其简化格式如表15-2所示。

表15-2 资产负债表(二)

编制单位:　　　　　　　　　　　____年__月__日　　　　　　　　　　　编号:　　货币单位:

项目	金额
资产: …… 资产总计 负债: …… 负债合计 所有者权益: …… 所有者权益合计 负债和所有者权益总计	

我国一般工商企业资产负债表的格式通常设计为账户式,根据本书教学内容,其格式如表15-3所示。

表15-3 资产负债表（三）　　　　　　　　　　　　　　　　　　会企01表

编制单位：　　　　　　　　　　　　　　　年　　月　　日　　　　　　　　　　　　　　　　单位：元

资产	期末余额	年初余额	负债及所有者权益	期末余额	年初余额
流动资产：			流动负债：		
货币资金			短期借款		
交易性金融资产			应付票据		
应收票据			应付账款		
应收账款			预收款项		
预付款项			合同负债		
其他应收款			应付职工薪酬		
存货			应交税费		
合同资产			其他应付款		
持有待售资产			一年内到期的非流动负债		
一年内到期的非流动资产			其他流动负债		
其他流动资产			流动负债合计		
流动资产合计			非流动负债：		
非流动资产：			长期借款		
债权投资			应付债券		
其他债权投资			长期应付款		
长期应收款			预计负债		
长期股权投资			其他非流动负债		
其他权益工具投资			非流动负债合计		
其他非流动金融资产			负债合计		
投资性房地产			所有者权益：		
固定资产			实收资本（或股本）		
在建工程			资本公积		
无形资产			减：库存股		
开发支出			其他综合收益		
长期待摊费用			盈余公积		
其他非流动资产			未分配利润		
非流动资产合计			所有者权益合计		
资产总计			负债和所有者权益总计		

三、资产负债表的编制

（一）资产负债表"年初余额"栏目数据的填列方法

资产负债表中"年初余额"栏内各项数字，应根据上年末资产负债表"期末余额"栏内所列数字填列。如果本年度资产负债表规定的各个项目名称和内容同上年度不一致，应对上年末资产负债表中各项目的名称和数字按本年度的规定进行调整，然后再填入本表的"年初余额"栏项目内。其目的是维持资产负债表"年初数"与"期末数"的可比性。

（二）资产负债表"期末余额"栏目数据的填列方法

资产负债表中"期末余额"栏内各项数字，应根据各项目有关账户的期末余额分析计算填列。这里要强调的是，企业期末结账以后，所有有余额的账户的期末余额，全部应该填到资产负债表的相关项目中，至于哪一个账户的期末余额填到资产负债表的哪一个具体项目，要根据账户反映的经济内容与资产负债表项目反映的经济内容的一致性来确定。上述资产负债表相关项目的填列方法为：

（1）"货币资金"项目，反映企业库存现金、银行存款和其他货币资金的合计数。本项目根据"现金""银行存款""数字货币""其他货币资金"账户期末余额的合计数填列。

（2）"交易性金融资产"项目，反映资产负债表日企业分类为以公允价值计量且其变动计入当期损益的金融资产，以及企业持有的直接指定为以公允价值计量且其变动计入当期损益的金融资产的期末账面价值。该项目应根据"交易性金融资产"账户的相关明细账户期末余额分析填列。自资产负债表日起超过一年到期且预期持有超过一年的以公允价值计量且其变动计入当期损益的非流动金融资产的期末账面价值，在"其他非流动金融资产"项目反映。

（3）"应收票据"项目，反映资产负债表日以摊余成本计量的，企业因销售商品、提供服务等经营活动应收取的商业汇票，包括银行承兑汇票和商业承兑汇票。该项目应根据"应收票据"账户的期末余额，减去"坏账准备"账户中相关坏账准备期末余额后的金额填列。

（4）"应收账款"项目，反映资产负债表日以摊余成本计量的，企业因销售商品、提供服务等经营活动应收取的款项。该项目应根据"应收账款"账户所属各明细账户的期末借方余额合计数，减去"坏账准备"账户中相关坏账准备期末余额后的金额填列。若"应收账款"账户所属某明细账户的期末余额在贷方，其代表的经济含义是预收账款，该贷方余额应在"预收账款"项目内填列。

（5）"预付款项"项目，反映企业按合同规定预付的款项。本项目应根据"预付账款"和"应付账款"账户所属各明细账户的期末借方余额合计数，减去"坏账准备"账户期末余额中依据有关预付款项计提的坏账准备金额后的金额填列。若"预付账款"账户所属某明细账户的期末余额在贷方，其所代表的经济含义是应付账款，该贷方余额应在"应付账款"项目内填列。而"应付账款"账户所属明细账户的期末借方余额的经济含义是预付账款，故应在本项目内填列。

（6）"其他应收款"项目，反映企业对其他单位和个人除应收票据、应收账款、预付账款等经营活动以外的其他各种应收、暂付的款项。本项目应根据"应收利息""应收股利""其他应收款"账户的期末余额，减去"坏账准备"账户期末余额中依据有关其他应收款计提的坏账准备金额后的金额填列。

（7）"存货"项目，反映企业期末结存在库、在途和在加工中的各种存货的实际成本或可变现净值，包括原材料、在产品、库存商品、周转材料等。本项目应根据"在途物资""材料采购""原材料""材料成本差异""库存商品""生产成本""周转材料""委托加工物资"等账户的期末余额代数和，减去"存货跌价准备"账户期末余额后的金额填列。"合同履约成本"账户的明细账户初始确认时摊销期限不超过一年或一个正常营业周期的，减去"合同履约成本减值准备"账户中相关的期末余额后的金额也在"存货"项目填列。

（8）"合同资产"项目，将于后续内容中与"合同负债"项目一起介绍。

（9）"持有待售资产"项目，反映企业资产负债表日划分为持有待售类别的非流动资产及划分为持有待售类别的处置组中的流动资产和非流动资产的期末账面价值。本项目应根据"持有待售资产"账户期末余额，减去"持有待售资产减值准备"账户期末余额后的金额填列。

（10）"一年内到期的非流动资产"项目，反映企业将于资产负债表日后的一个正常营业周期内到期的非流动资产。本项目应根据非流动资产类账户的期末余额分析填列。

（11）"其他流动资产"项目，反映企业除上述流动资产以外的其他流动资产。本项目应根据有关账户期末余额填列，例如"合同取得成本"账户所属明细账户初始确认时摊销期限不超过一年或一个正常营业周期的，减去"合同取得成本减值准备"账户中相关的期末余额后的金额在本项目填列；"应收退货成本"账户相关资产在一年或一个正常营业周期内退货期满的，也在本项目填列。

（12）"债权投资"项目，反映资产负债表日企业以摊余成本计量的长期债权投资的期末账面价值。该项目应根据"债权投资"账户的相关明细账户期末余额，减去"债权投资减值准备"账户中相关减值准备的期末余额后的金额分析填列。自资产负债表日起一年内到期的长期债权投资的期末账面价值，在"一年内到期的非流动资产"项目反映。企业购入的以摊余成本计量的一年内到期的债权投资的期末账面价值，在"其他流动资产"项目反映。

（13）"其他债权投资"项目，反映资产负债表日企业分类为以公允价值计量且其变动计入其他综合收益的长期债权投资的期末账面价值。该项目应根据"其他债权投资"账户的相关明细账户期末余额分析填列。自资产负债表日起一年内到期的长期债权投资的期末账面价值，在"一年内到期的非流动资产"项目反映。企业购入的以公允价值计量且其变动计入其他综合收益的一年内到期的债权投资的期末账面价值，在"其他流动资产"项目反映。

（14）"长期应收款"项目，反映企业融资租出资产、具有融资性质分期收款销售商品等业务所产生的收款期超过一个正常营业周期的应收款项。本项目应根据"长期应收款"账户期末余额，减去"未实现融资收益"账户期末余额和"坏账准备"账户期末余额中依据长期应收款计提的坏账准备金额后的金额填列。若有资产负债表日后的一个正常营业周期内可以收回的部分，还要减去该部分的金额。

（15）"长期股权投资"项目，反映企业持有的对子公司、合营企业和联营企业的长期股权投资。本项目应根据"长期股权投资"账户期末余额，减去"长期股权投资减值准备"账户期末余额后的金额填列。

（16）"其他权益工具投资"项目，反映资产负债表日企业指定为以公允价值计量且其变动计入其他综合收益的非交易性权益工具投资的期末账面价值。该项目应根据"其他权益工具投资"账户的期末余额填列。

（17）"投资性房地产"项目，反映企业持有的投资性房地产。若企业采用成本模式计量投资性房地产的，本项目应根据"投资性房地产"账户期末余额，减去"投资性房地产累计折旧（摊销）"账户和"投资性房地产减值准备"账户期末余额后的金额填列；若企业采用公允价值模式计量投资性房地产的，本项目应根据"投资性房地产"账户的期末余额填列。

（18）"固定资产"项目，反映资产负债表日企业固定资产的期末账面价值和企业尚未清理完毕的固定资产清理净损益。该项目应根据"固定资产"账户的期末余额，减去"累计折旧"和"固定资产减值准备"账户的期末余额后的金额，以及加上或减去"固定资产清理"账户的期末余额填列。

（19）"在建工程"项目，反映资产负债表日企业尚未达到预定可使用状态的在建工程的期末账面价值和企业为在建工程准备的各种物资的期末账面价值。该项目应根据"在建工程"账户的期末余额，减去"在建工程减值准备"账户的期末余额后的金额，以及"工程物资"账户的期末余额，减去"工程物资减值准备"账户的期末余额后的金额填列。

(20)"无形资产"项目,反映企业持有的各项无形资产的期末可回收金额。本项目应根据"无形资产"账户的期末余额,减去"累计摊销"账户和"无形资产减值准备"账户期末余额后的金额填列。

(21)"开发支出"项目,反映企业开发无形资产过程中能够资本化形成无形资产成本,但尚未完成资本化的支出部分。本项目应根据"研发支出"账户所属"资本化支出"明细账户的期末余额填列。

(22)"长期待摊费用"项目,反映企业已经发生但需要在本期和以后各期负担的分摊期限在一个正常营业周期以上的各项费用。长期待摊费用中应该在资产负债表日后的一个正常营业周期以内摊销的部分,在资产负债表"一年内到期的非流动资产"项目填列。本项目应根据"长期待摊费用"账户期末余额,减去将于资产负债表日后的一个正常营业周期内摊销的金额后的金额填列。

(23)"其他非流动资产"项目,反映企业持有的除上述非流动资产以外的其他非流动资产,如特准储备物资、合同成本等。本项目应根据有关账户的期末余额填列,例如"特准储备物资"账户的期末借方余额填入本项目;"合同取得成本"账户的明细账户初始确认时摊销期限超过一年或一个正常营业周期,减去"合同取得成本减值准备"账户中相关的期末余额后的金额在本项目中填列;"合同履约成本"账户的明细账户初始确认时摊销期限超过一年或一个正常营业周期,减去"合同履约成本减值准备"账户中相关的期末余额后的金额在本项目中填列;"应收退货成本"账户相关资产在一年或一个正常营业周期以上退货期满的,在本项目中填列。

(24)"短期借款"项目,反映企业向银行或其他金融机构借入的偿还期限不超过一个正常营业周期但尚未偿还的借款本金的金额。本项目应根据"短期借款"账户的期末余额填列。

(25)"应付票据"项目,反映资产负债表日企业因购买材料、商品和接受服务等经营活动应支付的商业汇票,包括银行承兑汇票和商业承兑汇票。本项目应根据"应付票据"账户的期末余额填列。

(26)"应付账款"项目,反映资产负债表日企业因购买材料、商品和接受服务等经营活动应支付的款项。本项目应根据"应付账款"和"预付账款"账户所属各明细账户的期末贷方余额合计数填列。若"预付账款"账户所属某明细账户的期末余额在贷方,其代表的经济含义是应付账款,故应在"应付账款"项目内填列。而"应付账款"账户所属明细账户的期末借方余额的经济含义是预付账款,应在"预付账款"项目内填列。

(27)"预收款项"项目,反映企业按照约定预收的不需要承担未来义务的款项。本项目应根据"预收账款"期末贷方余额填列。"应收账款"账户所属明细账户期末若有贷方余额,其经济含义是预收账款,故应在本项目内填列。

(28)"合同资产"和"合同负债"项目。企业应根据本企业履行履约义务与客户付款之间的关系在资产负债表中列示合同资产或合同负债。"合同资产"项目、"合同负债"项目,应分别根据"合同资产"科目、"合同负债"账户的相关明细账户期末余额分析填列,同一合同下的合同资产和合同负债应当以净额列示,其中净额为借方余额的,应当根据其流动性在"合同资产"或"其他非流动资产"项目中填列,已计提减值准备的,还应减去"合同资产减值准备"科目中相关的期末余额后的金额填列;其中净额为贷方余额的,应当根据其流动性在"合同负债"或"其他非流动负债"项目中填列。

(29)"应付职工薪酬"项目,反映企业根据有关规定应付给职工的各种薪酬,包括应付给职工的工资、各种福利、社会保险费、住房公积金、工会经费、职工教育经费等。本项目应根据"应付职工薪酬"账户的贷方余额填列。该账户期末如为借方余额，则以"－"号填列。

（30）"应交税费"项目，反映企业按照税法规定计算应交纳的各种税费。本项目应根据"应交税费"账户的期末贷方余额填列，该账户期末如为借方余额，则以"－"号填列。

（31）"其他应付款"反映企业对其他单位和个人的除上述流动负债以外的其他各项应付、暂收的款项。本项目应根据"应付利息""应付股利""其他应付款"账户的期末余额填列。

（32）"一年内到期的非流动负债"项目，反映企业将于资产负债表日后的一个正常营业周期内到期的非流动负债。本项目应根据非流动负债类账户的期末余额分析填列。

（33）"其他流动负债"项目，反映企业除上述流动负债以外的其他流动负债。本项目应根据有关账户期末余额填列，如"预计负债"账户下的"应付退货款"明细账户反映的负债若在一年或一个正常营业周期内清偿的，在本项目中填列。

（34）"长期借款"项目，反映企业向银行或其他金融机构等单位借入尚未归还的偿还期限超过一个正常营业周期以上的借款。本项目应根据"长期借款"账户期末余额，减去将于资产负债表日后的一个正常营业周期内到期的长期借款后的金额填列。

（35）"应付债券"项目，反映企业为筹集资金而发行的债券（含分类为金融负债的优先股和永续债等债务工具）的本金和未到期利息。本项目应根据"应付债券"账户期末余额，减去将于资产负债表日后的一个正常营业周期内到期的债券的本金和利息的金额后的金额填列。

（36）"长期应付款"项目，反映企业融资租入资产、具有融资性质的分期付款购进资产等业务所产生的付款期限超过一个正常营业周期的其他各种长期应付款项。本项目应根据"长期应付款"账户期末余额，减去"未确认融资费用"账户期末余额后的金额填列。企业若存在"专项应付款"科目的，其期末余额也在本项目填列。

（37）"预计负债"项目，反映企业确认的对外担保、未决诉讼、产品质量保证、重组义务、亏损合同等产生的预计负债。本项目应根据"预计负债"账户期末余额填列，但"预计负债"账户下的"应付退货款"明细账户反映的负债若在一年或一个正常营业周期内清偿的，在"其他流动负债"项目中填列，不在本项目填列。

（38）"其他非流动负债"项目，反映企业承担的除上述非流动负债以外的其他非流动负债。本项目应根据有关账户的期末余额，减去将于资产负债表日后的一个正常营业周期内到期的其他非流动负债的金额后的金额填列。

（39）"实收资本（或股本）"项目，反映企业接受投资者投入企业的资本（或股本）。本项目应根据"实收资本（或股本）"账户的期末余额填列。

（40）"资本公积"项目，反映企业资本公积的期末余额。本项目应根据"资本公积"账户的期末余额填列。

（41）"库存股"项目，反映企业持有的尚未赋予职工或尚未注销的本公司股份金额。本项目应根据"库存股"账户的期末余额填列。

（42）"其他综合收益"项目，反映企业形成的未转化为当期损益的各项利得和损失。本项目应根据"其他综合收益"账户的期末余额填列。

（43）"盈余公积"项目，反映企业盈余公积的期末余额。本项目应根据"盈余公积"账户的期末余额填列。

（44）"未分配利润"项目，反映企业尚未分配的利润。年度内填报中期报表时，本项目应根据"本年利润"账户期末贷方余额(实行表结法的企业则为所有损益类账户贷方余额减去借方余额)和"利润分配"账户期末贷方余额的合计数填列(若"本年利润""利润分配"账户余额在借方,则以"-"号填列)。年末填报年度报表时,本项目应根据"利润分配"账户期末贷方余额填列,如为借方余额,则以"-"号填列。

拓展阅读17

(45)资产负债表中各项"合计""总计"项目,应根据相关项目的金额计算填列。

【例15-1】茶山股份有限公司2×23年年末会计账户余额如表15-4所示。

表15-4 茶山股份有限公司2×23年年末会计账户余额表　　　　　单位:元

账户名称	借方余额	账户名称	贷方余额
库存现金	46 000	应收账款——丙公司	37 000
银行存款	3 280 000	坏账准备	9 000
数字货币	162 000	其中:依据应收账款计提的	6 000
其他货币资金	69 000	依据其他应收款计提的	3 000
交易性金融资产	1 370 000	受托代销商品款	22 000
其中:准备超过一年出售的	770 000	存货跌价准备——C产品	66 000
应收账款——甲公司	300 000	材料成本差异——A材料	192 000
应收股利	36 000	合同履约成本减值准备(均一年以上)	28 000
应收利息	22 000	合同资产减值准备	1 000
其他应收款	800 000	债权投资减值准备	9 000
材料采购——A材料	2 460 000	未实现融资收益	25 000
原材料——A材料	6 845 000	累计折旧	2 180 000
库存商品——C产品	3 870 000	固定资产减值准备	10 000
周转材料	49 000	累计摊销	367 000
委托加工物资	79 000	短期借款	80 000
受托代销商品	22 000	应付票据	35 000
发出商品	80 000	应付账款——B公司	876 000
合同取得成本	18 000	应付利息	27 000
其中:摊销期在一年内的	6 000	应付股利	76 000
合同履约成本	286 000	合同负债	862 000
其中:摊销期在一年内的	66 000	其中:与合同资产在同一合同下的	13 000
应收退货成本	35 000	一年内到期的(含上行的13 000元)	301 000
其中:退货期满在一年内的	12 000	应付职工薪酬(不含工程人员薪酬)	96 000
合同资产(均为一年内到期的)	67 000	应交税费——应交消费税	33 000
债权投资(不存在一年内到期的)	368 000	其他应付款(不含工程人员五险一金)	12 000
长期应收款(不存在一年内到期的)	126 000	长期借款	1 800 000
长期股权投资(均为成本法核算)	2 890 000	其中:一年内到期的	600 000
投资性房地产(公允价值模式核算)	1 880 000	应付债券	600 000
工程物资	680 000	其中:一年内到期的	500 000
在建工程	268 000	长期应付款	1 680 000
固定资产	6 900 000	其中:将于下年支付的	70 000
固定资产清理	46 000	预计负债(除下项外,均为质保费)	29 000

续表

账户名称	借方余额	账户名称	贷方余额
无形资产	1 220 000	其中：一年内清偿的应付退货款	18 000
研发支出——资本化支出	389 000	股本	8 000 000
长期待摊费用	147 000	资本公积	1 200 000
其中：摊销期在一年内的	36 000	其他综合收益	300 000
应付账款——A公司	39 000	盈余公积	2 019 000
未确认融资费用	40 000	利润分配——未分配利润	14 228 000

根据表15-4数据编制的资产负债表如表15-5所示。

表15-5 资产负债表　　　　　　　　　　　　　　　　　　　　　　　　会企01表

编制单位：茶山股份有限公司　　　　2×23年12月31日　　　　　　　　　单位：元

资产	期末余额	年初余额	负债及所有者权益	期末余额	年初余额
流动资产：			流动负债：		
货币资金	3 557 000		短期借款	80 000	
交易性金融资产	600 000		应付票据	35 000	
应收票据	0		应付账款	876 000	
应收账款	294 000		预收款项	37 000	
预付款项	39 000		合同负债	288 000	
其他应收款	855 000		应付职工薪酬	96 000	
存货	13 201 000		应交税费	33 000	
合同资产	53 000		其他应付款	115 000	
一年内到期的非流动资产	36 000		一年内到期的非流动负债	1 170 000	
其他流动资产	18 000		其他流动负债	18 000	
流动资产合计	18 653 000	略	流动负债合计	2 748 000	略
非流动资产：			非流动负债：		
债权投资	359 000		长期借款	1 200 000	
其他债权投资	0		应付债券	100 000	
长期应收款	101 000		长期应付款	1 570 000	
长期股权投资	2 890 000		预计负债	11 000	
其他权益工具投资	0		其他非流动负债	561 000	
其他非流动金融资产	770 000		非流动负债合计	3 442 000	
投资性房地产	1 880 000		负债合计	6 190 000	
固定资产	4 756 000		所有者权益：		
在建工程	948 000		实收资本（或股本）	8 000 000	
无形资产	853 000		资本公积	1 200 000	
开发支出	389 000		其他综合收益	300 000	
长期待摊费用	111 000		盈余公积	2 019 000	
其他非流动资产	227 000		未分配利润	14 228 000	
非流动资产合计	13 264 000		所有者权益合计	25 747 000	
资产总计	31 937 000		负债和所有者权益总计	31 937 000	

第三节 利润表

一、利润表的概念及其作用

（一）利润表的概念

利润表又称收益表、损益表，是反映企业在一定会计期间（年度、半年度、季度或月份）经营成果的报表。利润表所反映的利润（或亏损）是一个综合性质量指标，它不仅能反映企业经济活动的结果，而且能在一定程度上表现出企业的经营管理水平，还是利润分配的主要依据。

（二）利润表的作用

利润的多少及其发展趋势是企业生存和发展的关键，也是投资者和债权人关注的焦点。因此，利润表的编制和披露对信息使用者是至关重要的。具体来说，利润表的作用在于：

（1）通过利润表可以从总体上了解企业的收入、费用及净利润（或亏损）的实现及构成情况，据以分析企业的盈利能力和亏损原因。

（2）通过利润表提供的不同时期的比较数字（如本月数、本年累计数、上年数、上年同期数等），可以分析企业的获利能力及利润的未来发展趋势，了解投资者投入资本的保值、增值情况，为投资决策提供依据。

（3）通过对不同时期的利润及构成项目进行分析，找出影响利润增减变动的原因，还可以据此评价企业管理者的工作业绩。

当然，利润表也存在着一定的局限性。例如无法用货币计量的管理当局提升企业获利能力的努力被忽略；收入以销售时的物价计量，成本费用却用取得时的成本转销，导致利润的计量缺乏一致性基础；一些费用数据是主观估计的，影响了利润数据的经济意义；不同企业可以选用不同的核算方法，导致其利润数据不可比。

二、利润表的列示内容和格式

（一）利润表的列示内容

利润表是依据"收入－费用＋利得－损失＝利润"的动态会计等式来反映企业一定期间的经营成果，所以其列示的内容必然包括企业一定期间所获得的收入和利得，以及该期间所发生的费用和损失。同时考虑到企业还存在着直接计入所有者权益的利得和损失，也应将这部分内容反映出来。为了更好地反映企业收益的获取能力，还要反映收益获取的相对数据——每股收益，以弥补绝对数据的不足。

（二）利润表的格式

目前比较普遍的利润表的格式主要有单步式利润表和多步式利润表两种。

（1）单步式利润表是将所有收入和所有费用等项目分别相加，再将两个加总数相减得出净利润的利润表。其格式如表15-6所示。

单步式利润表的优点是比较直观、简单、易于编制。其不足则在于没能反映出各类收入与费用之间的配比关系，无法揭示出各构成要素之间的内在联系，不便于财务报表使用者进行分析，也不利于同行业之间的报表比较。

表 15-6 利润表（一）   编号：

编制单位：　　　　　　　　　　　　　　　　___年___月　　　　　　　　　　　　　　　　货币单位：

项目	本期金额	上期金额
一、收入		
……		
收入合计		
二、费用		
……		
费用合计		
三、净利润		

（2）多步式利润表是将利润表上的收入、费用等项目加以分类，在从营业收入到净利润的计算过程中，经过营业利润、利润总额和净利润等几次中间性计算的利润表。

我国境内的一般工商企业通常采用多步式利润表，根据本书内容，其格式如表 15-7 所示。

表 15-7 利润表（二）   会企 02 表

编制单位：　　　　　　　　　　　　　　　　___年___月　　　　　　　　　　　　　　　　单位：元

项目	本期金额	上期金额
一、营业收入		
减：营业成本		
税金及附加		
销售费用		
管理费用		
研发费用		
财务费用		
其中：利息费用		
利息收入		
资产减值损失		
信用减值损失		
加：其他收益		
投资收益（损失以"-"号填列）		
其中：对联营企业和合营企业的投资收益		
公允价值变动收益（损失以"-"号填列）		
资产处置收益（损失以"-"号填列）		
二、营业利润（亏损以"-"号填列）		
加：营业外收入		
减：营业外支出		
三、利润总额（亏损总额以"-"号填列）		
减：所得税费用		

续表

项目	本期金额	上期金额
四、净利润（净亏损以"-"号填列）		
（一）持续经营净利润（净亏损以"-"号填列）		
（二）终止经营净利润（净亏损以"-"号填列）		
五、其他综合收益的税后净额		
（一）不能重分类进损益的其他综合收益		
……		
（二）将重分类进损益的其他综合收益		
……		
六、综合收益总额		
七、每股收益		
（一）基本每股收益		
（二）稀释每股收益		

三、利润表的编制

利润表应按"本期金额"栏和"上期金额"栏分别填列。"本期金额"反映各项目的本期（年度、半年度、季度和月份）实际发生数；"上期金额"反映各项目编报期间的上一个会计期间（年度、半年度、季度和月份）实际发生数。这样填列的目的是便于不同会计期间相同指标的对比。

（一）利润表"上期金额"栏目数据的填列方法

利润表"上期金额"栏应根据上一期利润表中的"本期金额"栏的相同项目数字填列。在编制年度（或半年度）利润表时，如果上年度利润表的项目名称和内容与本年度利润表不一致，应对上年度利润表项目的名称和数字按本年度的规定进行调整，填入报表的"上期金额"栏。

（二）利润表"本期金额"栏目数据的编制方法

（1）根据有关账户期末转入"本年利润"账户的数额直接填列，也称为根据有关账户的发生额分析填列。采用该方法填列的项目有税金及附加、销售费用、财务费用、资产减值损失、信用减值损失、其他收益、投资收益、公允价值变动收益、资产处置收益、营业外收入、营业外支出、所得税费用等。

（2）根据若干账户期末转入"本年利润"账户的数额之和填列。主要项目有营业收入和营业成本。营业收入项目应根据"主营业务收入"和"其他业务收入"账户期末转入"本年利润"账户的数额之和填列；营业成本项目应根据"主营业务成本"和"其他业务成本"账户期末转入"本年利润"账户的数额之和填列。

（3）根据相关账户发生额数据和具体业务情况分析填列。主要项目有管理费用、研发费用、利息费用、利息收入、对联营企业和合营企业的投资收益、持续经营净利润、终止经营净利润、其他综合收益的税后净额中的具体项目、基本每股收益和稀释每股收益等。

这些项目中的前八大项只能通过查询具体业务情况进行计算确定。其中：管理费用和研发费用项目,根据"管理费用"账户发生额并将其中属于研发费用的部分区分出来,分别填入管理费用和研发费用项目;利息费用和利息收入项目根据"财务费用"账户发生额分析填列;对联营企业和合营企业的投资收益项目根据"投资收益"账户发生额中使用权益法核算的长期股权投资收益的金额填列;持续经营净利润和终止经营净利润项目依据净利润的具体实现途径及其可持续性分析填列;其他综合收益的税后净额各项目,应根据"其他综合收益"账户的相关明细账户的发生额分析填列。

基本每股收益根据归属于普通股股东的当期净利润除以当期实际发行在外的普通股的加权平均数计算确定。

稀释每股收益是假设企业所有发行在外的稀释性潜在普通股全部转换成普通股以后,导致当期归属于普通股股东的净利润减少或亏损增加以及普通股加权平均数增加,从而使得每股收益下降以后所计算出来的每股收益。

(4) 根据表中的资料计算后填列。主要项目有营业利润、利润总额、净利润、综合收益总额。其中营业利润根据营业收入减去营业成本、税金及附加、销售费用、管理费用、研发费用、财务费用、资产减值损失、信用减值损失后的差额再加上其他收益、投资收益、公允价值变动收益、资产处置收益填列;利润总额根据营业利润加上营业外收入,减去营业外支出后的差额填列;净利润根据利润总额减去所得税费用后的净额填列;综合收益总额根据净利润和其他综合收益的税后净额的合计数填列。

【例 15-2】茶山股份有限公司 2×23 年损益类账户累计发生额资料如表 15-8 所示。

表 15-8 茶山股份有限公司 2×23 年损益类账户累计发生额情况表　　　　单位:元

账户名称	借方发生额	账户名称	贷方发生额
主营业务成本	10 527 000	主营业务收入	18 362 000
其他业务成本	568 000	其他业务收入	836 000
税金及附加	364 000	其他收益	28 000
销售费用	27 000	投资收益	167 000
管理费用	119 000	其中:对联营企业和合营企业的投资收益	0
其中:研发费用	58 000	公允价值变动损益	18 000
财务费用	20 000	资产处置损益	9 000
其中:利息费用	24 000	资产减值损失	3 000
信用减值损失	7 000	财务费用——利息收入	6 000
营业外支出	8 000	营业外收入	12 000
所得税费用	1 935 000		

根据表 15-8 中的相关数据,编制茶山股份有限公司 2×23 年利润表如表 15-9 所示。

表 15-9　利润表

会企 02 表

编制单位：茶山股份有限公司　　　　　　　　　　2×23 年 12 月　　　　　　　　　　　　单位：元

项目	本期金额	上期金额
一、营业收入	19 198 000	
减：营业成本	11 095 000	
税金及附加	364 000	
销售费用	27 000	
管理费用	61 000	
研发费用	58 000	
财务费用	20 000	
其中：利息费用	24 000	
利息收入	6 000	
资产减值损失	-3 000	略
信用减值损失	7 000	
加：其他收益	28 000	
投资收益（损失以"-"号填列）	167 000	
其中：对联营企业和合营企业的投资收益	0	
公允价值变动收益（损失以"-"号填列）	18 000	
资产处置收益（损失以"-"号填列）	9 000	
二、营业利润（亏损以"-"号填列）	7 791 000	
加：营业外收入	12 000	
减：营业外支出	8 000	
三、利润总额（亏损总额以"-"号填列）	7 795 000	
减：所得税费用	1 935 000	
四、净利润（净亏损以"-"号填列）	5 860 000	
……	略	

第四节　现金流量表

一、现金流量表的概念及其作用

（一）现金流量表的概念

现金流量表是反映企业在一定会计期间现金和现金等价物的流入和流出情况的报表。由于要反映现金及其等价物的实际流入与流出情况，必须依据现金及其等价物的现实流动来报告，所以现金流量表是一张按照收付实现制编制的会计报表。

（二）现金流量表的作用

资产负债表能够反映企业特定日期所拥有的资产、需偿还的债务以及投资者所拥有的净资产的情况。利润表能够反映企业一定期间内的经营成果，表明企业运用所拥有的资产的获利能力。

但这两张表不能反映企业现实的偿债能力（即在生产经营不断进行中的动态的债务清偿能力）、可自由支配资金情况（即在维持上期从事的生产经营活动继续重复进行的情况下，企业还可以支持开展新业务的资金规模）等重要信息。为此，增加现金流量表以现金及其等价物的流入和流出反映企业在一定期间内的经营活动、投资活动和筹资活动的动态情况，反映企业现金及其等价物流入和流出的全貌，表明企业获得现金和现金等价物的能力。现金流量表的作用主要体现在以下方面：

（1）有利于评价企业真正的偿债能力和支付能力。资产负债表也可以评价企业以现金清偿债务的能力，但这一能力的评价是静态的。现金流量表反映了企业的各项业务活动获取与消耗现金及其等价物的情况，从而能够在动态上判断企业资金供应与使用的匹配状况，据以分析评价企业用经营活动现金净流量偿还债务的真正能力，便于债权人做出信贷决策。

（2）有利于评价企业真正的盈利能力和获取现金的能力。利润表中的净利润反映了企业的经营成果，是体现企业盈利能力的重要指标，但利润表是按权责发生制原则编制的，在会计处理上包含了许多未收回的销售收入和各种主观判断，从而有一定的局限性。若将现金流量表中的经营活动产生的现金净流量与利润表中的净利润相比较，就可以从现金流量的角度了解净利润的质量，评价企业真正的盈利能力，为投资者分析和判断企业收益质量提供依据。同时，现金流量表还提供了企业各项活动实现的现金及其等价物的增加情况，可以据以分析企业获取现金的能力。

（3）有利于预测企业未来的现金流量。现金流量表所反映的是企业过去一定期间的现金流量，通过该表可以了解经营活动产生的现金流量，企业对外部资金的依赖程度，了解企业现金的来源和使用是否合理，可据以预测企业未来现金流量，为投资者和债权人评价企业未来现金流量、做出投资和信贷决策提供必要的信息资料。

当然，现金流量表也有局限性。现金流量表所反映的各项经济活动并不能完全在未来被复制，故此使用现金流量表的数据预测未来时，需要将不能复制的经济活动对现金流量的影响予以消除，同时考虑新增业务对现金流量的影响。

二、现金流量表的编制基础

现金流量表的编制基础是现金和现金等价物。

现金是指企业的库存现金以及可以随时用于支付的存款。具体包括：①库存现金。②银行存款。银行存款是指企业存在银行或其他金融机构，随时可以用于支付的存款，不包括不能随时用于支付的存款，但提前通知银行或其他金融机构便可支取的定期存款，则包括在现金流量表的现金概念中。③其他货币资金。其他货币资金是指企业存在银行有特定用途的资金，或正在途中尚未收到的资金。

现金等价物是指企业持有的期限短、流动性强、易于转换为已知金额的现金、价值变动风险很小的投资，一般是指从购买日起3个月内到期的可以在市场流通的短期债券投资等。现金等价物虽然不是现金，但其支付能力与现金的差别不大，可视为现金。如企业为保证支付能力，手持必要的现金，为了不使现金闲置，可以购买短期债券，在需要现金时，随时可以变现。

以后若不加特殊说明，本节所讨论的现金均包括现金等价物。

三、现金流量的分类

现金流量是指现金及现金等价物流入和流出数量。企业一定期间内现金流入和现金流出的差额叫现金净流量。如果流入量大于流出量,现金净流量为正数,反映企业现金流量的积极现象和趋势;如果流入量小于流出量,则现金净流量为负数,反映企业现金紧缺的现象和程度。企业一定时期内的现金流入和流出是由企业的各种业务活动产生的,如购买生产用材料支付价款,销售商品收到现金,支付职工工资、购买固定资产支付现金等。通常按照业务发生的性质将企业的现金流量分为经营活动产生的现金流量、投资活动产生的现金流量和筹资活动产生的现金流量三类。

(一) 经营活动产生的现金流量

经营活动是指企业投资活动和筹资活动以外的所有交易和事项,对于工商企业而言主要包括销售商品或提供劳务、经营性租赁、购买货物、接受劳务、支付工资、广告宣传、推销产品、缴纳税款等。显然,经营活动是企业利用其生产能力自主获得现金的业务过程,经营活动获得的净现金流量越多,表明企业自身的发展、成长、创造越有稳固的资金基础。在现金流量表上,经营活动的现金流量应当按照其经营活动的现金流入和流出的性质分项列示。

(二) 投资活动产生的现金流量

投资活动是指企业长期资产的购建和不包括在现金等价物范围内的投资及其处置活动,主要包括取得和收回投资、购建和处置固定资产、无形资产和其他长期资产等。显然,投资活动是企业建设未来生产能力、培植企业发展潜力的业务过程,有效的投资活动规模越大,企业未来的生产能力和获取现金的能力越高;但是投资时所需的资金消耗也越大,如果不能保证资金的供应会出现烂尾投资,甚至直接导致企业资金链断裂,危及企业的持续经营。在现金流量表上,投资活动的现金流量应当按照其投资活动的现金流入和流出的性质分项列示。

(三) 筹资活动产生的现金流量

筹资活动是指导致企业资本及债务规模和构成发生变化的活动,主要包括吸收投资、发行股票、分配利润和借入款项等。显然,筹资活动是企业寻求外部资金支持的业务活动,适当地利用外部资金可以弥补自身的资金短缺,在资金利润率大于利息率的情况下还可以提高净资产收益率;但超出负担能力的筹资会将企业拖入无力清偿债务的危险境地。在现金流量表上,筹资活动的现金流量应当按照其筹资活动的现金流入和流出的性质分项列示。

按照上述三类活动来反映现金流量,有助于评价企业所处的生产经营寿命周期,判断企业未来的发展趋势。

四、现金流量表的格式

经营活动现金流量的计算方法有直接法和间接法两种。直接法是通过经营活动导致的现金流入、流出的主要类别,反映来自企业经营活动的现金流量;间接法是根据利润表中的净利润,调整为现金流量,即从净利润中加上未支付现金的支出,如折旧、摊销等,再减去未收到现金的销货应收款等项目,求出实际的经营活动现金流量。采用直接法表现的经营活动现金流量,便于分析企业经营活动现金流量的来源和用途，有利于更好地预测企业未来现金流量的前景；采用间接法表现的经营活动现金流量，便于和净利润进行对比分析，找出净利润与经营活动现金流量之间存在差异的原因，有利于更好地评价净利润的质量。所以，我国要求企业采用直接法编制现金流量表主表，同时采用间接法在现金流量表附注中披露将净利润调节为经营活动现金流量的信息。

基于我国的现金流量表设计思想，我国一般企业编制的现金流量表包括现金流量表主表和现金流量表附注两部分。现金流量表主表主要列示六项内容：一是经营活动产生的现金流量；二是投资活动产生的现金流量；三是筹资活动产生的现金流量；四是汇率变动对现金及现金等价物的影响；五是现金及现金等价物净增加额；六是期末现金及现金等价物余额。现金流量表附注也就是其补充资料，具体包括三项内容：一是将净利润调节为经营活动现金流量；二是不涉及现金收支的重大投资和筹资活动；三是现金和现金等价物净变动情况。

一般工商企业现金流量表的格式如表15–10所示。

表15–10 现金流量表　　　　　　　　　　　　　　会企03表

编制单位：　　　　　　　　　　　　年　月　　　　　　　　　　　　　　单位：元

项目	本期金额	上期金额
一、经营活动产生的现金流量		
销售商品、提供劳务收到的现金		
收到的税费返还		
收到其他与经营活动有关的现金		
经营活动现金流入小计		
购买商品、接受劳务支付的现金		
支付给职工以及为职工支付的现金		
支付的各项税费		
支付其他与经营活动有关的现金		
经营活动现金流出小计		
经营活动产生的现金流量净额		
二、投资活动产生的现金流量		
收回投资收到的现金		
取得投资收益收到的现金		
处置固定资产、无形资产和其他长期资产收回的现金净额		
处置子公司及其他营业单位收到的现金净额		
收到其他与投资活动有关的现金		
投资活动现金流入小计		
购建固定资产、无形资产和其他长期资产支付的现金		
投资支付的现金		
取得子公司及其他营业单位支付的现金净额		
支付其他与投资活动有关的现金		
投资活动现金流出小计		
投资活动产生的现金流量净额		

续表

项目	本期金额	上期金额
三、筹资活动产生的现金流量		
吸收投资收到的现金		
取得借款收到的现金		
收到其他与筹资活动有关的现金		
筹资活动现金流入小计		
偿还债务支付的现金		
分配股利、利润或偿付利息支付的现金		
支付其他与筹资活动有关的现金		
筹资活动现金流出小计		
筹资活动产生的现金流量净额		
四、汇率变动对现金及现金等价物的影响		
五、现金及现金等价物净增加额		
加：期初现金及现金等价物余额		
六、期末现金及现金等价物余额		
七、附注		
1. 将净利润调节为经营活动现金流量		
净利润		
加：资产减值准备		
固定资产折旧、油气资产折耗、生产性生物资产折旧		
无形资产摊销		
长期待摊费用摊销		
处置固定资产、无形资产和其他长期资产的损失（收益以"－"号填列）		
固定资产报废损失（收益以"－"号填列）		
公允价值变动损失（收益以"－"号填列）		
财务费用（收益以"－"号填列）		
投资损失（收益以"－"号填列）		
递延所得税资产减少（增加以"－"号填列）		
递延所得税负债增加（减少以"－"号填列）		
存货的减少（增加以"－"号填列）		
经营性应收项目的减少（增加以"－"号填列）		
经营性应付项目的增加（减少以"－"号填列）		
其他		
经营活动产生的现金流量净额		
2. 不涉及现金收支的重大投资和筹资活动		
债务转为资本		
一年内到期的可转换公司债券		
融资租入固定资产		
3. 现金及现金等价物净变动情况		
现金的期末余额		

续表

项目	本期金额	上期金额
减：现金的期初余额		
加：现金等价物的期末余额		
减：现金等价物的期初余额		
现金及现金等价物净增加额		

五、现金流量表主表的编制

（一）现金流量表主表项目的经济含义

1. 经营活动产生的现金流量项目

（1）"销售商品、提供劳务收到的现金"项目，反映企业销售商品、提供劳务实际收到的现金（包括收取的增值税销项税额），具体包括当期销售商品、提供劳务收到的现金，当期收到前期的应收账款或应收票据，当期的预收账款，减去当期因销货退回而支付的现金。企业销售材料和代购代销业务收到的现金，也在本项目中反映。

（2）"收到的税费返还"项目，反映企业收到返还的各种税费，如收到返还的增值税、消费税、所得税、教育费附加返还等。

（3）"收到其他与经营活动有关的现金"项目，反映企业除上述各项目外，收到的其他与经营活动有关的现金流入，如罚款收入、经营租赁资产收到的租金、流动资产损失中由个人赔偿的现金收入、除税费返还以外的政府补助收入等。如果某一具体项目金额较大，应单列项目反映。

（4）"购买商品、接受劳务支付的现金"项目，反映企业购买材料、商品及接受劳务实际支付的现金（包括支付的增值税进项税额），具体包括当期购买材料、商品及接受劳务支付的现金；当期支付前期的购货应付账款或应付票据；当期预付的账款；购货退回所收到的现金从该项目内扣减。

（5）"支付给职工以及为职工支付的现金"项目，反映企业实际支付给职工以及为职工支付的现金，包括企业为获得职工提供的服务，当期实际支付的各种形式的报酬以及其他相关支出，如支付给职工的工资、奖金以及各种津贴和补贴、社会保险基金和补充养老保险、住房公积金、辞退福利、现金结算的股份支付等，以及支付给职工或为职工支付的其他福利费用。其中属于生产经营人员的各项支出列入本项目。支付给在建工程人员的工资和支付给离退休人员的各项费用不在本项目中反映。

（6）"支付的各项税费"项目，反映企业按规定支付的各种税费，包括企业当期发生并支付的税费、本期支付以前各期发生的税费和预交的税金，不包括当期退回的增值税、所得税等。

（7）"支付其他与经营活动有关的现金"项目，反映企业除上述各项目外，支付的其他与经营活动有关的现金流出，如罚款支出、支付的差旅费、业务招待费支出、支付的保险费、经营租赁资产支付的租金等。如果某一具体项目金额较大，应单列项目反映。

2. 投资活动产生的现金流量项目

（1）"收回投资收到的现金"项目，反映企业出售、转让或到期收回除现金等价物以外的金融资产、长期股权投资等投资性资产而收到的现金,不包括收回的债权性投资的利息、收回的非现金资产和处置子公司及其他营业单位收到的现金净额。债权性投资收回的本金,在本项目反映。

(2)"取得投资收益收到的现金"项目,反映企业在金融资产、长期股权投资持有期间取得的现金股利、利息,以及从子公司、联营企业和合营企业分回利润收到的现金。

(3)"处置固定资产、无形资产和其他长期资产收回的现金净额"项目,反映企业处置固定资产、无形资产和其他长期资产收到的现金减去为处置这些资产而支付的有关费用后的净额。由于自然灾害所造成的固定资产等长期资产损失而收到的保险赔偿收入也在本项目反映。如处置固定资产、无形资产和其他长期资产所收回的现金净额为负数,则应作为投资活动产生的现金流出,不在本项目反映,在"支付的其他与投资活动有关的现金"项目反映。

(4)"处置子公司及其他营业单位收到的现金净额"项目,反映企业处置子公司及其他营业单位收到的现金减去子公司或其他营业单位持有的现金和现金等价物,以及为处置子公司及其他营业单位而支付的有关费用后的净额。

(5)"收到其他与投资活动有关的现金"项目,反映企业除上述各项目外,收到的其他与投资活动有关的现金,如企业收回购买股票或债券时实际支付的价款中包含的已宣告但尚未领取的现金股利或已到付息期但尚未领取的债券利息。如果某一具体项目金额较大,应单列项目反映。

(6)"购建固定资产、无形资产和其他长期资产支付的现金"项目,反映企业购买、建造固定资产及取得无形资产和其他长期资产所支付的现金,包括购买机器设备所支付的现金、建造固定资产建设工程支付的现金、支付的在建工程人员工资等现金支出,不包括为构建固定资产、无形资产和其他长期资产而发生的借款利息资本化部分以及融资租赁租入固定资产所支付的租赁费。

(7)"投资支付的现金"项目,反映企业进行长期股权投资、购入各项除现金等价物之外的金融资产所支付的现金,包括支付的佣金、手续费等附加费用,不包括企业购买股票或债券时实际支付的价款中包含的已宣告但尚未领取的现金股利或已到付息期但尚未领取的债券利息。

(8)"取得子公司及其他营业单位支付的现金净额"项目,反映企业取得子公司及其他营业单位支付的现金减去子公司及其他营业单位持有的现金后的净额。

(9)"支付其他与投资活动有关的现金"项目,反映企业除上述各项目外,支付的其他与投资活动有关的现金,如企业购买股票或债券时实际支付的价款中包含的已宣告但尚未领取的现金股利或已到付息期但尚未领取的债券利息。如果某一具体项目金额较大,应单列项目反映。

3. 筹资活动产生的现金流量项目

(1)"吸收投资收到的现金"项目,反映企业收到的投资者投入的现金,包括以发行股票、吸收投资者直接投资等方式筹集资金实际收到款项的净额(发行收入减去支付的佣金等发行费用后的净额),不包括以发行股票方式筹集资金由企业直接支付的审计、咨询等费用。

(2)"取得借款收到的现金"项目,反映企业举借各种短期和长期借款、发行债券收到的现金,根据收入时的实际借款金额计算。企业因借款、发行债券等筹资活动所直接支付的各种审计、咨询费用不在借款中扣除。

(3)"收到其他与筹资活动有关的现金"项目,反映企业除上述各项目外,收到的其他与筹资活动有关的现金,如接受现金捐赠等。如果某一具体项目金额较大,应单列项目反映。

(4)"偿还债务支付的现金"项目,反映企业以现金偿还债务的本金,包括归还借款、偿付企业到期的债券等的本金等，不包括企业偿还的借款利息、债券利息。

（5）"分配股利、利润或偿付利息支付的现金"项目，反映企业实际支付的现金股利、支付给其他投资单位的利润以及用现金支付的借款利息、债券利息（包括借款费用资本化的部分）等。

（6）"支付其他与筹资活动有关的现金"项目，反映企业除上述各项目外，支付的其他与筹资活动有关的现金，如捐赠支出、融资租入资产支付的租赁费、分期付款购买资产以后各期支付的现金、发行股票和债券等方式筹集资金而由企业直接支付的审计与咨询费用等。若某一具体项目金额较大，应单列项目反映。

4. 汇率变动对现金及现金等价物的影响项目

汇率变动对现金的影响，是指企业外币现金流量及境外子公司的现金流量折算成记账本位币时，所采用的是现金流量发生日的汇率或按照系统合理的方法确定的、与现金流量发生日汇率近似的汇率，而现金流量表"现金及现金等价物净增加额"项目中外币现金净增加额是按照资产负债表日的即期汇率折算的。这两者的差额就是汇率变动对现金及现金等价物的影响。

（二）现金流量表主表项目数据的计算思路

现金流量表主表是以收付实现制为基础编制的报表，但企业日常会计核算是按照权责发生制记录的会计信息。这就导致现金流量表主表各项目数据的计算有两种思路。

1. 按收付实现制针对具体业务直接计算

这需要对全年的经济业务进行重新分析，按照收付实现制原则将所需数据找出，最后进行计算。

如"销售商品、提供劳务收到的现金"项目的计算公式为：

销售商品、提供劳务收到的现金 = 当期销售商品、提供劳务收到的现金 −

当期因销售退回而支付的现金 +

当期销售商品、提供劳务收到的销项税款 +

当期收到前期的应收账款 +

当期预收的账款 +

当期收到前期的应收票据 −

票据贴现利息 +

当期收回前期已核销的坏账损失

再如"购买商品、接受劳务支付的现金"项目的计算公式为：

购买商品、接受劳务支付的现金 = 当期购买商品、接受劳务支付的现金 −

当期因购货退回而收到的现金 +

当期购买商品、接受劳务支付的进项税款 +

当期支付前期的应付账款 +

当期预付的账款 +

当期支付前期的应付票据

上述公式是直接依据所计算项目的经济含义，按照收付实现制原则将相应的经济活动导致的现金流量列示出来得到的。按照这一公式计算现金流量表主表项目的数据，就需要全面排查报告当期所发生的全部经济业务，找出符合公式的具体业务数据，填入计算公式中进行计算。显然，这种方法的数据查找工作量较大，只适用于当期发生业务不多项目的计算或使用现代信息技术进行数据统计。

2. 将会计账簿中按权责发生制记录的数据调整为相应收付实现制下的数据

这种方法是依据会计账簿记录的数据，按照权责发生制与收付实现制之间特有的关系，将会计账簿的数据调整得出所需的收付实现制数据。

如"销售商品、提供劳务收到的现金"项目的计算公式为：

销售商品、提供劳务收到的现金 = 营业收入 +

应交增值税销项税额 +

应收账款（期初余额 − 期末余额） +

应收票据（期初余额 − 期末余额） +

合同资产（期初余额 − 期末余额） +

合同负债（期末余额 − 期初余额） +

预收账款（期末余额 − 期初余额） +

当期收回前期已核销坏账损失 −

财务费用中记录的票据贴现利息 −

当期核销的坏账损失 ±

特殊调整项目

再如"购买商品、接受劳务支付的现金"项目的计算公式为：

购买商品、接受劳务支付的现金 = 营业成本 +

应交增值税进项税额 +

存货类账户（期末余额 − 期初余额） +

应收退货成本账户（期末余额 − 期初余额） +

合同取得成本账户（期末余额 − 期初余额） +

合同履约成本账户（期末余额 − 期初余额） +

预付账款账户（期末余额 − 期初余额） +

应付账款账户（期初余额 − 期末余额） +

应付票据账户（期初余额 − 期末余额） +

存货改变用途价值（如工程领用等） +

库存商品盘亏、减值损失（减盘盈） −

当期列入生产成本、制造费用的应付职工薪酬 −

当期列入生产成本、制造费用的折旧费和摊销的待摊费用 −

接受投资增加的存货 ±

特殊调整项目

又如"支付给职工以及为职工支付的现金"项目的计算公式为：

支付给职工以及为职工支付的现金 = 生产成本、制造费用、管理费用中的应付职工薪酬 +
　　　　　　　　　　　　　　　　应付职工薪酬（期初余额 – 期末余额）+
　　　　　　　　　　　　　　　　应付职工薪酬中包含的在建工程人员薪酬（期末余额 – 期初余额）±
　　　　　　　　　　　　　　　　特殊调整项目（如非货币性福利等）

其实，这些公式也是由第一种思路的计算公式经过转化得来的。

下面以"销售商品、提供劳务收到的现金"项目计算公式为例予以说明。

首先，由于"当期销售商品、提供劳务收到的现金""当期因销售退回而支付的现金""当期销售商品、提供劳务收到的销项税款"在日常会计核算时，均记录为借记"库存现金""银行存款""其他货币资金"，贷记"主营业务收入""其他业务收入""应交税费——应交增值税（销项税额）"，故此用"营业收入""应交增值税销项税额"来代替。但是因为当期赊销和前期预收款当期发货也记入了当期的"主营业务收入""其他业务收入""应交税费——应交增值税（销项税额）"的贷方，而这些并不符合收付实现制下应确认的现金流量，所以要将"应收票据""应收账款""合同资产""合同负债""预收账款"账户的本期借方发生额减去。同时，还要假设其他业务收入中不包括租金收入、主营业务收入确认中不包括非货币性资产交换。

其次，由于"当期收到前期的应收账款""当期预收的账款""当期收到的前期的应收票据"在日常会计核算时，均记录为借记"库存现金""银行存款""其他货币资金"，贷记"应收票据""应收账款""合同资产""合同负债""预收账款"，故此用"应收票据""应收账款""合同资产""合同负债""预收账款"账户的贷方发生额代替。但是，贷记"应收票据""应收账款""合同资产""合同负债""预收账款"的业务中还包括发生坏账，故此要将"当期核销的坏账损失"减去。同时，还要假设不存在债务重组等其他贷记"应收票据""应收账款""预收账款"的业务。

再次，将"票据贴现利息""当期收回前期已核销的坏账损失"直接抄写过来，并将"应收票据""应收账款""合同资产""合同负债""预收账款"的借贷方发生额的差额转化为期初期末余额的差额。

最后，将前面假设不存在的业务如果实际发生对现金流量的影响作为"特殊调整项目"加入公式中。对于一般工商企业来说，这些"特殊调整项目"包括四类项目：一是贷记"主营业务收入""其他业务收入""应交税费——应交增值税（销项税额）"，而没有借记"库存现金""银行存款""其他货币资金""应收票据""应收账款""合同资产""合同负债""预收账款"的业务项目；二是贷记"应收票据""应收账款""预收账款"，而没有借记"库存现金""银行存款""其他货币资金""坏账准备""财务费用"的业务项目；三是记入"其他业务收入"中的非材料销售业务项目；四是处置长期资产时收到的价外增值税，应列入"处置固定资产、无形资产和其他长期资产收到的现金"，要在此处扣除。

显然，这种方法适用于当年发生常规业务较多、特殊调整项目业务较少的项目的计算。

（三）现金流量表主表的编制方法

1. 备查登记法

因为现金流量表各项目是以收付实现制确定的，故在发生现金收付业务的同时，确定此笔现金收付应填列于现金流量表的哪个项目中,并对此进行备查登记。会计期末时将各项目的备查登记结果整理出来就可以得到现金流量表主表各项目应填列的金额。

显然,这种方法贯彻的就是现金流量表主表项目数据计算的第一种思路,只不过将数据的收集过程安排在了日常业务发生时,从而减轻了期末编表时的工作量。

使用这一方法编制现金流量表主表,就是在经济业务发生时,针对实际进行了现金收付的业务项目,按照现金流量表主表各项目的经济含义,将每次发生的现金收付确定并备查到相应的报表项目下,期末时将各报表项目所备查的金额汇总整理即可。

日常业务不多的企业,可以在不增加会计人员的情况下,使用该种方法编制现金流量表主表;日常业务多的企业,可以通过增加从事备查登记的人员或应用会计信息系统的现金流量表日常备查功能,来编制现金流量表主表。

【例15-3】茶山股份有限公司为增值税一般纳税人,只生产一种C产品,其消费税税率为10%,增值税税率为13%。企业适用所得税税率为25%。其2×24年1月1日有关科目的余额见表15-4,2×24年发生的经济业务如下(假定不存在各种需要调整的特殊事项):

(1) 收到银行通知,用银行存款支付到期的商业承兑汇票35 000元。

(2) 收到应收利息22 000元和应收股利36 000元,存入证券公司所开账户。

(3) 收到上期购入的在途A材料一批,实际成本2 460 000元,计划成本2 455 000元,材料已验收入库,货款已于上年支付。

(4) 向开户银行申请开出银行汇票112 000元。用银行汇票支付采购A材料价款,公司收到开户银行转来银行汇票多余款收账通知,通知上填写的多余款170元,购入材料及运费99 000元,支付的增值税额12 830元,材料已验收入库,该批材料计划成本100 000元。

(5) 销售C产品一批,销售价款300 000元(不含应收取的增值税),该批产品实际成本180 000元,产品已发出,款项收存数字人民币钱包。

(6) 通过在证券公司所开的账户支付应付股利76 000元。

(7) 以银行存款支付应付账款876 000元。

(8) 上期进行的委托加工物资(系应税消费品)全部加工完毕,用银行存款支付加工费31 000元、增值税4 030元、消费税10 000元。物资收回直接用于在建工程。

(9) 在建工程领用工程物资680 000元,周转材料49 000元(一次摊销),应付职工薪酬30 000元,用数字人民币支付其他费用13 000元,计算应予资本化的长期借款利息50 000元(此利息暂时未付)。

(10) 以银行存款支付应缴纳的五险一金24 000元,其中职工个人和企业各负担50%。职工个人负担的部分上年已从职工工资中预扣。

(11) 支付职工薪酬114 000元(包括支付给在建工程人员的工资30 000元),其中代扣代缴个人所得税5 000元(所有在建工程人员工资不需缴纳个人所得税),个人负担的五险一金20 000元,剩余款项以银行存款支付给职工。

(12) 上述所建固定资产建设工程完工,交付生产自用,已办理竣工手续,固定资产价值1 000 000元。

(13) 偿还长期借款 600 000 元，并支付已到期的借款利息 75 000 元（均已预提）。

(14) 销售 C 产品一批，销售价款 700 000 元，应收的增值税税额 91 000 元，销售产品的实际成本 420 000 元，货款银行已收妥。

(15) 收回应收账款 248 000 元存入银行。

(16) 销售受托代销商品，售价 22 000 元，增值税 2 860 元，款项以银行本票收取。茶山股份有限公司收取售价 10% 的手续费后以数字人民币支付余款给委托方 X 公司。

(17) 公司出售一台不需用设备，由购入单位运走，收到价款 339 000 元（含增值税 39 000 元）存入银行。该设备原价 400 000 元，已提折旧 150 000 元。

(18) 上年因灾害报废转入清理的固定资产 46 000 元，本期以库存现金支付清理费用 500 元，获得保险赔偿款 43 500 元存入银行存款。该项固定资产已清理完毕。

(19) 公司将交易性金融资产（全部为股票）600 000 元（其中成本 500 000 元）出售，收到价款 660 000 元，存入证券公司所开账户（假设无相关税费）。

(20) 归还短期借款本金 80 000 元，利息 6 000 元（其中上年已预提 2 000 元）。

(21) 购入不需安装的设备一台，价款 1 000 000 元，支付的增值税 130 000 元，支付包装费、运杂费 10 000 元，增值税 900 元。上述款项均以银行存款支付。设备已交付使用。

(22) 基本生产领用原材料，计划成本 5 700 000 元；领用周转材料，实际成本 10 000 元，采用一次摊销法摊销。

(23) 上期发出的商品 80 000 元，本期完成配套安装与验收（合同约定安装与验收是完成合同的必要前提），上期预收的安装费 88 000 元（增值税已于上期确认）应确认其他业务收入。

(24) 上期确认的合同资产 67 000 元的事项已于本期达到收款条件并全额收回货款（其中包含上期已收取并确认为合同负债的 13 000 元，本期应转为主营业务收入），同时结转已计提的减值准备。

(25) 将自产 C 产品作为福利发放给职工，产品实际成本 20 000 元，公允售价 30 000 元，增值税税率 13%。职工比例为生产工人 70%，车间管理人员 10%，行政管理人员 20%。

(26) 收到 A 材料一批，计划成本 52 000 元，实际成本 50 000 元，增值税 6 500 元，上期已预付货款 39 000 元，余款未付。

(27) 用银行存款支付产品展览费 20 000 元、广告费 30 000 元。

(28) 上期发生的附有销售退回条款的 C 产品销售业务本期退货期满，上期末预计退货成本 12 000 元，预计应付退货款 18 000 元，本期实际退货成本 10 000 元，以银行存款支付退货价税合计款，并计算应冲减的 C 产品销售消费税。

(29) 公司采用银行承兑汇票结算方式销售产品一批，价款 250 000 元，增值税额为 32 500 元，收到 282 500 元的银行承兑汇票 1 张，产品实际成本 150 000 元。

(30) 公司将上述承兑汇票到银行办理不带追索权贴现，贴现息为 8 000 元。

(31) 行政管理部门张××预借差旅费 20 000 元，以库存现金支付。

(32) 计算公司本期产品销售应缴纳的教育费附加为 2 000 元。

(33) 购入 A 材料一批，用银行存款支付货款 150 000 元，以及购入材料支付的增值税额为

19 500元，款项已付，材料未到。

（34）以前年度取得的合同工程，本期继续发生履约成本160 000元，其中领用原材料100 000元，银行存款支付60 000元。本期其中一项合同到期履约完毕（但该项合同款需等待其他配套工程履约完毕才能收取），应确认不含税主营业务收入100 000元（增值税13 000元），结转合同取得成本6 000元、合同履约成本70 000元。其他合同工程不存在明年到期的情况。

（35）被投资企业宣告现金股利，本企业可以获得30 000元（该项投资为成本法核算，对方税率和本企业一致，均为25%）。该股利尚未发放。

（36）计算本期债权投资的应收利息20 000元，同时摊销债券溢价8 000元，债权投资减值测试表明未来的预期信用损失为3 000元。

（37）行政管理部门张××出差归来，报销差旅费18 000元，余款交回现金。

（38）以银行存款支付已到期的长期应付款70 000元（增值税已于该负债形成时确认），同时分摊未确认融资费用10 000元。

（39）计算全部应付债券（均为面值发行）本期应付利息30 000元，并以银行存款支付本期到期债券本金500 000元、利息25 000元（利息已全部预提）。

（40）以银行存款支付本期发生产品保修费用6 000元，并确认计提本期产品质量担保费3 000元。

（41）对有减值迹象的应收账款进行减值测试，年末应该计提坏账准备1 200元。

（42）本期发生研发支出350 000元（均以银行存款支付），其中符合资本化条件的221 000元。研究开发项目完成2项，成功申请专利，结转资本化研发支出300 000元；本期发生的费用化支出全部结转当期损益。

（43）全部投资性房地产本年租金收入200 000元（上年已收取）。这些资产本年末公允价值1 800 000元。

（44）分配应支付的职工工资200 000元（不包括在建工程应负担的工资），其中车间生产与管理人员工资150 000元，行政管理部门人员工资50 000元。

（45）按照上述职工工资的相应比例计提职工福利费24 000元，计提职工五险一金40 000元，计提工会经费与职工教育费6 000元。

（46）未实现融资收益本期应分摊5 000元，长期待摊费用本期应分摊36 000元计入管理费用。

（47）以现金支付职工生活困难补助6 000元。

（48）计提固定资产折旧4 000 000元，其中计入C产品成本3 800 000元；管理费用200 000元。

（49）摊销无形资产100 000元（均计入C产品成本）。

（50）以银行存款支付印花税3 000元；支付生产车间固定资产修理费7 000元。

（51）本期应将以前预收的无须承担履约义务的款项7 000元确认其他业务收入。

（52）计算材料成本差异率并结转领用原材料等应分摊的材料成本差异。

（53）计算并结转本期完工产品成本（本期期初没有在产品，本期生产的产品全部完工入库）。

（54）导致C产品跌价的影响因素全部好转，产品可变现净值已经高于产品成本。

(55) 提取应计入本期损益的各种借款利息 19 220 元，企业银行存款应得利息收入 9 000 元尚未收到。

(56) 将各损益类账户结转至本年利润（本年实现的利润不存在需要调整应税所得额的事项）。

(57) 计算并结转应交所得税。

(58) 按 10% 和 5% 的比例分别提取法定盈余公积和法定公益金；按 5% 的比例提取任意盈余公积；宣告分配普通股现金股利 120 000 元。

(59) 用银行存款缴纳增值税 36 876 元、消费税 130 500 元、所得税 50 000 元、教育费附加 2 000 元、个人所得税 5 000 元。

(60) 将利润分配各明细科目的余额转入"未分配利润"明细科目，结转所得税费用和本年利润。

依据现金流量表各项目编报要求，对上述业务导致的现金流量变化备查登记并编制会计分录如下：

(1) 此项付款填报"购买商品、接受劳务支付的现金"35 000 元。

借：应付票据	35 000	
贷：银行存款		35 000

(2) 此项收款填报"取得投资收益收到的现金"58 000 元。

借：其他货币资金	58 000	
贷：应收利息		22 000
应收股利		36 000

(3) 此项业务不涉及现金流量。

借：原材料	2 455 000	
材料成本差异	5 000	
贷：材料采购		2 460 000

(4) 此项付款填报"购买商品、接受劳务支付的现金"111 830 元。

借：其他货币资金	112 000	
贷：银行存款		112 000
借：银行存款	170	
材料采购	99 000	
应交税费——应交增值税（进项税额）	12 830	
贷：其他货币资金		112 000
借：原材料	100 000	
贷：材料采购		99 000
材料成本差异		1 000

(5) 此项收款填报"销售商品、提供劳务收到的现金"339 000 元。

借：数字货币	339 000	
贷：主营业务收入		300 000

	应交税费——应交增值税（销项税额）	39 000

借：主营业务成本　　　　　　　　　　　　　　　　　　　　　　　　180 000
　　贷：库存商品　　　　　　　　　　　　　　　　　　　　　　　　　180 000
借：税金及附加　　　　　　　　　　　　　　　　　　　　　　　　　　30 000
　　贷：应交税费——应交消费税　　　　　　　　　　　　　　　　　　30 000

（6）此项付款填报"分配股利、利润或偿付利息支付的现金"76 000元。

借：应付股利　　　　　　　　　　　　　　　　　　　　　　　　　　　76 000
　　贷：其他货币资金　　　　　　　　　　　　　　　　　　　　　　　76 000

（7）此项付款填报"购买商品、接受劳务支付的现金"876 000元。

借：应付账款——B公司　　　　　　　　　　　　　　　　　　　　　 876 000
　　贷：银行存款　　　　　　　　　　　　　　　　　　　　　　　　 876 000

（8）此项付款填报"购建固定资产、无形资产和其他长期资产支付的现金"45 030元。

借：在建工程　　　　　　　　　　　　　　　　　　　　　　　　　　 120 000
　　应交税费——应交增值税（进项税额）　　　　　　　　　　　　　　 4 030
　　贷：委托加工物资　　　　　　　　　　　　　　　　　　　　　　　79 000
　　　　银行存款　　　　　　　　　　　　　　　　　　　　　　　　　45 030

（9）此项付款填报"购建固定资产、无形资产和其他长期资产支付的现金"13 000元。

借：在建工程　　　　　　　　　　　　　　　　　　　　　　　　　　 822 000
　　贷：工程物资　　　　　　　　　　　　　　　　　　　　　　　　 680 000
　　　　周转材料　　　　　　　　　　　　　　　　　　　　　　　　　49 000
　　　　应付职工薪酬——工资　　　　　　　　　　　　　　　　　　　30 000
　　　　数字货币　　　　　　　　　　　　　　　　　　　　　　　　　13 000
　　　　应付利息　　　　　　　　　　　　　　　　　　　　　　　　　50 000

（10）此项付款填报"支付给职工以及为职工支付的现金"24 000元。

借：其他应付款　　　　　　　　　　　　　　　　　　　　　　　　　　12 000
　　应付职工薪酬——五险一金　　　　　　　　　　　　　　　　　　　12 000
　　贷：银行存款　　　　　　　　　　　　　　　　　　　　　　　　　24 000

（11）此项付款填报"支付给职工以及为职工支付的现金"64 263元；"购建固定资产、无形资产和其他长期资产支付的现金"24 737元。

借：应付职工薪酬——工资　　　　　　　　　　　　　　　　　　　　 84 000
　　贷：应交税费——应交个人所得税　　　　　　　　　　　　　　　　 5 000
　　　　其他应付款　　　　　　　　　（84 000÷114 000×20 000）14 737
　　　　银行存款　　　　　　　　　　　　　　　　　　　　　　　　　64 263
借：应付职工薪酬——工资　　　　　　　　　　　　　　　　　　　　 30 000
　　贷：其他应付款　　　　　　　　　　　　（20 000－14 737）5 263
　　　　银行存款　　　　　　　　　　　　　　　　　　　　　　　　　24 737

（12）此项业务不涉及现金流量。

　　借：固定资产　　　　　　　　　　　　　　　　　　　　　　1 000 000
　　　　贷：在建工程　　　　　　　　　　　　　　　　　　　　　　　　1 000 000

（13）此项付款填报"偿还债务支付的现金"600 000元；"分配股利、利润或偿付利息支付的现金"75 000元。

　　借：长期借款　　　　　　　　　　　　　　　　　　　　　　　600 000
　　　　应付利息　　　　　　　　　　　　　　　　　　　　　　　　75 000
　　　　贷：银行存款　　　　　　　　　　　　　　　　　　　　　　　　675 000

（14）此项收款填报"销售商品、提供劳务收到的现金"791 000元。

　　借：银行存款　　　　　　　　　　　　　　　　　　　　　　　791 000
　　　　贷：主营业务收入　　　　　　　　　　　　　　　　　　　　　　700 000
　　　　　　应交税费——应交增值税（销项税额）　　　　　　　　　　　91 000
　　借：主营业务成本　　　　　　　　　　　　　　　　　　　　　420 000
　　　　贷：库存商品　　　　　　　　　　　　　　　　　　　　　　　　420 000
　　借：税金及附加　　　　　　　　　　　　　　　　　　　　　　 70 000
　　　　贷：应交税费——应交消费税　　　　　　　　　　　　　　　　　 70 000

（15）此项收款填报"销售商品、提供劳务收到的现金"248 000元。

　　借：银行存款　　　　　　　　　　　　　　　　　　　　　　　248 000
　　　　贷：应收账款——甲公司　　　　　　　　　　　　　　　　　　　248 000

（16）此项收款填报"销售商品、提供劳务收到的现金"2 486元。

　　借：银行存款　　　　　　　　　　　　　　　　　　　　　　　 24 860
　　　　贷：受托代销商品　　　　　　　　　　　　　　　　　　　　　　 22 000
　　　　　　应交税费——应交增值税（销项税额）　　　　　　　　　　　 2 860
　　借：受托代销商品款　　　　　　　　　　　　　　　　　　　　 22 000
　　　　应交税费——应交增值税（进项税额）　　　　　　　　　　　2 860
　　　　贷：应付账款——X公司　　　　　　　　　　　　　　　　　　　 24 860
　　借：应付账款——X公司　　　　　　　　　　　　　　　　　　　 24 860
　　　　贷：其他业务收入　　　　　　　　　　　　　　　　　　　　　　 2 200
　　　　　　应交税费——应交增值税（销项税额）　　　　　　　　　　　 286
　　　　　　数字货币　　　　　　　　　　　　　　　　　　　　　　　　22 374

（17）此项收款填报"处置固定资产、无形资产和其他长期资产收回的现金净额"339 000元。

　　借：固定资产清理　　　　　　　　　　　　　　　　　　　　　 250 000
　　　　累计折旧　　　　　　　　　　　　　　　　　　　　　　　　150 000
　　　　贷：固定资产　　　　　　　　　　　　　　　　　　　　　　　　400 000
　　借：银行存款　　　　　　　　　　　　　　　　　　　　　　　 339 000

贷：固定资产清理		300 000
应交税费——应交增值税（销项税额）		39 000
借：固定资产清理	50 000	
贷：资产处置损益		50 000

（18）此项收款填报"处置固定资产、无形资产和其他长期资产收回的现金净额"43 000元。

借：固定资产清理	500	
贷：库存现金		500
借：银行存款	43 500	
贷：固定资产清理		43 500
借：营业外支出	3 000	
贷：固定资产清理		3 000

（19）此项收款填报"收回投资收到的现金"660 000元。

借：其他货币资产	660 000	
贷：交易性金融资产——成本		500 000
交易性金融资产——公允价值变动		100 000
投资收益		60 000

（20）此项付款填报"偿还债务支付的现金"80 000元；"分配股利、利润或偿付利息支付的现金"6 000元。

借：短期借款	80 000	
应付利息	2 000	
财务费用	4 000	
贷：银行存款		86 000

（21）此项付款填报"购建固定资产、无形资产和其他长期资产支付的现金"1 140 900元。

借：固定资产	1 010 000	
应交税费——应交增值税（进项税额）	130 900	
贷：银行存款		1 140 900

（22）此项业务不涉及现金流量。

借：生产成本	5 710 000	
贷：原材料		5 700 000
周转材料		10 000

（23）此项业务不涉及现金流量。

借：合同负债	88 000	
贷：其他业务收入		88 000
借：其他业务成本	80 000	
贷：发出商品		80 000

（24）此项收款填报"销售商品、提供劳务收到的现金"67 000元。

借：银行存款	67 000	
贷：合同资产		67 000
借：合同负债	13 000	
贷：主营业务收入		13 000
借：合同资产减值准备	1 000	
贷：资产减值损失		1 000

(25) 此项业务不涉及现金流量。

借：生产成本	27 120	
管理费用	6 780	
贷：应付职工薪酬——非货币性福利		33 900
借：应付职工薪酬——非货币性福利	33 900	
贷：主营业务收入		30 000
应交税费——应交增值税（销项税额）		3 900
借：主营业务成本	20 000	
贷：库存商品		20 000
借：税金及附加	3 000	
贷：应交税费——应交消费税		3 000

(26) 此项业务不涉及现金流量。

借：材料采购	50 000	
应交税费——应交增值税（进项税额）	6 500	
贷：应付账款——A公司		56 500
借：原材料	52 000	
贷：材料采购		50 000
材料成本差异		2 000

(27) 此项付款填报"支付其他与经营活动有关的现金"50 000元。

借：销售费用	50 000	
贷：银行存款		50 000

(28) 此项付款填报"销售商品、提供劳务收到的现金"−16 950元。

借：预计负债——应付退货款	18 000	
应交税费——应交增值税（销项税额）	1 950	
贷：主营业务收入		3 000
银行存款		16 950
借：库存商品	10 000	
主营业务成本	2 000	
贷：应收退货成本		12 000
借：应交税费——应交消费税	1 500	

        贷：税金及附加　　　　　　　　　　　　　　　　　　　　　　　　　　　　1 500

(29) 此项业务不涉及现金流量。

　　借：应收票据　　　　　　　　　　　　　　　　　　　　　　　　　　　　282 500
　　　　贷：主营业务收入　　　　　　　　　　　　　　　　　　　　　　　　250 000
　　　　　　应交税费——应交增值税（销项税额）　　　　　　　　　　　　　 32 500

　　借：主营业务成本　　　　　　　　　　　　　　　　　　　　　　　　　　150 000
　　　　贷：库存商品　　　　　　　　　　　　　　　　　　　　　　　　　　150 000

　　借：税金及附加　　　　　　　　　　　　　　　　　　　　　　　　　　　 25 000
　　　　贷：应交税费——应交消费税　　　　　　　　　　　　　　　　　　　 25 000

(30) 此项收款填报"销售商品、提供劳务收到的现金" 274 500 元。

　　借：银行存款　　　　　　　　　　　　　　　　　　　　　　　　　　　　274 500
　　　　财务费用　　　　　　　　　　　　　　　　　　　　　　　　　　　　　8 000
　　　　贷：应收票据　　　　　　　　　　　　　　　　　　　　　　　　　　282 500

(31) 此项付款填报"支付其他与经营活动有关的现金" 20 000 元。

　　借：其他应收款　　　　　　　　　　　　　　　　　　　　　　　　　　　 20 000
　　　　贷：库存现金　　　　　　　　　　　　　　　　　　　　　　　　　　 20 000

(32) 此项业务不涉及现金流量。

　　借：税金及附加　　　　　　　　　　　　　　　　　　　　　　　　　　　　2 000
　　　　贷：应交税费——应交教育费附加　　　　　　　　　　　　　　　　　　2 000

(33) 此项付款填报"购买商品、接受劳务支付的现金" 169 500 元。

　　借：材料采购　　　　　　　　　　　　　　　　　　　　　　　　　　　　150 000
　　　　应交税费——应交增值税（进项税额）　　　　　　　　　　　　　　　 19 500
　　　　贷：银行存款　　　　　　　　　　　　　　　　　　　　　　　　　　169 500

(34) 此项付款填报"购买商品、接受劳务支付的现金" 60 000 元。

　　借：合同履约成本　　　　　　　　　　　　　　　　　　　　　　　　　　160 000
　　　　贷：原材料　　　　　　　　　　　　　　　　　　　　　　　　　　　100 000
　　　　　　银行存款　　　　　　　　　　　　　　　　　　　　　　　　　　 60 000

　　借：合同资产　　　　　　　　　　　　　　　　　　　　　　　　　　　　113 000
　　　　贷：主营业务收入　　　　　　　　　　　　　　　　　　　　　　　　100 000
　　　　　　应交税费——应交增值税（销项税额）　　　　　　　　　　　　　 13 000

　　借：主营业务成本　　　　　　　　　　　　　　　　　　　　　　　　　　 76 000
　　　　贷：合同取得成本　　　　　　　　　　　　　　　　　　　　　　　　　6 000
　　　　　　合同履约成本　　　　　　　　　　　　　　　　　　　　　　　　 70 000

(35) 此项业务不涉及现金流量。

　　借：应收股利　　　　　　　　　　　　　　　　　　　　　　　　　　　　 30 000
　　　　贷：投资收益　　　　　　　　　　　　　　　　　　　　　　　　　　 30 000

（36）此项业务不涉及现金流量。

借：应收利息 20 000
　　贷：投资收益 12 000
　　　　债权投资——利息调整 8 000
借：债权投资减值准备 6 000
　　贷：信用减值损失 6 000

（37）此项收款填报"支付其他与经营活动有关的现金"-2 000元。

借：管理费用 18 000
　　库存现金 2 000
　　贷：其他应收款 20 000

（38）此项付款填报"支付其他与筹资活动有关的现金"70 000元。

借：长期应付款 70 000
　　贷：银行存款 70 000
借：财务费用 10 000
　　贷：未确认融资费用 10 000

（39）此项付款填报"偿还债务支付的现金"500 000元；"分配股利、利润或偿付利息支付的现金"25 000元。

借：财务费用 30 000
　　贷：应付利息 30 000
借：应付债券 500 000
　　应付利息 25 000
　　贷：银行存款 525 000

（40）此项付款填报"支付其他与经营活动有关的现金"6 000元。

借：预计负债——产品质量保证 6 000
　　贷：银行存款 6 000
借：主营业务成本 3 000
　　贷：预计负债——产品质量保证 3 000

（41）此项业务不涉及现金流量。

借：信用减值损失 1 200
　　贷：坏账准备 1 200

（42）此项付款填报"支付其他与经营活动有关的现金"129 000元；"购建固定资产、无形资产和其他长期资产支付的现金"221 000元。

借：研发支出——费用化支出 129 000
　　研发支出——资本化支出 221 000
　　贷：银行存款 350 000
借：无形资产 300 000

    贷：研发支出——资本化支出   300 000

  借：管理费用   129 000

    贷：研发支出——费用化支出   129 000

（43）此项业务不涉及现金流量。

  借：合同负债   200 000

    贷：其他业务收入   200 000

  借：公允价值变动损益   80 000

    贷：投资性房地产——公允价值变动   80 000

（44）此项业务不涉及现金流量。

  借：生产成本   150 000

    管理费用   50 000

    贷：应付职工薪酬——工资   200 000

（45）此项业务不涉及现金流量。

  借：生产成本   52 500

    管理费用   17 500

    贷：应付职工薪酬——职工福利费   24 000

      应付职工薪酬——社保及住房公积金   40 000

      应付职工薪酬——工会经费与职工教育费   6 000

（46）此项业务不涉及现金流量。

  借：未实现融资收益   5 000

    贷：财务费用   5 000

  借：管理费用   36 000

    贷：长期待摊费用   36 000

（47）此项付款填报"支付给职工以及为职工支付的现金"6 000元。

  借：应付职工薪酬——职工福利费   6 000

    贷：库存现金   6 000

（48）此项业务不涉及现金流量。

  借：生产成本   3 800 000

    管理费用   200 000

    贷：累计折旧   4 000 000

（49）此项业务不涉及现金流量。

  借：生产成本   100 000

    贷：累计摊销   100 000

（50）此项付款填报"支付其他与经营活动有关的现金"7 000元；"支付的各项税费"3 000元。

  借：税金及附加   3 000

管理费用		7 000
贷：银行存款		10 000

（51）此项业务不涉及现金流量。

借：应收账款——丙公司		7 000
贷：其他业务收入		7 000

（52）此项业务不涉及现金流量。

材料成本差异率 =（-192 000+5 000-1 000-2 000）÷（6 845 000+2 455 000+100 000+52 000）= -2%

领用原材料应分摊的材料成本差异 =（5 700 000+100 000）×（-2%）= -116 000（元）

借：生产成本		-114 000
合同履约成本		-2 000
贷：材料成本差异		-116 000

（53）此项业务不涉及现金流量。

借：库存商品		9 725 620
贷：生产成本		9 725 620

（54）此项业务不涉及现金流量。

借：存货跌价准备		66 000
贷：资产减值损失		66 000

（55）此项业务不涉及现金流量。

借：财务费用		19 220
贷：应付利息		19 220
借：应收利息		9 000
贷：财务费用		9 000

（56）此项业务不涉及现金流量。

借：主营业务收入		1 396 000
其他业务收入		297 200
资产处置损益		50 000
资产减值损失		67 000
信用减值损失		4 800
投资收益		102 000
贷：本年利润		1 917 000
借：本年利润		1 717 000
贷：主营业务成本		851 000
其他业务成本		80 000
税金及附加		131 500
管理费用		464 280

财务费用	57 220
销售费用	50 000
公允价值变动损益	80 000
营业外支出	3 000

(57) 此项业务不涉及现金流量。

借：所得税费用　　　　　　　　　　　　　　　50 000
　　贷：应交税费——应交所得税　　　　　　　　　　50 000

(58) 此项业务不涉及现金流量。

借：利润分配——提取法定盈余公积　　　　　　1 500
　　利润分配——提取法定公益金　　　　　　　　750
　　利润分配——提取任意盈余公积　　　　　　　750
　　贷：盈余公积　　　　　　　　　　　　　　　　3 000
借：利润分配——应付股利　　　　　　　　　120 000
　　贷：应付股利　　　　　　　　　　　　　　　120 000

(59) 此项付款填报"支付的各项税费"235 476元；"支付给职工以及为职工支付的现金"5 000元。

借：应交税费——应交个人所得税　　　　　　　5 000
　　应交税费——应交增值税（已交税金）　　　52 976
　　应交税费——应交消费税　　　　　　　　　130 500
　　应交税费——应交所得税　　　　　　　　　　50 000
　　应交税费——应交教育费附加　　　　　　　　2 000
　　贷：银行存款　　　　　　　　　　　　　　　240 476

(60) 此项业务不涉及现金流量。

借：利润分配——未分配利润　　　　　　　　123 000
　　贷：利润分配——提取法定盈余公积　　　　　　1 500
　　　　利润分配——提取法定公益金　　　　　　　　750
　　　　利润分配——提取任意盈余公积　　　　　　　750
　　　　利润分配——应付股利　　　　　　　　　120 000
借：本年利润　　　　　　　　　　　　　　　　50 000
　　贷：所得税费用　　　　　　　　　　　　　　　50 000
借：本年利润　　　　　　　　　　　　　　　150 000
　　贷：利润分配——未分配利润　　　　　　　　150 000

整理上述业务发生时备查登记的内容，即可得到现金流量表，如表15-11所示。

表 15-11　现金流量表　　　　　　　　　　　　　　　　　　　会企 03 表

编制单位：茶山股份有限公司　　　2×24 年 12 月　　　　　　　　　　　单位：元

项目	本期金额	上期金额
一、经营活动产生的现金流量		
销售商品、提供劳务收到的现金	1 705 036	
收到的税费返还		
收到其他与经营活动有关的现金		
经营活动现金流入小计	1 705 036	
购买商品、接受劳务支付的现金	1 252 330	
支付给职工以及为职工支付的现金	99 263	
支付的各项税费	238 476	
支付其他与经营活动有关的现金	210 000	
经营活动现金流出小计	1 800 069	
经营活动产生的现金流量净额	-95 033	
二、投资活动产生的现金流量		
收回投资收到的现金	660 000	
取得投资收益收到的现金	58 000	
处置固定资产、无形资产和其他长期资产收回的现金净额	382 000	
收到其他与投资活动有关的现金		
投资活动现金流入小计	1 100 000	略
购建固定资产、无形资产和其他长期资产支付的现金	1 444 667	
投资支付的现金		
支付其他与投资活动有关的现金		
投资活动现金流出小计	1 444 667	
投资活动产生的现金流量净额	-344 667	
三、筹资活动产生的现金流量		
吸收投资收到的现金		
取得借款收到的现金		
收到其他与筹资活动有关的现金		
筹资活动现金流入小计		
偿还债务支付的现金	1 180 000	
分配股利、利润或偿付利息支付的现金	182 000	
支付其他与筹资活动有关的现金	70 000	
筹资活动现金流出小计	1 432 000	
筹资活动产生的现金流量净额	-1 432 000	
四、汇率变动对现金及现金等价物的影响		
五、现金及现金等价物净增加额	-1 871 700	
加：期初现金及现金等价物余额	3 557 000	
六、期末现金及现金等价物余额	1 685 300	

2. 分析填列法

依据收付实现制和权责发生制记录的会计数据之间的关系，借助日常权责发生制记录的会计数据结果，对资产负债表和利润表上已有数据以及其他相关资料进行分析，进而确定现金流量表主表各项目数据。

显然，这种方法贯彻的就是现金流量表主表项目数据计算的第二种思路。在日常业务发生时，不进行备查登记，从而简化了日常会计人员的工作。到会计期末，根据日常权责发生制下记录的会计数据和特殊业务项目的发生情况，分析计算现金流量表主表各项目的应填列金额。

由于此种方法要求非常全面地把握企业的业务情况，能够深入分析每种业务对现金流量的影响，所以深受意图考查会计人员能力素质者的青睐。日常业务未能进行备查登记，而且会计人员具有相当高的素质能够无遗漏地完成业务分析的企业可以采用这种方法编制现金流量表主表。

【例 15-4】 同【例 15-3】。

结合【例 15-1】的期初数据和【例 15-3】的业务处理数据整理得出茶山股份有限公司 2×24 年年末会计账户余额表如表 15-12 所示。

表 15-12　茶山股份有限公司 2×24 年年末会计账户余额表　　　单位：元

账户名称	借方余额	账户名称	贷方余额
库存现金	21 500	应收账款——丙公司	30 000
银行存款	487 174	坏账准备	10 200
数字货币	465 626	其中：依据应收账款计提的	5 000
其他货币资金	711 000	依据其他应收款计提的	5 200
交易性金融资产	770 000	材料成本差异——A 材料	74 000
其中：准备超过一年出售的	100 000	合同履约成本减值准备	28 000
应收账款——甲公司	52 000	其中：依据一年内到期合同计提的	20 000
应收股利	30 000	债权投资减值准备	3 000
应收利息	29 000	未实现融资收益	20 000
其他应收款	800 000	累计折旧	6 030 000
材料采购——A 材料	150 000	固定资产减值准备	10 000
原材料——A 材料	3 652 000	累计摊销	467 000
库存商品——C 产品	12 835 620	应付账款——A 公司	17 500
合同取得成本	12 000	应付利息	24 220
其中：摊销期在一年内的	6 000	应付股利	120 000
合同履约成本	374 000	合同负债	561 000
其中：摊销期在一年内的	300 000	其中：一年内到期的	500 000
应收退货成本	23 000	应付职工薪酬	264 000
其中：退货期满在一年内的	12 000	应交税费——应交消费税	19 000
合同资产（均为一年内到期的）	113 000	其他应付款	20 000
债权投资（不存在一年内到期的）	360 000	长期借款	1 200 000
长期应收款（不存在一年内到期的）	126 000	其中：一年内到期的	1 000 000
其中：一年内到期的	42 000	应付债券	100 000
长期股权投资（均为成本法核算）	2 890 000	长期应付款	1 610 000

续表

账户名称	借方余额	账户名称	贷方余额
投资性房地产（公允价值模式核算）	1 800 000	其中：将于下年支付的	610 000
在建工程	210 000	预计负债（均为质保费）	8 000
固定资产	8 510 000	其中：一年内到保质期的	3 000
无形资产	1 520 000	股本	8 000 000
研发支出——资本化支出	310 000	资本公积	1 200 000
长期待摊费用	111 000	其他综合收益	300 000
其中：摊销期在一年内的	36 000	盈余公积	2 022 000
未确认融资费用	30 000	利润分配——未分配利润	14 255 000

据表15-12和业务数据编制茶山股份有限公司2×24年的资产负债表和利润表，如表15-13和表15-14所示。

表15-13　资产负债表　　　　　　　　　　　　　　　　　　　　　　　　会企01表

编制单位：茶山股份有限公司　　　　　　2×24年12月31日　　　　　　　　单位：元

资产	期末余额	年初余额	负债及所有者权益	期末余额	年初余额
流动资产：			流动负债：		
货币资金	1 685 300	3 557 000	短期借款	0	80 000
交易性金融资产	670 000	600 000	应付票据	0	35 000
应收票据	0	0	应付账款	17 500	876 000
应收账款	47 000	294 000	预收款项	30 000	37 000
预付款项	0	39 000	合同负债	500 000	288 000
其他应收款	853 800	855 000	应付职工薪酬	264 000	96 000
存货	16 843 620	13 201 000	应交税费	19 000	33 000
合同资产	113 000	53 000	其他应付款	164 220	115 000
一年内到期的非流动资产	78 000	36 000	一年内到期的非流动负债	1 613 000	1 170 000
其他流动资产	18 000	18 000	其他流动负债	0	18 000
流动资产合计	20 308 720	18 653 000	流动负债合计	2 607 720	2 748 000
非流动资产：			非流动负债：		
债权投资	357 000	359 000	长期借款	200 000	1 200 000
其他债权投资	0	0	应付债券	100 000	100 000
长期应收款	64 000	101 000	长期应付款	970 000	1 570 000
长期股权投资	2 890 000	2 890 000	预计负债	5 000	11 000
其他权益工具投资	0	0	其他非流动负债	61 000	561 000
其他非流动金融资产	100 000	770 000	非流动负债合计	1 336 000	3 442 000
投资性房地产	1 800 000	1 880 000	负债合计	3 943 720	6 190 000
固定资产	2 470 000	4 756 000	所有者权益：		
在建工程	210 000	948 000	实收资本（或股本）	8 000 000	8 000 000
无形资产	1 053 000	853 000	资本公积	1 200 000	1 200 000
开发支出	310 000	389 000	其他综合收益	300 000	300 000
长期待摊费用	75 000	111 000	盈余公积	2 022 000	2 019 000

续表

资产	期末余额	年初余额	负债及所有者权益	期末余额	年初余额
其他非流动资产	83 000	227 000	未分配利润	14 255 000	14 228 000
非流动资产合计	9 412 000	13 264 000	所有者权益合计	25 777 000	25 747 000
资产总计	29 720 720	31 937 000	负债和所有者权益总计	29 720 720	31 937 000

表 15 – 14 利润表

会企 02 表

编制单位：茶山股份有限公司　　　2×24 年 12 月　　　单位：元

项目	本期金额	上期金额
一、营业收入	1 693 200	19 198 000
减：营业成本	931 000	11 095 000
税金及附加	131 500	364 000
销售费用	50 000	27 000
管理费用	335 280	61 000
研发费用	129 000	58 000
财务费用	57 220	20 000
其中：利息费用	71 220	24 000
利息收入	14 000	6 000
资产减值损失	-67 000	-3 000
信用减值损失	-4 800	7 000
加：其他收益	0	28 000
投资收益（损失以"-"号填列）	102 000	167 000
其中：对联营企业和合营企业的投资收益	0	72 000
公允价值变动收益（损失以"-"号填列）	-80 000	18 000
资产处置收益（损失以"-"号填列）	50 000	9 000
二、营业利润（亏损以"-"号填列）	203 000	7 791 000
加：营业外收入	0	12 000
减：营业外支出	3 000	8 000
三、利润总额（亏损总额以"-"号填列）	200 000	7 795 000
减：所得税费用	50 000	1 935 000
四、净利润（净亏损以"-"号填列）	150 000	5 860 000

进一步分析填列现金流量表项目：

销售商品、提供劳务收到的现金 = 1 693 200（营业收入）+

216 736（销项税额：此项不含应与代销业务进项税额抵销的部分）+

248 000（应收账款账户期初减期末余额 300 000 – 52 000）–

46 000（合同资产账户期初减期末余额 67 000 – 113 000）–

301 000（合同负债账户期末减期初余额 561 000 – 862 000）–

7 000（预收账款账户期末减期初余额 30 000 – 37 000）–

8 000（票据贴现息）–

39 000（处置固定资产销项税）－

33 900（非货币性福利对收入的影响）－

180 00（预计负债对收入的影响）

= 1 705 036（元）

购买商品、接受劳务支付的现金 = 931 000（营业成本）+

173 760（进项税额：此项不含代销业务进项税额的部分）+

3 362 620（存货类账户期末减期初余额 16 563 620 － 13 201 000）+

858 500（应付账款账户期初减期末余额 876 000 － 17 500）+

35 000（应付票据账户期初减期末余额 35 000 － 0）－

39 000（预付账款账户期末减期初余额 0 － 39 000）+

128 000（在建工程领用）－

229 620（当期列入生产成本、制造费用的应付职工薪酬）－

3 900 000（当期列入生产成本、制造费用的折旧费和摊销费用）－

134 930（购建固定资产导致的增值税进项税额）－

12 000（应收退货成本期末减期初余额 23 000 － 35 000）－

6 000（合同取得成本期末减期初余额 12 000 － 18 000）+

88 000（合同履约成本期末减期初余额 374 000 － 286 000）－

3 000（应计入支付其他与经营活动有关的现金项的质保费计提额）

= 1 252 330（元）

支付给职工以及为职工支付的现金① = 303 900（生产成本、制造费用、管理费用中的应付职工薪酬）－

168 000（应付职工薪酬期初减期末余额 96 000 － 264 000）－

8 000（其他应付款期初减期末余额 12 000 － 20 000）+

5 263（其他应付款中的工程人员薪酬期末减期初余额 5 263 － 0）－

33 900（非货币性福利）

= 99 263（元）

支付的各项税费 = 131 500（税金及附加）+

50 000（所得税费用）+

52 976（增值税已交税金）+

---

① 由于茶山股份有限公司设置的"其他应付款"账户仅用于核算从职工工资中扣除并由公司代扣代缴的五险一金，故该账户与"应付职工薪酬"具有同一属性，应视同"应付职工薪酬"账户处理。如果"其他应付款"账户还有其他业务记录，应予剔除，本处只允许视同"应付职工薪酬"核算的内容参与计算。

    14 000（应交税费期初减期末余额 33 000 – 19 000）–
    10 000（待抵扣增值税进项税额）
   =238 476（元）
支付其他与经营活动有关的现金=335 280（管理费用）+
    50 000（销售费用）+
    129 000（研发费用）–
    6 780（非货币性福利形成的上述费用）–
    67 500（应付职工薪酬形成的上述费用）–
    36 000（摊销长期待摊形成的上述费用）–
    200 000（计提折旧形成的上述费用）+
    6 000（本期付现的质保费）
   =210 000（元）

现金流量表其他项目由于发生业务的数量较少，可以直接依据明细账户记录查询填列，不再赘述。

3. 工作底稿法

采用工作底稿法编制现金流量表主表，就是以工作底稿为手段，以利润表和资产负债表数据为基础，结合有关的账簿资料（主要是有关的明细资料和备查账簿），对利润表项目和资产负债表项目逐一进行分析，并编制调整分录，进而编制出现金流量表。

4. T 型账户法

采用 T 型账户编制现金流量表主表，就是以 T 型账户为手段，以利润表和资产负债表数据为基础，对每一项进行分析，并编制调整分录，从而编制出现金流量表。

六、现金流量表附注的编制

（一）将净利润调节为经营活动的现金流量

将净利润调节为经营活动的现金流量就是采用间接法计算经营活动产生的现金流量。间接法是指以企业本期净利润为起算点，通过调整不涉及现金的收入和费用、营业外收支以及经营性应收应付等项目的增减变动，调整不属于经营活动的现金收支项目，据此计算并列报经营活动产生的现金流量的方法。现金流量表附注中要求采用间接法计算经营活动现金流量，是对现金流量表主表采用直接法反映经营活动现金流量进行的核对和补充说明，也有助于评价净利润的质量。净利润是以权责发生制为基础进行确认与计量的，其中包括了未实际收付现金的经营成果，也包括了与投资和筹资活动有关的经营成果。经营活动的现金流量是以收付实现制为基础进行确认与计量的，且不包括与投资和筹资活动有关的现金流量。因此，应对形成两者差异的要素项目进行调整，将净利润调节成经营活动的现金流量。一般来说，需要对四大类项目进行调整：①实际没有支付现金的费用；②实际没有收到现金的收益；③不属于经营活动的损益；④经营性应收应付项目的增减变动。在调整中，凡是不增加现金的收入、利得以及与经营活动无关的现金流入应从本期净利润中减去，凡是不减少现金的费用、损失以及与经营活动无关的现金流出应加回本期净利润。故此，其基本调整公式为：

经营活动现金流量 = 本期净利润 +

没有实际支付现金的费用 –

没有实际收到现金的收入 +

与经营活动有关的非现金流动资产的减少（减增加） +

与经营活动有关的非现金流动负债的增加（减减少） +

列示于利润表但属于投资活动与筹资活动的费用及损失（减收益）

将上述公式中的内容具体展开，就形成了现金流量表附注中该部分的调整项目。这些项目的经济含义和填列方法为：

（1）"资产减值准备"项目。企业计提的各项资产减值准备，包括坏账准备、存货跌价准备以及各项长期资产的减值准备等。企业本期计提资产减值准备，记入"资产减值损失""信用减值损失"账户，并通过期末结转减少了当期净利润，但并不需要支付现金，所以应将计提的各项资产减值准备予以加回。本项目应根据"资产减值损失""信用减值损失"账户的记录分析填列。

（2）"固定资产折旧""投资性房地产累计折旧（摊销）"项目。企业计提的上述折旧和折耗，一部分增加了产品的成本并在销售时转化成营业成本，另一部分增加了期间费用，减少了当期净利润，而实际上并没有发生现金流出，所以应将计提的折旧和折耗予以加回。期末形成存货成本的部分，没有减少当期净利润，但本处也统一加回，待调整存货项目时以存货增加流出现金进行反向调整。本项目应根据"累计折旧"等账户的贷方发生额分析填列。

（3）"无形资产摊销""长期待摊费用摊销"项目。企业的这些摊销与上一项的折旧性质相同，应予以加回。本项目应根据"累计摊销""长期待摊费用"账户的记录分析填列。

（4）"处置固定资产、无形资产和其他长期资产的损失（减收益）""固定资产报废损失（减收益）"项目。这两项的损益属于投资活动产生的损益，不属于经营活动产生的损益，但却影响了当期净利润，所以应予以调整。如为净损失，应当予以加回；如为净收益，则应予以扣除（以"－"号列示）。本项目应根据"营业外收入""营业外支出"等账户所属明细账户的记录分析填列。如果存在投资性房地产报废、毁损损益、固定资产盘亏盘盈损益，也同样处理。

（5）"公允价值变动损失（减收益）"项目。本项目反映企业持有的交易性金融资产、交易性金融负债、采用公允价值模式计量的投资性房地产等公允价值变动形成的净损失。因为公允价值变动损失影响了当期净利润，但并没有发生现金流出，所以应进行调整。如为净收益以"－"号列示。本项目可根据"公允价值变动损益"账户所属有关明细账户的记录分析填列。

（6）"财务费用（减收益）"项目。对于一般工商企业而言，财务费用主要是借款发生的利息支出（减存款利息收入），但也包含票据贴现利息等。财务费用中与借款、存款有关的利息属于筹资活动发生的现金流量，所以应予以调整；但属于票据贴现利息等与经营活动有关的部分，则不能调整。本项目应根据"财务费用"账户记录分析填列。如为收益，则以"－"号列示。

（7）"投资损失（减收益）"项目。企业发生的投资损益，属于投资活动的现金流量，所以应予以调整。本项目可根据利润表中"投资收益"项目的金额填列。如为投资净损失，应予以加回；如为投资净收益，应予以扣除，即以"－"号列示。

（8）"存货的减少（减增加）"项目。企业当期存货减少，说明本期经营耗用的存货中有一部分是期初的存货，这部分耗用的存货当期并没有发生现金流出，但在计算净利润时已经进行了扣除，所以应予以加回。如果期末存货比期初增加，说明当期购入的存货除本期耗用外还剩余一部分，这部分结存的存货本期已经发生了现金流出，但没有减少净利润，所以应予以扣除。本项目可根据资产负债表"存货"项目的期初余额与期末余额之间的差额填列。

（9）"经营性应收项目的减少（减增加）"项目。经营性应收项目包括应收票据、应收账款、预付账款、其他应收款和长期应收款中与经营活动有关的部分，以及应收的增值税销项税额等。经营性应收项目减少，说明本期收回的现金大于利润表中确认的营业收入，即收回了前期赊销时所确认的收入，形成了本期的现金流入，但却没有增加净利润，所以应予以加回。反之，则应予剔除。本项目应根据各经营性应收项目相关账户所属的明细账户的期初、期末余额分析填列。

（10）"经营性应付项目的增加（减减少）"项目。经营性应付项目包括应付票据、应付账款、预收账款、应付职工薪酬、应交税费、其他应付款和长期应付款中与经营活动有关的部分，以及应付的增值税进项税额等。经营性应付项目的增加，说明本期购入的存货中有一部分没有支付现金，但却形成了销售成本，减少了净利润，所以应予以加回。反之，则应予以剔除。本项目应根据各经营性应付项目相关账户所属的明细账户的期初、期末余额分析填列。

【例15-5】沿用上述例题，根据茶山股份有限公司2×24年发生的经济业务分析编制现金流量表附注，如表15-15所示。

表15-15 现金流量表附注　　　　　　　　会企03表附表

编制单位：茶山股份有限公司　　　　　2×24年12月　　　　　　　　　　　单位：元

项目	本期金额	上期金额
1. 将净利润调节为经营活动现金流量		
净利润	150 000	
加：资产减值准备	-71 800	
固定资产、投资性房地产折旧	4 000 000	
无形资产摊销	100 000	
长期待摊费用摊销	36 000	
处置固定资产、无形资产和其他长期资产的损失（收益以"-"号填列）	-50 000	
固定资产报废损失（收益以"-"号填列）	3 000	
公允价值变动损失（收益以"-"号填列）	80 000	
财务费用（收益以"-"号填列）	49 220	
投资损失（收益以"-"号填列）	-102 000	
递延所得税资产减少（增加以"-"号填列）	0	
递延所得税负债增加（减少以"-"号填列）	0	
存货的减少（增加以"-"号填列）	-3 261 000	
经营性应收项目的减少（增加以"-"号填列）	195 000	
经营性应付项目的增加（减少以"-"号填列）	-1 132 453	
其他	-91 000	
经营活动产生的现金流量净额	-95 033	
2. 不涉及现金收支的重大投资和筹资活动		
债务转为资本		
一年内到期的可转换公司债券		

续表

项目	本期金额	上期金额
融资租入固定资产		
3．现金及现金等价物净变动情况		
现金的期末余额	1 685 300	
减：现金的期初余额	3 557 000	
加：现金等价物的期末余额		
减：现金等价物的期初余额		
现金及现金等价物净增加额	－1 871 700	

表 15－15 中绝大多数项目可以根据利润表和计提折旧与摊销的业务数据得到，无须赘述。下面主要说明几项复杂项目的计算过程：

存货的减少 = －3 362 620（存货类账户期初减期末余额）+
229 620（列入存货的应付职工薪酬）－
128 000（在建工程领用存货）
= －3 261 000（元）

经营性应收项目的减少 = 248 000（应收款项①账户期初减期末余额）－
46 000（合同资产账户期初减期末余额）－
7 000（预收款项账户期末减期初余额）
= 195 000（元）

经营性应付项目的增加 = －858 500 － 35 000（应付款项②账户期末减期初余额）－
301 000（合同负债账户期末减期初余额）+
39 000（预付款项账户期初减期末余额）+
168 000 + 2 737（应付职工薪酬与其他应付款账户期末减期初余额③）－
229 620（列入存货的应付职工薪酬）+
177 736 － 38 830 － 52 976（销项税额减进项税额与已交税金④）－
4 000（其他应交税金期末减期初余额）
= －1 132 453（元）

其他 = 6 000（合同取得成本期初减期末余额）－
88 000（合同履约成本期初减期末余额）+
12 000（应收退货成本期初减期末余额）－
3 000（本期计提的质保费减本期付现的质保费）－
18 000（预计负债中的应付退货款）
= －91 000（元）

---

① 这里所说的应收款项不包含应收股利、应收利息等非经营活动导致的应收项目。
② 这里所说的应付款项不包含应付股利、应付利息等非经营活动导致的应付项目。
③ 扣除其中包含的应付在建工程人员的薪酬。
④ 不包括购建和处置固定资产等长期资产的增值税。

(二) 不涉及现金收支的重大投资和筹资活动

不涉及现金收支的重大投资和筹资活动，是指影响资产或负债但不形成当期现金收支的重大投资或筹资活动的信息，如债务转为资本、一年内到期的可转换公司债券、融资租入固定资产等。这些活动当时虽不涉及现金，但对企业以后的现金流量会产生重大影响。

(三) 现金及现金等价物净变动情况

现金及现金等价物净变动情况，是通过对符合现金含义的现金、银行存款、其他货币资金以及现金等价物的期末余额与期初余额进行比较计算的结果。其数值应与现金流量表主表中的"现金及现金等价物净增加额"相等。

第五节 所有者权益变动表

一、所有者权益变动表概述及其作用

所有者权益变动表是反映企业本年所有者权益（或股东权益）增减变动情况的报表。

该报表全面反映了企业一定期间的所有者权益变动的情况，不仅包括所有者权益总量的增减变动情况，还包括所有者权益增减变动的结构性信息，可以让报表使用者准确地理解所有者权益增减变动的原因。通过企业所有者权益的变动，可以评价和判断企业的利润分配政策与企业长期发展战略。

二、所有者权益变动表的结构格式

为了全面地反映企业所有者权益及其各组成部分的变动情况，所有者权益变动表以矩阵的结构格式设计，一方面列示导致所有者权益发生增减变动的业务，另一方面按照所有者权益各组成部分列示其变化金额，并提供"本年金额"和"上年金额"两个比较栏目。

所有者权益变动表的基本格式及内容如表 15 – 16 所示。

表 15-16 所有者权益变动表

会企 04 表

编制单位：_____ 年度 _____ 单位：元

项目	本年金额									上年金额
	实收资本（或股本）	其他权益工具			资本公积	减：库存股	其他综合收益	盈余公积	未分配利润	所有者权益合计	该列下所属栏目与本年金额栏目一致
		优先股	永续债	其他							
一、上年年末余额											
加：会计政策变更											
前期差错更正											
其他											
二、本年年初余额											
三、本年增减变动金额（减少以"-"号填列）											
（一）综合收益总额											
（二）所有者投入和减少资本											
1. 所有者投入的普通股											
2. 其他权益工具持有者投入资本											
3. 股份支付计入所有者权益的金额											
4. 其他											
（三）利润分配											
1. 提取盈余公积											
2. 对所有者（或股东）的分配											
3. 其他											
（四）所有者权益内部结转											
1. 资本公积转增资本（或股本）											
2. 盈余公积转增资本（或股本）											
3. 盈余公积弥补亏损											
4. 设定受益计划变动额结转留存收益											
5. 其他综合收益结转留存收益											

续表

项目	本年金额									上年金额
	实收资本（或股本）	其他权益工具			资本公积	减：库存股	其他综合收益	盈余公积	未分配利润	所有者权益合计
		优先股	永续债	其他						
6. 其他										
四、本年年末余额										

该列下所属栏目与本年金额栏目一致

三、所有者权益变动表的编制

(一) 所有者权益变动表各行项目列报说明

(1) "上年年末余额"项目，反映企业上年资产负债表中实收资本（或股本）、其他权益工具、资本公积、库存股、其他综合收益、盈余公积、未分配利润、所有者权益合计的年末余额。

(2) "会计政策变更"和"前期差错更正"项目，分别反映企业采用追溯调整法处理会计政策变更的累积影响金额和采用追溯重述法处理前期会计差错更正的累积影响金额。

(3) "综合收益总额"项目，反映企业在某一会计期间除与所有者以其所有者身份进行的交易以外的其他交易或事项所引起的所有者权益变动，与当期利润表中所反映的综合收益总额一致。

(4) "所有者投入和减少资本"各项目，反映企业当期所有者投资与减资情况，包括实收资本和资本公积的变动。

(5) "利润分配"各项目，反映企业当期按规定提取的盈余公积的金额和对所有者（或股东）分配利润（或股利）的金额，并对应填列于"盈余公积"和"未分配利润"栏目中。

(6) "所有者权益内部结转"各项目，反映企业当期不影响所有者权益总额的所有者权益各组成部分之间的增减变动。

(二) 本年金额栏目的列报

所有者权益变动表"本年金额"栏目内的各项数据，一般应根据当期"实收资本（或股本）""其他权益工具""资本公积""库存股""其他综合收益""盈余公积""利润分配——未分配利润"账户的发生额分析填列。

(三) 上年金额栏目的列报

所有者权益变动表"上年金额"栏目内的各项数据，一般应根据上年度所有者权益变动表"本年金额"栏目内所列的数据填列。如果上年度所有者权益变动表的各个项目的名称和内容与本年度不一致，应对上年度所有者权益变动表各项目的名称和数据按本年度的情况进行调整之后填入本年度所有者权益变动表的"上年金额"栏目中。

第六节 财务报表附注

一、财务报表附注的概念和披露要求

(一) 财务报表附注的概念

财务报表附注是对在资产负债表、利润表、现金流量表和所有者权益变动表等报表中列示项目的文字描述或明细资料，以及对未能在这些报表中列示项目的说明等。

提供财务报表附注是为了方便报表使用者进一步了解报表内的重要的、总括的信息的详细情况，以及补充不能在报表中列报的重要事项，提高会计信息的可理解性。

（二）财务报表附注的形式

在会计实务中，财务报表附注可采用旁注和底注等具体披露方法。

旁注也叫括号注释，是指直接在基本财务报表的有关项目旁用括号加注说明。它是最简单的报表注释方法，且与表内信息披露融为一体。如果报表上有关项目的名称或金额受到限制而不足以充分反映其全部含义，或需要简要补充说明时，可直接采用旁注的形式。由于受到空间的制约和为了保持报表项目的简明扼要、清晰明了，旁注不应过长，所以，它只适用于个别需要简单补充信息的项目。

底注也称脚注或尾注，是指在基本财务报表表体后面用一定的文字和数字所做的补充说明。一般而言，每一种报表都可以有底注，其篇幅大小视各种报表的复杂程度而定。近年来，基本财务报表底注的内容和分量日益增多，有时甚至大大超过报表正文。在多数情况下，会计报表附注指的就是报表的底注。

（三）财务报表附注的披露要求

财务报表附注主要是对基本财务报表列示项目的解释说明，应当与资产负债表、利润表、现金流量表和所有者权益变动表等报表中列示的项目相互参照，有助于报表使用者联系相关信息更好地理解基本财务报表。

财务报表附注内容越来越多，应该按照一定的结构和逻辑顺序组织要披露的项目和内容，并利用定性和定量的方法多角度地说明企业的有关情况，更好地提高会计信息的透明度。

二、财务报表附注的内容

财务报表附注至少应该披露以下内容：

（1）企业的基本情况。包括企业注册地、组织形式和总部地址；企业的业务性质和主要经营活动；母公司以及集团最终母公司的名称；财务报告的批准报出者和财务报告批准报出日，或者以签字人及其签字日期为准；营业期限有限的企业，还应当披露有关其营业期限的信息。

（2）财务报表的编制基础。

（3）遵循企业会计准则的声明。企业应当声明编制的财务报表符合企业会计准则的要求，真实、完整地反映企业的财务状况、经营成果和现金流量等有关信息。

（4）重要会计政策和会计估计。重要会计政策的说明，包括财务报表项目的计量基础和在运用会计政策过程中所做的重要判断等。重要会计估计的说明，包括可能导致下一个会计期间内资产、负债账面价值重大调整的会计估计的确定依据等。企业应当披露采用的重要会计政策和会计估计，并结合企业的具体实际披露其重要会计政策的确定依据和财务报表项目的计量基础，及其会计估计所采用的关键假设和不确定因素。

（5）会计政策和会计估计变更以及差错更正的说明。企业应当按照《企业会计准则第28号——会计政策、会计估计变更和差错更正》的规定，披露会计政策和会计估计变更以及差错更正的情况。

（6）报表重要项目的说明。企业应当按照资产负债表、利润表、现金流量表、所有者权益变动表及其项目列示的顺序，对报表重要项目的说明采用文字和数字描述相结合的方式进行披露。报表重要项目的明细金额合计，应当与报表项目金额相衔接。企业应当在附注中披露费用按照性质分类的利润表补充资料，可将费用分为耗用的原材料、职工薪酬费用、折旧费用、摊销费用等。

（7）或有和承诺事项、资产负债表日后非调整事项、关联方关系及其交易等需要说明的事项。

（8）有助于财务报表使用者评价企业管理资本的目标、政策及程序的信息。

（9）其他综合收益的相关信息。包括其他综合收益各项目及其所得税影响；其他综合收益各项目原计入其他综合收益、当期转出计入当期损益的金额；其他综合收益各项目的期初和期末余额及其调节情况。

（10）终止经营情况。包括终止经营的收入、费用、利润总额、所得税费用和净利润，以及归属于母公司所有者的终止经营利润。

（11）股利（或利润）分配情况。包括在资产负债表日后、财务报告批准报出日前提议或宣布发放的股利总额和每股股利金额（或向投资者分配的利润总额）。

第七节 其他财务报告

一、其他财务报告概述

其他财务报告是指企业管理当局为了进一步揭示有关信息（包括财务信息和非财务信息）而编制的报告。其他财务报告不受企业会计准则的制约，从而并不构成财务报表的必要组成部分，但仍属于财务会计报告的内容。

其他财务报告作为财务报表的辅助报告，揭示的是财务报表之外的不确定性、解释性、预测性等辅助性信息，主要向企业外界提供一些相关的但不符合全部会计确认标准的信息。

其他财务报告与基本财务报表一起构成财务会计报告体系，二者目标一致，相互配合，共同完成财务报告目标。客观地说，其他财务报告的产生是为了克服基本财务报表固有的局限性，提供有用的补充信息、预测信息、非财务信息。但必须注意的是，其他财务报告，特别是其中的预测信息，应力求客观、科学、公允、可信，不能对使用者造成误导，同时还应切实保证信息质量，防止信息过量，维护基本财务报表在财务报告体系中的核心地位。

二、其他财务报告的具体内容

其他财务报告的具体内容取决于特定的目的，其格式也极为灵活。目前企业主要提供的其他财务报告有以下几种：

1. 管理当局讨论和分析

编制真实完整的财务会计报告是企业管理当局的责任。由于管理当局（特别是董事、总经理等高级管理人员）比外部使用者更了解企业有关的交易事项及其影响，而且财务报表信息的形成也常常依赖于会计人员的假定与判断，所以由管理当局提供一份他们对企业变现能力、资本来源、经营成果等方面的叙述性讨论与分析报告以及对下一年度或未来期间主要经营活动和盈利水平的预测分析，将有助于使用者了解管理当局对企业的看法和未来计划，不仅可以了解财务报表中有关数据形

成和变化的原因及可能产生的影响,而且可以预测管理当局将如何引导企业的发展。管理当局的讨论和分析侧重于提供预测性、分析性信息,难免带有较大的主观性和较低的可验证性,但这些信息的效用大于其潜在的不可靠所带来的风险,可以提升财务会计报告的有用性。

2. 财务预测报告

随着使用者不断提高对企业信息披露的质量要求,他们已不满足于只提供历史性信息的财务报告,而越来越需要直接面向决策的预测信息,尤其是财务预测信息。财务预测是指管理当局以企业未来面临的经营环境和可能采取的行动为假设所进行的财务状况、经营成果和现金流量预测,其表达方式可采用整套财务报告或其中的一部分或几个部分来描述这些预测性财务信息。披露财务预测信息可能给公司带来两种不良后果:一是增加了信息披露风险,其中最大的风险是诉讼风险,因为使用者可能指控公司财务报告是误导的、有舞弊行为;二是泄露了商业秘密而使公司处于竞争劣势。所以,世界各国对于在定期财务会计报告中披露有关的财务预测信息,更多采用鼓励披露或自愿披露的形式,而不作强制要求。这显示出人们对披露预测信息的一种矛盾心态:预测信息可靠性较差,但与使用者具有较高相关性;披露这类信息既可能导致风险,也可能会产生积极作用。

3. 社会责任报告

按传统财务会计理论,企业是站在业主立场反映企业与其他主体之间的经济交易活动的,而企业活动的目标主要是利润最大化,因此,企业追求利润的过程和结果成为传统财务会计报告所反映的内容。然而,企业不只是为企业所有者服务的,它还是社会生产的一个单位,因为任何企业的生存与发展都需依赖社会相关利益集团(如职工、顾客、政府部门、业务关联单位)的参与、支持,需动用社会公共设施(如交通、通信、行政)及社会稀缺资源(如人力资源、自然资源),并对社会产生实际的影响。近年来,企业的社会性质日益得到重视,这在客观上要求企业重视在履行社会责任方面所做出的努力和取得的成果,并对外披露。企业社会责任主要涉及下列内容:环境保护、职工的就业与培训等人力资源状况、公益事业、社区建设与贡献、产品或服务的性能与安全(消费者利益)等。可见,企业的社会责任已超出了现有会计的对象的范围,并难以采用传统会计方法进行反映,比如企业对环境的治理、人力资源的投资与价值很难用统一的计量单位来加以计量,尤其是难以用货币金额来计量。因此,在实务中,企业主要通过其他财务报告或以单独的社会责任报告形式对外披露。

社会责任报告采用叙述法、成本支出法、成本效益法、项目管理法等方法反映企业社会责任的履行情况。目前,社会责任报告业已成为一个相对独立的会计体系,并发展成为一个新的会计领域——企业社会责任会计。又因为企业社会责任涉及面极广,其中重要的方面已经分离出来构成更专门化的会计领域,如环境(绿色)会计、增值会计、人力资源会计,由此产生了环境报告、增值报告、人力资源报告。其中,环境报告是反映企业的环境资产、环境费用、环境效益、环境负债、环境会计政策及其他内容的报告;增值报告是反映企业在一定会计期间新创造价值的形成及其在业主、债权人、职工、政府和社会之间的分配情况的报告;人力资源报告是反映企业人力资源成本(投入)与价值(产出)信息的报告。

世界各国虽然对企业的社会责任履行问题日益重视,但是各国对企业编制社会责任报告的重视程度并不相同,要求其揭示的内容和形式也不一致,有些国家甚至不要求企业对外公开披露社会责任方面的信息。要求企业对外披露社会责任信息的国家也未能形成比较一致的规定，致使各企业在编制和披露社会责任信息的具体操作上也有很大差别：有的在财务报告中披露，有的单独编报社会责任报告。即使是在财务报告中披露，不同企业采用的方式也不同：有的在报表中披露，有的在报表附注中披露；有的用定量描述，有的用文字表述等。

4. 物价变动影响报告

现行基本财务报表是以币值稳定为前提来反映企业不同时期货币表现的交易和事项的。在物价发生显著变动的情况下，现行财务报表既混合了不同购买力水平的货币金额，又忽视了资产价值（价格）的变动，其结果必然导致企业收益和期末资产的价值不实，从而影响财务报表的有用性。因此，一些企业往往在财务报告中专门提供了有关物价变动影响的信息，如按一般物价指数或现行成本（重置成本）调整的财务报表。这种报告与基本财务报表相比，在报表项目上并没有太大的差别，只是在另一种计量尺度下对基本财务报表的重新表述。因此，物价变动影响报告不属于表外披露的必要组成部分，只有在物价波动较大的情况下，物价变动影响报告才对信息使用者有意义。

5. 简化的年度报告

为使财务会计报告能够尽可能多地满足各有关者的需要，不断增加财务报告信息并扩大信息范围已成为财务报告发展的趋势。但物极必反，充分披露不仅会增加企业的信息披露成本，而且会导致信息过剩，不利于信息使用者抓住关键的有用信息，从而增加信息使用者的理解难度与阅读、分析成本。为了兼顾这两方面的不同要求，企业开始在提供详细财务会计报告的同时，编报简化的年度报告。简化的年度报告是摘录传统年度报告的一些主要信息并经过高度浓缩后形成的，一般只包括压缩的财务报表和财务述评（财务述评原先包括在管理当局的讨论与分析中）。简化财务报告只反映企业扼要的经营成本与财务状况，一般没有附注。这实际上起了一个报告摘要和导读的作用。在使用者无法详细阅读和研究财务报告全部内容的情况下，简化财务报告能够帮助使用者减少搜寻相关信息的时间，并更容易理解财务信息。

三、网络财务报告

1. 网络财务报告及其发展阶段

网络财务报告是指基于互联网环境进行的财务信息报告工作以及能够通过互联网进行信息提供与获取的电子版本的财务报告。

根据网络财务报告生成所使用的信息技术的不同，网络财务报告可以划分为4个发展阶段。

（1）电子文档形式阶段。在此阶段，企业将传统的纸质版财务报告简单转化制作成各类格式的电子文档，如将纸质财务报告转化为 TXT、XLS、DOC、PDF 等格式的电子文件，并在网页上发布。这一阶段的网络财务报告只是纸质财务报告的电子复制品，制作与发布成本低，信息使用的方便性不足。

（2）HTML 形式阶段。在此阶段，企业利用超文本标记语言（Hyper Text Markup Language，HTML）技术制作财务报告，并在网络上发布。这一阶段的网络财务报告能够让用户较为方便地检索信息，也可以把互联网上不同地址的相关信息组合起来，还可以对特定信息内容进行指定形式的编排，但是其可扩展性差，不能根据使用者的需求进行自定义标记，也就导致使用者检索到的信息不够精准。

（3）XML形式阶段。在此阶段，企业使用可扩展标记语言（eXtensible Markup Language，XML）技术制作财务报告，并在网络上发布。这一阶段的网络财务报告不仅具有HTML形式阶段的优点，更具有动态交互性和可扩展性，可以基于行业特点开发出与自己特定领域相关的标记语言，方便使用者精准地搜索所需信息，但不能完全实现数据管理与交换的需求，若没有一套具有权威性的行业标准，就无法在促进信息交流方面发挥积极作用。

（4）XBRL形式阶段。在此阶段，企业利用可扩展商业报告语言（eXtensible Business Reporting Language，XBRL）技术制作财务报告。XBRL是基于XML的语言标准，但通过对商业报告中的数据增加特定的标签和分类，将数据的显示格式、内容格式及结构标准化，并定义了一种文件格式、一种保存数据的方法，可以使数据在不同的计算机平台和不同计算机程序之间方便、平稳、快速和无障碍地转移和流动，从而支持了数据信息的识别、处理和交流，不仅可以针对某一特定行业或应用领域统一定义商业报告格式中所蕴含的语法结构标准，而且提供了根据该行业和领域的有关法规、准则等来统一定义商业报告内容所蕴含的语义规则，可以生成一套行业内各方普遍接受和共同遵循的报告标准。这一阶段的网络财务报告可以让使用者在统一的语法和语义标准的环境下实现跨平台、跨语言的快捷准确的信息查询和比较分析，大大提高了信息使用者对信息共享的使用效率。

当前，我国所有上市公司都必须同时提供XBRL形式的财务报告。财政部和国资委也已经在央企、银行等几百家企业开展了XBRL形式财务报告的推广应用工作。

2. XBRL的架构

XBRL是建立在XML基础上的信息发布和交流的语言标准，以XML为基础技术。在其上再形成技术规范、分类标准、实例文档、格式表单四个层面的架构。

XBRL技术规范定义了XBRL的语法规则和各类专业术语，规定了XBRL文档的结构，说明了分类标准和实例文档的创建与使用方法。XBRL技术规范包含基础规范、维度规范、公式规范、版本规范等一系列技术规范。基础规范解释了XBRL及其工作原理，描述了XBRL框架模型，定义了分类标准与实例文档的句法和语义以及建立分类标准所需要使用的各类语言要素和专业术语、XML元素和属性、生成分类标准的文件格式等。维度规范提供了在实例文档中表示业务报告中的多维信息（如从地区、行业、产品等不同视角分解营业收入）的通用机制。公式规范定义了以公式方式描述业务数据并生成新的数据的规则。版本规范提供了一个管理不同版本XBRL分类标准之间变化的标准化机制。

XBRL分类标准将国家、行业、领域、企业的相关业务规则、领域知识、处理逻辑等所规范的业务报告泛化映射成一系列信息分类的XML文件集，用以描述业务报告中各信息要素的属性、各要素之间的关系、各要素与外部资源的关联性等特征。在财务报告领域，XBRL分类标准将依据会计准则及其相关规范生成的信息（载于报表或账簿）映射成一系列信息分类文件集，相当于将这些信息打上了特定的标签，成为"贴了条形码的商品"，从而使计算机能够读懂财务信息并通过内置的验证机制分析这些信息，达到降低信息流通和获取成本、提高信息使用效益的目的。XBRL分类标准由模式文件和链接库文件构成，模式文件存储各信息要素及要素的数据类型、事件类型、借贷余额等属性，链接库文件存储各信息要素之间的关系以及要素与外部资源的关系。当前来看，XBRL分类标准有两种类型：财务报告分类标准（XBRL FR）和账簿分类标准（XBRL GL）。前者以财务报告中的数据信息为对象进行映射，只能反映财务报告层面的信息；后者以会计账簿中的数据信息为对象进行映射，不仅可以依据账簿信息生成财务报告，还支持全方位向下钻取数据。但是，XBRL GL 尚未得到大规模应用。

XBRL 实例文档是根据 XBRL 技术规范、基于 XBRL 分类标准建立的、包含企业完整财务报告数据信息的 XBRL 格式的网络财务报告文件（也就是 XBRL 网络财务报告文件）。各个企业按照 XBRL 分类标准预先规定好的标签，将企业要披露的相关信息放在相应的标签里，就初步形成了 XBRL 实例文档。初步形成的 XBRL 实例文档还要在模式文件和链接库文件中进行验证，以确保要素定义和关系的准确性。但是，XBRL 实例文档类似于网页的源代码，是计算机能够读懂的商业财务报告，却不是使用者可以直接阅读的财务报告。

XBRL 格式表单是将 XBRL 实例文档中的信息以特定格式呈现的应用程序，可以帮助使用者从互联网上获取 XBRL 财务报告信息，并将其转换为使用者所需要的格式，从而以良好的界面向使用者提供所需要的相关信息。XBRL 格式表单由使用者根据自己的需要借助文档搜索软件、实例文档展示和浏览软件、财务分析软件等进行设计，从网络资源中搜索相应的 XBRL 实例文档并从中析取所需要的信息，再按照自己喜欢的格式（如 Word、Excel、PDF 等）和良好的界面呈现出来，还可以直接存储以备后用。

3. XBRL 财务报告的生成方法

企业编制 XBRL 财务报告必须依据特定的分类标准（甚至需要制定适用于本主体的扩展分类标准）制作实例文档，而一套分类标准必须包括至少一份模式文件和多份链接库文件，且每份文件的内容都极其庞大，很难手工编制。现在各企业基本上是借助分类标准编辑器和实例文档转换器（或文档转换软件）来制作 XBRL 网络财务报告。企业具体编制 XBRL 网络财务报告通常有三种方式：手工录入方式、嵌入 XBRL 转换器方式、内嵌集成 XBRL 适配器方式。

手工录入方式下，企业不需要对自己的财务会计核算与报告系统（或 ERP 系统）进行调整，只需要安装和运行相应的 XBRL 实例文档编辑软件，将财务会计核算与报告系统（或 ERP 系统）生成的财务信息手工录入 XBRL 实例文档编辑软件中，再由编辑软件转换成基于 XBRL 形式的数据信息，制作成 XBRL 实例文档（即 XBRL 网络财务报告）。这种方式实施成本较低，但数据重复录入工作量大且容易产生错误。

嵌入 XBRL 转换器方式下，企业将财务会计核算与报告系统（或 ERP 系统）和 XBRL 分类标准编辑器、XBRL 实例文档转换器衔接起来，自动将企业财务会计核算与报告系统（或 ERP 系统）生成的财务报告转换为 XBRL 实例文档。这也是当前主要采用的方式。这种方式克服了手工录入方式可能导致的录入错误，但需要对企业财务会计核算与报告系统（或 ERP 系统）生成的财务报告进行格式转换，以方便 XBRL 分类标准编辑器、XBRL 实例文档转换器识别财务报告数据信息。同时，这种方式只能将财务报告中的信息进行转换，无法进行数据下钻追溯。

内嵌集成 XBRL 适配器方式下，在企业的财务会计核算与报告系统（或 ERP 系统）中嵌入集成的 XBRL 适配器，在企业财务会计核算和信息处理过程中直接按照 XBRL 规范进行数据处理，形成 XBRL 格式的业务和财务信息，再根据需要实时或定期生成 XBRL 实例文档。这种方式能够在日常业务和财务工作中实时将相关数据信息转换成 XBRL 格式的元数据，再生成 XBRL 实例文档，方便对实例文档中的数据进行下钻分析，提高了信息的可利用价值，但需要开发 XBRL 适配器软件并集成到财务会计核算与报告系统（或 ERP 系统）中，实施成本较高。这种方式现在尚未形成大量应用，却是 XBRL 技术应用的更好方式，是未来 XBRL 网络财务报告的发展方向。

【本章小结】

本章主要介绍了财务会计报告的内容、作用和类别，财务会计报表的编制及分析方法。财务会计报告由财务报表和其他财务报告两部分组成。企业的财务报表包括资产负债表、利润表、现金流量表、所有者权益（或股东权益）变动表及附注。财务会计报告提供的会计信息，对满足投资者、债权人、政府、企业内部经营管理者等信息使用者的决策需要具有重要作用。资产负债表是反映企业在某一特定日期（月末、季末或年末等）财务状况的报表，又称为财务状况表；利润表是反映企业在一定会计期间（年度、半年度、季度或月份）经营成果的报表；现金流量表是反映企业在一定会计期间现金和现金等价物的流入和流出的报表，它反映企业财务状况的变动情况；所有者权益（或股东权益）变动表是反映企业一定期间所有者权益变动情况的报表。资产负债表是根据"资产＝负债＋所有者权益"这一会计基本等式编制的，资产负债表中"期末余额"栏内各项数字应根据各项目有关账户的期末余额分析计算填列；利润表项目主要根据损益类账户的发生额分析填列；现金流量表主表采用直接法填列；附注采用间接法填列。